AF549203

Zur Hölle mit der Mode

Elizabeth Hawes

Zur Hölle mit der Mode

Elizabeth Hawes

Übersetzt und mit Anmerkungen versehen von
Constanze Derham

Texte und Textilien

Elizabeth Hawes: Zur Hölle mit der Mode

Ein Buch der Kooperation Schnatmeyer & Derham
www.schnatmeyerundderham.de

Titel der Originalausgabe: Fashion is Spinach, New York 1938
(Public Domain)
Übersetzung, Nachwort, Register, Grafikbearbeitung: Constanze Derham
Umschlaggestaltung: Claudia Benter, Berlin – www.claudiabenter.de
Lektorat: Susanne Schnatmeyer und Ralf Steinle, Berlin
Layout und Satz: Ralf Steinle, Berlin
Tabellenlayout mit Unterstützung von Martin Wilhelm Leidig/
DANTE e. V.
Gesetzt mit LuaLaTeX und KOMA-Script aus der Plex
Druck und Bindung: CPI Books

Texte und Textilien – www.texte-und-textilien.de
1. Auflage 2019

ISBN: 978-3-948255-00-8

Inhalt

Teil I – Die französische Legende

»Alle schönen Kleider entstehen in den Häusern der französischen Modeschöpfer, und alle Frauen wollen sie besitzen.«

Teil II – Kauf' amerikanisch

»Alle Frauen in Amerika können schöne Kleider besitzen.«

Anhang

Ich bedanke mich für die Hilfe

- von Maria Leiper, die nach einem weiteren Buch fragte
- von Harriette McLain, die es Random House* ermöglichte, dieses Buch zu drucken
- von Kenneth White, der an Satzklammern glaubt
- aller, die es möglich machten, dass ich *Fashion is Spinach* Madeleine Vionnet widmen kann, der großen Modeschöpferin in Frankreich, und allen zukünftigen Designern von Konfektionskleidung auf der ganzen Welt

---

*Die Erstausgabe von *Fashion is Spinach* erschien 1938 beim New Yorker Verlag *Random House* (Anm. d. Übers.).

Teil I
Die französische Legende

»Alle schönen Kleider entstehen
in den Häusern der französischen Modeschöpfer,
und alle Frauen wollen sie besitzen.«

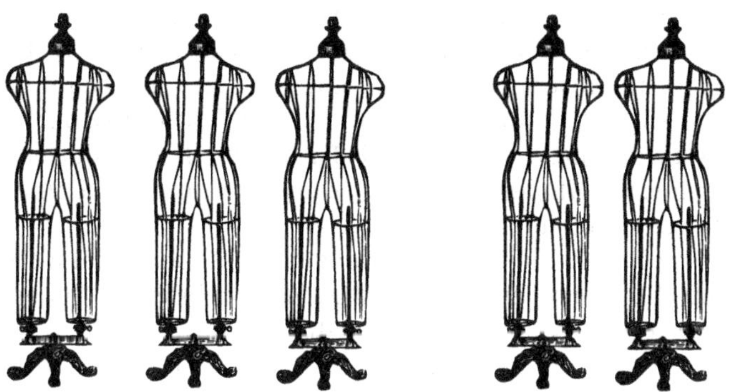

1 Der Modetrend, ein garstiger Schuft

In der Welt der Kleidung gibt es nur zwei Arten von Frauen. Die einen kaufen Maßkleidung, die anderen Konfektion. Die maßgeschneiderte Dame geht zu *Molyneux, Lanvin, Paquin, Chanel* in Paris. In New York wird sie von ihrem Chauffeur am Plaza abgesetzt, an der Tür von *Bergdorf Goodman,* oder sie schiebt sich durch den Verkehr der 49. Straße zu *Hattie Carnegie,* die geographisch nicht so vorteilhaft platziert, aber gleichermaßen wichtig ist, wenn es um Mode geht. Sie könnte ihre Einkäufe außerhalb der Verkehrsströme tätigen, in einem grauen Haus in der 67. Straße, *Hawes Inc.*, oder gerade noch die Ausläufer des Getümmels am Savoy Plaza streifen, wo *Valentina* Einfluss hat.

In jedem Fall kann die maßgeschneiderte Frau zu ihrer vollkommenen Zufriedenheit einkaufen und sich kleiden. Tausende geschickter Handwerkerinnen und Handwerker stehen bereit, um ihre Kleidung zu nähen. Dutzende Modeschöpfer in London und Paris und New York und Los Angeles arbeiten an Entwürfen für sie. Hunderte Verkäuferinnen stehen zu allen Stunden des Tages zur Verfügung, um ihre Anproben zu beaufsichtigen, ihr zu raten, was sie *nicht* kaufen sollte, und um Einkäufer loszuschicken, und diese ganz spezielle Farbe oder dieses spezielle Material zu finden, das nun wirklich in ihrem Esszimmer getragen werden sollte.

Ja, sie bezahlt dafür. Aber das ist es tausend Mal wert. Ihre Kleidung gehört zu ihr und entspricht ihrem Leben, so, wie sie es versteht. Sie mag Stunden mit Anproben verbracht haben – aber zum Schluss sind die Kleider genau richtig.

Unterdessen kauft die Konfektions-Dame ein: Auch sie könnte sich eine spezielle Farbe wünschen, um sie in ihrem Esszimmer zu tragen. Sie könnte diese Farbe nach zwei Wochen Jagd finden – oder niemals, denn sehr wahrscheinlich »verwenden wir diese Farbe in dieser Saison nicht«. Sie könnte einen wirklich warmen und soliden Wintermantel finden, der die nächsten sechs Jahre hält und nur 35 Dollar kostet – oder sie könnte herausfinden, dass der Mantel, den sie letztes Jahr kaufte, dieses Jahr nicht in Mode ist, und dass das Material letztendlich doch keine reine Wolle war.

Millionen und Abermillionen Frauen gehen Jahr für Jahr einkaufen. Sie sind groß und klein, dick und dünn, fröhlich und deprimiert. Die einen bekleiden ihren Körper nur, um nicht zu frieren oder nicht nackt zu gehen. Die anderen wählen ihre Garderobe sorgfältig aus, um in Palm Beach zu überwintern oder die Rennen in Ascot zu besuchen. Die erste, unvermeidliche Wahl ist: Können sie so viel zahlen, dass sie genau bekommen, was sie möchten, oder sind sie der Gnade der Massenproduktion ausgeliefert? Können sie sich Stil kaufen – oder müssen sie mit Mode vorlieb nehmen?

Lanvin und *Chanel, Hawes* und *Valentina* sind im wesentlichen damit beschäftigt, Stil zu verkaufen. Die Konfektionäre und die Kaufhäuser verkaufen hauptsächlich Mode.

Ich weiß nicht, wann das Wort Mode entstand, aber es war ein übler Tag. Tausende Jahre kamen die Menschen mit dem aus, was man Stil nannte, und vielleicht kehren wir in weiteren tausend Jahren dahin zurück.

Stil ist das, was die grundlegende Atmosphäre einer historischen Epoche vermittelt, wenn man nach hundert Jahren darauf zurückblickt. In Griechenland im Jahr 2000 v. Chr. waren zartgliedrige Architektur und Kleidung, die dazu passte, Stil. In der Renaissance war eine steinerne, üppig verzierte Kathedrale Stil, und prächtige Samtroben mit Goldbesätzen. Stil verändert sich nicht jeden Monat oder jedes Jahr. Er verändert sich nur dann, wenn es einen echten Wandel in den Ansichten und der Lebenshaltung der Menschen gibt, für die er erzeugt wird.

Im Jahr 1937 versorgt einen der Stil mit einem funktionalen Haus und bequemer Kleidung, um sie darin zu tragen. Dem Stil ist es schnuppe, ob die bequeme Kleidung rot, gelb oder blau ist, oder ob die Tasche zu den Schuhen passt. Stil versorgt einen mit Shorts zum Tennisspielen, denn sie sind praktisch. Stil schafft das Wespentaillenkorsett ab, wenn Frauen frei und aktiv werden.

Wenn man in der Lage ist, ein Atelier hinzuzuziehen, das die Kleidung speziell anfertigt, kann man Stil bekommen, die genau richtige Kleidung für das Leben der Epoche, kompromisslos und sofort.

Zusätzlich zum Stil ist ein seltsames und wunderbares Geschöpf, genannt Modetrend, aufgestiegen. Seine Anfänge reichen wenigstens ins 17. Jahrhundert zurück, als einige Menschen es als das erkannten, was es war und ist.

»See'st thou not, I Say, what a deformed thief this fashion is?« – »Aber siehst du denn nicht, was für ein garstiger Schuft diese Mode ist?« fragte Shakespeare in *Viel Lärm um Nichts.* Aber niemand achtete darauf.

Nun gibt es die Werbeagentur und den Konfektionär, das Warenhaus und die Modejournalisten, begierig uns zu erklären, dass Vergangenheit, Gegenwart und Zukunft der Bekleidung von der sich unaufhörlich wandelnden Mode abhänge.

Die Bekleidungsindustrie ist der zweitgrößte Wirtschaftszweig in den USA. Nicht einmal ein halbes Prozent der Bevölkerung kann sich maßgeschneiderte Kleidung leisten – oder will sie sich leisten.

Das bedeutet, dass ein großer Teil von 2 656 242 000 Dollar unter den Augen jenes Schufts, des Modetrends, den Besitzer wechselt. Des Modetrends, der mit der Zeit garstiger und garstiger wird. Der Modetrend ist ein Parasit des Stils. Ohne Stil gäbe es keinen Modetrend, aber was er dem Stil antut, kümmert niemanden.

Der Modetrend ist jener grässliche kleine Mann mit bösem Blick, der dir sagt, dass dein Mantel vom letzten Winter möglicherweise in gutem Zustand ist – du ihn aber nicht tragen kannst. Du kannst ihn nicht tragen, denn er hat einen Gürtel, und wir »zeigen keine Gürtel« in diesem Jahr. Der Modetrend denkt sich grausige Ideen aus, wie etwa, dass die Accessoires zusammenpassen sollen und gibt dir dann Schuhe, Handschuhe, Taschen und einen Hut in derselben heillos schrecklichen Schattierung von Kelly Green und besteht darauf, dass diese Farbe in dieser Saison chic sei, auch wenn du darin gelb aussiehst. Der Modetrend besteht in dem einen Jahr darauf, dass du ein Niemand bist, wenn du flache Schuhe trägst, und dreht sich dann um 180 Grad, um sie dir tausendfach ins Gesicht zu werfen.

Mode überzeugt Millionen von Frauen davon, dass Bequemlichkeit und gutes Design nicht alles sind, was sie von Kleidung erwarten sollen. Mode treibt die weibliche Bevölkerung in diese oder jene Richtung, nur durch den magischen Ausdruck, »man« würde dieses oder jenes in dieser Saison tragen, und du müsstest dies ebenso tun, oder du würdest geächtet.

Die Mode in Amerika sagt: Wenn Lady Abingdon beim Pferderennen Spitze trägt, dann solltest du Spitze bei der Arbeit im Kellergeschoss von *Macy's* anziehen, weil du nach der Arbeit nach Coney Island fährst. Wenn »sie« das Haar kurz geschnitten, eng am Kopf anliegend und mit einer Welle über einem Auge tragen, dann musst du das auch. Wenn du nicht jeden Tag zum Friseur gehen kannst – dein Pech.

Eine der faszinierendsten Tatsachen in der Welt der Mode ist, dass praktisch niemand weiß, wer sie bewohnt und warum sie existiert. Es gibt einige Menschen, die wissen, wie die Modewelt funktioniert, aber sie verraten es nicht. So dreht sich die Welt der Mode weiter, schneller und schneller, bis ein Ereignis wie ein Krieg oder eine Wirtschaftskrise sie ab und zu wieder verlangsamt. Aber sobald der Krieg oder die Wirtschaftskrise nachlassen, startet die Modewelt auf ihrem irrwitzigen Weg wieder durch. Manche Menschen scheinen das zu mögen. Es gibt eine ganze Menge Leute, die es nicht mögen, aber als unvermeidlich akzeptieren und die jedes Jahr gut erhaltene Kleidung wegwerfen und neue kaufen. Dann und wann gerät die Öffentlichkeit in Rage, schreibt Leserbriefe und kündigt an, dass sie keine langen Röcke tragen werde, oder kurze, je nachdem. »Sie« aber beachten das kaum. »Sie« machen einfach weiter und ändern die Mode wieder und sagen dir, dass Blau nicht geht und dass du Braun tragen musst.

»Sie« entscheiden alles. »Sie« wissen, ob es in diesem Herbst Rosa oder Grün sein muss, ob Röcke kurz sind und ob man Nerz tragen darf. Jeder denkende Mensch hat schon seit Jahren einmal auf unsystematische Weise versucht herauszufinden, wer »sie« sind.

Falls sie Sinn für Humor haben, haben sie sicher ihren Spaß. Stell' dir vor, wie sie gelacht haben müssen, als sie die letzte kleine Verkäuferin in New York dazu gebracht hatten, Nachmittagskleider am Vormittag zu tragen. Eine ihrer Glanzleistungen war, als sie einmal im September alle Damen mit Federhüten à la Eugenie ausstatteten – und sie dann wieder herunterrissen, als die ganzen alten Federn abverkauft waren.

In der Vergangenheit konnten sie beschließen, dass die Fifth Avenue in einer bestimmten Woche violett zu sein hatte. Wer sich nicht innerhalb kürzester Zeit ein violettes Kleid besorgte, wurde eingesperrt. »Sie« kamen mit den Farbwechseln so gut durch, dass es in der Öffentlichkeit einen Umschwung gab und sie einige Jahre lang keinen Erfolg mehr hatten, einen massiven Farbtrend mit einem einzigen Farbton durchzusetzen.

»Sie« haben eine maßlose Freude daran, dir zu sagen, dass alle deine Accessoires zusammenpassen müssen und dann sieben verschiedene Brauntöne zu lancieren, so dass du zwei Wochen suchen musst, um den braunen Schuh zu finden, der zufällig zu deinem Mantel passt. Sie lieben es auch, »Einflüsse« aufzunehmen. Manchmal ist es China, ein anderes Mal Mexiko. In dieser Saison ist es dann das Spiel, diesen Einfluss in wirklich allem wiederzufinden – außer vielleicht im Buchmarkt.

Und dann verbessern sie Dinge. Der Anblick eines einfachen Frotteebademantels bringt sie in Rage. Sie setzen auf einmal marineblaue Sterne darauf. Gerade dann, wenn du dich mit den marineblauen Sternen abgefunden hast, werfen sie das Muster hinaus und verpassen allen Frotteebademänteln Puffärmel.

Dieselbe Gruppe brachte all die schönen weißen Badezimmer zum Verschwinden und machte sie lavendellila, und sie brachte stromlinienförmige Gasherde heraus. Sobald sie allen beigebracht hatte, mit flachen Schuhen und Seidenstrümpfen im Winter auszugehen, entschied sie, es wieder mit hohen Schuhen zu versuchen.

Es gab Gerüchte, »sie« seien Menschen wie Greta Garbo und Mrs. Harrison Williams, exotische Theaterstars und reiche Societyladies. Aber das kann niemand beweisen. Von Greta Garbo wird berichtet, sie ziehe alles an, was ihr Designer für sie auswähle, und es ist äußerst zweifelhaft, dass sie wirklich erwarten würde, jeder sollte perlenbestickte Tageskleider à la Mata Hari tragen.

Mrs. Harrison Williams scheint sich in der Öffentlichkeit immer sehr gut zu unterhalten und vor allem vom Gespräch mit ihrer Dinnerbegleitung beansprucht zu sein. Möglicherweise liegt sie nachts wach und grübelt, ob sie die ganze Welt zu einem Chiffon-Abendkleid drängen sollte. Oder sie denkt sich die neueste Farbe für das nächste Frühjahr aus.

Sind »sie« wirklich die französischen Designer? Bei einem großen Treffen von Geschäftsfrauen aus der Modebranche in New York beantwortete Lucien Lelong einige Fragen. »Monsieur Lelong«, bat eine Dame, »bitte verraten Sie uns, welche Farben im nächsten Frühling elegant sein werden?« Monsieur Lelong antwortete höflich: »Ich habe hundert Blautöne, hundert Rottöne und so weiter. Wenn ich eine Kollektion entwerfe, nehme ich einfach die Proben in die Hand und nehme das, was an jenem Tag zu meiner Stimmung passt.«

Patou brachte 1932, als er noch lebte und erfolgreich war, eine ganze Kollektion mit tief sitzenden Taillen heraus.

Niemand kopierte sie. Niemand kaufte sie. Er musste eine weitere Kollektion mit natürlicher Taille entwerfen.

Dann gibt es die Konfektionäre bei uns an der Seventh Avenue in New York. Manche sagen, sie seien »sie«. Manche sagen, diese Hersteller entschieden einfach stumpf, die Taillenlinie nach oben oder nach unten zu versetzen, so, wie es ihnen gerade in den Kopf komme. Wie konnte es dann passieren, dass die Fabrikanten aus der Seventh Avenue 1930 eine ganze Kleiderlinie mit kurzen Röcken herstellten und auf einmal bemerkten, dass die Röcke lang geworden waren, als sie gerade nicht hingesehen hatten?

Nun wird in England ein König gekrönt, und so muss alles Hermelinbesatz haben. Nur gibt es in diesem Frühjahr in Amerika keinen Hermelinbesatz. Ich möchte mir *Oxfords* mit geraden, 7,5 cm hohen Absätzen kaufen – und stelle fest, dass es sie nur mit 2,5-Zentimeter-Absätzen gibt. 1929 galten Oxfordschuhe aus Leder als zu schwer für die Frauen in Amerika. Das sagte zumindest *Delman's Chic Shoe Shop*. 1934 sah man *Oxfords* mit Lederabsätzen überall auf den Straßen von New York.

Im Herbst möchte ich ein marineblaues Kleid. Das trägt man nur im Frühling, sagt die Verkäuferin. Im Winter 1930 möchte ich einen Mantel ohne Pelzbesatz. Alle Mäntel haben Pelzbesatz, sagt die Verkäuferin.

Ich möchte einen braunen Rollkragenpullover. Ich beginne bei *Macy's* und lenke meine Schritte zu *Altman, Best,* zu *Lord and Taylor, Saks* und zu *Bonwit.* Schließlich kaufe ich einen weißen bei *Fortnum and Mason* und gebe ihn zum Färben. Sie sagen, er werde die Farbe nicht annehmen, aber er tut es doch.

Ich möchte einen Badeanzug aus glattem Trikot mit einem Rockteil. Dieses Jahr sind sie alle aus gemustertem, strukturiertem Strickstoff und haben keine Rockteile. Ich möchte einen zweiteiligen Badeanzug aus BH und passender Hose. Die haben wir nicht mehr, das war letztes Jahr.

Ich möchte diese Art Badeanzug und ich mache mich gleich auf den Weg und lasse mir von *Valentina* einen nach Maß anfertigen. Es ist mir egal, ob es mich 200 Dollar kostet. Aber wenn ich die 200 Dollar nicht habe, muss ich dann dieses Jahr mit einem bedruckten Badeanzug aus Challis Vorlieb nehmen und ihn mögen? Nur weil »sie« sie auf dem Lido tragen? Was hat das mit mir zu tun?

Warum fragen »sie« nicht mich, die Konfektionskäuferin, was ich möchte? Vielleicht würden sie dann zu ihrem Schrecken herausfinden, dass alles, was ich möchte, ein schöner, flacher Reithut ist, wie der, den ich vor zehn Jahren hatte. Warum finden sie nicht heraus, wie viel Geld ich ausgeben kann, und was ich damit wirklich kaufen möchte? Wer kam auf die Idee, dass, nur weil ein Zehntelprozent der Bevölkerung eine bestimmte Art Kleidung braucht, ich dasselbe möchte? Wer entschied, dass ich – nur weil ich nur 10,75 Dollar für mein Kleid bezahlt habe – eine Schleife und eine Diamantspange am Ausschnitt haben möchte?

Der Modetrend, der garstige Schuft, er entschied das. Er gibt sich nicht direkt mit dir ab. Er klaut seine Einfälle vom Stil, bestickt sie, um zu verbergen, dass er die Hälfte des Materials wegließ und für den Rest nur 0,75 Dollar pro Yard bezahlte. Er stellt PR-Agenten an und Werbeleute, um dir zu versichern, dass es nur die bunte Zellophanverpackung ist, die zählt. Der Schuft bekommt 50 000 Dollar im Jahr, um dich zu überzeugen. Seine Frau bezieht ihre Kleider von *Hattie Carnegie,* also warum sollte er sich Sorgen machen.

Ich, Elizabeth Hawes, habe in Paris Kleidung verkauft, gestohlen und entworfen. Ich habe für Zeitungen, Zeitschriften und für Kaufhäuser über die Pariser Mode berichtet. Ich habe in Europa mit Einkäuferinnen aus Amerika gearbeitet.

In den USA baute ich meinen Elfenbeinturm in der 67. Straße in New York. Dort genieße ich das Privileg, schöne und teure Kleidung nach Maß für diejenigen anzufertigen, die sich meine Erzeugnisse leisten können. In den ersten vier Jahren meines Geschäfts kümmerte ich mich selbst um alles Geschäftliche, und ich habe neun Jahre lang meine eigene Kleidung entworfen, verkauft und beworben.

Gleichzeitig entwarf ich in New York ein Jahr lang für einen günstigen Bekleidungsgroßhändler. Ich entwarf Taschen, Handschuhe, Pullover, Hüte, Pelze und Stoffe für Kleiderfabrikanten. Ich arbeitete mit Werbeagenturen und Kaufhäusern bei der PR für diese Artikel zusammen.

All diese Erfahrungen haben mich davon überzeugt, dass 95 Prozent des Modegeschäfts eine nutzlose Zeit- und Energieverschwendung ist, soweit es die breite Öffentlichkeit betrifft. Es dient nur dazu, bei den Kunden, die von der Stange kaufen, im Gespräch zu bleiben und ihnen das Leben sauer zu machen. Der einzige nützliche Zweck, den der Wechsel der Mode möglicherweise haben könnte, ist, ein bisschen Fröhlichkeit, Freude ins Leben zu bringen. Aber sobald du die Zellophanverpackung der Mode entfernst, wirst du herausfinden, dass Mode nicht nur überhaupt kein Spaß ist, sondern dass sogar der Nutzwert deiner Anschaffung geopfert wurde.

Mode ist so geheimnisumwittert, so fern und so fremd, so kompliziert – und so langweilig, wenn du ihre Mechanismen verstehst –, dass sie zu einem reinen Anachronismus im modernen Leben geworden ist. Ein herzhaftes Lachen, und der Schuft würde wieder in der Vergangenheit verschwinden.

Alle Witze gehen auf meine Kosten und beziehen sich auf meine eigene Arbeit. Ich habe keine Aspekte des Modegeschäfts recherchiert, außer jene, die für einen konkreten Auftrag notwendig waren. Ich schreibe einfach über das, was ich selbst erfahren habe – und alle Figuren in diesem Buch sind aus dem vollen Leben gegriffen.

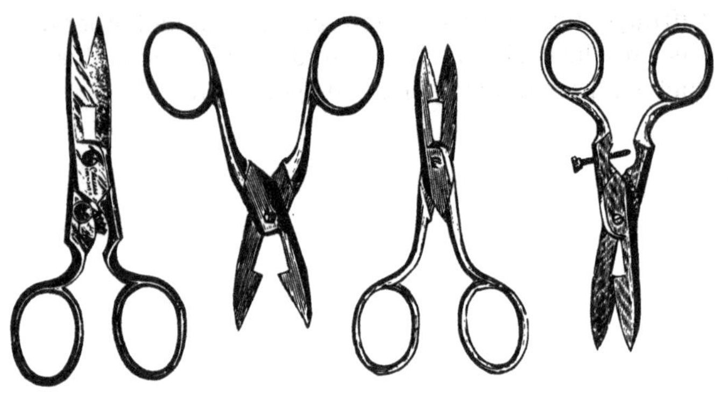

2 Ist Gott Franzose?

Amerika brüstet sich gewöhnlich damit, das Land der einflussreichen Werbung und der Reklame zu sein. Die meisten damit befassten Amerikaner haben aber nie in Erwägung gezogen, dass die Franzosen die größten PR-Fachleute der Welt sind. Sie bauten etwas auf, das nicht für eine Woche oder einen Monat oder eine Saison Bestand hatte, sondern für nahezu ein Jahrhundert.

Eine ganze Menge Bücher wurde über die Franzosen geschrieben: dass sie denken, Gott zu sein, oder *»Dieu est-il Français?«*, aber die wahre Schönheit der französischen Bekleidungsindustrie liegt darin, dass über Jahrzehnte niemand ihre gottgleiche Qualität anzweifelte. Die Propaganda war so perfekt, so subtil und so unaufhörlich, dass diese Legende von fast der ganzen Welt immer noch als Realität akzeptiert wird.

Man muss den Franzosen Anerkennung zollen, dass sie ihre Kampagne auf einem sehr hohen Niveau am Laufen halten. Sie können nicht dafür verantwortlich gemacht werden, was Amerika aus einer einstmals sehr guten Idee gemacht hat. Die französische Legende ist sehr einfach: Alle wirklich schönen Kleider werden in den Häusern der französischen Couturiers entworfen, und alle Frauen wünschen sich diese Kleider.

Ein *Couturier* oder eine *Couturière* – männlich oder weiblich – ist, genau gesagt, eine Person, die Kleidung für individuelle Kundinnen entwirft und ein Unternehmen führt, das diese Entwürfe direkt an dic Frauen verkauft und sie auf Bestellung herstellt. Alle wichtigen Modeschöpfer zeigen mindestens zwei Kollektionen im Jahr, Frühlings- und Sommerkleidung im Februar, Herbst- und Winterkleidung im August oder September.

Nur die Kundin für Maßgeschneidertes kauft in solchen Häusern. Sie wählt die gewünschte Kleidung aus einer Kollektion von 75 bis 200 Kleidern, Mänteln und Kostümen aller Art und für jede Gelegenheit aus. Die Entwürfe wurden zuvor ausgearbeitet und passend für Mannequins hergestellt, die sie später den Kundinnen vorführen. Die Kundin kauft kein Design, das speziell und exklusiv für sie gemacht wurde. Was sie kauft, kann auch an viele andere Frauen verkauft werden.

In einigen Fällen werden für bestimmte Kundinnen individuelle Entwürfe erarbeitet. Das kommt aber selten vor, normalerweise nur im Fall von formeller Kleidung, Hochzeiten, Krönungen, Theateraufführungen.

Für Amerikanerinnen, die noch nie in Europa eingekauft haben, ist es schwer zu begreifen, dass jeder Couturier zwar Kleidung für jede Stunde des Tages und der Nacht entwirft, dass er aber nur das macht, was er für jeden dieser Anlässe passend findet. Jeder echte Designer und jede Designerin hat seine oder ihre eigene Interpretation des Stils der Epoche. Wenn Chanel schwarzen Satin nicht mag, dann wird niemand schwarzen Satin von ihr bekommen. Wenn Chanel keine weiten Röcke mag, wird niemand *chez Chanel* welche finden.

Die Kundin, die Satin und weite Röcke möchte, wird – mit Chanels Segen – zu einem anderen Designer gehen, der Satin verwendet und weite Röcke entwirft. Jede europäische Kundin für maßgeschneiderte Kleidung findet schließlich den Modeschöpfer, der zu ihrem Typ und zu ihren Vorstellungen passt. Manchmal geht die Kundin zu dem einen wegen der Mäntel und Kostüme und zu einem anderen wegen der Abendkleider, aber wenn die Kundin für Maßgeschneidertes einmal einen oder mehrere Designer gefunden hat, deren Geschmack am besten zu ihr passt, dann bleibt sie bei ihnen.

Im Allgemeinen kann nichts als der Tod die europäische Designerkundin von dem gewählten Couturier trennen. Ihre Treue basiert auf der großen Tradition, zu der die Pariser Couturiers gehören.

Die Namen der französischen Modeschöpfer als Personen mögen nach einer Generation vergessen sein, aber es gibt immer wieder neue, die sie ersetzen. Bis jetzt haben die Neulinge die Plätze ihrer verstorbenen Vorgänger immer angemessen ausgefüllt. In ihrem Werden und Wirken arbeiten sie weiterhin nach einem einheitlichen Muster. Ihr Geschäft ist die Damenschneiderei, die gehobene Damenschneiderei, der Entwurf aus ausgezeichneten Stoffen und das Nähen feinster Nähte. Diesem Muster, das die französischen *Couturiers* etablierten, folgen alle *Couturiers* auf der ganzen Welt.

In Frankreich zu arbeiten ist alles, was nötig ist, um ein französischer Designer zu sein. Dies ist ein sehr wichtiger Grund für den Erfolg der französischen Legende.

Die Franzosen glauben aus tiefster Seele, dass alle Modeschöpfer Franzosen sind und in Paris arbeiten. Sie machen es einem leicht, in Frankreich zu arbeiten, will man ein französischer Designer sein.

Jemand wie Norman Hartnell, der in Paris Kleidung zeigen möchte, der aber danach gleich wieder zum Weiterarbeiten nach England zurück will, findet in Paris keinen Ort, um seine Kleider zu zeigen. Du findest dann einfach nichts zur Miete.

Wenn du Elizabeth Hawes bist, und einige französische Stoffhersteller helfen dir sehr, ja halten während der Depression praktisch dein Geschäft am Leben, dann wirst du von diesen Produzenten immer wieder gefragt: »Warum bestehen Sie darauf, eine amerikanische Designerin zu sein?« Sie sagen ständig: »Warum arbeiten Sie nicht in Frankreich? Es ist so viel einfacher, dort zu arbeiten.«

Es ist dort so viel einfacher, an individueller Kleidung zu arbeiten Manchmal fragt man sich selbst, warum man überhaupt jemals versucht hat, an einem anderen Ort zu arbeiten. Für Couturiers ist alles schon eingerichtet, um in Paris zu arbeiten. Daher findet man unter den französischen Designern Molyneux, der für die Franzosen Franzose ist, und für uns Brite. Da ist Schiaparelli, eine große französische Designerin, geboren als Italienerin. Da ist Main Bocher, geboren in den USA. Und es gibt, natürlich, Designer, die in Frankreich geboren und aufgewachsen sind.

Wenn man in Paris als Designer arbeitet, weiß man, dass jeder versteht, was man anstrebt, und einem dabei helfen möchte. Das heißt, sie verstehen, was man möchte, wenn man schöne Kleidung für die europäische Couture-Kundin entwerfen will.

Zunächst einmal spielt Zeit keine Rolle. Die Löhne der Näherinnen sind niedrig, und man kann so viel Arbeitszeit in ein Kleid investieren, wie man möchte. Der Preis wird immer noch vernünftig sein. Angenommen, eine Näherin braucht 100 Stunden, um ein Kleidungsstück fertigzustellen: 1925 erhielt sie etwa 7,50 Dollar für ihre Arbeit.

Noch wichtiger als der Preis für ihre Arbeitszeit: Die Pariser *Midinette,* aus der großen Tradition der Näherinnen, kennt ihr Geschäft. Sie wurde ausgebildet, wunderschön und sehr sorgsam zu nähen. Ihre Zahl geht in die Tausende. Mieten sind sagenhaft niedrig in dieser großen Stadt der künstlerischen Tradition. Die Mannequins, welche die Kleider zeigen, stützen ihren Lebensunterhalt weit mehr auf ihre Gentleman-Freunde als auf die Modemacher. Die Stoffe sind wunderbar und verführerisch, sowohl im Preis, als auch in Design und Farbe.

Die Handwerkstradition stellt sowohl Handweber als auch Handnäherinnen bereit. Einige Bauern in der Gegend um Lyon, in Zentralfrankreich, beugen sich noch immer über ihre alten, wackeligen Handwebstühle und produzieren kleine Mengen kompliziert gemusterten Damaststoffes. Maschinen könnten das auch. Aber keine Maschine kann ein neues Muster entwickeln und anweben. Überdies gibt es keine Notwendigkeit, diese Arbeit von einer Maschine erledigen zu lassen. Einmal deutete ich an, dass einige dieser so begehrenswerten Materialien so schrecklich teuer seien. »Könnten Sie sie nicht maschinell herstellen lassen?« fragte ich einen französischen Stoffhändler. Ich wusste, er könnte. In Amerika werden sie manchmal maschinell gewebt, das Design wird von einem handgewebten Muster kopiert.

»Oh«, sagte der Herr mit den Stoffen, »sie wären niemals so schön.« Er malte mir eine pastorale Szene aus von einem Bauern, der zwischendurch seine Kuh melke, während er zentimeterweise Damast webe.

»Ich bitte Sie«, sagte ich, »Sie wissen sehr gut, dass es mit der Maschine gemacht werden könnte.«

»Nun ja«, lächelte er müde, »es ist immer noch billiger, den Stoff per Hand herstellen zu lassen.«

Der Lebensstandard der französischen Arbeiterklasse ist bekanntermaßen seit Generationen sehr niedrig gewesen. Die Generationen, die die große Tradition der französischen Stoffe und der französischen Schneiderei schufen, die Generationen, die den Aufbau dieser großen Tradition ermöglichten, sie waren 1925 noch am Werk, als ich aufbrach, um in Paris zu arbeiten.

Sie produzierten noch immer Schnallen und Knöpfe, die künstlichen Blumen und die ganzen Kleinigkeiten, die ein erlesenes Kleid ausmachen. Wenn man in Frankreich eine spezielle Schnalle braucht, findet man immer jemanden, der sie herstellen kann. Es muss keine Gussform produziert und es müssen keine tausend Stück gegossen werden.

Eine auf einmal, ein Meter Stoff, ein Kleid auf einmal – dadurch wird die große Tradition fortgesetzt. Es ist mittelalterlich, es ist anachronistisch, es ist der Grund, warum man annimmt, dass alle schönen Kleider in Frankreich hergestellt werden und alle Frauen sie besitzen möchten.

Die gesamte französische Bekleidungsindustrie wird von den Stoffen bis zum letzten Knopf zu dem Zweck betrieben, Frauen individuell zu kleiden, nach Maß. Die Designer werden nicht nur dafür ausgebildet, sie werden gedrängt, nur das zu tun.

Die Franzosen versuchten nie ernsthaft oder mit Überzeugung, billige Kleidung in Massen herzustellen. Sie entwerfen schöne Kleider für reiche und schöne Frauen, und was die übrige französische Bevölkerung trägt, ist unwichtig. Es ist nicht nur für die französischen Designer unwichtig, es ist für jeden in der Modewelt unwichtig.

Wer schon einmal in Frankreich war, weiß, dass die meisten Frauen ein gut sitzendes Kostüm oder ein schwarzes Kleid tragen, und das wars. Die gesamte französische Legende basiert auf einigen wenigen Modeschöpfern, die für eine kleine Gruppe von einigen Hundert Frauen oder vielleicht einigen Tausend Frauen entwerfen, die »chic« sind. Im Englischen gibt es kein Wort für »chic«. Warum sollte es? Die Legende will, dass alles, was chic ist, französisch ist. Die Franzosen erfanden den Chic und sie erhalten ihn mit einer mittlerweile ziemlich komplizierten Maschinerie am Leben. Sie war nicht kompliziert, solange es nur sehr reiche europäische Müßiggängerinnen waren, die sich mehr Kleidung leisten konnten und wollten, als nötig war, ihren Körper zu bedecken, dazu einige Damen aus dem amerikanischen Hinterland, Russland und Argentinien. Es war nicht kompliziert, ehe in Amerika die Massenproduktion in Schwung kam.

Wir versuchen in Amerika sehr angestrengt, chic zu sein, aber der Boden ist dafür nicht fruchtbar. Wir versuchen chic durch das englische Wort *smart* zu ersetzen. R. H. Macy traf genau ins Herz unserer Kultur, als er entschied, es sei »*smart*, sparsam zu sein«. Niemand, der sich mit Chic auskennt, denkt, man könne gleichzeitig chic und sparsam sein. Niemand hat je eine Frau mit Chic in Kleidung für sparsame 29,50 Dollar gesehen.

Wenn du chic bist, lässt du dir jeden Tag oder jeden zweiten Tag das Haar machen. Deine Nägel sind perfekt. Deine Strümpfe halten kaum einen Abend. Deine Schuhe sind makellos. Dein Schmuck ist echt und teuer. Deine Kleidung ist auf den Leib geschneidert und passt. Es ist *deine* Kleidung, in deinen Farben, und nicht eine von tausend maschinell hergestellten Kopien. Deine Hüte gehören zu dir, mit Krempen in genau der richtigen Breite und Biegung.

Chic ist eine Kombination von Stil und Mode. Um wirklich chic zu sein, muss eine Frau einen entschiedenen Stil haben, eine ganz bestimmte Art zu leben, sich zu geben und auszusehen, die nur ihr selbst entspricht. Dazu noch endlose Besuche beim Friseur, zur Gesichtsbehandlung, beim Schuster und bei der Schneiderin. Mit untrüglichem Gespür für ihre eigenen Schwierigkeiten wählt sie aus, was ihrem Stil entspricht und gleichzeitig modisch ist. Wenn ihr Stil nicht ganz der Mode entspricht, erzielt die chice Frau einen Kompromiss mit einem kleinen Einschlag in Richtung Mode.

Chic zu sein wurde nicht nur »auf dem Kontinent« erfunden, es kann im wesentlichen auch nur in dessen geruhsamer Atmosphäre gedeihen. Um wahren Chic hervorzubringen und am Leben zu erhalten, ist ein Milieu wohlhabender Menschen mit sicheren Bankkonten nötig, die sich nicht darum sorgen müssen oder wollen, was im Büro vor sich geht. Große Häuser sind nötig, auf dem Land und in der Stadt, mit vielen Dienstboten, die dafür sorgen, dass der Laden läuft, ohne dass allzu viele Anweisungen nötig sind. Die Frau mit Chic braucht eine Zofe, die sich sogar noch mehr Gedanken über das Aussehen ihrer Herrin macht, als die Herrin selbst. Es ist das Mädchen, Marie, die sagt: »*Madame* muss wirklich einige neue Hüte kaufen. Besonders der kleine, schwarze Filz, den *Madame* so mag, ist schon ein bisschen aus der Form auf der linken Seite, wo *Madame* ihn nach unten übers Auge zieht. Und das marineblaue Kostüm! Wirklich, *Madame* kann es nicht mehr anziehen. Der Rock glänzt auf der Rückseite schon etwas. Das Abendkleid aus Tüll von *Madame* hat einen kleinen Riss im Rock. Ich habe ihn gestopft, aber *Madame* wird darauf achten, es zukünftig nur noch zuhause zu tragen.«

Für all die Menschen, die die Kleidung von *Madame* entwerfen und zusammenstellen, ist ihre Zofe von eminenter

Bedeutung. Es ist Marie, die *Madame* erklären wird: »Die Kleider, die Sie in der letzten Saison bei *Adrienne* gekauft haben, *Madame*. Ich glaube, Sie möchten in dieser Saison dort nicht mehr hingehen. Die Nähte der Ärmel reißen jedes Mal, wenn *Madame* sie anzieht. Die schwarze Spitze war sicher irgendein altes Zeug, das beim ersten Tragen kaputtgeht. Ich bin zuversichtlich, dass *Madame* bei *Dolneau*, die ausgezeichnet arbeiten, das finden kann, was ihr gefällt. Ich musste noch nie, *Madame*, eine einzige Naht bei einem *Dolneau*-Kleid reparieren.«

Vielleicht musste sie noch nie eine Naht an einem Kleid von *Dolneau* reparieren. Und selbst wenn, dann hat *Dolneau* es ihr erstattet. Marie bekommt einen Anteil an allem, was *Madame* in Paris kauft. Es ist das Vorrecht der Zofe, die Rechnungen zu zahlen. Sie zieht ihren adretten marineblauen Mantel an und setzt den kleinen blauen Filzhut auf. Sie zieht ihre derben Baumwollstrümpfe hoch und steckt ein Bündel Tausend-Franc-Noten, die *Madame* ihr gibt, in ihre alte, schwarze Börse. Sie eilt leise zu einem bestimmten Tisch im Hause *Dolneau* an der Rue Royale. Sie übergibt den dicken Stapel Scheine.

Sie erhält einen kleinen Stapel Franc-Noten zurück, ihr Lohn dafür, dass sie die Kleidung von *Dolneau* mag. Vielleicht zahlt er ihr zehn Prozent und *Adrienne* zahlte nur fünf Prozent. Bei den Kleidern von *Adrienne* platzen sofort die Nähte, die Säume gehen auf, das Material wird löchrig wie von Zauberhand – *Madame* wird nächste Saison sicher vorziehen, ihre Kleider bei *Dolneau* zu kaufen.

Madame muss sich keine Sorgen machen, ob sie genügend Seidenstrümpfe besitzt, ob ihre Wäsche fadenscheinig wird, und was sie heute zu Mittag anziehen wird. Marie wird die Strümpfe kaufen, zu einem sehr guten Preis, von dem sie dennoch eine Provision bekommt. Marie ruft die Wäschespezialistin an, an einem Morgen, wenn *Ma*-

dame zwischen Zwölf und Eins nichts vorhat, so dass ein neues Set bestellt werden kann. Marie wird die wichtige Entscheidung treffen, ob es das beige Outfit mit den olivgrünen Accessoires sein soll, oder das einfache schwarze Crêpekleid mit den feinen, weißen Kanten, in dem *Madame* so unglaublich chic aussieht.

Der Butler von *Madame* wird sich um alles kümmern, was den Haushalt betrifft, so dass sie daran keinen Gedanken verschwenden muss. Der Chauffeur von *Madame* kennt instinktiv die Adresse, wo sie einkaufen, zu Mittag speisen, oder das Wochenende verbringen möchte.

Und der Ehemann von *Madame* wird Zeit haben, mit ihr das Wochenende zu verbringen. Er wird nicht zu beschäftigt sein, um in den Süden Frankreichs zu entfliehen, wenn es in Paris ein bisschen regnerisch wird. Er hat die Zeit, jede neue Tasche, jeden neuen Gürtel und Schuh zu bemerken, den sie trägt. Er wird sie zum Einkaufen begleiten und lange mit der Verkäuferin beratschlagen.

»Das kleine graue Frühjahrskostüm von *Madame* war einen Tick zu jugendlich für sie«, wird *Monsieur* sagen. »Ich denke, dass diese sehr kurzen Röcke *Madame* nicht schmeicheln. Wir müssen in dieser Saison etwas auswählen, das ein kleines bisschen seriöser ist. *Chérie, vraiment,* du weißt ja, dass deine Beine ein klein wenig mollig sind. Natürlich finde ich sie wundervoll, aber in der Öffentlichkeit, denke ich, sollten wir sie fünf Zentimeter länger bedecken.«

Die Stunden, die es braucht, um genau die richtigen Schuhe zu finden, die jedes Kostüm komplettieren, den Schuh anzuprobieren, ihn wieder wegzuschicken und wieder anzuprobieren, sind anscheinend eine sehr angenehme Art, in Paris Zeit zu verbringen. Das einzige, was man an so einem Tag tun muss ist, sich für das Dinner um Neun umzuziehen. Nächste Woche fahren *Madame* und

Monsieur sowieso für eine kleine Verschnaufpause in ihr kleines Landhaus in der Normandie.

Chic sein, das basiert auf den Handwerkern, den Dienern, der Zeit und dem Geld, das *Monsieur* geerbt oder irgendwo gefunden hat. Vielleicht arbeitet er noch ein bisschen. Vielleicht kam *Madame* aus Pittsburgh mit einem Vermögen in Kohlebergwerken. Er liebt ihre Beine, die ein klein wenig mollig sind, und sie liebt es, eine Baronin zu sein.

Das ist nicht allzu kostspielig in Europa, mit den Kohlebergwerken und den Löhnen, die man zahlt. Die Zofe bekommt 20 Dollar im Monat und ihre Provisionen. Der Butler bekommt nicht viel mehr. Es ist eine Menge für den Rolls-Royce und die kleine 40-Zimmer-Villa in Cannes übrig. Es ist ein wunderbares Leben. Das Essen ist ausgezeichnet, der Wein sogar noch besser. Die Sonne ist warm, wenn sie es sein sollte, und in den Alpen liegt Schnee, wenn *Madame* Skifahren möchte.

Das Hauptproblem des chicen Lebens ist die richtige Kleidung für die Temperatur, die man im Moment bevorzugt. Im Juni braucht man besondere Kleidung für London und Ascot. Im Januar macht man sich zum Lido auf, mit dem richtigen Maß an Nacktheit, um Sonne zu tanken. Man muss vielleicht eine Jagdausrüstung für den Oktober in Schottland besorgen, und dann ist da ja noch die angemessene Abendkleidung zum Roulettespielen im März in Biarritz.

Und *Madame* ist attraktiv. Niemand, wie neidisch er oder sie auch auf ihr müßiggängerisches Leben sein mag, würde es wagen, das zu bestreiten. Manchmal wird sie zu dick oder zu dünn. Manchmal hat sie es mit den Nerven oder bekommt Falten. Aber das alles kann durch Massagen, Gesichtsbehandlungen, Ärzte und was auch immer in Zaum gehalten werden.

Eine Gruppe dieser Frauen, wunderschön gekleidet, mit perfektem Geschmack, passend für den Anlass, gepflegt und zurechtgemacht, ist ungefähr der verführerischste Anblick, den man sich nur vorstellen kann.

Sie sind sich ihrer selbst sicher – ihrer Stellung, ihrer Kleidung und ihrer Freunde. Sie werden fotografiert, über sie wird geschrieben. Sie werden aufgebaut. Die große französische Legende ruht leicht auf ihren weißen oder sonnengebräunten Schultern.

Der französische Couturier kennt und versteht diese Frauen – und keine anderen. Er erschafft den größten Teil ihres Chics, ergänzt durch Accessoires und alles was nötig ist, um gepflegt zu sein.

Alle schönen Kleider werden in den Häusern der französischen Couturiers entworfen und alle Frauen möchten diese Kleider besitzen. Man kann es in der Zeitung lesen. Man kann es in Zeitschriften lesen, und deine beste Freundin erzählt dir das auch.

Einst kam der Chic ganz natürlich vor, als natürliche Folge der französischen Schneiderkunst und des müßiggängerischen Lebens. Jeder nahm ihn als Normalzustand derer hin, die ihn sich leisten konnten. Chic ist einfach die teure, modische Seite des Stils.

Was der Schuft, der Schurke, der Modetrend, damit anstellte, ist von größtem Interesse für die amerikanische Öffentlichkeit. Mit den Werkzeugen der Massenproduktion bewaffnet, unterstützt von Werbe- und PR-Experten, begünstigt durch zügellosen Reichtum, benutzte der Modetrend die französische Legende für seine eigenen, intriganten Absichten.

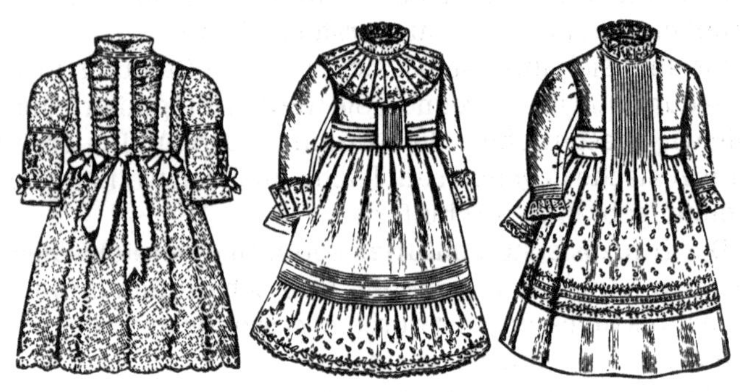

3 Ich wurde damit aufgezogen

In den ersten 24 Jahren meines Lebens glaubte ich an die französische Legende. Wie die meisten jungen Leute aus der Mittel- und Oberklasse wuchs ich damit auf, schon bevor ich etwas von der Bekleidungsindustrie im Allgemeinen oder von Modedesign im Besonderen erfahren hatte.

Mein Großvater mütterlicherseits war Vizedirektor einiger Eisenbahnlinien und daher wohlhabend genug, seine zwei Kinder ins Ausland zu schicken, um ihrer Erziehung den letzten Schliff zu geben. Sein Sohn, mein Onkel Fred, studierte in Paris Architektur und lebte einige Jahre in Frankreich.

Meine Mutter war eine sehr unabhängige junge Frau. Obwohl die Direktion ihrer *finishing school* in New York es nicht für angebracht hielt, besuchte sie in den fröhlichen 1890er Jahren das *Vassar College.* Danach reiste sie und lebte in Frankreich und radelte in langen, fließenden Röcken die Küste des Mittelmeeres entlang. In diesen besonderen Kleidern gewann sie auch die Tennismeisterschaften.

Schließlich willigte sie ein, sich in Ridgewood, New Jersey, als verheiratete Frau niederzulassen, in einer Stadt, die in den 1880ern größtenteils ihrem Vater und ihrem Onkel gehörte. Ihre Aussteuer, die zum größten Teil noch auf dem Dachboden der Familie vorhanden ist, wurde in Paris zusammengestellt.

Meine ersten Erinnerungen an meine eigenen Kleider drehen sich um mein »Pariskleid«. Ich bekam eines im Jahr, das meine Großmutter von ihrer jährlichen Pilgerfahrt in das Land der Kunst und des Chics mitbrachte. Diese Kleider waren immer weiß, aus Batist oder Piqué, und mit handgestickten Lochmustern, Bogenkanten und blauen Satinschärpen ausstaffiert. Sie hatten jedes Mal kurze Ärmel und tiefe Ausschnitte, und ich wurde gezwungen, im Winter *guimpes* darunter zu tragen. Eine *guimpe* ist eine Art Hemdbluse mit langen Ärmeln und einem hohen Kragen. Ich verabscheute *guimpes.*

Ich musste außerdem Unterhosen mit langen Beinen zur Tanzschule anziehen, was großen Widerwillen bei mir auslöste. Sie bildeten Wülste an meinen Knöcheln und verletzten zutiefst meinen Sinn für Schönheit.

Als Reaktion verlegte ich mich darauf, *Kewpies* nur mit Hüten zu bekleiden. Eine weitere Nachwirkung zeigt sich ab und zu im Winter: Ich habe eine gewisse Neigung, in den kältesten Nächten nur mit einem Abendkleid aus Chiffon und einem ellbogenlangen Samtcape auszugehen.

Wie auch immer – obwohl ich mich im Winter zu solide anziehen musste, um ästhetischen Kriterien zu genügen, verging meine Kindheit ohne große Leiden. Ich verbrachte Stunden mit der Hutmacherei für die *Kewpies* und noch mehr Zeit mit dem Nähen von Puppenkleidern. Meine

Mutter war eine frühe Anhängerin von Montessori und moderner Erziehung, und das schloss das Erlernen aller möglichen Handarbeitstechniken mit ein. Ich flocht Dutzende Körbe aus Rohr und Raffia und machte buchstäblich kilometerlange Perlenstickereien. Wegen der Designs für Perlenarbeiten besuchte ich gelegentlich das *Museum of Natural History.*

Mein Großvater starb, ehe ich geboren wurde, und anscheinend schwand der Überschuss an Geld nach und nach dahin. Die jährlichen Reisen meiner Großmutter nach Paris und damit die daherrührenden Kleider wurden stillschweigend aufgegeben. Mein Vater und meine Mutter brachten vier Kinder hervor, von denen ich das zweite war, geboren am 16. Dezember 1903. Wir führten ein durchschnittliches Mittelklasse-Leben in einem Pendlerstädtchen etwa 25 Meilen vor New York City.

Zu der Zeit, als wir vier Kinder waren, platzten wir fast aus unserem schindelgedeckten Haus, das immer einen Anbau bekommen sollte, den es aber nie erhielt. Es gab ein kleines Wäldchen hinter dem Haus, in dem wir spielten. Auf der anderen Seite der bürgersteiglosen Straße war ein großes Kartoffelfeld auf dem Grundstück meiner Großmutter, das immer ein Tennisplatz werden sollte, der aber nie angelegt wurde. Es gab mehrere Bäche im Umkreis, wo wir spielten.

Im Hinterhof hatten wir ein Spielhaus, eine alte Funkerkabine von einem Schiff, das den Südpazifik befahren hatte. Mein Vater war stellvertretender Leiter der Firma. Wir hatten einen großen Gemüsegarten und kleine Blumengärten, einen für jedes Kind. Es gab die üblichen Sandkästen, Rutschen und Trapeze, verteilt in einem moosbewachsenen Hinterhof. Das Gras wollte nie so richtig wachsen, weil es dort so viele Eichen gab und der Boden schattig und übersäuert war.

Meine Mutter, mit einem Geschmack für bessere Materialien und anspruchsvollere Schneiderkunst und wenig Mitteln, sie zu bezahlen, verlegte sich drauf, unsere Kleider zuhause herstellen zu lassen. Unsere Einkaufsexpeditionen in die Stadt bestanden aus halbjährlichen Besuchen bei *Alexander,* um Schuhe zu kaufen und in der Resteabteilung nach wunderbaren Stoffen zu kramen. Dann spazierten wir an den Schaufenstern der teuren Läden vorbei, die ihre Waren aus Frankreich importierten, und meine Mutter machte Skizzen auf kleinen Papierfetzen. Danach gingen wir zum Lunch zu *Henri* oder *Maillard* und einmal im Jahr ins Hippodrom oder in den Zirkus, schließlich auch ab und zu ins Theater. Meine erste Theateraufführung war *The Blue Bird* und ich erinnere mich noch gut an die Farbe einer der blauen Kulissen.

Die Schneiderin kam immer für eine Woche und produzierte rasch, mit Schnittmustern und Skizzen, unsere Kleider. Wir, das waren meine ältere Schwester, ich, vier Jahre jünger, meine kleine Schwester, vier Jahre jünger als ich, und ein Bruder, zwei Jahre jünger als sie.

Als ich neun oder zehn Jahre alt war, fing ich an, meine Kleider selbst zu nähen. Mit zwölf betrieb ich die Schneiderei professionell. Zuerst machte ich Kleider für jüngere Kinder, die Töchter von Freundinnen meiner Mutter. Mein Antrieb war dabei rein wirtschaftlich: Ich wollte etwas kaufen, Perlen für die Stickereien, Stoff für ein weiteres Kleid, Weihnachtsgeschenke. Eine gewisse Mrs. Drinker in Ridgewood stellte wirklich bezaubernde und schöne Kleider für ihre kleine Tochter her, und auch für einen kleinen Laden in Haverford, Pennsylvania. Sie betrachtete meine Näherei mit Interesse und auch mit einiger Belustigung und bot mir an zu versuchen, einige meiner Erzeugnisse an den Laden zu verkaufen. Der Laden hieß *Greenaway Shop,* erinnere ich mich.

Ich entwarf und nähte ein paar Kleider aus Vichykaro und ein Kleid aus ungebleichtem Musselin mit Applikationen und Stickereien für drei- bis fünfjährige Kinder, die sie dem Laden schickte.

Jedes wurde mit etwa 2,50 Dollar ausgezeichnet. Das Material hatte vielleicht einen Dollar gekostet. Der Laden bestellte das Musselinkleid nach, vier Stück in verschiedenen Größen.

Damit hörte meine professionelle Schneiderei für eine Weile auf. Ich schloss die Grundschule ab und ging zur Highschool. Soziale Aktivitäten und das Schulleben zehrten meine ganze Zeit auf, bis auf die Zeit für das Nähen meiner eigenen Kleidung. Ich entwarf und nähte seitdem alles für mich, bis auf gelegentliche Ausrutscher später in Frankreich.

Ich benutzte *Vogue* und *Harper's Bazaar* als Vorlage, kopierte die Modezeichnungen oder veränderte sie. Das festigte meine Überzeugung von der französischen Legende. Alle schönen Kleider wurden in Frankreich entworfen, und alle Frauen, mich selbst eingeschlossen, wollten sie besitzen.

Wie ich es vermied, an die Kunsthochschule zu gehen statt nach *Vassar*, weiß ich nicht genau. Ich machte einen kleinen Schlenker in Richtung Kunst, aber die Familientradition in punkto *Vassar* war stark. Meine ältere Schwester war dort und nahm sich unsere Mutter zum Vorbild. Es wurde nicht viel Aufhebens darum gemacht, ob ich gehen sollte oder nicht. Ich war eine gute Schülerin und bestand die Schule ohne Probleme.

Mein erstes Jahr in *Vassar* war nicht weiter bemerkenswert. Meine Schwester war im vierten Studienjahr und hatte an den Wochenenden viele Verehrer. Ich versuchte, demselben Plan zu folgen. Es klappte ganz gut, bis zum Ende jenes Jahres, als ich den Verehrer verlor, den ich seit der *Highschool* mitgeschleppt hatte. Er ging ans *Williams College* und wir lebten uns nach einer Hausparty auseinander. Ich war ziemlich unattraktiv, und als ich in den nächsten drei Jahren ernsthafter wurde, hatte ich weniger und weniger feste Freunde.

Im ersten Jahr war ich Kostümassistentin bei der jährlich stattfindenden Freilufttheateraufführung. Ich glaube nicht, dass ich irgendetwas entwarf. Das Stück hieß *»Kismet«* und ich setzte die Skizzen des Mädchens um, das meine Chefin war.

Nachdem mir im Sommer 1922 der Blinddarm herausgenommen worden war, kehrte ich für das zweite Studienjahr zurück und entdeckte die Wirtschaftswissenschaften. Danach kümmerte ich mich kaum noch um etwas anderes in *Vassar.* Ich belegte die erforderlichen Kurse, Mathematik und Chemie brachten mir immer Einsen ein. Die Literatur- und Kunstkurse, die ich auswählte, langweilten mich und brachten Zweier. Die Wirtschaft an sich faszinierte mich.

Darin ging es nicht nur um das Gesetz von Angebot und Nachfrage, sondern auch um Probleme der Arbeitskraft, um die Familie, den Sozialismus und schließlich um ökonomische Theorien. In meinem Abschlussjahr verbrachte ich vier lange Monate in der Bibliothek und las jedes Wort, das Ramsey MacDonald gesagt oder geschrieben hatte und schrieb es alles zu einer Abschlussarbeit zusammen, in der ich keinen einzigen eigenen Gedanken äußerte – aber eine Eins bekam.

Neben den Wirtschaftskursen konzentrierte ich mich auf Kleidung. Am Ende des zweiten Studienjahrs besuchte ich einen sechswöchigen Kurs an der *Parson's School of Fine and Applied Arts* in New York. Ich lernte etwas sehr Wichtiges, nämlich dass keine Kunsthochschule, wie zufriedenstellend sie auch für andere sein mochte, mir beibringen würde, wie man Kleidung entwirft. Wir besuchten das *Metropolitan Museum* und brachten koptische Muster zu Papier, die wir sehr gewissenhaft in farbige Bildtafeln übertrugen. Dann nahmen wir Teile des Musters und machten daraus oder damit Kleidung, die angeblich modern sein sollte. Wir zeichneten nach der Natur, aber niemand erwähnte mir gegenüber, die Modezeichnung studierte, das Wort Anatomie. Offenbar kam es ihnen nicht in den Sinn, dass ich lebende Menschen bekleiden würde, die Knochen und Muskeln haben.

Ich beendete alle meine Aufgaben in kürzester Zeit und verbrachte Stunden damit, für die fortgeschrittenen Studenten zu posieren. In der übrigen Zeit in der U-Bahn und im Zug zwischen Ridgewood und Upper Broadway entschied ich, dass ich besser daran täte zu lernen, wie Kleidung hergestellt wird.

Im nächsten Sommer, 1924, gelangte ich durch eine Freundin, die Kundin bei *Bergdorf Goodman* war, als unbezahlter Lehrling in *Bergdorfs* Atelier. Ich fing jeden Morgen um 8.30 Uhr mit der Arbeit an. Ich war etwa um 7.30 Uhr am Abend zuhause. Wir arbeiteten im obersten Stockwerk unter einem Glasdach, das die Sonne des Hochsommers hereinließ. Ich war so müde, dass ich jeden Abend heulte, wenn ich heimkam. Ich lernte, wie teure maßgeschneiderte Kleidung gemacht wird.

Die Importe aus Frankreich kamen zu *Bergdorf,* kurz bevor ich den Laden im Sommer verließ. Da waren sie wieder, diese schönen Kleider, die, so die Legende, nur in Frankreich entworfen werden konnten. Ich entschied, dass ich besser daran täte, nach Frankreich zu fahren und herauszufinden, was es damit auf sich hatte.

Das letzte Collegejahr 1924/25 verbrachte ich zur Hälfte mit Ramsey MacDonald und zur Hälfte mit der Frage, wie ich nach Frankreich gelangen sollte. Zuerst versuchte ich, meinen Abschluss in der Mitte des Schuljahrs zu machen. Ich hatte genügend Kreditpunkte. Der Dekan entschied gerade zu dieser Zeit, dass man nur nach dreieinhalb Jahren in *Vassar* fortgeschrittene Kurse belegen könne und dass kein Diplom vor der Vollendung von vier Jahren ausgegeben werden dürfe. Und so stieg ich in den Keller der Bücherei hinab und überlebte das letzte Semester mit meinem liberalen Labourabgeordneten.

Der Grund, warum ich das College sechs Monate früher abschließen wollte, war, dass ich das übrige Geld für Frankreich verwenden wollte. Wenn ich vernünftig gewesen wäre, wäre ich einfach gefahren. Aber so sah ich mich einem nicht unerheblichen wirtschaftlichen Problem gegenüber, bedenkt man die Tatsache, dass ich für alles, einschließlich Kleidung, genau 25 Dollar im Monat zur Verfügung hatte.

Ich bemühte mich um ein Stipendium und vermasselte es aus einem einfachen Grund. Ich ging mit meiner besten Freundin zu einem Tanzabend an einer *Prep School*, einer privaten Vorbereitungsschule für die Uni. Alles nur, um es ihrem jüngeren Cousin recht zu machen. Wir wären verdammt gewesen, hätten wir dafür eines unserer kostbaren vier freien Wochenenden genommen. In *Vassar* durften wir damals das College nur an vier Wochenenden im Semester verlassen. Daher gingen wir zu dem Tanzabend, ohne uns abzumelden. Als wir ankamen, war dort das gesamte erste Semester aus *Vassar* – ebenfalls, ohne sich abgemeldet zu haben. Sie fuhren alle zurück und gestanden ihr Verbrechen. Wir bewahrten Stillschweigen, bis jemand einen anonymen Brief, der alles verriet, an den Direktor schrieb. Die Obrigkeit zitierte uns zu sich und versicherte, dass sie sich nie um anonyme Briefe kümmere, aber dass wir ebenso gut gestehen könnten. Wir gestanden. Ich bekam kein Stipendium.

Trotzdem machte ich mich an die Arbeit und begann, Kleider für meine Freundinnen zu entwerfen. Ich ließ eine nahegelegene Schneiderei das Nähen erledigen. Schließlich konnte ich bei einem Geschäft am Rande des Campus einsteigen und dafür Kleider entwerfen. Sie wurden in einer Fabrik in Poughkeepsie hergestellt und verkauften sich recht gut.

Ich setzte Anzeigen in die Collegezeitung von *Vassar* mit dem Inhalt, dass ich bei *Bergdorf Goodman* gearbeitet hatte und bereit sei, alles für jedermann zu tun. Ein paar hundert Dollar verdiente ich in Kommission durch den Laden.

Als ich meiner Französischlehrerin erzählte, dass ich in Frankreich arbeiten werde, lachte sie nur. Mein Französisch war so schlecht, ich hatte es nach dem ersten Jahr aufgegeben. Im Abschlussjahr nahm ich es wieder auf und belegte einen furchterregenden Fortgeschrittenen-Kurs in französischem Aufsatz, der sich als ein wahrer Segen für das Schreiben entpuppte und meine Grammatik ziemlich fehlerlos machte. Mein Akzent war – und blieb – einfach schrecklich.

Dann taten sich alle zusammen und sagten mir sehr offen, dass ich niemals einen Job in Frankreich bekommen würde. Sie schienen es einfach instinktiv zu wissen. Frankreich, darauf bestanden sie, war für die Franzosen.

Bonwit Teller hatte zu der Zeit ein Arbeitsvermittlungsbüro. Ich kann mir nicht vorstellen, warum. Vielleicht gelangten auf diese Art vielversprechende junge Leute in das Kaufhaus. Sie bemühten sich, Collegeabsolventen dabei zu helfen, irgendeinen Job zu bekommen. Sie gaben mir ein Empfehlungsschreiben für ihr Pariser Büro.

Eine meiner Freundinnen in *Vassar*, Evelyn Johnson, hatte das College nach ihrem ersten Jahr verlassen. Ihre Mutter war mit einem französischen Parfumimporteur verheiratet und verbrachte jeden Sommer in Frankreich. Evelyn entschied sich, mit mir nach Paris zu fahren, als ich nach dem College abfuhr. Sie dachte, ihre Mutter könnte mir helfen, einen Job zu finden.

Im späten Frühjahr zwischen Ökonomiekursen und Kleidung hatte ich einige Augenblicke, die mich quälten. Nach der ganzen Zeit, die ich mit Problemen der Arbeiter verbracht hatte, plus *Bergdorfs* Atelier, bekam ich unbestimmte humanitäre Anwandlungen, auf irgendeine Weise die Welt zu retten.

Meine Mutter, muss ich hinzufügen, hatte immer wieder in ihrem ganzen Leben alle möglichen Situationen gerettet. Zuerst rettete sie die Finanzen der Familie durch Immobiliengeschäfte und ein paar Versuche an der Aktienbörse. Dann hatte sie immer die gesamte schwarze Bevölkerung von Ridgewood davor bewahrt, aus ihren Häusern geworfen oder wegen Trunkenheit verhaftet zu werden, oder aus Mangel an Arbeit zu verhungern. Die meisten von ihnen waren früher oder später unsere Hausangestellten gewesen. Sie arbeitete jahrelang im Bildungsausschuss und in der Politik des Countys mit.

Jeder, der über irgendetwas in Ridgewood etwas wissen wollte, rief meine Mutter an. Eines Nachts rief ein Herr an und fragte: »Mrs. Hawes, was soll ich machen? Irgendjemand wirft Müll auf das Grundstück neben meinem Haus.« Natürlich sagte Mutter ihm, was er tun solle.

Es ist aber wichtig zu verstehen, dass sie *mir* nie sagte, was ich tun solle. Als ich meine Absicht bekanntgab, in Paris zu arbeiten, fragte sie: »Wie lange wirst du bleiben?«

Offenbar entspricht der Wunsch, die Menschheit zu retten, meinem Wesen. Glücklicherweise hörte sich meine damalige Ökonomie-Lehrerin mein Gejammer an, ob es wirklich richtig sei, mein ganzes Leben dem Thema Kleidung zu widmen. Es fiel ihr nicht allzu schwer mich zu überzeugen, dass ich ebenso gut die Gaben und Wünsche, die Gott mir gegeben hatte, annehmen könnte und einen Teil der Bevölkerung davor bewahren könnte, etwas anderes als Hawes-Designs tragen zu müssen.

Endlich war das Frühjahr 1925 vorbei. Wir bekamen unsere Zeugnisse. Wir gingen nach Hause. Ich nähte einige Abschlusskleider und bereitete mich darauf vor, Anfang Juli auszulaufen. Und ich hatte mein erstes Zeitungsinterview.

Eine Frau von den *Newark News* entschied, dass ich interviewt werden sollte, da meine Mutter im County so bekannt war. Es war eine Art »mutiges junges Mädchen macht sich auf den Weg in die große weite Welt«-Geschichte mit einem recht netten Bild. Es hatte Folgen.

Eine junge Frau aus der Anzeigenabteilung eines Kaufhauses in Wilkes-Barre, Pennsylvania, schrieb mir einen Brief und fragte, ob ich nicht gerne über Neuigkeiten aus Paris berichten würde, die sie für Anzeigen nutzen könnte. Ich glaube, das sollte etwa 15 Dollar im Monat einbringen. Ich rief sehr laut: »Ja!«.

Dadurch kam ich auf eine andere Idee. Ich wendete mich an die Lokalzeitung und fragte, ob sie nicht regelmäßig aus Paris etwas von mir geschrieben haben wollten. Sie sagten: »Ja, für etwa 10 Dollar im Monat«.

So liefen Evelyn Johnson und ich am 8. Juli 1925 aus, in der dritten Klasse der *Berengaria,* Studententicket. Ich wurde nicht seekrank und lernte auf dieser Reise, Alkohol zu trinken. Ich besaß dreihundert Dollar und einen Diamantring. Er war einmal ein Ohrring meiner Großmutter gewesen. Die Familie ließ ihn neu fassen und sagte, ich könne ihn jederzeit versetzen, um nach Hause zu kommen. Ich habe ihn noch heute.

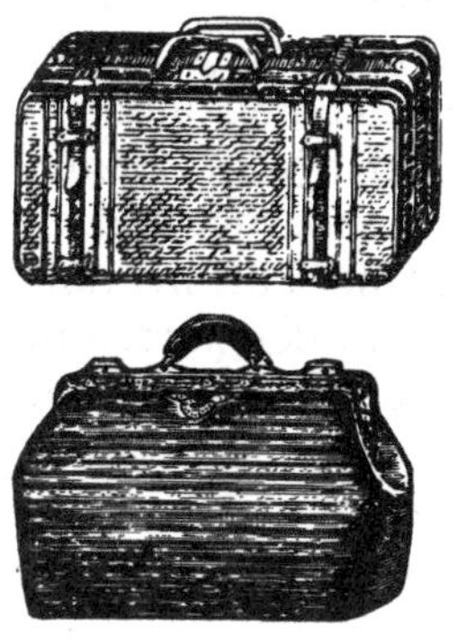
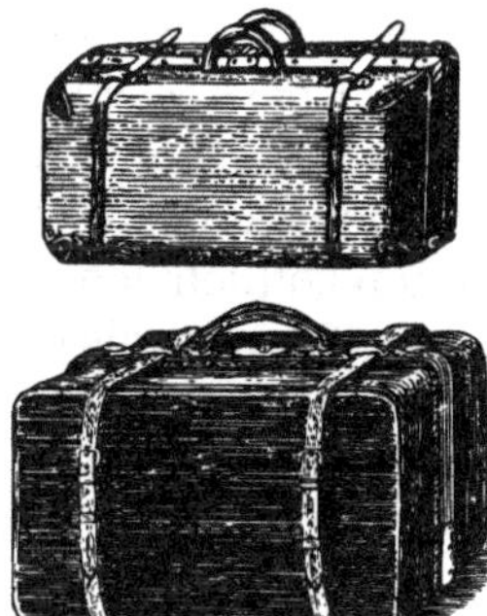

4 Kopieren, eine einfallsreiche Bezeichnung

Bevor die großen Hafenanlagen gebaut wurden, war der Hafen von Cherbourg der schönste Ort, um zum ersten Mal in Frankreich an Land zu gehen. Man wurde vom großen Schiff auf einen Schlepper gebracht, der in eine so angenehme, kleine, ineffiziente Welt schipperte. Die Gepäckträger brüllten und verloren das Gepäck, während man langsam den Anblick der niedrigen, hellen Häuser mit roten Ziegeldächern einsog, von langen »*Tonique*«-Werbeschildern gekrönt, begrenzt von kleinen grünen Hügeln.

Wir kamen am 14. Juli an. Mir war, als wäre ich nach langer Zeit heimgekommen. Da der 14. Juli nun einmal das große nationale Volksfest ist, brauchte unser Zug 14 Stunden von Cherbourg nach Paris. Normalerweise braucht er etwa fünf. Es schien, als ob der Lokomotivführer in jeder Stadt ausstieg, um auf der Straße zu tanzen, oder so ähnlich.

Ich liebte es. Ich entspanne mich, sobald ich die französische Küste erreiche. Ich wusste damals, wie jedes Mal danach, dass es einfach keine Eile gibt. Ich weiß nun, was ich damals nicht wusste, dass das Essen in jedem kleinen Gasthaus gut sein würde, der Wein wunderbar und die Betten göttlich. Ich mag das Land und die Leute in Frankreich. Wenn ich als Französin geboren worden wäre, wäre ich darüber jeden Morgen sehr glücklich. Ich wurde nicht als Französin geboren, daher musste ich schließlich nach Hause zurückkehren und eine Amerikanerin sein, nachdem viel passiert war. Ich fuhr nicht nach Frankreich, weil es schön und friedlich war und voller gutem Essen. Ich ging, um den französischen Chic kennenzulernen. Ich lernte eine Menge.

Wir ließen uns in einer billigen Pariser Pension nieder, Evelyn und ich. Wir gingen mit unseren Freundinnen einkaufen und ich ergründete zum ersten Mal die gewaltigen Schneidereien, die Heimat der französischen *Couturiers.* Die anderen Mädchen kauften Kleider, während ich nur beobachtete und mich ziemlich eingeschüchtert fühlte, jetzt, wo ich endlich im Zentrum des französischen Chics stand. Ich war so verängstigt, dass ich nicht viel wahrnahm, nur sehr große Räume und sehr gewandte Verkäuferinnen, sehr dicke Teppiche und sehr schöne Kleider.

Danach nahmen wir immer einen gewaltigen Lunch ein, mit 54 verschiedenen Vorspeisen und wunderbarem Käse. Dann fuhren wir mit einer Kutsche durch den *Bois de Boulogne,* über lange, lange Wege unter Bäumen. Ich konnte mich nie daran gewöhnen, dass es Wald ohne Unterholz gab, nicht mal am Rande von Paris. Wir nahmen den Tee an einem waldigen Ort ein und trieben dann den Fahrer zurück zur Bar des Ritz.

Dort kauften die Jungs, die gerade in Princeton und Yale und Harvard und an allen anderen Orten der USA die Uni abgeschlossen hatten, Cocktails für uns. Damals lernte ich, *Double Alexandres* zu trinken. Einmal, nachdem wir alle je drei *Double Alexandres* gehabt hatten – ich dachte, das sei der Name des Getränks – bestellten wir noch eine Runde. Der Kellner musterte uns genau und sagte: »Wollen Sie einen *Double Alexandre* – oder einen Alexandre, der Single ist?«

Einige Tage später stellte ich mich in *Bonwit Tellers* Pariser Büro vor. Der Chef, Franzose, dick und glänzend, sagte, er wisse von nichts. Ich könnte ein bisschen später wiederkommen.

Ich hatte keine Zeit, mich entmutigen zu lassen, denn Evelyns Mutter kam aus Amerika an. Sie schleifte mich zu ihrer Schneiderin und murmelte dort einige kurze und wohl abgewogene Sätze. Ich war eingestellt. Ich wusste nicht, für welchen Lohn oder welche Arbeit oder was das für ein Laden war, aber ich hatte den Job. Ich sollte nach dem 15. August vorbeikommen.

Evelyn und ich packten unsere Sachen zusammen und fuhren mit ihrer Familie nach Evian am Genfer See. Sie hatten eine typische französische Villa, rote Ziegel, weiße Steingesimse, kiesbestreute Wege, zu viele Möbel. Ich war so damit beschäftigt, mich über meinen Job zu wundern, dass ich mich kaum an den Besuch erinnere.

Wir fuhren mit dem Auto in den Alpen herum. Sie sind für meinen Geschmack ein bisschen zu hoch und zu gewaltig für meinen Seelenfrieden. Wir versuchten unser Bestes, *Ulysses* zu lesen, und ich scheiterte. Wir fuhren nach Genf hinein und sahen den Ort, an dem Wilson die Welt für die Demokratie gerettet hatte. Ich fand es einfach wunderbar. Die Franzosen waren skeptischer.

Endlich war es Mitte August und wir eilten zurück nach Paris. Evelyn bekam eine Aussteuer und fuhr nach Hause um zu heiraten, ich begann zu arbeiten. Mein Arbeitsplatz entpuppte sich als Modeatelier für Kopien der *Haute Couture.*

Ein solches Kopieratelier ist eine Schneiderei, bei der man Kopien der Kleider kaufen kann, die jene wichtigen Designer zeigen, die ebenfalls direkt an Kundinnen verkaufen. Die Genauigkeit der Kopie hängt vom Preis ab, der wiederum mit dem Perfektionsgrad zusammenhängt, den jedes einzelne Atelier für seine Kopien anstrebt. Eine wirklich perfekte Kopie eines Modells kostet in so einem Atelier etwa die Hälfte dessen, was es dort kostet, wo es erdacht wurde.

Ich bin mir sicher, dass es überall dort Ateliers für Kopien gab, wo eine genügend große Anzahl erfolgreicher Couturiers Aufmerksamkeit auf sich zog. Jedenfalls gab es eine Menge davon, als ich 1925 in Paris war, und sie arbeiten nach wie vor auf unrechtmäßige Weise.

Seit der Depressionszeit haben die großen Modehäuser in Paris ihre Preise gesenkt und eine Reihe von Kopisten in die Pleite getrieben. Dieses Phänomen ist interessant, zum Einen, weil es nach wie vor in Paris existiert, zum Anderen auch, weil wir unsere eigenen Kopierateliers haben werden, sobald die Designer in New York jemals eine gewisse Zahl und Berühmtheit erreichen sollten. Es gibt sie schon, aber sie sind nicht sonderlich vital.

Kopieren, ein fantasievolles Wort für stehlen, ist auch als Beispiel dafür interessant, was für ein merkwürdiges und verdorbenes Geschäft das Schneidereigewerbe sein kann. Die Leidenschaft, die rund um den französischen Chic entfacht wurde, führt zu fast allem – Mord vielleicht sogar eingeschlossen.

Die meisten Ateliers für Couture-Kopien in Paris sind in einem oberen Stockwerk in den Seitenstraßen zu finden, auch wenn das, in dem ich arbeitete, an der Rue Faubourg St. Honoré lag, nur ein Stück von *Lanvin* am Place Beauvais entfernt. Es war ein sehr gutes Atelier: Wir brüsteten uns damit, dass wir niemals eine Kopie eines Kleides anfertigten, wenn wir nicht das Originalkleid wirklich in den Händen gehalten hatten.

Der vordere Eingang führte durch eine der in Paris üblichen schweren, steingefassten Türen, in einen dunklen und ziemlich schmutzigen Flur, eine geschwungene Treppe hinauf zu einer Tür, die eine Messingtafel mit dem Namen des Hauses trug, nennen wir es *Doret.* Dort war eine Klingel.

Der Hintereingang führte durch diesen ersten Flur hindurch, über einen ziemlich schmutzigen Hof, enge und wirklich schmutzige Stufen hinauf, zu einer Tür ohne einen Namen. Diese Tür führte in einen Lagerraum. Die Hintertreppe ging weiter in ein Stockwerk mit Werkstätten und darüber zu einer Küche und einem kleinen Esszimmer, wo jeder, von den Nähmädchen abgesehen, zu Mittag aß, sofern genügend Zeit war, zu Mittag zu essen.

Das Haus sollte zwischen Zwölf und Zwei für die Mittagspause geschlossen sein. Falls um Zwölf eine Kundin da war, waren wir gefangen, bis sie ging. Wenn keine Kundinnen da waren, wurde die Vordertür verschlossen und die laute Schmetterstimme von Madame Doret klang durch die Räume: »*A table!* Zu Tisch!«

Wir bekamen sehr gutes, kräftiges Essen, Suppe, Kaninchenragout, Salat und Käse. Es gab viel Rotwein und dicke Scheiben Brot. Monsieur Doret, der einzige Mann, war Tischherr. Er hatte beim Mittagessen immer eine Zigarette hinters Ohr geklemmt und sprach Montmartre-Argot, einen ordinären Slang, der in *Vassar* nicht gelehrt wird. Ich brauchte gut zwei Monate, ehe ich der Konversation beim Mittagessen folgen konnte.

Ateliers für Kopien der Couture sind nicht chic, was die Inneneinrichtung betrifft. Sie sind nur für einen Zweck im Geschäft: die Modeschöpfer zu unterbieten, deren Erzeugnisse sie stehlen. Unser Haupteingang war normalerweise unverschlossen, aber es war ein Gong mit der Tür verbunden, so dass niemand hineinschlüpfen konnte, ohne dass wir es bemerkten. Wenn es den Verdacht gab, dass eine Razzia bevorstand, war die vordere Tür verschlossen. Man musste klingeln, um hineinzugelangen. Manchmal gingen wir an die Tür. Wenn wir gerade eine Razzia erwarteten, gingen wir nicht. Alle alten Kundinnen wussten, wie sie durch den Hintereingang hineinkommen konnten, und wenn sich die Polizei bei der Suche nach Kopisten austobte, wollten wir keine neuen Kundinnen.

Falls die Kundin hineingelangte, kam sie in eine kleine Diele mit einem schmuddeligen Teppich, ging an einem winzigen Büro auf der linken Seite vorbei, das von den Verkäuferinnen und der Zeichnerin benutzt wurde und, wenn sehr viel los war, auch als Anproberaum. Rechts war ein großes Büro, wo Monsieur Doret das ruchlose Gewerbe einer doppelten Buchführung ausübte. Das scheint mir eine besondere französische Charakteristik zu sein, die keinesfalls auf das Bekleidungsgeschäft begrenzt ist: Sie hassen es, Steuern zu zahlen.

Monsieur Doret bestand darauf, alle Transaktionen mittels Barzahlungen auszuführen. Obwohl die Einrichtung nicht auf große Gewinne hindeutete, war er es, und nicht einer meiner reichen amerikanischen Freunde, der den *Bankers Trust* dazu brachte, für mich ein Konto zu eröffnen, auf dem ich jeden Monat ein paar Dollar liegen hatte. Ich schloss daraus, dass er sowohl ein Dollar- als auch ein Franc-Konto hatte und dort Respekt genoss.

Im Büro von Monsieur Doret hingen Kleidermodelle zur Ansicht. Es waren nur wenige. Wir verkauften meistens ausgehend von Modezeichnungen. Die Modelle waren keine Kopien. Sie repräsentierten unser »Schaufenster«. Zu

Beginn jeder Saison fertigten wir ein paar langweilige kleine sportliche Kleider an, als Dummys.

Meine Aufgabe war, an Amerikanerinnen zu verkaufen, die kein Französisch sprachen – und neue Kundinnen mitzubringen, wenn möglich. Ich verbesserte meine zeichnerischen Fähigkeiten und half auch dort aus. Die Arbeitszeiten waren von neun bis alles erledigt war, ungefähr um sechs, und ich erhielt ein großzügiges Gehalt von 500 Franc im Monat, 1925 etwa 20 Dollar.

Wenn eine Kundin ohne Ankündigung kam, oder wir ihre Rechtschaffenheit bezweifelten, zeigten wir ihr unsere eigenen Modelle und komplimentierten sie heraus. Wenn wir sie kannten, oder ihre Reputation gut war, geleiteten wir sie in einen kleinen Salon mit einem großen Tisch, einem nutzlosen Kamin, einem fadenscheinigen Teppich, vier oder fünf schlecht gestrichenen imitierten Louis-XV-Stühlen.

Wir schafften heran, was wir an Kopien da hatten, meistens Kleider, die gerade für andere Kundinnen angefertigt wurden. Wir ergänzten dies mit den Skizzenbüchern und machten unsere Verkäufe.

Madame Doret war das Gehirn und die treibende Kraft hinter allem. Sie hatte in dem Geschäft schon unter einer anderen Frau gearbeitet, die schließlich in Rente ging und es ihr und *Monsieur* überließ. Sie war klein, ungefähr 1,63 m, mit wunderbaren Beinen und Füßen. Ihr Haar war braun und lockig, ihre Augen sehr leuchtend und schwarz. Sie ging niemals, sie hatte eine Art verkürzten Laufschritt, der sie überall gleichzeitig hintrug. Die meiste Zeit verbrachte sie damit, Listen im Lager anzufertigen und herauszustürzen, um wichtige Kundinnen zu empfangen. Ihre Termine waren meistens nach Fünf, wenn sie sich im Salon mit einer Gruppe ausländischer Männer oder einer seltsamen französischen Frau einschloss.

Nach diesen Terminen bekamen wir immer ein neues Set von Modellen.

Im Juli und den halben August war das Haus geschlossen. Das war, damit wir Urlaub machen konnten, aber vor allem, um *Lanvin* und *Vionnet, Chanel* und dem ganzen Rest Zeit zu geben, ihre Kollektionen zusammenzustellen, so dass wir sie kopieren konnten. Ich begann am 15. August 1925 mit der Arbeit. Es gab fast keine Modelle, aber nach und nach tauchten sie auf. Am ersten September hatten wir eine gute Kollektion von fünfzig oder sechzig perfekten Kopien, aus genau dem gleichen Material, in der gleichen Farbe und mit der gleichen Stickerei.

Ich bekam nie befriedigende Antworten, wie sie dort hingelangt waren, aber nach ein paar Monaten war ich vertrauenswürdig genug, um in das Geschäft des Stehlens hineingezogen zu werden. Es wurde nicht als Stehlen angesehen. Es war nur ein Geschäft. Viele Leute wollten Kleidung von *Chanel* besitzen, die sie sich nicht leisten konnten, und wir füllten die Lücke.

Ich entdeckte zu meiner großen Überraschung, dass wir tatsächlich Modelle kauften. Ich entdeckte dies, weil ich zum Kauf losgeschickt wurde. Ich war Amerikanerin und jung und unverdächtig. Wenn es irgendwo ein besonders gutes Kleid gab, und sicher war, dass wir es nicht umsonst, oder zum halben Preis, oder mit allen anderen Mitteln, die ich schließlich kennenlernte, bekommen konnten, kauften wir es.

Das Kleid wurde mir im Detail beschrieben, und gewöhnlich bekam ich die Nummer des Kleides. Ich wandte mich dann an den jeweiligen Couturier und nutzte entweder die *vendeuse,* die persönliche Verkäuferin einer Freundin, oder ich war sehr amerikanisch und noch nie in Paris gewesen. Falls das Kleid für eine ältere Frau passend war, kaufte ich es für meine Mutter, deren Maße ich bei mir hatte und der ich das Kleid mitbringen würde. Falls es jugendlich genug war, ließ ich es für mich anfertigen und anpassen.

Ich glaube, nicht mehr als vier oder fünf Modelle wurden pro Saison auf diese Weise gekauft. Aber es gab noch etwas, das im Couturehaus erledigt werden musste. Die Mitarbeiterinnen der Stickateliers kamen immer mit der Stickerei für bestimmte Kleider aus den großen Couturehäusern zu uns, besonders von *Callot,* das damals noch erfolgreich war. Ich ging los und schaute mir diese Kleider an, schaute so weit möglich, wie sie genäht waren. Mit genau der gleichen Stickerei und meiner Skizze wurde unser Modell ziemlich echt.

Wo kamen also die anderen Kleider her? Es gab drei Hauptquellen: Kundinnen, Geliebte und Einkäuferinnen aus dem Ausland. Ich weiß nicht, wie lange ein Kopieratelier braucht, um diese Quellen aufzubauen, aber unsere waren sowohl gut als auch groß an der Zahl.

Einige der reicheren Kundinnen waren Frauen, die eine Menge Kleider direkt vom Designer kauften. Sie füllten ihre Garderobe dann *chez le* Fälscherwerkstatt auf. Sie mochten die Fälscherin und ließen sie ihre Kleider kopieren und zahlten im Vergleich sogar recht hohe Preise, aber immer noch nur die Hälfte eines Originals. Vielleicht bekamen einige von ihnen tatsächlich niedrige Preise. Die Frage des Preises ist selten eine feste im Schneidereigewerbe, sei es nun eine Fälscherwerkstatt oder nicht.

Ich war sehr stolz, beim Tee im Ritz unsere Kundinnen in ihren *Chanel*-Kleidern zu sehen, genauso wie die echten *Chanels* gegenüber am Tisch.

Eine der wunderbarsten Tatsachen über die *chic monde* in Paris schien mir ihr bizarres Verlangen, das gleiche Kleid wie alle anderen zu haben. Damals war es immer schwarz. Es galt nicht als clever, sparsam zu sein – wenn man eine Kopie trug, musste sie daher wirklich perfekt sein. Wir zogen einige der wirklich chicen Frauen an. Ihre Gefälligkeiten als Gegenleistung brachten uns etwa ein Viertel unserer Modelle ein.

Die Hälfte der Modelle bekamen wir durch Einkäuferinnen aus dem Ausland. Das schien mir immer ein schmutziges Geschäft. Ich weiß es nicht genau, nehme aber an, dass wir etwas Geld ausgaben für das Privileg, die Modelle kopieren zu können. Ich fühlte mich wirklich wie ein Dieb an dem Tag, an dem ich herausfand, wie das funktionierte. Ich wusste, dass viele der Couturiers die Kleidung gerade zur rechten Zeit auslieferten, damit sie ein bestimmtes Schiff erreichte, oder dass sie es zumindest versuchten. Ich dachte immer, der Grund wäre, dass sie mit so vielen Bestellungen beschäftigt seien. In Wirklichkeit versuchten sie, undichte Stellen zu verhindern. Aber sie hatten damit keinen Erfolg. Viele der besseren Kopierateliers werden von Menschen betrieben, die in amerikanischen Einkaufsagenturen arbeiten oder gearbeitet haben. Das Angebot an Modellen wird so sichergestellt.

Es war zur Zeit der Modenschauen in der Mitte der Saison, im November, als ich in das Geheimnis der ortsansässigen Einkaufagenten und der Kopierateliers eingeweiht wurde. Alle Konfektionäre oder Händler, die in Paris einkaufen, arbeiten mit einheimischen Agenturen, die sich für sie um alles kümmern. Der Agent vor Ort und seine Mitarbeiter sorgen für Eintrittskarten zu den Modenschauen, begleiten die Einkäufer Tag und Nacht, während sie in der Stadt sind, und empfangen nach und nach die Einkäufe und verschicken sie nach Amerika oder sonstwohin.

Eine unserer häufigsten Besucherinnen, die einzige, die jemals zum Lunch eingeladen wurde, war eine ortsansässige Einkaufsagentin für einen großen amerikanischen Konfektionär. Madame Ellis war eine Amerikanerin, die schon seit Jahren im Ausland lebte. Sie war etwa 55, außerordentlich attraktiv und ziemlich gewitzt. Alles, was ihr an Grips fehlte, hatte sie längst durch Erfahrung wettgemacht.

Sie bekam nur selten Kleider von uns und mir fiel nie auf, dass sie uns welche brachte. Sie war offenbar eine alte und vertrauenswürdige Freundin des Managements und verbrachte recht viele Wochenenden im Landhaus der Dorets.

Ich hatte einen dicken Mantel aus Biberpelz. Ein Pelzmantel ist in Paris in der Arbeiterklasse eine ziemliche Seltenheit. Meiner hatte einen besonderen Wert, wie sich zeigte. Ich wurde eines Tages im November gebeten, ihn anzuziehen und zum Büro der Einkäufer zu gehen, mit dem Madame Ellis zusammenarbeitete. Es war gegen Ende der Bestellungen in der Saisonmitte, einen Tag, bevor ein großes Schiff abfahren sollte.

Die Büros der Einkäufer in Paris liegen – bis auf die paar, die von amerikanischen Firmen besessen und betrieben werden – wie die Kopierateliers und der größte Teil von Paris, in alten, steinernen Gebäuden, die um schmutzige Innenhöfe herum gebaut sind. Die Eingangshallen sind dunkel und die Treppen winden sich steil zu den Büros hinauf.

Ich stieg zu Madame Ellis' Büro hinauf. Sie war da, alleine, mit einem großen Stapel Schachteln von *Chanel.* Die Schachteln waren hastig geöffnet, die Kleider herausgezogen und von ihren Seidenpapierhüllen befreit worden. »Steck sie unter deinen Mantel«, sagte *Madame,* »und bring sie so schnell wie möglich zurück.«

Ich gehorchte automatisch, begeistert, nun diese Quelle für die Kleider überprüfen zu können, eilte die Treppe hinunter, in ein Taxi, zum Faubourg St. Honoré, unsere Hintertreppe hinauf, und entledigte mich meiner

Schmuggelware auf dem Boden unseres Lagerraums. Die Näherinnen waren nach Hause gegangen. Die Schnittdirectricen waren noch da. Sie nahmen die Schnitte der Kleider ab, während ich genaue Zeichnungen anfertigte.

Madame Doret untersuchte jede Naht sogar noch genauer, machte sich Notizen über Knöpfe und Gürtel, schnitt Stoffproben aus den Nahtzugaben und schaute sich die Verarbeitung an. Wir hatten sechs oder acht neue *Chanels* zu verkaufen.

Jemand sagte zwar während unserer Untersuchung – wenn auch unzutreffenderweise – »Dass *Chanel* sich traut, solche Arbeit abzuliefern! Schaut mal, es ist alles nicht im Fadenlauf zugeschnitten. Die Nähte sind noch nicht einmal versäubert.«

Aber, ob gut oder schlecht gearbeitet, die Idee war da, wir hatten sie, und die Kleider gingen unter meinem Pelzmantel zurück. Ich fuhr im Taxi zu meiner wartenden Madame Ellis zurück. Die Modelle wurden wieder in ihr Seidenpapier gelegt, und ab gingen sie per Expressboot nach New York.

Das war das einzige Einkaufsbüro, in das ich jemals zu diesem Zweck ging. Aber es war keineswegs das einzige Büro, von dem wir Modelle bekamen. Dies war zufällig eine Bestellung für New York. Wir bekamen auch eine Menge Kleider von einer holländischen Einkäuferin, die möglicherweise einen Anteil am Gewinn bekam oder etwas ähnliches. Und es gab auch eine Deutsche, die mit einer Menge Pakete ein- und ausging.

Dann gab es noch ein regelrechtes Geschäft mit den Nesselmodellen von Kleidern. Die Musterteile tauchten auf, sobald die Ateliers der großen Designer begannen, an einer neuen Kollektion zu arbeiten. Sie waren oft nicht echt, daher kauften wir nicht viele. Diese Musterteile wurden von den Näherinnen gestohlen, die in den Ateliers von *Vionnet, Lanvin* usw. arbeiteten und wurden kopiert, während man die neuen Designs erarbeitete.

Eine besonders verruchte Quelle waren die Geliebten. Unsere beste gehörte zum Geschäftsführer eines berühmten Designers. Sie bekam alle ihre Kleider aus diesem renommierten Haus. Dann verlieh sie sie an alle möglichen Kopisten, um ein bisschen Geld auf die Seite legen zu können. Diese Quelle war ganz nach meinem Geschmack, aber Madame Doret war damit nicht sehr zufrieden, denn eben jene Modelle fielen jedem Atelier für Couturekopien der Stadt in die Hände.

Man kommt nicht darum herum zu denken, dass das alles hätte verhindert werden können. Es hätte. Aber ich bezweifle, dass die Stoffhändler es verhindern wollten. Sie hätten sich einfach weigern können, die Stoffe an Plagiateure zu verkaufen. Sie taten es nicht. Zumindest kauften wir immer direkt ein, und mir fiel dabei nie irgendeine Schwierigkeit auf.

Die Stoffgroßhändler müssen von bestimmten Materialien mindestens so viel an die Kopierateliers wie an den ursprünglichen Hersteller des Modells verkauft haben. Und es gibt eine alte Tradition in Paris die besagt, dass ein Designer tot ist, sobald er nicht mehr kopiert wird.

Von Zeit zu Zeit gab es Versuche, die Ateliers für Couturekopien zu schließen. Die Schmuggleratmosphäre an unserem Arbeitsplatz blieb immer dieselbe. Die Modelle wurden nie offen aufbewahrt, und es wurde immer alles bereitgehalten, um die Sachen schnell wegschaffen zu können.

Wahrscheinlich war das so, weil es einige Jahre vor meiner Zeit dort eine Razzia gegeben hatte. Die ganze Geschichte ist typisch für die zwielichtige Art, wie die Kopisten ihr Geschäft gegen alle Widerstände aufrechterhalten. Die Polizei kam aufgrund einer Aktion von *Lanvin* und

Callot und eines weiteren Couturehauses zu einer Razzia, wenn ich mich richtig erinnere.

In Paris gibt es eine besondere Organisation, die von den Couturehäusern unterhalten wird und die gegen Kopien vorgehen soll. *Lanvin, Callot* und weitere übergeben die Sache diesem Büro, wenn sie ein bestimmtes Atelier in Verdacht haben. Das Büro schaltet dann die Polizei des Bezirks ein, die eine Razzia veranlasst. Der Plagiator muss mit konkreten, perfekten Kopien in seinen Räumen erwischt werden, um strafrechtlich belangt zu werden. Madame Doret wurde mit ihren Waren erwischt, perfekten Kopien, und es kam zum Prozess. Aber es ging alles gut für sie aus, und warum?

Die kluge kleine Madame Doret war einmal sehr freundlich zu einer Kundin gewesen. Die Kundin hatte mit einem Herrn eine Ausfahrt gemacht und war bei einem Autounfall verletzt worden. Der Herr, mit dem sie fuhr, war nicht der Herr, der ihre Rechnungen bezahlte. Wie sie unter den Fittichen ihres Schneiderateliers landete, weiß ich nicht, aber Madame Doret brachte sie in ein Versteck und kümmerte sich um die ganze Affäre, so dass nie ein Wort ruchbar wurde. Der Herr, der ihre Rechnungen zahlte, war zufällig ein Minister der Regierung.

Als das Atelier durchsucht wurde und so vor dem Ruin stand, reichte ein kleiner Hinweis Madame Dorets gegenüber der Dame, mit der sie sich angefreundet hatte, damit der Minister etwas unternahm. Dem Atelier wurden ein paar Tausend Franc Strafe aufgebrummt und es wurde geschlossen – für zwei Monate.

Falls Couturiers – also Designer, die Kleider entwerfen, die sie in ihrem eigenen Unternehmen anfertigen lassen – in New York jemals eine entsprechende Bedeutung erlangen, werden wir auch unsere *Dorets* haben, die das Kopieren für einzelne Kundinnen organisieren. Im Moment ist das Kopieren kein nennenswertes Geschäft – in diesem Bereich. Es wird auf eine ineffiziente Art von Leuten betrieben, die nicht wissen, wie sie die Originale bekommen können. Selbst wenn sie tatsächlich originalgetreu kopieren, ist es wahrscheinlich, dass die Ausführung schlecht ist.

Wenn ich sage, dass es in New York keine Plagiateure gibt, meine ich damit natürlich nur, dass wir die Dinge nicht im kleinen Maßstab betreiben. Wir haben die Massenproduktion!

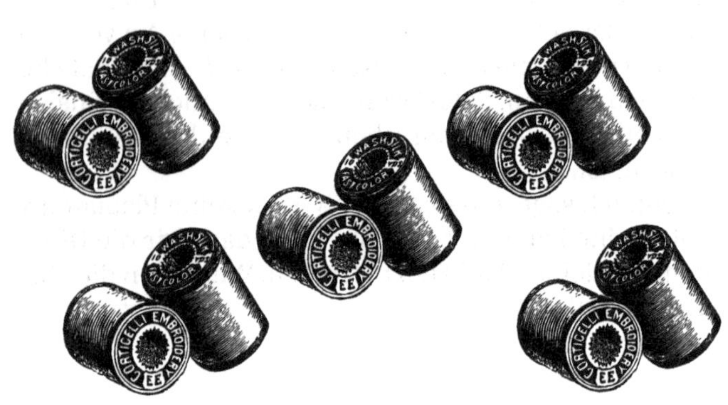

5 Das fotografische Auge

Das Leben bei *Doret,* mit seiner Vielfalt an Kundinnen, ihren Knöpfen und Gürteln, durchsetzt mit den Aufregungen des Kleiderstehlens, dauerte von August 1925 bis Mitte Januar 1926. Alles, was mit der Arbeit zu tun hatte, war eine reine Freude.

Durch das Verkaufen unserer Kopien lernte ich, die Stile der verschiedenen französischen Designer zu erkennen. Ich lernte, Französisch zu sprechen – schnell, fließend, und fürchterlich mit Slangausdrücken durchsetzt. Ich führte das Leben einer kleinen, bourgeoisen Pariser Verkäuferin, soweit ich konnte.

Samstagnachmittag ging ich mit den anderen Verkäuferinnen ab und zu in die Tanzpaläste. Wir besuchten ein sehr großes und protziges Lokal auf dem Montmartre, das sehr an *Roseland* in New York erinnerte, nur dass es dort keine bezahlten Mädchen zum Tanzen gab. *Wir* waren die Mädchen.

Man kam herein, nahm zusammen an einem Tisch Platz, bestellte ein alkoholfreies Getränk und wartete. Die Jungs waren an den anderen Tischen oder standen aufgereiht entlang der Wände. Wenn die Musik einsetzte, würde einer herankommen und sich sehr formell verbeugen. Kein Wort wurde gewechselt. Wenn man ihn mochte, stand man auf und tanzte mit ihm. Wenn man ihn nicht mochte, bedauerte man höflich und hing dann während dieses Tanzes fest. Es gehörte sich nicht, den einen abzuweisen und gleich danach einen anderen zu erhören.

Die Musik war schrecklich, eine sehr große Kapelle, die sehr schlecht amerikanischen Jazz spielte. Während man tanzte, wurde vom Tanzpartner kein Wort gesprochen, sofern man nicht selbst ein Gespräch anfing. Alle meine Gesprächsversuche waren von sehr unzusammenhängender Art und ich war nicht gerade erfolgreich. Sobald die Musik aufhörte, wurde man Knall auf Fall stehengelassen und musste alleine zu seinem Tisch zurückgehen. Niemand war jemals betrunken. Es war fast wie in der Tanzschule.

Offensichtlich diente dies dem Zweck, neue Freunde zu finden. Ein Mädchen von *Doret* heiratete schließlich einen Jungen aus der Schweiz, den sie dort beim Tanzen getroffen hatte. Ich hatte niemals solches Glück, auch wenn eines Tages ein nicht unattraktiver Herr mehrere Male mit mir tanzte. Einige Monate später, als ich ungestört mit jemandem an der Bar des Ritz saß, kam er mit einer ziemlich eleganten Dame herein. Wir nickten einander nicht zu.

Oft fuhr ich mit einer der Verkäuferinnen zum Abendessen zu ihrer Familie in sehr kleine, sehr warme, sehr beengte Wohnungen in den Außenbezirken von Paris. Mein Lieblingsessen auf ihren Speisezetteln war Kaninchenragout, und jedes Mädchen hatte eine Großmutter, die das auf eine andere Art zubereitete. Die eine nahm Rotwein, die andere Weißwein, die dritte gar keinen Wein. Es war jedes Mal köstlich.

Die meiste Zeit nach der Arbeit verbrachte ich allein. Ich hatte in jenem Winter nur einen Verehrer. Männer sind in Paris immer Mangelware für junge Amerikanerinnen, es sei denn, der Juni bringt die Touristen in die Stadt. Mein gewisser junger Mann war halb Franzose, halb Amerikaner.

Seine Familie war in Sprache und Gewohnheiten französisch geprägt, und ich hatte schreckliche Angst davor, zum Essen dorthin zu gehen. Ich verstand eine Konversation auf Französisch immer noch nur halb, es sei denn, sie war direkt an mich gerichtet. Meine Antworten waren so von dem Slang durchsetzt, den ich von Monsieur Doret aufgeschnappt hatte, dass ich jedes Mal ausgelacht wurde oder einen Blick des Entsetzens von meiner Gastgeberin erntete, wenn ich den Mund aufmachte. Ich war unglaublich schüchtern.

Daher wandte ich mich Reiseführern und der französischen Architektur zu und bildete mich am Samstag und Sonntag weiter. Ich durchstreifte Museen und stöberte Reste römischer Skulpturen in den Ecken ruinöser alter Kirchen in entfernten Gegenden von Paris auf. Das füllte meine Zeit aus. Ich habe das meiste davon vergessen und ich bezweifele, dass es gut für mich war. Ich bin trotzdem nicht fähig, Louis-XIV-Möbel von Louis-XV-Möbeln zu unterscheiden.

Die Finanzen waren die Last meines Lebens. Ich hatte 500 Franc im Monat von *Doret.* Ich hatte etwa 25 Dollar im Monat vom Artikelschreiben für die Zeitung zuhause und für das Kaufhaus in Wilkes-Barre. Das lief auf etwa 1200 Franc hinaus, der Wechselkurs lag bei etwa 25 Franc für einen Dollar.

Für ein durchschnittliches, arbeitendes, französisches Mädchen waren das Reichtümer. Die Näherinnen bekamen 300 Franc im Monat für eine 40-Stunden-Woche. Die anderen Verkäuferinnen in unserem Laden erreichten mit Provisionen etwa 800 Franc im Monat. Ich schaffte es nie, mit meinen 1200 auszukommen. Ich musste einfach ein Zimmer mit Zentralheizung und fließendem Wasser mieten. Es kostete mich 700 Franc im Monat. Es war der reinste Wahnsinn, aber es war sauber, groß und vernünftig bewohnbar. Das Bett stand in einem Alkoven mit Vorhängen, so dass ich nachts keinen Zug abbekam und der Raum wie ein Wohnzimmer aussah. Ich hatte fließendes Wasser, in einem Schränkchen untergebracht. Bäder kosteten je 3 Franc. Es ist möglich, auch ohne Bäder sauber zu bleiben. Das Frühstück machte ich auf einem mit Brennpaste betriebenen Kocher, Lunch hatte ich kostenlos im Laden. Das Dinner nahm ich meistens im *Foyer Feminine* ein, einer Art französischen CVJM, wo es eine Cafeteria gab und ich eine Mahlzeit für ein paar Franc, weniger als 10 Cent, bekommen konnte. Ich hätte auskommen müssen, aber es gelang mir nie so ganz. Der Grund war, dass ich jedes Mal, wenn ich hundert Franc ins Plus kam, 99 Franc für gutes Essen in einem Restaurant ausgab. Daher waren die meiste Zeit nur 5 Franc zwischen mir und meinem Diamantring.

Ich hatte keine Zeit, mich bei *Doret* zu langweilen. Nachdem ich das Handwerk des Kopierens beherrschte – und die französische Sprache – trat Madame Ellis in die Bresche. Sie plauderte häufiger und häufiger mit mir im Büro. Schließlich bot sie mir einen Job an. Ob ich wohl gerne für ihren Konfektionär in New York Skizzen anfertigen würde, in der nächsten Saison?

Diese Frage bedeutete nur eines für mich: Ich würde zu allen Couturehäusern Zutritt und die Kollektionen zu sehen bekommen. Für Madame Ellis und ihren Chef, Mr. Weinstock, bedeutete es etwas viel Wichtigeres.

Die Situation der amerikanischen Einkäufer in Paris war in den Jahren, als ich dort arbeitete, sehr einfach. Als Einkäufer teurer französischer Modellkleider für die amerikanische Massenproduktion stahl man, was man konnte, und kaufte nur, was man musste. Fast jeder wichtige Einkäufer brachte zur ersten Präsentation der neuen Kollektion jedes Couturiers eine Zeichnerin mit. Die Zeichnerin war vorgeblich eine stellvertretende Einkäuferin. Ihre wirkliche Aufgabe war, sich an so viele Modelle wie möglich zu erinnern und sie anschließend für den Einkäufer zu zeichnen, damit sie später in New York kopiert werden konnten.

Das Geschäft mit den Skizzen war sehr lukrativ für eine junge Frau in Paris. Der Einkäufer, der einen mitnahm, kaufte automatisch jede Zeichnung, die man anfertigen konnte. Ich bekam 1,50 Dollar pro Modellskizze von *Weinstock und Co.*

Neben den zehn wirklich wichtigen Couturiers gab es mindestens noch zehn weitere mit geringerer Bedeutung. Jeder Modeschöpfer zeigt zwei große Kollektionen im Jahr, im August und im Februar. Dann gibt es noch kleinere *Mid-Season*-Kollektionen im November und im April. Im November kommt *Pre-Spring,* im April *Pre-Fall.* Die weniger wichtigen Häuser präsentieren zuerst, die Modenschauen verteilen sich über drei Wochen und enden mit den wichtigsten Häusern, in jenen Tagen waren das *Patou, Vionnet* und *Chanel.*

Eine gute Zeichnerin kann durchschnittlich fünfzehn exakte Modellzeichnungen pro Kollektion anfertigen. Die Skizzen werden natürlich nicht direkt bei der Schau gemacht. Das ist alles eine Frage des Gedächtnisses, unterstützt von den Notizen, die man während der Modenschau machen kann, ohne die Aufmerksamkeit der Verkäuferinnen auf sich zu ziehen. Nachdem sie die Kleider gesehen und Notizen gemacht hat, eilt die Zeichnerin nach Hause und zeichnet die Kleider. Da der Einkäufer nicht gleich bei der Modenschau ordert, sondern dafür später noch einmal zurückkehrt, hat die Zeichnerin eine zweite Chance die Kleidung anzusehen, an der der Einkäufer interessiert ist, und kann die Skizze später noch einmal korrigieren.

Wie Madame Ellis mir erklärte, würde Weinstock alle 300 Modellzeichnungen kaufen, was mir 450 Dollar einbringen würde. Und das war noch nicht alles. Durch Weinstock konnte ich Einkäufer kontaktieren, die nicht das Glück hatten, eigene Zeichnerinnen zu besitzen. Ich konnte ihnen Kopien der Originalzeichnungen verkaufen und weitere Hunderte von Dollar einsammeln.

Sobald die Einkäufer eine Zeichnerin kennen, geben sie pauschale Bestellungen für hundert Skizzen auf einmal auf, von den Modeschauen, für die sie selbst nicht nach Paris kommen. Nur wenige Einkäufer kamen extra für die Kollektionen in der Saisonmitte. Es war möglich, bis zu 1000 Dollar in den drei Wochen der Saisoneröffnung zu verdienen. Da man 1926 von 100 Dollar im Monat in Paris vergleichsweise luxuriös leben konnte und als Zeichnerin bei den Modenschauen zwischen 500 und 1000 Dollar alle vier Monate verdienen konnte, war das, finanziell gesehen, die perfekte Lebensweise.

Zwischen den Saisons konnte man sich auf den unrechtmäßig erworbenen Gewinnen ausruhen und reisen. Als Designerin in ihren Anfängen war es unzweifelhaft mein größter Wunsch, die Arbeiten aller Pariser Modeschöpfer zu sehen. Dieser Wunsch war so groß, dass ich nicht für einen Moment die Ethik der Sache bedachte. Ich war aus einem Grund nach Paris gekommen: um zu lernen, wie man Kleidung entwirft. Ich war – und bin noch – überzeugt, dass man am besten lernt, indem man in dem Bereich arbeitet. Und davon abgesehen war dies der einzige praktikable Weg für mich. Ich musste mir selbst zu meiner Ausbildung verhelfen.

Ich nahm Madame Ellis' Angebot an und erhielt meine zweite Lektion, wie man unter dem Einkaufspreis zu französischem Design kommt. Ich traf die amerikanischen Einkäuferinnen.

Zu Beginn jeder neuen Saison wird Paris von Einkäufern aus der ganzen Welt überschwemmt. Es waren weniger Amerikaner als andere, Deutsche, Engländer, Holländer, Südamerikaner. Ich hatte nur mit den Amerikanern zu tun und vermute, dass der Rest ebenfalls eigene Zeichnerinnen hatte.

Die amerikanischen Einkäufer fielen in zwei Kategorien: jene, die für Kaufhäuser orderten und jene, die für Konfektionäre orderten. Heutzutage ist der Einkauf in Paris verhältnismäßig unwichtig für die Warenhäuser. Sie verlassen sich darauf, dass die Bekleidungshersteller für sie ordern. In den glücklichen Tagen vor 1929 kaufte jeder selbst. Die Warenhaus-Einkäuferin hatte ein Budget, das von der Größe ihrer Abteilung und der Bedeutung des Ladens abhing. Viele dieser Einkäuferinnen kauften nur vier oder fünf Kleider pro Saison. Sie kamen vor allem, um die neuen Modetrends aus erster Hand zu sehen, als Richtlinie, um später bei den Fabrikanten in New York zu ordern. Die wichtigsten Einkäuferinnen kamen damals von *Bergdorf Goodman* und *Hattie Carnegie.* Sie kauften mindestens 50 bis 70 Modelle.

Die großen Couturehäuser nehmen etwa 200 Dollar für ein Modell. Dann musste Zoll bezahlt werden, um es in die USA einzuführen. Dazu kamen die beträchtlichen Reisekosten der Einkäuferinnen. Man kann annehmen, dass jedes Kleid alles in allem 400 Dollar kostete, so dass eine wichtige Einkäuferin zwischen 20 000 und 30 000 Dollar in einer Saison ausgab.

Man kann sich leicht vorstellen, was für ein schwarzer Tag es für die Franzosen war, als die Warenhäuser begriffen, dass es gar nicht nötig war, Modelle zu kaufen. Natürlich kaufen *Carnegie,* und *Bergdorf* und viele andere spezialisierte Läden weiterhin eine ganze Menge Modelle, aber sie haben die Anzahl gehörig zusammengestrichen. Sie können nicht für 250 Dollar verkaufen, was ein Konfektionär für 25 Dollar kopiert hat.

Die großen Bekleidungsfabrikanten kauften zwischen 25 und 50 Modelle. Auch sie verringerten die Anzahl. Es gibt gewisse Menschen, die eine große Zahl von Modellen kaufen, und sie anschließend an Fabrikanten verleihen, damit sie sie in New York kopieren können. Es ist nicht nötig, 30 000 Dollar auszugeben, um zu wissen, was die Franzosen entwerfen oder um Kopien davon herzustellen.

Aber 1926 gab es noch keine Anzeichen der kommenden Katastrophe. Die Einkäufer kamen zu Dutzenden. Unsere kamen gegen Ende Januar.

Mr. Weinstock war ein kräftiger, grauhaariger, recht eleganter Herr, Besitzer einer der größten und besten New Yorker Bekleidungsfabriken des teuren Segments. Er stellte Nachmittags- und Abendkleider her, die im Großhandel für etwa 89,50 Dollar verkauft wurden, im Einzelhandel für etwa 175 Dollar. Er brachte zwei Designerinnen mit. Die eine, eine mollige Dame in ihren Vierzigern, arbeitete schon zehn Jahre in der Firma. Die andere Dame war eine forsche junge Italienerin, ziemlich chic und sehr attraktiv.

Ihre Aufgabe war, alle neuen Kleider in Paris anzuschauen. Sie würden dann etwa fünfzig davon kaufen. Die beiden Designerinnen würden alle Ideen aufsaugen, derer sie habhaft werden konnten. Ich würde sie mit so vielen Skizzen versorgen, wie menschenmöglich war.

Zum Glück für mich in meinem neuen Job ist die erste Woche einer Saison einfach. Nur die unwichtigen Häuser zeigen ihre Modelle. Sie sind nicht in einer Position, in der sie unfreundlich zu Einkäuferinnen sein können, die sich die Kleider ansehen und nicht kaufen. Sie sind nicht in einer Position, Zeichnerinnen davon abzuhalten, eine Menge Notizen zu machen.

Alle Couturehäuser wussten sehr wohl, dass eine von acht Personen bei einer Saisoneröffnung eine Modellskizzenzeichnerin war. Die Zeichnerinnen waren alle jung und nicht besonders gut angezogen. Eine Zeichnerin hat eine bestimmte, fotografische Art, ein Kleid anzuschauen, sein Abbild in ihr Gedächtnis zu gravieren, und ihr Programmheft etwas zu großzügig anzustreichen.

In den kleinen Läden durften wir unser schändliches Gewerbe ausüben, denn was für einen Unterschied machte das letztlich? Die Einkäufer würden ein Kleid kaufen, auch wenn wir sechs andere stahlen. Das war es wert.

Die großen Modeschöpfer setzten alles daran, uns zu erwischen. Allerdings war es, wenn Mr. Weinstock sechs Kleider bei *Patou* kaufte, eine heikle Angelegenheit, angesichts einer 1200-Dollar-Bestellung zu riskieren, die falsche Person zu beleidigen. Sie mussten uns in flagranti ertappen, was selten vorkam.

Die Saison begann zwar leicht, aber sie steigerte sich in der letzten Woche zu einem nervenzerfetzenden Höhepunkt. Die großen Modeschöpfer öffneten einer nach dem anderen ihre Türen und zeigten den habgierigen Einkäufern Hunderte neuer Entwürfe.

Am Dienstag früh um zehn traf ich die Weinstock-Leute bei *Premet.* Ich wurde zwischen die beiden DesignerInnen gesetzt. Jedes Mal, wenn eine von ihnen ein Kleid skizziert haben wollte, würde sie mir den Ellbogen in die Rippen stoßen. Ich heftete meine Augen auf das Kleid und ließ sie dort, bis das Mannequin, das es trug, seine letzte Drehung, seinen letzten Hüftschwung absolviert hatte. Dann machte ich vorsichtig eine kennzeichnende Notiz im Programm neben der Nummer dieses Kleides. »*Nr. 23... Champs Elysées*«, hieß es im Programm. Ich notierte »Schw..4kne eck A«, was bedeutete: schwarzes Kleid mit vier Knöpfen an einer Seite eines eckigen Halsausschnitts.

Danach schaute ich sehr bedachtsam gar nichts an, bis ich wieder einen Stupser bekam. Ich saß da und sagte wieder und wieder zu mir selbst: »schwarzer Wollcrêpe mit vier Falten von 12 cm Breite auf der linken Hüfte. Lackledergürtel mit Schneckenschnalle, eckiger Ausschnitt ziemlich hoch mit einer plissierten Rüsche besetzt«, und so weiter. Erstaunlicherweise kam mir selbst Stunden später alles wieder ins Gedächtnis.

Sobald die *Premet*-Schau vorbei war, stürzte ich in ein Taxi und fuhr nach Hause. Dort arbeitete ich die Notizen aus und und nahm ein Glas Milch zum Lunch. Dann in ein anderes Taxi und zu *Lanvin* um 14.30 Uhr. Nach *Lanvin,* 17.00 Uhr, zurück zu *Premet,* um die Kleider anzuschauen, während die Einkäuferinnen eines oder zwei kauften. Um sieben war ich wieder zuhause, korrigierte die *Premet*-Skizzen und zeichnete die Notizen zu *Lanvin.*

Um 19.30 Uhr musste ich wieder los, mit dem Skizzenbuch und den Skizzen des Vortags. Wenn ich die Einkäuferinnen nicht erwischte, während sie sich für einen festlichen Abend zurechtmachten, würde das nichts werden.

Ins *Crillon.* »Darf ich hinaufkommen, Mrs. Morowitz?« Natürlich ließ sich keine die Gelegenheit entgehen, noch eine Skizze von einem Kleid zu bekommen, das sie haben wollte, aber nicht gekauft hatte.

»Ich habe die Skizzen von *Callot,* Mrs. Morowitz.« Sie schaute sie durch und bestellte vier oder fünf. »Ich hoffe,

Miss Hawes, dass Sie morgen eine gute Auswahl von *Patou* bringen werden.«

»Aber sicher, Mrs. Morowitz. Heute habe ich *Lanvin* und *Premet* bekommen. Ich bringe sie morgen Abend vorbei.«

»Oh ja, bringen Sie sie mir doch einen Tag später zusammen mit den Skizzen von *Patou.* Bis Donnerstag läuft kein Schiff aus.« Die Skizzen wurden jeweils mit jedem Expressdampfer weggeschickt, um den zuhause gebliebenen Designern etwas zu tun zu geben.

Von Mrs. Morowitz würde ich noch in zwei oder drei andere Hotels zu anderen Einkäuferinnen gehen. Schließlich, nach einem Bier und einem Schinkensandwich in einem Bistro, wieder nach Hause. Zuhause, um halb elf, setzte ich mich hin und zeichnete dreißig fertige Skizzen ins Reine, die Notizen von *Premet,* durchkorrigiert, und die von *Worth,* die noch von der Präsentation am Montagnachmittag übrig waren. Ins Bett früh um zwei.

Um 10.30 Uhr ging es nach diesem Muster weiter bei *Paquin.* Um 14.30 Uhr erwarteten wir atemlos ein großes Ereignis. Die Saisoneröffnung von *Jean Patou.*

Patous Modenschauen waren gigantisch. Seine Räume waren weitläufig, zerbrechliches Louis-soundso, und vollgestopft mit der vereinigten Kaufkraft der Welt. Wir saßen mit dem Rücken zu den hohen und dicht geschlossenen Fenstern. Draußen lag der Place Vêndome friedlich da. Drinnen wurde der Zigarettendunst dichter und dichter, während *Patou* seine neue Eleganz, seine neuen Farben, seinen Champagner ausgoss.

Patous Modenschauen waren ein Leckerbissen für mich. Ich setzte mich in eine hintere Reihe, was bedeutete, dass mehrere Reihen Menschen zwischen mir und den Kleidern und den neugierigen Augen jeder einzelnen Verkäuferin lagen. Für Rippenstupser, was ich skizzieren sollte, gab es keine Veranlassung.

Ich sollte die »Fords« skizzieren. Ein »Ford« ist ein Kleid, das jede kauft.

Patou entschied im Voraus, welche Modelle Fords werden sollten. Seine Gabe, Aufmerksamkeit zu erregen, war unter den Modeschöpfern einzigartig. Er brachte sechs Fords auf einmal heraus, alle ähnlich im Schnitt, unterschiedlich in den Farben. Dies, meine Damen ist Nummer 46. Hier sind sechs davon. Sie werden alle dieses Kleid bestellen. Sie werden alle nach Hause fahren und weitere 6000 davon herstellen lassen.

Mein Job war es, mich auf die Fords zu konzentrieren. Es gab mindestens dreißig in einer *Patou*-Kollektion, und Weinstock würde nicht mehr als acht kaufen. Der Rest mochte zwar von *Patou* entworfen sein, aber Mr. Weinstock bekam sie durch Hawes, durch mich. Auf meinem geschützten Sitzplatz machte ich ausführliche Notizen und zeichnete manchmal sogar.

Zwischen den Fords taxierte ich die Einkäufer und Einkäuferinnen. Es war ein Anblick, der nie aufhörte, mich zu schockieren. Diese zweihundert Männer und Frauen, die ich beim Beschwipstwerden beobachtete, waren die Menschen, die die Kleidung Amerikas auswählten.

In der ganzen Versammlung war nicht eine Frau mit Stil, kein Mann oder keine Frau, der oder die von den anderen 199 zu unterscheiden gewesen wäre. Nerzmäntel gab es viele, hinreichend Diamanten, davon nicht wenige echt. Es gab eine große Anhäufung von Silberfüchsen auf den Reihen moppliger Schöße, die dazu neigten, die Handtaschen hinunterrutschen zu lassen, über dickliche Fesseln auf *Patous* polierten Boden.

Bei einigen schlug die aktuelle Mode zu, meistens in Schwarz mit Weiß am Hals und einem formlosen Hut von *Rose Descat*, banal, langweilig, mit schlanken Knöcheln und spitzer Nase.

Wenn ein Ford erschien, erzitterten all die Nerze und Silberfüchse. Die *Descat*-Hüte beugten sich zu grauen, gepflegten Köpfen wie dem Mr. Weinstocks. Flüstern.

»*Mamsel!* Ihre Nummer. Kommen Sie her, *Mamsel.*« Murmeln. *Bergdorfs* Einkäuferin nahm diese Nummer. *Carnegie* nahm diese Nummer. *Lord and Taylor* nahm diese Nummer. *Macy's* nahm diese Nummer. Weinstock nahm diese Nummer.

Wenn man zu einer Modenschau geht, bekommt man ein gedrucktes Programm mit Name und Nummer jedes Kleides. Wenn die Kleider vorbeiflanieren, streicht man die Nummern an, die einen interessieren. Vielleicht will man das Kleid kaufen. Vielleicht will man nur einen zweiten Blick auf diesen bestimmten Ärmel werfen. Vielleicht will man nur, dass Elizabeth Hawes einen genauen Blick darauf werfen kann, damit sie diese Zeichnung ganz genau hinbekommt. Jeder Einkäuferin ist eine Verkäuferin zugeordnet. Verlässt die Einkäuferin die erste Schau, gibt sie der Verkäuferin die ausgewählten Nummern. Ein Termin wird mit der Einkäuferin ausgemacht, um ihre Nummern ein weiteres Mal anzuschauen und zu kaufen – zu kaufen, oder nur anzuschauen.

Aus *Patous* Salon nach einer Modenschau herauszukommen, in die Stille der Pariser Abenddämmerung, kostete einen zehn Jahre seines Lebens – und dabei brauchte man weitere zehn Jahre für den nächsten Tag. Am nächsten Tag war *Chanel* an der Reihe.

Chanel, für fast ein Jahrzehnt der Kampfruf der Welt der Mode. Für alle interessanten Modenschauen braucht man Eintrittskarten. Für *Chanel* waren sie sehr begehrt. Sie hatte zwei kleine Salons, und das war alles. Wer kein großer Einkäufer war, kam nicht hinein. Weinstock kaufte bis zu zehn Kleider pro Saison, so dass wir alle hinein gelangten.

Wir kamen mit schief sitzenden Hüten hinein, die Mäntel halb ausgezogen. Wir bahnten uns den Weg durch eine Menge von kreischenden Männern und Frauen, die die Rue Cambon mit Wehklagen erfüllten. Sie wehklagten, denn sie hatten keine Karten, und *Chanel* hatte eine Position erreicht, in der sie standhaft bleiben konnte.

Wir setzten uns in die erste Reihe und ich wusste, womit ich es zu tun hatte.

Nichts von der Zirkusatmosphäre von *Patou.* Kein Alkohol. Nichts als sehr große Verkäuferinnen, die in jeder Ecke standen, die Menge überblickten und ihre eisigen Blicke gleichermaßen auf jede kleine Zeichnerin und jede nerzbemantelte Einkäuferin hefteten. Kein langer Programmzettel für Notizen. Nur ein kleiner Papierzettel. Kein langer Blick auf die Modelle. Sie flogen nur so vorbei.

Als ich die Entwürfe der französischen Schneider stahl, war es ursprünglich ein Spiel, das ich entwickelte, zwischen mir und dem Mannequin. Ihre Aufgabe war, zu versuchen, das Kleid aus dem Raum zu schaffen, bevor ich seinen Schnitt durchdringen konnte. Meine Rolle war, die schwierigen Details in mich aufzunehmen, ohne eine Naht oder einen Knopf zu übersehen. Ich war gut darin. Zu der Zeit, als ich meine zweite Saison als Zeichnerin beendet hatte, hätte ich einen ebenso guten *Chanel* entwerfen können wie die Meisterin selbst.

Aber ihre Designs exakt abzukupfern war eine harte, geistige Übung. Sobald du mit dem Bleistift mehr Bewegungen machtest, als nötig waren, um eine Zahl aufzuschreiben, lehnte sich plötzlich jemand über deine Schulter und riss dir deine Zettel aus der Hand. Dabei waren dies die Skizzen, die die Einkäuferinnen am meisten begehrten.

Nach einer *Chanel*-Schau wartete man nicht bis zum nächsten Tag, um zurückzukehren und zu kaufen. Man vereinbarte einen Termin zum frühestmöglichen Zeitpunkt und wurde im Verhältnis zu der Größe des Einkaufsbudgets hergebeten. Die Schau endete etwa um fünf Uhr, und wir waren um sieben zurück, nach Cocktails an der Bar des Ritz für die Einkäuferinnen und meiner üblichen Hetzerei nach Hause, um die Notizen als Zeichnungen auszuarbeiten.

Chanels Erfolg war einer der Punkte, die dazu beitrugen, mich aus dem Geschäft mit den Skizzen zu treiben. Ich hatte, vorsichtig gesagt, nie besonders viel Respekt für die Einkäuferinnen, die mich beschäftigten. Sie wussten, was sie zu tun hatten und erledigten es. Ich wusste, ich wollte Kleider sehen – und ich bekam sie zu sehen.

Das vollkommen verrückte Verlangen der Welt nach *Chanels* Entwürfen führte zu neuen Winkelzügen, sie zu stehlen. Wenn wir nach der Modenschau zum Kaufen zu *Chanel* zurückkamen, sperrten mich meine Arbeitgeber in eine Umkleide ein. Sie postierten einen der Bande an der Tür, und die zwei anderen gingen plündern.

Die Showrooms waren ein Irrenhaus. Kleider lagen in schlappen Haufen auf jedem Stuhl. Besorgte Verkäuferinnen flitzten herum und baten ihre Assistentinnen, um Himmels willen doch die Nummer 234 zu finden. Sobald die eine jemand anderen nach Nr. 234 fragen hörte, wollten alle Einkäuferinnen dort ebenfalls Nr. 234 haben. Sie hatten ständig Angst, eine »gute Nummer« zu verpassen. Wenn man eine gute Nummer verpasste, würde einen der Chef zuhause fragen: »Wozu schicke ich Sie denn nach Paris? Damit Sie den schwarzen Satin von *Chanel* auslassen?«

Weinstocks Angestellte ließen nichts aus. Praktisch jedes Mal, wenn es eine wilde Jagd nach einer bestimmten Nummer gab, wurde sie gerade vor mir in der Umkleidekabine hochgehalten. Ich saß bequem auf einem Stuhl, wurde von draußen beschützt und skizzierte *Chanel*-Modelle, ohne Spielchen spielen zu müssen. Wir machten uns praktisch mit der gesamten Kollektion davon.

Von ihrem Erfolg beflügelt, begann eines Tages eine Einkäuferin, bündelweise Stoffproben in die Taschen ihres Nerzmantels zu stopfen. Eine andere riss von allen Fransenkleidern Fransen ab, um sie in New York kopieren zu lassen. Schließlich stahl eine von ihnen den Gürtel eines Kleides. Meine Einkäuferinnen bildeten keine Ausnahme von dieser Regel. In der folgenden Saison wurde bei *Chanel* kein Kleidergürtel mehr in eine Umkleidekabine gebracht.

Ich verdiente in jener Saison viel Geld mit *Chanel*-Skizzen. Schließlich vereinbarte ich, eine weitere Saison für Weinstock zu zeichnen, vier Monate später. Aber mit dem Herzen war ich nicht mehr dabei. Ich war ziemlich gereizt und nicht sehr kooperativ. Ich machte schlechte Skizzen und ließ so viele Designlinien weg, wie ich mich traute.

Die Franzosen stellten wunderschöne Kleider her, und weiß Gott, ich war so weit zu glauben, dass alle Frauen sie sich wünschen würden. Ich bekam das Gefühl, dass für die Kleider auch bezahlt werden sollte.

Eines Tages, in meiner dritten und letzten Saison als Zeichnerin im Sommer 1926, hatte ich eine Verabredung mit meinen Einkäuferinnen bei *Miller Sœurs*. Ich kam früh an. *Miller Sœurs* war ursprünglich ein Modehaus, das nur kopierte. Nachdem sie eine Weile kopiert hatten, konnten sie hinreichend gut selbst entwerfen, so dass sie ein eigenes Label eröffneten.

Als ich dort ankam, warfen sie nur einen kurzen Blick auf mich. (Natürlich war ich schon in den beiden vorigen Saisons dort gewesen, mit Weinstock.)

Sie sagten: »Es tut uns leid, aber wir werden Sie nicht hineinlassen.«

Ich sagte: »Sie haben vollkommen recht«, und ging und fühlte mich viel besser.

Als ich meine Einkäuferinnen an diesem Nachmittag bei *Lelong* traf, machten sie mir die Hölle heiß. Sie sagten, ich hätte sie betrogen und was sonst nicht alles. Ich war schon lange über den Punkt hinaus, an dem es mir noch etwas ausmachte, was sie dachten, und ich stellte fest, dass ich mit dem Geschäft des Entwürfestehlens abgeschlossen hatte. Nicht, dass es etwas ausmachte. Es würde immer wieder ein neues amerikanisches Mädchen geben, das unschuldig genug aussah, um als stellvertretende Einkäuferin getarnt zu *Chanel* mitgenommen zu werden.

Die Franzosen haben versucht, das unverhohlene Skizzieren und Stehlen bei den Modenschauen zu verhindern. 1930 durchsuchten sie die Wohnung einer der großen Skizzenlieferantinnen und warfen sie für einige Minuten ins Gefängnis. Und sie haben beträchtlich eingeschränkt, wer zu den Schauen gehen darf.

Heute würde eine neue Einkäuferin bei einem der wichtigen Couturehäuser nur zugelassen, wenn sie akkreditiert ist. Falls sie nichts ordert, darf sie in der folgenden Saison nicht kommen. Sie muss wenigstens ein Teil kaufen, um wieder zugelassen zu werden.

Wie mir eine brandneue junge Designerin erklärte, nachdem sie ihre erste Reise von der Seventh Avenue nach Paris und zu Modenschauen 1937 unternommen hatte: »Verstehen Sie, man muss lediglich eine Bluse kaufen, das sind nur 50 Dollar. Das lohnt sich.« Sie wusste, wie man Skizzen macht.

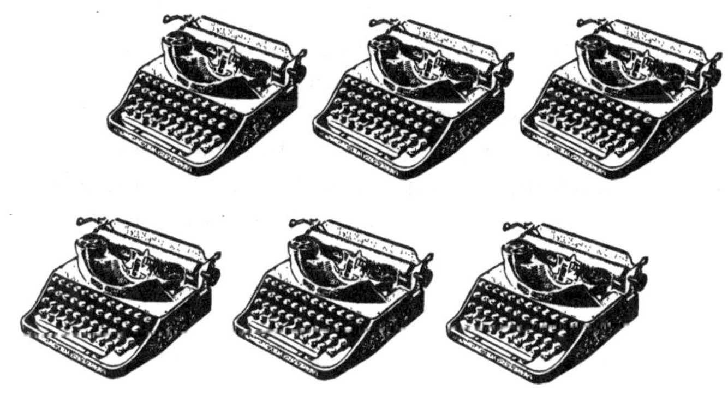

6 Neueste Neuigkeiten

Meine erste Saison als Zeichnerin endete im Februar 1926. Ich begann sie völlig mittellos und beendete sie mit 500 Dollar auf der Bank. Ich war seit acht Monaten in Paris und endlich flüssig. Ich glaubte noch immer fest daran, dass alle schönen Kleider in den Häusern der französischen Couturiers entstanden und dass alle Frauen sie besitzen wollten.

Ich nahm ein Fünftel meines Kapitals und investierte es in ein nettes kleines Kostüm von *Callot,* wo ich einen Sonderpreis bekam. Den Sonderpreis bekam ich, weil ich dort für Madame Doret eingekauft hatte. Meine Verkäuferin bei *Callot* dachte, die Sachen wären für meine Mutter. Sie meinte die ganze Zeit, ich sollte auch etwas für mich kaufen, und so nutzte ich ihre Unschuld aus.

Später kleidete ich mich für einige Zeit ganz bei *Callot* ein und bekam einige gute Angebote und schicke Kleider, von denen ich jahrelang etwas hatte. Ich hatte eine besondere Vorliebe für *Callot,* weil die amerikanischen Einkäuferinnen sie unmodisch und unzeitgemäß fanden. Das war sie. Sie machte einfache Kleidung mit wunderbaren Stickereien. Stickerei war nicht chic.

Der Anlass für meine Extravaganz war die Ankunft meiner Mutter in Europa. Seitdem ich Amerika verlassen hatte, hatte ich keine neuen Klamotten im Schrank gehabt. Ich traf meine Mutter am ersten März in Cherbourg, trug mein neues Kostüm und fühlte mich sehr gut.

Ich weihte sie in das Leben in Paris ein, wie ich es erlebt hatte, das Essen im *Foyer Feminine* eingeschlossen. Sie weihte mich ein, Taxi zu fahren, gutes Essen zu essen, jeden Tag zu baden und auch sonst die guten Dinge des Lebens zu genießen. Wir bereisten die Normandie und Belgien.

Als sie abfuhr, besaß ich noch den größten Teil meiner 400 Dollar. Ich hatte außerdem den Wunsch nach einem amerikanischen Lebensstandard wiedergewonnen. Eine neue Einkaufssaison stand vor der Tür, *Mid Season,* April 1926, in Gestalt von Madame Ellis, die erwartete, dass ich für Weinstock zeichnete.

Ich zeichnete und erfüllte viele Bestellungen von anderen Kundinnen. Am 1. Mai zahlte ich 750 Dollar auf die Bank ein und hasste mich selbst ein wenig und alle Einkäuferinnen aus Amerika ein bisschen mehr.

Sobald die Saison endete, sprang ich auf ein Rad und tourte drei Wochen mit Bettina Wilson durch Großbritannien. Als Gegenentwurf zum Trubel des Kleidergeschäfts war das außerordentlich erfolgreich.

Alles, was man auf eine Reise mit dem Fahrrad mitnehmen kann, sind ein Pullover, eine zusätzliche Garnitur Unterwäsche und eine Zahnbürste. Man bekommt einen perfekten und sehr persönlichen Blick auf die Landschaft, verbunden mit genau dem richtigen Maß an körperlicher Ertüchtigung. Nach dreißig lockeren Meilen pro Tag findet man jedes Mal ein köstliches Abendessen und ein wundervolles Bett, für das die Franzosen zu Recht so berühmt sind.

Nach drei Wochen ist man außerordentlich gesund und so durch und durch schmutzig, dass eine Rückkehr zum modernen Leben alles ist, wonach man verlangt. Sicher, nach zehn Monaten in Paris hatte ich von Kleidern, Stil, Mode, der Bar des Ritz, Montmartre oder dem Bois de Boulogne noch nicht die Nase voll. Die Einkäuferinnen schienen mir ein schreckliches Phänomen zu sein, von Gott geschaffen, um mich und alle französischen Couturiers zu verärgern. Ich sah, dass es den Franzosen das wert war. Und natürlich war es mir das wert. Andernfalls hätte ich meine Fahrradreise nicht unternehmen können.

Nach der Tour mit dem Rad hatte ich noch Zeit und Geld, um nach Italien zu gelangen, wo ich mich mit einem alten Collegefreund traf. Wir fuhren mit dem Auto von Florenz nach Venedig und zu den Seen. Wir beendeten die Reise in Genf, wo ich zum ersten Mal den Völkerbund bei der Arbeit sah. Ich stellte fest, dass ich wie die Franzosen wurde: skeptisch.

Zurück in meinem alten 800-Franc-Zimmer in Paris hatte ich noch ein paar hundert Franc und meinen Diamantring. Es war Mitte Juli 1926. Die Einkäuferinnen waren kurz davor, uns heimzusuchen. Ich entschied mich dazu, eine weitere Saison zu zeichnen, um meine Finanzen wieder aufzustocken.

Während ich wie ein Raubvogel von Eröffnung zu Eröffnung flitzte, entwickelte ich eine Idee für die Zukunft. Die Zukunft bedeutete auf jeden Fall weiterhin Paris für mich. Ich liebte es. Ich hatte Freundinnen und Freunde gewonnen. Ich wollte noch weiter durch Europa reisen.

Da ich von *Miller Sœurs* herausgeworfen wurde, als ich mich mit dem Geschäft des Entwürfe-Stehlens beschäftigte, musste ich ein anderes Auskommen finden. Für meinen Plan war es nötig, nach New York zurückzugehen, um ihn in Gang zu bringen. Die Idee war sehr einfach. Ich erkannte, dass es immer nur eine Sorte Modenachrichten aus Paris gab. Stückchenweise hatte ich damit das Geschäft in Wilkes-Barre versorgt. Sie mochten es und nutzten es. Sie schickten mir Kopien ihrer Anzeigen, wonach ihre Repräsentantin in Paris gesagt habe, diese Saison sei alles blau – »und in unserer vierten Etage finden Sie unsere Interpretation von Blau, mit der neuen, ausgestellten Rockform, die in Paris der letzte Schrei ist, wie uns unsere Pariser Repräsentantin sagt.«

Ich schloss daraus, es müsse Hunderte kleiner Kaufhäuser geben, die diese Art von Nachrichten gebrauchen könnten, und die keinen direkten Kontakt mit der Quelle aller Mode hatten. Ich konnte mir nicht vorstellen, wie sie ohne wöchentliche Nachrichten überhaupt vorankommen konnten. Ich dachte mir, dass ein entsprechender Service über eine Agentur an viele solcher Geschäfte für einen angemessenen Betrag verkauft werden könnte.

Ohne weiteres Wissen über kleine Warenhäuser in mittelgroßen Städten, abgesehen von meinen Berichten für Wilkes-Barre, arbeitete ich meine Idee aus, fuhr nach New York zurück und verkaufte sie an eine Nachrichtenagentur. Sie war nicht unsinniger als die meisten anderen Ideen in der Modeberichterstattung.

Ich brauchte drei Monate, um meine Agentur zu finden. Ich wurde von einem Freund bei einer Zeitung zu einem Freund bei einer Zeitschrift geschickt, zu einem Freund bei einer Agentur zu einem anderen Freund bei einer anderen Agentur. Alles, was man wirklich braucht, um etwas durchzusetzen, ist genügend Energie und Widerstandskraft, um beständig weiter für die Idee zu werben. Irgendjemand wird schließlich nachgeben.

Ein sehr stattlicher und großväterlicher Herr betrieb eine Agentur namens *Cosmos.* Er schaute aus großer Höhe und Körperfülle auf mich herunter und hörte mit außergewöhnlichem Interesse zu. Er verkaufte eine wöchentliche Modereportage aus Paris an mehrere Zeitungen. Es war eine Geschichte mit Bildern, die an die *Post* in New York, die *Detroit Free Press,* die *Baltimore Sun* und an andere Zeitungen dieser Größenordnung ging.

Diese Reportage wurde von einem Jungen in Paris geschrieben, der, so wurde mir gesagt, eine bemerkenswerte Arbeit leistete. Allerdings war es zu viel Arbeit für eine Person. Der Junge schrie mit jedem Schiff nach einem Assistenten. Warum sollte ich nicht hingeschickt werden, erstens als Assistentin, und zweitens um die Warenhaus-Service-Idee auszuarbeiten?

Während der alte Herr über diesen Gedanken nachsann, gelangte ich zufällig in das neu eröffnete Büro des *New Yorker.* Lois Long schrieb dessen Modekolumne. Lois Long war in *Vassar* gewesen. Der *New Yorker* hatte keine Modenachrichten aus Paris. In einem Augenblick war es abgesprochen. Ich sollte ihnen ein Telegramm pro Monat schicken und eine Geschichte von 500 Wörtern. Dafür sollte ich 150 Dollar im Monat bekommen.

Die Agentur *Cosmos* schien von diesen Neuigkeiten sehr beeindruckt zu sein. Der Herr stellte mich ein. Ich war dumm. Ich rechnete alles in Franc. Ich sagte ihm, 25 Dollar die Woche seien reichlich, bis wir mit dem Warenhausservice angefangen hätten. Er tat so, als wäre er arm, aber er schickte mich doch zurück nach Paris. Er musste. Ich hatte keinen Cent mehr.

Ich kehrte nach Paris zurück, für meinen Geschmack reich genug an guten Aussichten. 250 Dollar im Monat waren etwa 7000 Franc, das Doppelte dessen, was eine französische Näherin im Jahr bekommt. Eifrig machte ich Sylvestre, meinen Chef ausfindig, den anderen Angestellten der Agentur *Cosmos.* Sylvestre war ein Inbegriff der Pariser Mode. Sylvestre war der Inbegriff eines Pariser Modereporters im Jahr 1926.

Was mir Sylvestre erzählte, war Folgendes: Er war zur Hälfte Franzose. Er kannte all die großen französischen Modeschöpfer persönlich. Er verstand das Konzept des Chics wie kein anderer zuvor oder seitdem. Die großen Designer würden ihm, Sylvestre, Dinge anvertrauen, die sie einem gewöhnlichen Reporter niemals erzählen würden. Er könne Vorabinformationen bekommen. Er könne Modellskizzen bekommen, die an keinen anderen Reporter herausgegeben werden würden.

Das ist bei Modereportern in Paris der Normalfall. Jeder besitzt eine magische Möglichkeit herauszufinden, was niemand sonst herausfinden kann. Entweder hat der Reporter einen Cousin, der ein Herzog ist, oder es ist ein Gerücht im Umlauf, dass der Reporter sehr eng mit dem Grafen von Brimborium verbunden sei. Manchmal, denkt euch, sagt man, einige Reporterinnen seien die unehelichen Töchter des britischen Hochadels. Wie auch immer, kein Pariser Modereporter und keine Modereporterin ist ein vollkommen gewöhnlicher Sterblicher. Man kann nicht einfach menschliche Wesen einstellen, die von Wundern berichten sollen.

Die Körnchen der Wahrheit in Sylvestres Geschichte enthüllten sich mir im folgenden Monat. Sylvestre war zur Hälfte Franzose. Sylvestre kannte *Jenny* ganz gut. *Jenny* war eine Modeschöpferin, die in der Welt der Mode von wenig Interesse war. Sylvestre kannte den Geschäftsführer von *Redfern* gut. *Redfern* war so gut wie tot. Sylvestre kannte Charlotte sehr gut. Charlotte entwarf für das Modehaus *Premet. Premet* hatte nette, jugendliche Kleider, die von keiner besonderen Bedeutung waren.

Am ersten Tag, als ich Sylvestre traf, verabredete er sich mit mir in irgendeinem Hotel an der Champs-Elysées zum Tee. Er erzählte mir, dass jeder in dieser Saison Grau tragen werde und dass dies ein sehr elegantes Hotel sei. Ich meinte, dass dort nie jemand zum Tee hinginge und dass Grau, davon ganz abgesehen, nie besonders viel getragen werde, weil es zu unvorteilhaft sei.

Wir verließen das Hotel und gingen zurück in seine Wohnung, wo wir Rum aus Jamaica tranken und Freunde wurden. Sylvestre war an dem Warenhaus-Projekt nicht besonders interessiert, aber er hatte mich in Nullkommanichts in seine Zeitungsgeschichten eingebunden.

Sein kleines Reportagespektakel war vielleicht das einfachste, das jemals ersonnen wurde. Wir mussten eine Mode-Story pro Woche schicken. Jede Geschichte drehte sich um einen Designer und brachte sechs Modellzeichnungen mit sich. Wir bekamen absolut keine Informationen, die nicht jeder andere auch hätte bekommen können.

Es lief so: Am Montag merkten wir, dass am Mittwoch ein Expressdampfer auslaufen würde. Sylvestre rief den nächstbesten großen Modeschöpfer an, den wir auf der Liste hatten. Er rief dessen Presseagenten an, mit dem er schon Kontakt aufgenommen und dem er schon alles erklärt hatte, vor allem, dass er der wichtigste Zeitungsmensch in Paris sei. Der Presseagent wurde dafür bezahlt, seinen Designer in die Zeitungen zu bringen, und so war es nicht sehr schwierig für ihn, sechs Modezeichnungen in die Hand zu bekommen. Es war besonders einfach für ihn, denn Sylvestre kümmerte es nicht, was für Zeichnungen wir bekamen. Alles, was er wollte, waren sechs Stück mit Erläuterungen.

Ich würde vorbeigehen und die Zeichnungen irgendwann am Dienstag abholen. Normalerweise kam ich am späten Dienstagnachmittag in Sylvestres Wohnung vorbei, die Zeichnungen in der Hand. Wir nahmen einen Drink. Dann aßen wir zu Abend. Dann setzte ich mich an die Schreibmaschine und schrieb zwei Nachrichtenspalten über die fraglichen sechs brandneuen Dinge. Dinge, die irgendwann in den letzten vier Monaten entworfen worden sein konnten. Zu Anfang konnte ich oft nichts Neues an ihnen entdecken.

Sylvestre brachte mir bei, jede Linie und jede Tasche zu beachten. Er lehrte mich, dass alles, was ich sah, neu war. Er lehrte mich, einen guten Leadsatz über die Subtilität der rhythmischen Linie bei *Vionnet* oder die zarte Weichheit einer Robe von *Jenny* zu schreiben. Zu Anfang musste ich das ganze Ding oft zweimal neu machen, aber am Ende wurde ich so gut, dass ich die Geschichten in einer Stunde hochkonzentrierter Übertreibung auskotzen konnte.

Danach gingen wir aus auf einen Drink. Am nächsten Mittag schickte ich das Zeug mit dem Zug zum Schiff. Wir wiederholten das in der nächsten Woche. Wenn ich mich vorausschauend fühlte, erledigte ich mehrere Geschichten an einem Tag und verließ die Stadt für einige Wochen.

Einmal entschieden wir uns zu einer Fahrt an die Riviera. Sylvestre kannte Frank Harris und es schien, dass unser Reportagestil eine neue Note brauchte. Frank Harris war zufällig nicht in seiner Villa in der Nähe von Nizza und wir hatten wirklich nicht viel Geld.

Wir verbrachten einige Zeit in Marseille und etwas mehr Zeit in sehr billigen Nachtclubs in Nizza. An einem Tag fuhren wir mit dem Bus nach Monte Carlo. Wir schickten eine recht lebhafte Reportage über die neuen Trends an der Riviera in jenem Frühling.

Natürlich verhält man sich nicht so, wenn man ein gewissenhafter Reporter ist. Man steht früh auf und geht von einem Hutladen zu einem Taschenladen und zum Lunch ins Ritz. Man züchtet sich die richtigen Leute heran, seinen Cousin den Grafen oder seinen reichen Freund, der eine Villa in Cannes hat.

Man geht in den richtigen Nachtclub. Man folgt den Ponys zu den Rennen und der *chic monde,* der feinen Welt, überallhin, von London zum Lido. Und man leidet.

Sobald du dich selbst oder irgendeine Zeitung oder Zeitschrift in Amerika davon überzeugst, dass es in Paris oder irgendwo anders auf dem Kontinent jede Woche Mode-Neuigkeiten gibt, erwartet dich ein Leben in der Hölle. Falls du nicht mit einer guten, gesunden Vorstellungskraft und wenig Hemmungen gesegnet bist, wirst du wie alle anderen Modereporter in Paris aussehen.

Die meisten von ihnen sind ziemlich hohlwangig. Ihre Haut ist trocken und sie haben einen verkniffenen Zug um den Mund. Sie sind der schäbigste, schlecht gekleidetste Haufen, den man sich vorstellen kann. Sie verdienen nicht genug Geld, um teure Kleidung zu kaufen, und in Frankreich gibt es nichts anderes.

Nur vier Mal im Jahr gibt es wirkliche Modenachrichten in Paris. Zweimal davon sind es große Neuigkeiten, all die Sommer- oder Winterkleider, Schuhe, Hüte, Taschen, Schmuck, die Paris sich ausdenken kann, und das ist eine Menge. Die anderen beiden Male sind es die *Mid-Season*-Kollektionen, kleine Lückenbüßerschauen von Spätfrühlings- oder Spätherbstkleidern, für die Käufer aus dem Ausland auf den Markt geworfen. Es ist nicht viel dran an diesen Schauen, aber die Kleider sind neu und man kann über sie berechtigterweise als Neuigkeit berichten. In der Zeit dazwischen muss die Berichterstatterin brandneue Modeideen fabrizieren.

Wenn dir danach ist, kannst du nach Biarritz, Cannes, oder an den Lido oder sonstwohin fahren, wo man echte, lebende Damen der Gesellschaft sieht, die jene Kleider tragen, die du bereits gesehen hast und über die du bereits bei den vorherigen Saisoneröffnungen berichtet hast.

Man kann noch einmal darüber berichten, als etwas, das man wiederholt beschreien muss. Wer einigermaßen schlau ist, weiß schon beim Betrachten der Kleider an den Mannequins bei *Chanel* sehr gut, welche davon später an den verschiedenen Urlaubsorten zu sehen sein werden. Wenn man will, kann man durch die Verkäuferinnen der Modehäuser herausfinden, wer was gekauft hat. Dann muss man nur die Gesellschaftskolumnen beobachten, um zu sehen, wohin die Frauen fahren, und über sie und die Kleider berichten.

Selbst wenn man an alle Orte reist und alles das mitmacht, muss man doch jenen schrecklichen Wochen ins Auge sehen, in denen die *chic monde* sich verflüchtigt zu haben scheint. Die Couturiers scheinen sich begraben zu haben. Es regnet. Es gibt nichts Neues unter der Sonne.

Du schreibst alte Kolumnen auf neue Art um. Du findest elf verschiedene Arten, der Welt mitzuteilen, dass die Frauen in Paris zwei Silberfüchse um den Hals tragen. Du konzentrierst dich in so einem Ausmaß auf Details, dass die ganze Welt davon abhängt, ob die Gräfin X 2,5 cm hohe oder 3 cm hohe Absätze trug. Nachdem du dicker und dicker aufgetragen hast, schickst du es an deine Agentur. In etwa einer Woche werden alle Frauen in den Vereinigten Staaten über die großen Ereignisse informiert. Sie werden nicht im Zweifel gelassen, dass sie absolut aus der Mode sind, sofern sie sich nicht zwei Silberfüchse beschaffen können. Sie werden mit Nachrichten bombardiert, was die *chic monde* zum Baden auf dem Lido trägt. Sie wissen nicht, wo der Lido ist oder wie er aussieht und sie gehen jeden Sonntag an den *Jones Beach* und tragen dabei welche Art von Badeanzug auch immer *Gimbel* entschieden hat, in dieser Saison anzubieten.

Im Jahr 1926 muss es über einhundert amerikanische Modeberichterstatter in Paris gegeben haben. Viele von ihnen schickten pflichtbewusst regelmäßig Nachrichten an amerikanische Zeitungen. Nach dem, was ich dann und wann in den Nachrichtenspalten sehe, sind wohl viele von ihnen immer noch da und produzieren dasselbe Zeug.

Trotzdem habe ich den Eindruck, dass sich die amerikanische Zeitungssituation in punkto Pariser Mode geklärt hat. Die Zeitungen in den USA haben entdeckt, dass es für sie kein wirklich gutes Geschäft ist, in ihren Spalten Modenachrichten über Dinge zu bringen, die nicht sofort gekauft werden können. Sie haben nun eine Vorliebe für Kolumnen mit einem kleine Kasten am Ende, der besagt, man solle ihnen schreiben, dann werde man erfahren, in welchem Geschäft im Ort der erwähnte Gegenstand erworben werden könne. Es ist eine Blütezeit für die Modefrauen vor Ort.

1926 gab es viele Büros in Paris, die sich der Nachrichtenversorgung für verschiedene Frauen- und Modemagazine in Amerika widmeten. *Vogue* und *Harper's Bazaar* waren die größten. Sie sind nun fast die einzigen Büros, die übrig geblieben sind. Sie sind in Paris in einer einzigartigen Position, da sie als die wichtigsten Werbeagenturen anerkannt werden, die die Franzosen nutzen können. Die französischen Couturiers und diese beiden Magazine sind gemeinsam im Geschäft, den Chic zu fördern und die Welt der Mode am Laufen zu halten.

Wie bei den Zeitungen gibt es heute einen großen Unterschied hinsichtlich der Menge an französischen Neuigkeiten, die die Seiten von *Harper's Bazaar* und *Vogue* vollstopfen. In den späten 1920er Jahren waren neunzig Prozent der Zeichnungen und Fotografien die Arbeit der Pariser Couturiers, häufig komplizierte Kreationen, die niemand jemals irgendwo trug. Jetzt sind diese Seiten nur mit solchen französischen Designs gefüllt, die tatsächlich nach Amerika kommen und die zum größten Teil auch hier produziert werden. Viele Seiten in beiden Magazinen widmen sich Kleidern, die in Amerika für das amerikanische Leben erschaffen werden.

Viele der Büros, die von 1925 bis 1929 für amerikanische Zeitschriften arbeiteten, wurden geschlossen. Das *Ladies' Home Journal*, die größte Frauenzeitschrift in den Vereinigten Staaten, hat nun kein Büro in Paris mehr, und das nur, weil es etwa 1932 eine sehr kluge Dame als Moderedakteurin einstellte.

Die Dame hatte zuvor für ein Warenhaus und auch für *Harper's Bazaar* gearbeitet. Sie sagte, sie sähe keine Veranlassung, warum das *Ladies' Home Journal* ein teures Pariser Büro unterhalten sollte. Sie sagte, die Zeitschrift wende sich an amerikanische Frauen der Mittelklasse, die niemals tatsächlich ein französisches Originaldesign zu sehen bekämen. Sie denke, ihr Publikum sei daran interessiert, was es an Neuigkeiten in der amerikanischen Mode gebe, ob es nun ursprünglich aus Paris komme oder von der Seventh Avenue.

Im Jahr 1926 jedoch dachte Amerika, es brauche Modenachrichten aus Paris, und Sylvestre, ich und hundert andere waren schwer beschäftigt, das Bedürfnis zu erfüllen. Wir taten unser Bestes, die französische Legende aufzubauen.

Sobald ich die Aufgabe vollkommen beherrschte, Sylvestres Kolumne für ihn zu schreiben und er buchstäblich weiter nichts zu tun hatte, als 200 Dollar pro Woche von der Agentur einzuziehen, packte ich den Nachrichtenservice für die Geschäfte an. Ich erklärte ihm, dass all die kleinen Kaufhäuser direkt wissen mussten, was im großen Zentrum der Mode vor sich gehe, und dass wir dies umsetzen müssten.

Zuerst wollte Sylvestre nicht anbeißen, aber als er anfing, die Angelegenheit von der Perspektive zusätzlicher Honorare aus zu betrachten, kam er ins Grübeln. Er merkte, dass er und nur er vertrauliche Informationen von den großen Modeschöpfern bekommen könne. Er machte sich Sorgen, dass die Geschäfte diese Tatsache möglicherweise nicht verstehen würden. Zuletzt war er so gefesselt, dass er mich anwies, Form und Inhalt des Services zu entwickeln. Er werde nach Amerika fahren und dafür sorgen, dass die Agentur *Cosmos* den Service richtig verkaufte.

Ich begann daher, kleine Berichte für Einzelhändler zusammenzustellen. Ich machte schnelle Skizzen und fasste alles Woche für Woche zusammen: Schuhe, Hüte, Taschen, Handschuhe, Gürtel, Kleidung, Farben. Ich wies auf das hin, was neu war, weniger neu, was aus der Mode ging.

Sylvestre fuhr nach New York und die Sache begann, sich langsam zu verkaufen. Ich war ziemlich mitgenommen, denn ich musste weiterhin die Modekolumne abliefern und mich bemühen, den gesamten Pariser Markt wöchentlich für den Einzelhändlerservice abzudecken. Es war nicht mehr als ein Vollzeitjob, aber ich hätte eine Sekretärin gebrauchen können.

Nach etwa sechs Wochen kehrte Sylvestre im Triumph zurück. Der Einzelhandelsservice, meine Erfindung, wurde an *Lord and Taylor* verkauft. *Lord and Taylor* hatte bereits ein großes Büro in Paris mit vielen Angestellten, die ihnen alles berichten könnten. Trotzdem hatte Sylvestre sie von seinen privaten Quellen überzeugt.

So beschäftigt damit, von Sylvestres Geschäftstüchtigkeit abgestoßen zu sein, vergaß ich, dass auch einige kleine Geschäfte außerhalb New Yorks den Service gekauft hatten. Ich hatte es so satt, jede Woche den schrecklichen Modeartikel zu schreiben, und so entschied ich, dass es Zeit war, zu handeln.

Ich handelte schnell: Ich fand heraus, dass Dorothy Shaver, eine Vizevorsitzende von *Lord and Taylor*, in Paris war. Ich wandte mich an sie, um sicherzugehen, dass meine Annahmen, was den Einzelhändlerservice anging, richtig waren. Sie stimmte mir grimmig zu, dass ich richtig lag – für *Lord and Taylor* war das nichts. Daraufhin übergab ich das Projekt an Sylvestre, zusammen mit meinem Segen, und zog mich aus der Agentur *Cosmos* zurück.

Ich konnte mich würdevoll zurückziehen, denn es gab den *New Yorker*. 150 Dollar im Monat waren genug, um davon zu leben, bis sich etwas anderes auftat. Nachrichten für den *New Yorker* schreiben war mein liebster Job in der Modebranche überhaupt. Sogar wegen meines Pseudonyms muss ich jetzt lachen. *Parisite.* Jemand schlug den Namen auf einer Party zu Ehren eines braunen Abendanzuges vor, wessen Anzugs erinnere ich mich nicht mehr. Der Name verkörperte die ganze Modebranche viel besser, als ich in meiner Unschuld erkannte.

Jeder, der schon einmal über Mode geschrieben hat, wird sicherlich verstehen, was es bedeutet, schnörkellos schreiben zu dürfen, was man wirklich darüber denkt. Fast niemand in Paris wusste, dass ich für den *New Yorker* schrieb. Ich benutzte ihn nie als Eintrittskarte, um die Kollektionen zu sehen, außer ganz zum Schluss, kurz bevor ich die Stelle aufgab.

Nicht eine Seele beim *New Yorker* machte jemals eine nette Bemerkung während der drei Jahre, in denen ich meine Stücke ablieferte. Auf der anderen Seite beschwerte sich auch nie jemand. Die Anzeigenabteilung erhob nie ihr zottiges Haupt und sagte, wenn ich dächte, *Patou* sei kein Designer, dann solle ich das besser für mich behalten, oder es würde jemand seine Anzeigen zurückziehen.

Nachdem ich für die *New York Post,* die *Detroit Free Press* et al. herumgeblubbert hatte, dass alles göttlich, glamourös, chic, großartig sei, wie Sylvestre es mir beigebracht hatte, kehrte ich in die Trutzburg meiner eigenen kleinen Wohnung zurück und sagte den Leserinnen des *New Yorker,* dass *Molyneux* ein guter, solider Modeschöpfer mit nicht allzu viel Originalität ist; dass *Patou* dachte, er habe einen Mantel entworfen, wenn er genügend Fuchspelz darauf untergebracht hatte; dass *Talbot* nur mit ironischen Hintergedanken Babymützen entwarf. Der *New Yorker,* meine Damen und Herren, ist die einzige mir jemals bekannte Zeitschrift, die den Mumm hatte, ihre Modereporter offen ihre Meinung sagen zu lassen. Ich drückte mich auf ihren Seiten frank und frei aus – und durch diese Seiten wurde ich ab und zu gezwungen, Fakten anzuerkennen. Wenn die gedruckte Ausgabe der Zeitschrift bei mir in Paris ankam, zusammen mit einigen meiner Berichte, las ich L. L.s Kommentare zu den neuen, oh so neuen Dingen, die ich aufgeschrieben hatte.

Diese Jersey-Badeanzüge, die mir in Biarritz ins Auge gefallen waren, gab es in den guten alten USA schon ein ganzes Jahr, sagte Miss Long. Diese entzückenden kleinen Sandalen, die *Dufeau* gerade herausbrachte, wurden sechs Monate zuvor bei *Delman* gezeigt. *Patous* neuestes Tenniskleid unterschied sich nur wenig von einem Kleid von *Best and Co.* aus dem letzten Sommer.

Langsam setzte sich eine Idee bei mir fest. Alle schönen Kleider werden in den Häusern der französischen Couturiers entworfen? Nun ja...

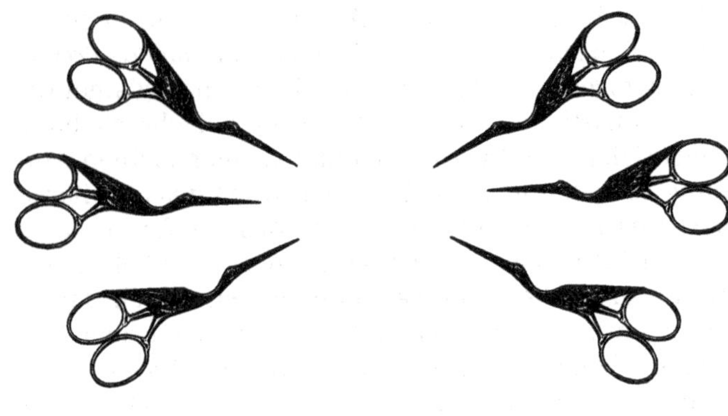

7 Die degenerierte Kunst des Stylings

Nachdem ich mittels einer Radtour in der Provence meinen Kopf von der Agentur *Cosmos* befreit hatte, kam ich zurück nach Paris. Es war März 1927. Ich war zu einer Wohnung und einem Hausmädchen gelangt und hatte keine Lust, nur vom Geld des *New Yorker* zu leben.

Im vorherigen Herbst, als ich in New York war, stieß ich eines Sonntags auf einen sehr auffälligen Kasten in der *New York Times.* R. H. Macy inserierte die Stelle eines Stylisten für sein Pariser Büro. Ich wusste nicht, was ein Stylist ist, aber ich wusste, ich wollte einen Job in Paris.

Die Anzeige sagte: »Bewerbungen nur schriftlich«. Ich entschied, dass nichts verloren wäre, würde ich einen Kaufmann bei *Macy's* besuchen, der Freund eines Freundes war und mich auf diese Weise persönlich bewerben. Ich kam in aller Frühe Montagmorgen zu *Macy's* in der 34. Straße. Ich fand den Betreffenden. Er stellte sich als alter Schulkamerad von Jack Straus heraus.

Ich wurde dann gebührend auch Mr. Straus vorgestellt, der mich wiederum einem gewissen Mr. Meyer vorstellte. Mr. Meyer war ein sehr angenehmer, kleiner, dünner, blauäugiger und sommersprossiger Deutscher von etwa 45 Jahren. Er hatte seine Karriere als Verkäufer von Geschenkbändern oder etwas ähnlichem Sprichwörtlichem bei *Macy's* begonnen. Er war aufgestiegen und aufgestiegen. Schließlich hatte er sich entschlossen, sich zur Ruhe zu setzen. R. H. Macy wollte nicht, dass er sich zur Ruhe setzte. Eine Sache kann man diesem Laden zugute halten: Wenn sie einen sehr wollen, dann sorgen sie dafür, einen irgendwie zu halten. Geld für die Gehälter der Geschäftsführung ist reichlich vorhanden. Sie vereinbarten einen Kompromiss mit Mr. Meyer, wodurch er, da er in Europa leben wollte, einen Teilzeitjob übernehmen und das Pariser Büro leiten würde.

Dies brachte die Tatsache aufs Tapet, dass sie keinen Stylisten in Paris hatten. Das Wort Stylist ist nicht definierbar, denn Styling ist eine sekundäre, eine unechte Kunst. Es war eine dieser klugen Ideen, die während des großen Wohlstands aufblühten. Die Warenhäuser waren steinreich und ihre Gedanken wanderten zu »gutem Geschmack«.

Natürlich würde *Macy's* die Idee erst ausprobieren, ehe sie von ganzem Herzen ein Wagnis eingehen würden wie jenes, Menschen einzustellen, die dafür sorgten, dass die Ware gutem Geschmack entsprach. Sie betrieben überall im Laden Studien. Sie probierten guten Geschmack bei Teppichen und Stoffen, Taschenbüchern und Kleidern aus.

Guter Geschmack war bisher noch nie adäquat definiert worden. *Macy's* versuchte nie, ihn für mich zu definieren.

Sie sagten nur, sie hätten auf einem Tisch in der Stoffabteilung mehrere Ballen Material ausgelegt. Einige waren geschmackvoll, andere von schlechtem Geschmack. Die Allgemeinheit kaufte das geschmackvolle Material zuerst auf, sagte *Macy's*. In allen Abteilungen funktionierte es auf diese Weise. Das Publikum wollte immer das, was *Macy's* sich als guten Geschmack vorstellte.

In Wirklichkeit war die Sache sehr einfach. *Macy's* hatte schon seit Generationen ein riesiges Geschäft mit billigen Waren betrieben. Sie beschäftigten eine große Zahl an Einkäufern, die schon jahrelang da waren. Die Einkäufer waren in ihrem Trott. Sie versorgten das Publikum mit derselben Art Waren, die sie schon vor fünfzehn Jahren gekauft hatten. Die Zeiten ändern sich, und der Geschmack der Öffentlichkeit ändert sich mit ihnen.

Die Einkäufer von *Macy's* hatten in all diesen Jahren gutes Geld eingebracht. *Macy's* wollte guten Geschmack, wenn es das war, was sich verkaufte, aber sie würden nicht eine Menge verlässlicher Geschäftsleute feuern. Der Plan war, Profis in Sachen »guter Geschmack«, das heißt Stylisten zu beschäftigen.

Eine Stylistin ist keine Einkäuferin, noch ist sie streng genommen eine Künstlerin der Werbung. Sie war ursprünglich dazu da, die Einkäufer zu nötigen, neuere Waren, schicke Waren, elegantere Waren zu ordern. Die Stylistin hatte in den meisten Läden nur sehr geringe Macht über die Einkäufer. Überzeugen war ihr hauptsächliches Handwerkzeug. Auf der Höhe des Stylistenbooms 1928, hatten alle Geschäfte in New York, die etwas auf sich hielten, einen Stylisten für je zwei oder drei Abteilungen. Sie sorgten dafür, dass in den Abteilungen Dinge vorhanden waren, die der Anzeigenmanager verwerten konnte.

Mr. Meyer musterte mich an jenem frostigen Montagmorgen. Ich war in Schwarz gekleidet mit zwei Silberfüchsen. Ich trug den neuesten Hut von *Descat*. Ich trug meinen Diamantring. Mr. Straus hatte mich vorgestellt.

Nachdem sich Mr. Meyer meine Lebensgeschichte angehört hatte, wurde ich einem klugen jungen Mädchen übergeben. Das Mädchen führte mich durch den Laden. Wir gelangten zuerst in die Schuhabteilung und sie hielt vor einer Vitrine an. »Welcher Schuh ist geschmackvoll, und warum?« fragte sie.

Mit meinem intimen Wissen darüber, was die chice europäische Kundin der Maßschneiderei trug, stieß ich die Antwort hervor. Neunzig Prozent der Schuhe waren furchtbar. *Niemand* trägt Schuhe mit zusätzlichen Verzierungen. *Niemand* trägt Spazierschuhe mit französischen Absätzen. *Niemand* trägt Schuhc mit runder Kappe.

Ich versicherte ihr in der Hutabteilung, dass niemand Hüte mit etwas anderem als Ripsband als Garnitur trug. Am Schmucktresen erklärte ich, dass jeder schweren, vergoldeten, modernistischen Schmuck und lange Perlenketten trage. Nichts anderes, abgesehen von echtem Schmuck. Das Mädchen wurde zufriedener und zufriedener. Ich erzählte ihr, was an der Riviera getragen wurde, in Cannes, wo ich im vorigen Frühjahr nicht gewesen war.

Sie brachte mich nach etwa einer Stunde zurück zu Mr. Meyer. Auf dem Rückweg fragte ich sie, was sie mit mir gemacht habe. Sie sagte, es sei ein Stiltest gewesen, und dass ich perfekt sei.

Das Resultat all dessen war, dass für den Job nur zwei Bewerberinnen übrigblieben, ich und eine andere Dame, die Mr. Straus wirklich kannte. Ich bekam sie nie zu sehen, aber ich kam zu dem Schluss, dass sie älter und chicer war. Keine von uns beiden war zuvor jemals in einem Warenhaus gewesen, außer zum Einkaufen. Wir überzeugten beide *Macy's* – wie auch immer –, dass wir einen guten Geschmack hatten.

Sie stellten die andere Dame ein und ich fuhr zurück nach Paris für den *New Yorker* und den Job für die Agentur.

Als der platzte, dachte ich natürlich an *Macy's.* Ich unternahm eine lange Taxifahrt, vom *Musée Rodin,* hinter dem ich wohnte, über die Seine, hinauf über den Place Vêndome, entlang der endlosen Boulevards in jenen Teil, in dem ich seit den Tagen, als ich *Chanel*-Modelle transportierte, nicht mehr gewesen war.

Dort, in der Cité Paradis, einer Sackgasse mit Kopfsteinpflaster, war das Pariser Büro von *Macy's,* ein kleines Steingebäude mit sehr hohen Decken, einem hellen Untergeschoss und zwei Stockwerken darüber. Der erste Stock beherbergte viele kleine Büros, eines neben dem anderen. Das oberste Stockwerk enthielt die »*comptabilité*«, die Schreibtische der Buchhaltung und die Safes voller Geld, die Zimmer des französischen Direktors des Büros und das Mr. Meyers.

Zufällig klappte alles, denn die Dame, die *Macy's* in New York angestellt hatte, als ich hinter dem Job her war, hatte gerade die Stelle verlassen oder war gefeuert worden. Ich sagte, ich würde zu jedem Gehalt anfangen, das sie wollten, nur für ein paar Wochen, und wir könnten abwarten, was passieren würde. Ich wurde für 50 Dollar pro Woche und Spesenkonto eingestellt.

Meine Pflichten, wie die der gerade entlassenen Dame, waren folgende: Ich musste über die Pariser Mode an R. H. Macy in New York berichten. Das war mein Vergnügen.

Ich musste mit Einkäuferinnen aus New York ausgehen und verhindern, dass sie irgendetwas Geschmackloses orderten. Den Einkäuferinnen wurde gesagt, dass sie nur bestellen konnten, was ich ihnen erlaubte. Der Preis und die Menge waren ihre Sorge, das Aussehen meine. Ich musste jeden Morgen, wenn ich in *Macy's* Pariser Büro ankam, ins Untergeschoss hinabsteigen.

Im Untergeschoss befanden sich alle Waren, die vor meiner Zeit von *Macy's*-Einkäuferinnen in Paris eingekauft worden waren. Ich hatte zwei kleine Gummistempel. Einer war beschriftet mit »O.K.« und hatte einen freien Platz für meinen Namen und ein Datum darunter. Der andere war beschriftet mit »s. Brief Nr. xx« mit einem freien Platz für meinen Namen und ein Datum.

Die vorige Stylistin hatte das Recht und die Pflicht gehabt, jede Ware zurückzuschicken, die hinter ihrem Rücken gekauft worden war und die sie für schlechten Geschmack hielt. Es war leicht zu erkennen, warum sie nur drei Monate durchgehalten hatte.

Mr. Meyer hatte dann entschieden, es sei vorzuziehen, die geschmacklose Ware zu versenden, mich aber einen Brief schreiben zu lassen, in dem ich erklärte, warum ich die Waren missbilligte.

Die ersten zwei oder drei Wochen, die ich für *Macy's* arbeitete, waren einfach und ich vollbrachte Wunder. Ich beschaffte Modeberichte und ließ sie vervielfältigen. Ich arbeitete sie mit Skizzen aus und fasste sie zusammen, genauso wie bei der Agentur für den Einzelhandelservice. *Macy's* wurde von der Schönheit und Einfachheit dieser Geste umgehauen. Es sah nach höllisch viel Arbeit aus und wurde in Massen verschickt, so dass alle Einkäufer in New York ein Exemplar bekommen konnten.

Es gab nur einen Menschen bei *Macy's* in New York, der mir offenbar alle meine Mühen verübelte. Es war ein Herr namens Oswald Knauth. Zu jener Zeit hatte ich ihn noch nicht persönlich getroffen, aber ich schloss, dass er recht wichtig und außerdem recht seltsam war. Durch Mr. Meyer schickte er eine kurze Nachricht mit dem Inhalt, dass er keinen Bericht von mehr als 50 Wörtern zugeschickt haben wolle und dass er meistens sogar denke, dass 50 Wörter zu lang seien. Mr. Oswald Knauth ist nun der Vorsitzende einer großen und wichtigen Ladenkette in den Vereinigten Staaten.

Ich inspizierte die Waren und schickte Gutachten mit, dass alles schrecklich geschmacklos sei. Es waren keine Einkäuferinnen aus New York zugegen und das Leben war angenehm. Ich erkannte, dass ich besser ein braves Mädchen sein sollte. Ich griff in mein Spesenkonto und lunchte im *Ritz* und ging in die Nachtclubs der *chic monde.* Nach drei Wochen wurde mein Gehalt verdoppelt.

Auf einmal tauchte meine erste Einkäuferin aus New York auf. Sie war eine Schmuckeinkäuferin. Wir gingen zusammen los.

Der erste Handel, den wir aufsuchten, war mit künstlichen Perlen und Rubinen und Diamanten vollgestopft, die zu Ketten, Armbändern und anderen Kleinigkeiten verarbeitet waren. Die Einkäuferin wählte eine Kette nach der anderen aus und fragte: »Wie gefällt Ihnen diese?« Ich antwortete immer: »Ich denke, sie ist scheußlich.«

Nachdem das fünfzehn Minuten so ging, sagte sie: »Das ist die Art, die ich in New York am besten verkaufe.«

Wir waren beide ein bisschen verzweifelt. Ich traf eine schnelle Entscheidung. Ich entschied, dass *Macy's,* ob es ihnen bewusst war oder nicht, mir kaum 100 Dollar die Woche zahlen würde, damit ich ihre Schmuckabteilung ruiniere. Ich sagte: »Warum machen Sie nicht einfach weiter und kaufen, was Sie möchten?«

Während sie eine Bestellung aufgab, rauchte ich und schaute aus dem Fenster und begann mich zu fragen, was genau *Macy's* damit bezweckte, Mädchen wie mich einzustellen, die ihren Einkäufern sagen, was sie nicht kaufen sollen.

Ich hielt sieben Monate auf der Stelle bei *Macy's* aus. Ich führe das auf die Tatsache zurück, dass ich dasselbe Prinzip für alle Einkäuferinnen übernahm. Ich führte sie zu dem, was ich für chic im Pariser Sinne hielt. Ich nötigte sie, wenigstens ein bisschen davon zu ordern. Dann begleitete ich sie und rauchte eine Menge, während sie bekamen, was sie wollten.

Ein Teil meiner Aufgaben als Stylistin war, zwischen dem Ansturm der eigentlichen Einkäufer Muster von dem einzukaufen, was ich in Paris für außergewöhnlich chic hielt. Ich bemusterte Dinge.

Bemustern bedeutet, dass man zum Beispiel Hunderte neue Taschen ansieht, und von allen, die einem am Besten gefallen, ein Exemplar kauft. Man schickt sie nach New York in der Illusion, eine Nachbestellung zu bekommen, die den ursprünglichen Kauf rechtfertigt.

Einkäuferinnen hassen das Bemustern aus zwei Gründen. Es ist teuer: Das Ziel ist Chic, nicht der Preis, und mehr als wahrscheinlich nützt es der Einkäuferin nichts, weil schon irgendein Hersteller in New York ein Muster bekommen und es kopiert hat. Noch wichtiger für die Einkäuferin: Wenn sie die Muster verwendet, könnte dem Händler, ihrem unmittelbaren Chef, klar werden, dass sie genauso gut in New York bleiben und einen Einkäufer oder Stylisten vor Ort die Bestellungen im Ausland erledigen lassen könnte.

Immer, wenn ich mich beim Bemustern in *Macy's* Pariser Büro besonders langweilte, fand ich es eine gute Idee, mich in einen Urlaubsort zu begeben um mich dort umzusehen. Eines muss ich *R. H. Macy* zugutehalten: Sobald sie mich eingestellt hatten, ließen sie mich meinen Job machen, ganz und gar ohne Einmischungen. Als wir eine unterschiedliche Auffassung über den Job entwickelten, feuerten sie mich.

Meine erste Reise in einen Urlaubsort war Biarritz. Alle Modereporter fuhren hinunter. Ich sagte Mr. Meyer, ich sollte besser auch fahren. Er stimmte mir zu, dass ich dorthin folgen sollte, wo die *chic monde* sich aufhielt. Wenn *Macy's* nicht sofort erfuhr, was an chicen europäischen

Frühjahrsreisezielen getragen wurde, wie konnten sie hoffen, im Sommer gute Geschäfte zu machen?

In Biarritz machte ich zum ersten Mal die Erfahrung wie es ist, ein chices Leben zu führen. Ich fuhr an den richtigen Strand zum Schwimmen, obwohl es drei andere gab, die viel netter waren. Ich ging danach auf einen Drink in die richtige Bar, zur richtigen Zeit. Ich ging zum Glücksspiel, wenn man zum Glücksspiel ging, und tanzte, wenn es von einem erwartet wurde zu tanzen.

Ich hatte Glück, denn obwohl ich eine Reporterin war, hatte ich einen Freund. Die meisten Reporterinnen wanderten herum, hohlwangig, verbissen, allein und manisch beobachtend. Sie waren mir eine große Hilfe. Nach einigen Drinks ließ gewöhnlich meine Wachsamkeit nach und ich konzentrierte mich auf *Chemin de fer,* Baccara. Ich verdiente eine ganze Menge Geld beim Glücksspiel.

Am nächsten Tag am Strand würde ich mich an eine andere Berichterstatterin heranmachen und sie würde mir erzählen, wer was im Casino letzte Nacht getragen hatte.

Nach nur zwei Tagen fand ich heraus, dass ich mein eigenes Leben führen konnte. Ich besuchte meinen ersten Stierkampf in San Sebastian, gleich hinter der spanischen Grenze. Ich ging nicht mehr an den Strand, denn obwohl es Saison war, war es schrecklich kalt.

Ich lieh ein Auto und nahm eine andere Reporterin auf die Fahrt entlang der Küste nach St. Jean mit und entschied, dass ich direkt nach St. Jean fahren würde, sollte ich jemals wieder nach Biarritz kommen müssen, um die *chic monde* zu beobachten.

Nach einer Woche fuhr ich zurück nach Paris. Ich kümmerte mich um meine Einkäuferinnen, bis es Juni wurde und ich nach England fahren musste, weil dort die Rennen in Ascot stattfanden. Später musste ich wegen der

Neuigkeiten für *Macy's* nach Le Touquet, und weil eine Gruppe von Freunden ohnehin hinfuhr.

Mit dem Juli kamen die Einkäuferinnen. Ich wurde mit einer von ihnen nach Wien geschickt, eine von denen, die schon seit fünfzehn Jahren bei *Macy's* waren. Wir stiegen eines Abends in den Zug, um nach Wien zu fahren. Sie hatte weder Buch noch Zeitschrift dabei. Sie saß 23 Stunden nur da.

Wir sollten uns den Markt in Wien ansehen und entscheiden, ob man, wie gerüchteweise behauptet wurde, dort nun Kleider kaufen könne. Wir kamen an einem Wochenende an und ein junger Wiener Mitarbeiter des Büros wurde verpflichtet, uns durch die Stadt zu begleiten, Sightseeing am Sonntag.

Wir hatten ein Auto. Er hielt an einer großen Kathedrale an. Der Junge fragte die Einkäuferin, die älter und ranghöher war als ich, ob sie aussteigen und die Kirche ansehen wolle. »Ist es ihre beste Kirche?« fragte sie. »Denn wenn es nicht die beste ist, dann denke ich, werde ich mir nicht die Mühe machen.«

Später beim Lunch plauderte der junge Mann: »Ich lese eine Menge amerikanische Lyrik, natürlich in der Übersetzung. Haben Sie jemals Walt Whitman gelesen?«

»Warum sollte ich Walt Whitman lesen«, wollte die Einkäuferin wissen. »Ich bin eine Modeeinkäuferin.«

Ich erlebte meinen ersten Flug, zurück von Wien, auf Kosten von *Macy's*. Und ich hatte eine wirklich praktikable Idee für die Firma. In Wien fand ich heraus, dass handgestrickte Pullover etwa 3 Dollar kosteten. In Paris hatte Schiaparelli gerade ersten Erfolg mit ihren Stricksachen. Sie arbeitete in ihrer kleinen Wohnung im ersten Stock und alle Frauen mit Chic zahlten ihr 12 Dollar für ihre Pullover mit modernistischem Design. Natürlich hatte ich *Macy's* gezwungen, ein paar zu nehmen. Sie waren so chic. Aber selbst mir fiel auf, dass sie im Weiterverkauf ein bisschen teuer waren.

Der Leiter des Büros in Frankreich und ich diskutierten meine Idee und er bevollmächtigte mich, einige moderne Pulloverdesigns in Paris zu beschaffen und sie nach Wien zum Kopieren zu schicken, für 3,50 Dollar pro Stück. In New York kam gar nichts dabei heraus. Offensichtlich waren modernistische Pullover für 12 Dollar im Verkauf kein guter Geschmack für *Macy's* im Jahr 1927.

Dies waren die einzigen Entwürfe, die ich jemals für *Macy's* kopieren ließ. Natürlich bemusterten wir, wie jede Niederlassung, eine Menge Dinge, von denen wir vermuteten, dass sie niemals nachgeordert, sondern nur kopiert werden würden. Unser Problem beim Mustereinkauf war, den Preis des Herstellers herunterzuhandeln, nur durch das Versprechen, es werde eine Nachorder geben.

Mr. Meyer deutete an, er wisse, dass ich Zeichnerin gewesen war und für *Macy's* tätig werden könnte, aber *la politesse,* die Höflichkeit, verbot es ihm, die Angelegenheit zu forcieren. Ich sagte ihm, diese Arbeit interessiere mich nicht mehr.

Das Verfahren der guten Einkäuferinnen war für einige Warenhäuser profitabler als bemustern oder bestehlen. Eine Einkäuferin von Halstüchern, die ich kannte, hatte zum Beispiel so eine Art, die französischen Hersteller herunterzuhandeln, dass sie es sich im Grunde überhaupt nicht leisten konnten, an sie zu verkaufen.

Sie fing mit dem Preis pro Dutzend an. Dann nahm sie den Preis für ein Gros, ein dutzend Dutzend, verglich die beiden Preise, und bekam den ersten Preis reduziert. Sie nahm dann den Preis für ein dutzend Gros und bekam einen weiteren Preisnachlass. Dann versicherte sie dem Hersteller, dass in New York jeder den Einkäufern ihres Geschäfts folgen würde und er nicht in der Position sei, ihr irgendetwas zu verweigern. Wenn sie einen Halstuchhersteller verließ, hatte er ihr tausende Tücher verkauft und pro Stück vielleicht einen halben Cent Verlust gemacht.

Als ich fünf Monate für *Macy's* gearbeitet hatte, tat ich praktisch nichts anderes mehr, als über Modetrends zu berichten. Sobald ich eine neue Einkäuferin aus New York traf, nahmen wir ein persönliches Verhältnis auf, was immer darin mündete, dass ich ihren Standpunkt verstand und sie nicht nur kaufen ließ, was sie wollte, sondern größtenteils auch aufhörte, ihr Muster zu schicken.

Ich langweilte mich zu Tode, aber 100 Dollar in der Woche waren so viele französische Franc, dass ich nicht daran dachte zu kündigen und meinen Lebensstandard wieder auf *New-Yorker*-Niveau zu reduzieren. Und endlich, im siebten Monat, entließ mich mein Chef per Brief aus New York. Das war ohne Ausnahme der glücklichste Tag meines Lebens.

Um das Entwerfen zu lernen, war ich nach Paris gekommen. Ich hatte eine Menge gelernt, aber kein einziges Kleid entworfen, außer für mich selbst. Ich hatte gesehen, wie amerikanische Hersteller Ideen stahlen und wie Warenhäuser einkauften. Sie bekamen alle dasselbe. Ich war immer noch in dem Glauben, dass sie alle Mode aus Paris haben mussten. So entschloss ich mich, nach New York zurückzugehen und Kaufhäusern die Idee zu verkaufen, dass ich Kleider in Paris entwerfen und sie zurück nach New York schicken würde.

Der Sinn des Ganzen war, dass ich in Paris die französischen Designtrends aufnehmen würde. Das Geschäft, das mich anstellte, würde damit eine andere Version des Trends als alle anderen bekommen.

Zurück in New York sprach ich mit *Altman,* der nicht verstand, worauf ich hinauswollte, und mit *Lord and Taylor,* denen es egal war, worauf ich hinauswollte. Ich entschied mich, für *Lord and Taylor* zu arbeiten und es ihnen zu zeigen. *Lord and Taylor* hatten gerade ein ganzes Büro von Stylisten in Paris geplant. Ich glaubte dass ich, wenn ich erst in dem Büro arbeitete, eine Gelegenheit finden würde, für sie zu entwerfen.

Die Dame, die das Pariser Stylingbüro leiten sollte, war schon nach Paris abgefahren. Ich folgte ihr und wurde für 40 Dollar die Woche und ein Spesenkonto eingestellt. Ich erwähne das Spesenkonto, weil es in Paris wichtig war. Es ermöglichte, den ganzen Tag über kostenlos zu leben und ein klar abgegrenztes Gehalt zu haben. Als Stylistin musste man in der Stadt unterwegs sein und chic aussehen, und Taxis waren die einzige Möglichkeit, schnell herumzukommen. Als Stylistin musste man in die chicen Lokale. Das Spesenkonto kam für den größten Teil der Mahlzeiten auf und für die gesamten Reisekosten.

Niemand erwähnte in *Lord and Taylors* Pariser Büro, dass ich Entwürfe machen könnte. Ich bekam einen von fünf aufgereihten Schreibtischen. Die leitende Stylistin hatte ein Büro für sich. Es gab noch drei andere, ein weiteres junges amerikanisches Mädchen, ähnlich wie ich, ein junger Mann, der für *Lord and Taylor* in New York gearbeitet hatte und eine ältere amerikanische Frau, die seit Jahren in Paris lebte. Die ältere Amerikanerin war die einzige Stylistin von *Lord and Taylor* gewesen, hatte aber, so schloss ich, die Notwendigkeit für mehr und noch mehr Mode aus dem Weltzentrum des Stils nicht ganz begriffen. Die Mode-Belegschaft wurde durch eine französische Sekretärin und mich komplettiert.

Ich hatte die Tücken in *Macy's* Pariser Büro erfahren und wusste eine Menge über den Pariser Markt. Der Pariser Markt besteht nicht nur aus den großen Schneidern, sondern auch aus all den Designern von Hüten, Taschen, Handschuhen und allem anderen, und nicht zuletzt aus den Herstellern von Toilettenaccessoires, Schachteln, Tüchern und ihren Etuis, Schmuck und allem, was Frauen glücklich macht.

Und es gab die Pariser Inneneinrichter. *Macy's* hatte eine moderne Möbelausstellung, bevor ich für sie arbeitete, und *Lord and Taylor* war sehr, sehr einrichtungsbewusst.

Es gab eine ziemlich ärgerliche Begebenheit, als ich von *Macy's* gefeuert wurde. Mein Adressbuch verschwand von meinem Tisch, wo ich es an dem Tag, an dem ich entlassen wurde, liegengelassen hatte. Als ich am nächsten Tag zurückkam, um es zu holen, war es nicht da. Es enthielt die Adressen von allen, bei denen *Macy's* bestellte. Es herrscht die Vorstellung, dass ein Geschäft Einkaufsquellen haben kann, die niemand sonst kennt. Das ist natürlich totaler Quatsch. Sobald irgendein Hersteller in einer Stadt jemandem irgendetwas verkauft, benachrichtigt er sofort alle anderen Geschäfte und versucht sie dazu zu bringen, auch zu kaufen.

Als ich den Job bei *Lord and Taylor* bekam, wünschte ich mir mein Adressbuch dringend zurück. Es hatte mich Monate gekostet, es zu erstellen, und es bedeutete jetzt, das gleiche Feld noch einmal zu beackern. Natürlich hatte niemand in *Macy's* Büro auch nur die nebulöseste Idee, wo das Buch möglicherweise sein könnte. Schließlich fand ich meine alte Sekretärin, die ebenfalls bei *Macy's* entlassen worden war. Sie sagte mir gleich, dass es ihr so leid tue, dass sie mich nicht früher informiert habe, aber natürlich habe sie, in ihrer gründlichen Art, mit der sie für die Zukunft vorsorgte, eine Kopie meiner Adressen für sich selbst erstellt. Sie machte eine neue Kopie meines Adressbuchs für mich, und so ging der Übergang zu *L and T* glatt.

Wir arbeiteten mehr oder weniger alle an denselben Dingen. Mir wurde speziell die Einrichtungsabteilung übertragen. Es machte Spaß, für *Lord and Taylor* zu arbeiten. Man stand nicht so unter Druck wie bei *Macy's*. Keiner von uns bekam viel Geld, aber wir waren zu sechst, um das zu erledigen, was ich vorher ganz alleine bei *Macy's* bewältigen sollte. Und die Leute waren daher etwas menschlicher.

Die Leiterin des Stylistenbüros war ziemlich geschäftig. Sie mochte Paris nicht und weigerte sich ständig, irgendwo zu essen, weil sie es dort schmutzig fand. Sie sprach nicht viel Französisch. Die ältere Dame, die schon immer in Paris gelebt hatte, hatte ein geregeltes Privatleben. Sie wusste recht genau, was von ihr erwartet wurde und nahm die Sache ziemlich ernst.

Ich fand mich mit zwei jungen, gesunden Amerikanern wieder, die noch nie in Paris gearbeitet hatten und die begierig waren, alles über die große Welt des Stils zu lernen. Ich brachte ihnen alles bei, was ich wusste, und wir konnten die Arbeit so bündeln, dass wir nie mehr als einen halben Tag arbeiten mussten, oder manchmal nicht einmal das. Ich kannte alle Quellen und wir teilten einfach alles auf, worum wir uns kümmern mussten, arbeiteten einzeln oder zu zweit, wie es vernünftig war.

Der Plan war nicht, wie bei den Franzosen, dass das Leben gemächlich abläuft und langsam gearbeitet wird. Wir arbeiteten mit der größtmöglichen Geschwindigkeit, so dass wir an einem Tag leicht die Aufgaben dreier Tage erledigen konnten.

Ich überlegte zum Beispiel, dass es gut für *Lord and Taylor* sein könnte, einige schöne, moderne Teppiche zu haben. Ich benötigte nur einen Tag und viele Taxis, um einige Designer zu benachrichtigen, dass ich Teppichentwürfe haben möchte. Ich hätte auch zwei Wochen damit verbringen können. Dann brauchte ich noch einige Tage, um die Entwürfe einzusammeln, die möglichen Preise für ihre Ausführung in Paris zu bekommen, einen Bericht zu schreiben und alles an das zentrale Büro in New York zu schicken.

Der beunruhigende Teil war, dass wir niemals ein Wort über die ganze Arbeit, die wir erledigten, von der Zentrale hörten. Was damit passierte, weiß ich bis heute nicht. Nur einen Fall verfolgten wir bis zu seinem Ende.

Der junge Mann und ich dachten, ein Set moderner Monogramme für die Herrenabteilung wäre ganz schön. Wir bekamen ein Budget von 50 Dollar, um sie entwerfen zu lassen. Wir beauftragten einen Maler, einen Freund von mir, mit der Arbeit. Das nahm viele, viele Tage in Anspruch, mit Besuchen im Atelier des Malers, langen Diskussionen, Drinks.

Schließlich waren die Monogramme fertig und wurden hinübergeschickt, wie wir dachten für Taschentücher zu Weihnachten. Ein Jahr später, als der junge Mann nach New York zurückkehrte, um dort im Geschäft zu arbeiten, fand er heraus, dass die Monogramme niemals benutzt worden waren. Er schaute sich um und fand sie – unter einer Kladde auf einem Schreibtisch.

Es war zutiefst entmutigend, eine Idee auf die Beine zu stellen, sie auszuarbeiten und nie wieder ein Wort darüber zu hören. Es war ein leichtes, angenehmes Leben, das zu nichts als in die Cafés am linken Seineufer führte, wo wir zum Frühstück hingingen, nachdem wir uns um neun bei der Arbeit gemeldet hatten. Allerdings fuhren wir nach dem Frühstück zu einem Schachtelhersteller und holten neue Sets von Schrankboxen ab, hergestellt für eine Einkäuferin, die sie nach ihrem Eintreffen sehen und ordern sollte. Sie kam entweder niemals an oder sie bestellte nichts.

Auf gewisse Weise war die Entfernung zwischen Paris und New York zu groß. Die Ideen gingen auf dem Weg verloren. Wir wussten nie, ob es etwas in New York schon gab. Wir wussten nie, ob etwas billiger in New York oder in Paris hergestellt werden konnte. Wir hatten dasselbe Problem wie bei *Macy's* – die Einkäufer wollten uns nicht.

Lord and Taylors Einkäufer brauchten uns auch nicht so sehr, denn sie waren weder so alt noch so unbeweglich wie die Einkäufer bei *Macy's.* Sie lasen möglicherweise sogar Walt Whitman wie ihre Kunden, einige wenigstens. Eine Stylistin in Paris hatte einen miesen Job. Eine Stylistin in New York war näher am Kern der Sache, aber auch sie hatte einen miesen Job. Keine Einkäuferin wollte sie. Für den Kaufmann bedeutete sie nur ein weiteres Gehalt. Konnte die Einkäuferin nicht das beschaffen, von dem das Geschäft dachte, dass es das Publikum wünsche, dann war ein attraktives Mädchen mit großen Ideen, was smart sei, nicht die Lösung.

Der Knackpunkt ist: Die Stylistin hatte keinen besseren Geschmack als irgend jemand anderes. Die Stylistin sollte angeblich einen aktuelleren Geschmack haben. Vielleicht hatte sie tatsächlich einen aktuelleren Geschmack, aber es gab keinen Beleg dafür, dass sie erahnen konnte, was die Mehrheit der Frauen wollte, nur weil sie eine gute Schule besucht und danach einige Zeit in europäischen Kunstgalerien abgesessen hatte.

Die Warenhäuser erkannten dies, als die Wirtschaftskrise der 20er kam. Ich glaube die meisten entdeckten, dass es die Aufgabe der Einkäuferin ist, sowohl ihre Verkaufszahlen und -erlöse zu kennen, als auch das Geschmacksniveau des Publikums. Kein Geschäft kann es sich leisten, über dem allgemeinen Geschmacksniveau seiner Zielgruppe zu liegen. Dann verliert es seine Kunden. Die Problematik des Warenhauses ist es, immer gleichauf mit dem wechselnden Geschmack zu sein. Was eine chice europäische Frau wo auch immer trägt, ist für die Einkäuferin eines Warenhauses von sehr geringer Bedeutung. Die Klientel von *R. H. Macy* und *Lord and Taylor* setzt sich nicht aus Frauen mit Chic zusammen. Frauen mit Chic geben keine Bridgeparties. Sie gehen nicht zur Matinee. Sie sind nicht mit dem Problem konfrontiert, was sie zum Dinner anziehen sollen, wenn sich die Männer gar nicht umziehen.

Die Einkäuferinnen wussten all das. Aber die Geschäfte waren reich und das Publikum hatte Geld zum Ausgeben zur Verfügung. Die Anzeigenabteilungen wollten mit Glamour dick auftragen. Sie gaben Hunderttausende von Dollar aus, um die französische Legende aufzubauen. Nicht nur die Kleider, sondern alles, was eine Frau kaufte, benutzte, trug, wurde angeblich in Paris entworfen. Die Kaufhäuser der Vereinigten Staaten investierten ungeheuer viel Kapital in die Namen der französischen Couturiers.

Lord and Taylors und die anderen Pariser Stilbüros starben eines natürlichen Todes, als die Depression die Ausgaben kürzte. Schon lange zuvor verließ ich sie. Genauer gesagt war ich nur vier Monate bei *Lord and Taylor.*

Ich erkannte, dass niemand auch nur annähernd die Absicht hatte, mich meine Version des aktuellen Kleidungsstils beitragen zu lassen. Den Läden war es im Jahr 1927 nicht ein bisschen peinlich, dass sie alle dieselben Kleider verkauften. Ihnen gefiel es so.

Der Beruf der Stylistin florierte. Es gab jede Menge Geld, um sie zu bezahlen. Alles in der Mode wurde von Stunde zu Stunde größer und besser und französischer.

Main Bocher, damals Pariser Chefredakteur der *Vogue,* bot mir einen Job bei seiner Zeitschrift an.

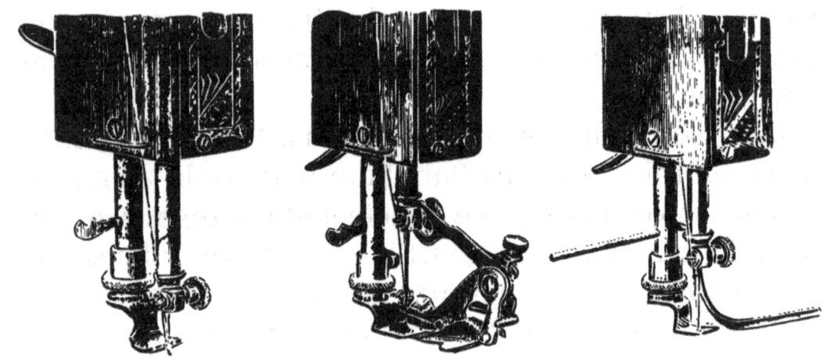

8 Zuschneiden, Stecken, Drapieren

Es war im April 1928, als ich in das Büro der *Vogue* eingeladen wurde. Ohne Zögern lehnte ich den Job ab. Ich sagte Monsieur Bocher, dass ich nach Paris gekommen sei, um zu lernen, wie man Kleider entwirft, dass ich bereit sei, durchzustarten. Wenn ich nicht in Paris Kleider entwerfen könne, würde ich zurück nach Amerika gehen.

Main Bocher war sehr verständnisvoll. Möglicherweise ging es ihm genauso, denn sehr bald danach machte er sein eigenes Geschäft auf und wurde selbst zum Modeschöpfer.

Er sagte, wenn ich so versessen aufs Entwerfen sei, könne er mir einen Job verschaffen. Er sagte, er könnte mich vielleicht bei *Patou* oder *Lanvin* oder Nicole Groult unterbringen. Die ersten beiden gehörten zu den Berühmtheiten. Nicole Groult, Poirets Schwester, hatte einen kleinen Laden in einer Nebenstraße und fertigte eher konservative, schöne Kleidung. Ich entschloss mich, Nicole Groult den Vorzug zu geben, weil ihr Unternehmen so klein war, dass ich dort vielleicht wirklich richtig mitarbeiten könnte. Es schien mir unmöglich, dass entweder Patou oder Lanvin mich jemals ein Stück Stoff zerschneiden lassen würden.

Nicole Groult war eine exzentrisch aussehende Dame, etwa 1,67 m groß, mit rötlichem Haar und einem Gesicht, das von einem guten Künstler mit Sinn für Humor ausgestattet worden war. Sie war, so schätzte ich, um die vierzig und hatte eine sehr schlanke Figur. Sie trug einfache kleine Seidenkleider mit einem Gürtel in der natürlichen Taille. Dies war der Gipfel der Exzentrizität. Denn schon seit Jahren hatte niemand mehr den Gürtel oberhalb der Hüften getragen.

Monsieur Bocher machte für mich einen Termin bei Madame Groult aus. Wir unterhielten uns eine Weile über nicht viel mehr als darüber, dass ich entschlossen war, als Designerin zu arbeiten, aber gar nichts hatte, was ich ihr zeigen konnte. Sehr schnell sagte sie: »Kommen Sie vorbei. Ich mag junge Leute.«

Ich wurde für 500 Franc im Monat eingestellt, etwa 20 Dollar, genau was ich bei meinem ersten Job in Paris verdient hatte. Ich sagte ihr, ich wolle kein Gehalt, nur die Erlaubnis, etwa fünfzehn Kleider ohne Einmischung zu entwerfen. Sie bestand darauf, mir etwas zu bezahlen, und ich ging an die Arbeit.

Es war im Mai, später Mai. Sie war gerade am Anfang ihrer neuen Kollektion, die im Juli für die Einkäufer fertig sein musste. Ich nehme an, sie nahm mich auf, weil Main Bocher ihr erzählt hatte, dass ich Amerikaner in Paris kannte und auch, weil ich für *Macy's* und *Lord and Taylor* gearbeitet hatte, und *Maison Groult* gerade nicht sehr erfolgreich bei den Amerikanern war. Ihre Kundschaft war vor allem französisch. Die Kleider waren nicht detailreich genug, um Konfektionäre anzuziehen. Ich glaube es war gerade neues Kapital von einem Herren zugeschossen worden, der hoffte, das Haus aufzubauen.

In den ersten Wochen schauten wir uns an jedem Nachmittag Materialkollektionen an. Wir, das waren Madame Groult, ihr Assistenzdesigner George und ich. Jeder Designer in Paris war ebenfalls damit beschäftigt. Die Vertreter von *Rodier* und *Bianchini* und *Ducharne* und alle Stoffhersteller, groß und klein, kamen mit Koffern voller Musterschals vorbei.

Wir schauten sie alle durch, und jedes Mal, wenn einem von uns etwas gefiel, kreuzten wir es an. Das bedeutete, dass ein Stück davon auf Kommission geschickt wurde. Dieses Verfahren ist ein innigst ersehntes Ziel, das es für Couturiers in den USA bis jetzt noch nicht gibt.

Genauer gesagt bedeutet es Folgendes: Der Stoffhersteller schickt jedes gewünschte Material in der Hoffnung, dass der Designer ein Kleid daraus macht. Der Designer hat einen großen Raum, der mit Materialstapeln aller Art, was auch immer ihm gefällt, gefüllt ist. Designer benutzen, was sie möchten und schicken den Rest zurück.

Wenn Sie ein großer Designer in Paris sind – *Vionnet, Patou, Lanvin* – können Sie nicht nur auswählen, was Sie möchten, Sie können den Stoffherstellern auch noch mitteilen, welches Material Sie in Zukunft haben möchten. Der Fabrikant stellt es dann her und Sie nutzen es, oder auch nicht – wie es Ihnen gefällt, wenn Sie es gesehen haben.

Nicole Groult war in keiner Position, in der sie den Stoffherstellern etwas vorschlagen konnte. Das machte mir nicht viel aus, und ihr auch nicht, glaube ich. Wir wählten Hunderte von Materialien aus, um daraus möglicherweise Kleidung zu machen.

Nachdem wir die Stoffvertreter getroffen hatten, fluteten die Leute mit den Kurzwaren herein. Wir wählten alle Knöpfe und Gürtel und Schnallen aus, die uns gefielen und bekamen Muster davon zur Verfügung gestellt.

Nicole Groult arbeitete nie vor 14.30 Uhr. Ebensowenig George. Als es ans Entwerfen ging, kam ich schon morgens, weil dann niemand da war und ich die Materialien und Mannequins und Spiegel für mich haben konnte.

George arbeitete nur mit Skizzen. Er war ein guter Zeichner, wenn auch kein besonders talentierter Designer. Er hatte ziemlich theatralische Ideen, die auf Papier aufregender aussahen als in natura.

Madame Groult konnte weder zeichnen noch Schnitte machen, soweit ich das mitbekam. Sie brachte manchmal sehr grobe kleine Bleistiftskizzen mit, die sie der Schnittdirectrice erläuterte, die ihre Ideen zu verstehen schien und ausführte, was Madame Groult wollte.

Oft wählte Madame Groult nur einen Stoffballen aus und sagte der Directrice, was sie wollte, ohne Skizze und ohne Drapieren. Vielleicht machte George ab und zu die Zeichnungen für sie.

In ganz Paris war im Juni jede Bekleidungsfirma mit demselben Ablauf beschäftigt. Soweit ich weiß, wählte Patou seine Stoffe aus und sagte den Leiterinnen seiner Ateliers, welche Linie die Kleidung für die neue Saison haben solle. Die Directricen zogen sich dann zurück und fertigten Probemodelle an. Patou schaute sich die Proben an, veränderte sie, legte das genaue Material und die Farbe fest, überwachte die Anproben, und damit hatte man eine Kollektion von *Patou.*

Die Directrice, die *première,* wie sie in Frankreich genannt wird, ist die wichtigste Person in jedem Atelier und in jeder Bekleidungsfirma. Sehr häufig ist die französische *première* die eigentliche Designerin, wie im Fall von

Patou. Patou trat seinen *premièren* gegenüber wie ein Stylist auf, aber als ein einflussreicher, so verstehe ich es. Bei *Nicole Groult* entschieden die *premières* selbst, wie sie Georges Skizzen und die Ideen von Madame Groult in Schnitte umsetzten.

Ich arbeitete in jener Saison auf jede nur mögliche Weise um herauszufinden, wie ich meine Ideen am besten entwickeln könnte. Die Methode, die ich zum Schluss übernahm, ist die Methode Vionnets.

Vionnet hat eine hölzerne Schneiderpuppe in halber Größe, für die sie die Schnitte entwickelt. Ihre *premièren* machen dann Schnitte in voller Größe aus den kleinen. Ich weiß nicht, ob Vionnet auch Zeichnungen anfertigt.

Viele Designer arbeiten nur mit Zeichnungen und überlassen die ganze Entscheidung, den Schnitt betreffend, der *première*. Ich bin überzeugt davon, dass Modeschöpfer, die so arbeiten, von der Vorstellungskraft ihrer *première* eingeschränkt werden, bis zu dem Grad, dass ihren Entwürfen oft der letzte Schliff fehlt.

Es gibt keinen Grund, warum etwas so vollkommen Flaches wie ein Schneiderkostüm nicht auf Papier entworfen werden sollte. Ich mache die meiste schneidermäßige Kleidung und die Sportbekleidung auf Papier. Auch dann, wenn man sich mit Schnitttechnik auskennt und etwas wiederholt und verändert, das bereits entworfen wurde, dann geht das auf Papier. Aber alle neuen Schnitte und wirklich neue Linien entstehen aus dem Material, denke ich. Wenn eine Designerin mit einer *super-première* gesegnet ist, ist alles gut. Wenn eine Designerin nicht so gesegnet ist, dann weiß sie besser selbst über Schnitttechnik Bescheid.

Es gibt natürlich noch eine andere Methode des Entwerfens. Man nehme einen Ballen Stoff und eine Frau und schneide, stecke und drapiere sie in ein fertiges Kleid.

Nach meinem Eindruck nutzen nur wenige professionelle Designer diese Methode. Es ist die Methode, von der das Publikum sich wünscht, der Modeschöpfer möge sie benutzen. Wenige Modeschöpfer, wenn überhaupt welche, können es sich leisten, Meter um Meter teuren Materials zu ruinieren. Bevor man in Goldbrokat für 20 Dollar pro Yard hineinschneidet, muss man wissen, wie er zugeschnitten werden soll. Nicht in einer von einer Million Fälle wird ein Kleid genauso, wie im Voraus geplant.

Sogar wenn man Prototypen aus Nessel anfertigt und sie verbessert, bevor man das eigentliche Material anschneidet, gibt es Änderungen, die es oft unumgänglich machen, das halbe Kleid wegzuwerfen. Außerdem führt inspiriertes Drapieren oft dazu, dass man das Kleid zerlegt und das Material abweichend vom Fadenlauf zuschneidet. Wenn das Material nicht in Übereinstimmung mit der Webrichtung zugeschnitten wird, verzieht es sich in jede Richtung und bleibt nicht dort, wo man es haben will. Es verzieht sich hier und hängt sich dort aus, und alles wird höllisch schwierig.

Wenn ein Designer an Theaterkostümen arbeitet, bei denen nur der Effekt zählt und das Kleid nicht unter genauer Prüfung bestehen muss, dann kann ein Designer so rasch inspiriert arbeiten, wie er will. Wenn er für eine der seltenen individuellen Kundinnen arbeitet, die die lange Zeitspanne aushält, die nötig ist, ein Kleid exakt auf ihre Figur zu drapieren – in Ordnung.

Nach meiner Erfahrung möchten die meisten Frauen wissen, was sie bekommen, bevor sie es kaufen, und sie möchten nicht bei Anproben herumstehen. Sobald man eine Zeichnung gemacht hat, kann man auch gleich schon die Anproben vorbereiten.

Mir scheint außerdem, dass jeder, der spezielle Entwürfe für Einzelkundinnen macht, die über Zeichnungen verkauft werden, instinktiv bewährte Schnittformen nutzt, aus Angst, beim Anfertigen des Kleids in unvorhergesehene Schwierigkeiten zu geraten.

Wenn es darum geht, wirklich neue Entwürfe zu erarbeiten, dann ist ein angestelltes Mannequin die beste Wahl. Sie wird dafür bezahlt, aufzustehen oder sich hinzusetzen, wenn es ihr gesagt wird. Sie macht nicht den Mund auf und bringt einen aus der Fassung, wenn man gerade überlegt, was zum Teufel man mit dem Ausschnitt machen soll. Sie kann nicht auf einmal entscheiden, dass das gewählte Material zu steif oder zu dick ist.

Jedenfalls besteht das System, das alle französischen Couturiers etabliert haben, darin, die Idee mündlich, als Zeichnung oder Schnittmuster an ihre *première* weiterzugeben. Die *première* erstellt dann ein vollständiges Schnittmuster für das Mannequin, das schließlich das fertige Kleid zeigen wird. Die Designerin schaut sich den Prototyp an, heißt ihn gut oder verändert ihn. Das Kleidungsstück wird dann aus dem endgültigen Material zugeschnitten.

Wenn eine Modeschöpferin entscheidet, was sie entwerfen will, beginnt also der Spaß erst, wie man sieht. Das Schnittmuster mag so gelingen wie die ursprüngliche Idee – das Kleid aus dem eigentlichen Material vielleicht, oder vielleicht auch nicht.

Madame Groult, George und ich versammelten uns etwa um drei Uhr jeden Nachmittag, so dass die *premières* unsere neu umgesetzten Kleider hineinbringen konnten. Manchmal sahen sie großartig aus. Manchmal sahen sie schrecklich aus.

George und ich kamen zu dem Schluss, dass Nicole niemals Rückansichten für ihre Kleider entwarf. Sie dachte sich die Silhouette aus und die Vorderseite und vergaß, die Rückseite mit der *première* zu besprechen. Daher ging das Material normalerweise nur einmal rundherum und bedeckte die Nacktheit darunter. George und ich kritisierten Madame Groult, weil sie keine Rückenteile hatte – sie ging sehr fröhlich damit um und achtete nur wenig darauf. Sie versuchte uns zu helfen, wenn wir etwas Schreckliches erschaffen hatten. Einmal hatte ich drei Ungetüme nacheinander. Ich sah möglicherweise so krank aus, wie ich mich fühlte, denn sie meinte, ich solle abwarten, wie ich mich erst fühlen würde, würde ich fünfzehn schlechte Kleider auf einmal entwerfen.

Georges größte Schwierigkeit war, dass er sehr schöne Modezeichnungen von Frauen machte, die fast drei Meter groß waren. Wurde das Kleid in normalen Proportionen zugeschnitten, waren es lauter fitzelige kleine Teile.

Madame Groult und ich gerieten uns nur wegen einer Sache in die Haare. Es ging um die Taillenlinie. Madame Groult hatte so eine Art, Kleider, die falsch aussahen, von der Schneiderpuppe zu nehmen und sie selbst anzuziehen. Madame Groult war, wie ich schon andeutete, sehr dünn, aber sie setzte nun ein kleines Bäuchlein an.

Die Taillenlinie deutete im Jahr 1928 eine Rückkehr zur Normalität an. Groult hatte nicht nur immer die normale Taillenlinie getragen, sondern hatte sie auch in ihrer Kollektion gezeigt. Ihre Figur veränderte sich gerade so, dass die normale Taillenlinie nicht mehr so vorteilhaft war wie früher. Ich mag normale Taillenlinien. Ich fing an, sie für meine Kleider zu verwenden. Madame Groult zog meine normal taillierten Kleider an und senkte die Taillenlinie. Ich lehnte das ab.

»Aber Madame Groult«, argumentierte ich, »Sie haben jahrelang normale Taillen gehabt. Warum wollen Sie jetzt damit aufhören, wenn sie gerade wieder modern werden?«

»Wenn sie jeder andere haben wird, warum sollte ich?« giftete sie. »Ich habe genug davon.«

Ich glaube, eines der Dinge, die das Leben einer Modedesignerin bestimmen, ist, wie sehr sie für sich selbst entwirft. Wenn eine Designerin der Kleidung nicht objektiv gegenübertreten kann, ist die Dauer ihres Erfolgs größtenteils begrenzt.

Nicole Groult entwarf immer für sich selbst und verkaufte es an das Publikum, das sie schon hatte.

Schiaparelli entwarf meiner Meinung nach immer für sich selbst. Vera Borea, mit kurzlebigem Ruhm, entwarf immer für sich selbst.

Vionnet entwarf vermutlich nie im Leben für sich selbst. Sie ist das genaue Gegenteil des Typus des *Vionnet*-Models. Sie ist klein und rundlich. Es würde mich nicht überraschen, wenn Chanel, als sie ihre großen Erfolge hatte, für sich selbst designte. Chanel war aber offensichtlich eine zu intelligente Frau, um damit lange weiterzumachen. Ihre Entwürfe haben jedoch nicht mehr ihre einstige große Klarheit, seitdem tiefe Taillen aus der Mode kamen und Weiblichkeit Trend wurde.

Wenn eine Designerin für sich selbst entwirft, hat sie einen so großen Erfolg, wie es Menschen gibt, die wie sie gebaut sind und die wie sie über Kleidung denken. Sobald sie ihre Figur verliert, sind ihre Entwürfe verloren für die jungen Leute, die gerade heranwachsen. Sie mag eine mit ihr alternde Klientel behalten. Schließlich sehen sie sich auf der Suche nach Jugend woanders um – oder sie sterben.

In sechs Wochen Schmerz und Freude entstanden die Kollektionen der französischen Designer, Nicole Groults und der anderen. Der einzige Grund, warum die Kollektionen im Juli fertiggestellt werden, ist der Nutzen für die Einkäufer.

Jahrelange Arbeit und kilometerweise Material werden verbunden, letztlich um die internationalen Privatkundinnen der Pariser Couture zu kleiden. Zuerst werden die Geschäfte und die Fabrikanten, die kleinen Schneider und die Touristinnen der Welt eingelassen, um zu stehlen, was sie können, und um zu kaufen, was sie nicht stehlen können.

Ich glaube nicht, dass jemals eine echte Designerin in Frankreich auch nur einen Schrei in der Hölle darauf gegeben hat, was irgendeine amerikanische oder deutsche oder südamerikanische Einkäuferin über ihre Kleider dachte. Der Manager der Designerin macht sich Gedanken und bringt die Designerin so gut er kann dazu, sich ebenfalls Gedanken zu machen.

Wie die meisten anderen Designerinnen auf Druck reagieren, weiß ich nicht, aber Nicole Groult zeigte mir eine mögliche Reaktion. Ihr Geschäft mag nicht groß gewesen sein. Ihre Rechnungen mögen nicht bezahlt worden sein, aber ich bin sicher, was sie mir sagte, wäre dasselbe, wäre sie Chanel persönlich gewesen.

Als die Kollektion fertig war und den Einkäuferinnen gezeigt wurde, die weder in besonders großer Zahl kamen, noch in großen Mengen kauften, dachte ich, dass etwas passieren müsse. Ich ging die Situation noch einmal durch und ging mit einer Reihe von Vorschlägen zu Madame Groult. Sie hörte höflich zu.

Die Modelle waren schlecht genäht. Sie passten den Mädchen nicht, für die sie gemacht waren. Die Verkäuferinnen waren phlegmatisch. Niemand hatte je von ihrem Haus gehört. Warum sie nicht dieses und jenes machte, dann könnte sie ganz gut im Geschäft sein.

Madame Groult schaute mir ruhig in die Augen und sagte: »Ich habe Diamantarmbänder bis hier hin«, und zeigte auf ihren Ellenbogen. »Wäre ich glücklicher, wenn sie bis zu meiner Schulter gingen? Ich fahre morgen zur Erholung an die Riviera.«

Die französischen Designer haben Freude. Sie sind intelligente, künstlerische, aufgeweckte Menschen. Sie sind dafür ausgebildet, schöne Kleider für schöne Frauen zu machen. Sie tun dies entsprechend der alten traditionellen Methoden des Entwerfens und Schneiderns für reiche Kundinnen.

Mögen sie die Fahne hochhalten!

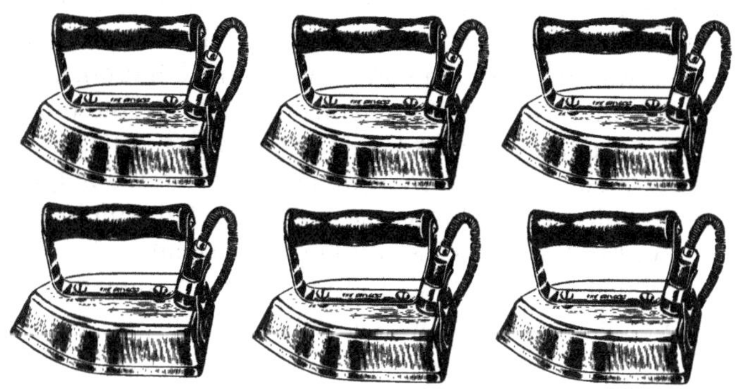

9 Es knirscht

Zu dieser Zeit wäre ich fast im amerikanischen Krankenhaus in Paris gestorben. Ich hatte seit Monaten meine Mandeloperation verschoben. Nachdem die Groult-Kollektion fertig war und gezeigt worden war, Madame Groult an die Riviera abgereist, entschloss ich mich, zwei Tage frei zu nehmen und wieder arbeitsfähig zu werden.

Ich begab mich ins Krankenhaus, wo ein französischer Herr, der mit diesen Operationen nicht vertraut war und dort noch nie zuvor eine durchgeführt hatte, mit den Mandeln ein großes Stück aus meinem Hals schnitt. Etwa drei Stunden nach der Operation erstickte ich fast. Ich erinnere mich an eine Schar Ärzte, die in den Raum stürmte, angeführt von einer ziemlich aufgeregten Krankenschwester. Danach verschwand alles, bis es die Schwester für gut hielt, mir zu erzählen, dass ich fast verblutet wäre, aber nun alles gut sei.

Als ich das Spital eine Woche später verließ, brauchte ich Erholung – und ich wollte nachdenken. Ich lud mich selbst ein und besuchte die Familie eines französischen Jungen, den ich die ganzen Jahre in Paris kannte. Bald, nach etwa fünf Stunden von Paris aus nach Süden, kam ich in Poitiers an und wurde von dort in das Haus seiner Familie nach Lussac-les-Chateaux gefahren. Alles, was ich dort sah, war eine einzige lange Straße mit den typischen Stein- und Betonhäusern zu jeder Seite dicht am Straßenrand. Durch eine dunkle, enge Diele und einen fünfzehn Meter langen Gang stolperte ich in einen buschbestandenen Garten, einen Morgen groß. Dort verbrachte ich zwei Wochen mit Nachdenken.

Im Juli 1925 war ich nach Paris gekommen, um die *chic monde* zu entdecken und zu lernen, für sie zu entwerfen. Im August 1928 war meine Forschung abgeschlossen. Ich wusste, dass ich unter den richtigen Bedingungen schöne und teure Kleidung für eine gewisse Art von Frauen entwerfen konnte.

Die *chice* europäische *monde* war jedoch nicht mein Geschmack. Ich brauchte drei Jahre, um das herauszufinden, aber ich wusste endlich und für allemal, dass mich das Leben der europäischen müßiggängerischen Klasse langweilte.

Ich hasste es, zu jeder Stunde des Tages zu wissen, was ich zu tun hatte. Es war mir nicht wichtig, am richtigen Ort Cocktails zu trinken, nachdem ich am richtigen Strand Schwimmen gewesen war. Ascot war lächerlich mit seinen Blumenhüten und Spitzenkleidern.

Es hatte keinen Sinn, in Paris für eine Gruppe von Menschen Kleider zu entwerfen, deren Leben mir nichts bedeutete, obwohl dort in Paris alles dafür eingerichtet war. Ich könnte, jedenfalls mit etwas Arbeit und Mühe, dort meinen Platz finden, so wie Vionnet ihren und Molyneux seinen und wie Schiaparelli und Marcel Rochas und Alix, damals noch unbekannt, den ihren finden würden.

Alle Handwerker Frankreichs standen bereit, Schnallen und Knöpfe für mich herzustellen und schön und sorgfältig meine Entwürfe zu nähen. All die Stofffabrikanten Frankreichs wären nur zu froh, für mich Materialien herzustellen.

Da lag der Hase im Pfeffer. Was konnte man in Amerika Vergleichbares finden, vergleichbar mit diesen Voraussetzungen, die die Pariser Couturiers über Generationen im Geschäft gehalten hatten, die sie durch eine weltweite Wirtschaftskrise bringen würden, die aus ihrer Kunst eine Legende gemacht hatten, so dass alle Frauen sie besitzen wollten?

Das Geschäftsmodell, teure Kleider auf Bestellung zu fertigen, war per se nie ein besonders profitables gewesen. Unter profitabel verstehe ich: auf Dauer profitabel. Ein Couturier mag in wohlhabenden Zeiten eine Menge Geld verdienen. Beim ersten Anzeichen einer Wirtschaftskrise findet er sich mit enormen Fixkosten und ohne Verkäufe wieder.

Die Franzosen verstehen es, in guten Zeiten zu sparen und können normalerweise einige Krisenjahre überstehen. Trotzdem konnte niemand, der ein so kostspieliges Unternehmen wie die wichtigen Pariser Couturiers *Chanel, Patou, Vionnet* besaß, eine lange Krise ohne Hilfe überleben. Außerdem muss berücksichtigt werden, dass ein Couturier im Grunde ein Künstler ist. Künstler haben den wohlverdienten Ruf, in Gelddingen sehr unpraktisch veranlagt zu sein. Am liebsten würden sie, jedenfalls die besten unter ihnen, nur ihre Kunst in Frieden ausüben; ob sie dabei Geld verdienen oder nicht ist für sie sekundär.

Die Kunst des Couturiers ist so vergänglich, so sehr eine Sache des Moments, dass sie quasi ofenwarm verkauft werden muss, sonst ist sie wertlos. Ich kann nicht in diesem Jahr ein sehr schönes Kleid entwerfen, und zehn Jahre später entdeckt es auf einmal jemand, bezahlt mir eine große Summe, um es zu besitzen, und hängt es sich an die Wand. Mein gesamter Erfolg als Modedesignerin hängt von meiner augenblicklichen Intuition ab, zu ahnen, was meine Klientinnen morgen wünschen werden und sie damit zu versorgen. Am nächsten Tag könnten sich ihre Lebensentwürfe ändern, und ich muss wieder genau die richtige Antwort liefern oder sie lassen mich verhungern.

Welche Vorkehrungen wurden getroffen, um den französischen Couturier über alle Höhen und Tiefen hinweg zu schützen, dass er so einträglich und unverdrossen die große französische Tradition fortsetzen kann? Wem war es die Mühe wert, die Welt in dem Glauben zu lassen, dass alle schönen Kleider in Paris entworfen werden und dass die ganze Welt sie besitzen will? Monsieur Rodier, Monsieur Bianchini und eine Anzahl der reichsten Männer Frankreichs. Sie wurden, möglicherweise, mit einer Leidenschaft geboren, Stoffe herzustellen, ein Wunsch so groß und unstillbar wie Vionnets Drang, Kleider herzustellen. Die Ergebnisse ihrer Leidenschaft werden in Milliarden Franc gezählt. Sie entwickelten nicht nur die Stoffe, sondern unterhielten die gesamten Strukturen, die nötig sind, um der ganzen Welt über einen langen Zeitraum diese Stoffe zu verkaufen.

Die französischen Couturiers bekommen in guten wie in schlechten Jahren Hilfe von den Stoffherstellern. Die französischen Couturiers sind im Grunde im Besitz der Stoffhersteller. Ein Schneideratelier oder Couturehaus finanziell unter Kontrolle zu bringen, ist für einen Stofffabrikanten ziemlich einfach. Schneider werden in Wirklichkeit nie von ihren privaten Klienten bezahlt. Schneidereien brauchen in großem Umfang Kredite von den Herstellern, bei denen sie kaufen.

Es gibt wohl keinen Couturier, der nicht schließen müsste, fände es ein Stofffabrikant angebracht, nur die momentanen Schulden einzutreiben. Die französischen Stoffhersteller legen keinen Wert darauf, die Coutureateliers zu schließen. Im Gegenteil, sie halten sie am Laufen.

Die Pariser Couturiers sind das Schaufenster für französische Stoffe. Bei jedem guten Modell aus einem bestimmten Stoff, das von einem Topdesigner entworfen und angefertigt wurde, verkauft das Stoffhaus den mehrfachen Wert dieses Modells als Meterware. Sie verkaufen das Material nicht nur durch das Haus des Designers, sondern auch über die anderen Häuser, die das Modell kopieren, in Paris, in England, Südamerika, der Welt.

Der französische Stoffhersteller braucht keine Angestellten, die ihm sagen, was für Stoffe er herstellen soll. Er arbeitet direkt mit den Designern von Kleidung. Er stellt dieses und jenes für Vionnet her, etwas anderes für Molyneux, eine andere Art oder Sache für Schiaparelli. Natürlich hält er Vionnet im Geschäft. Sie mag in einem Jahr Geld verdienen mit ihrem Haus, im nächsten Verlust machen, aber so lange sie ihre Gefolgschaft individueller Frauen mit Chic behält, wird sie am Laufen gehalten.

Und falls Vionnet in einem Jahr eine schlechtere Kollektion zeigt? Sie wird am Laufen gehalten, denn jeder weiß, dass jeder Designer dann und wann eine schlechte Saison hat. Aber lass sie vier schlechte Kollektionen hintereinander machen. Finis. Treib die Rechnungen ein. Ciao Vionnet. Gib einer Neuen den Kredit. Bau sie auf.

Was hat Vionnet davon? Sie bekommt ein Gehalt und Handlungsfreiheit.

Was bekam Patou? Seine Spielschulden wurden bezahlt, als er sehr erfolgreich war. Dann schwappten eines Tages

Gerüchte von der Riviera nach Paris, dass man es zulassen würde, wenn Patou ins Gefängnis gesteckt werden würde, weil er seine Spielschulden nicht bezahlen könne. Die Stoffhersteller waren langsam vom Glücksspiel angewidert, und außerdem war Patou gerade nicht so erfolgreich. Reißen Sie sich zusammen, Monsieur Patou, oder wir treiben die Rechnungen ein.

Sicherlich hat Captain Molyneux all den Kredit, den er braucht, und darüber hinaus. Was, wenn er seine Rechnungen dieses Jahr nicht bezahlt, oder sogar nächstes? Denken Sie an die Frauen mit Chic, die seine Kleider tragen. *Rodier* verkauft ihm etwas grauen Wollstoff. Molyneux macht ein Kostüm daraus. Es ist ein Erfolg. Bestellungen für die Wolle aus England, aus den USA. Man kann die Wolle nicht einmal in jenem bestimmten Grauton bekommen. Warum sollte sich *Rodier* Gedanken machen, ob Captain Molyneux jemals für die Wolle zahlt, die er benutzt hat? Verbucht es als Werbung. Kaufen Sie sich ein neues Auto, Captain Molyneux, aber vergessen Sie nicht, dass wir die Schulden eintreiben, sollten Sie jemals genügend schlechte Kostüme aus unserem Wollstoff machen.

Machen sich die Designer deswegen Sorgen? Warum sollten sie? Sie tun, was sie tun möchten. Sie sind Künstler. Sie möchten schöne Kleider für schöne Frauen entwerfen. *Rodier* und *Bianchini* und *Ducharne* und alle Stoffhändler sind von ihnen abhängig. Das Leben ist wunderbar, solange man Entwürfe liefern kann.

Paul Poiret lieferte einst Entwürfe. Er eroberte Europa im Sturm. Er war der letzte Schrei. Er hatte alles, was er wollte. Fünfzehn Jahre später borgte er sich im *Café de la Paix* von alten Bekannten zehn Franc. Er konnte nicht mehr liefern.

Ja, Poiret hatte seinen Spaß, und auch Patou. Vionnet wird eines Tages hinausgeworfen werden. Aber man ist glücklich, so eine Gelegenheit zu ergreifen, wenn man ein unstillbares Verlangen hat, Menschen einzukleiden. Jedoch, das erkannte ich in meinem Garten in Lussac, hatte es keinen Sinn, dass Elizabeth Hawes mit den Stoffherstellern Frankreichs eine Gelegenheit ergreift.

Es hatte keinen Sinn, weil ich ihre vorrangige Klientel, Europäerinnen mit Chic, nicht gänzlich verstand und nicht mit ihr mitfühlte. Die gesamte französische Legende stützte sich auf eine Gruppe attraktiver Frauen, der ich geholfen hatte, bekannt zu werden, der ich bis zu einem gewissen Maß nach England und über den Kontinent gefolgt war, die ich aber für durch und durch langweilige Menschen hielt.

Vielleicht wissen wirklich nur die Franzosen, was nächstes Jahr chic sein wird. Möglicherweise wird es niemand sonst wissen. Was ging es mich an?

Das System, das diese Strukturen aufrecht hielt, machte mich krank. Schenkt der Duchesse de X ihre Kleider, wenn sie das Geld nicht hat, sie zu bezahlen. Gebt sie Madame de Y und Madame R.

1927 saß ich mit vier anderen in Paris zusammen und wir machten eine Liste der zehn angeblich am besten gekleideten Frauen. Einige von uns wussten, dass mindestens acht von ihnen für nichts, oder für fast nichts, von einem Couturier eingekleidet wurden.

Wenn die Duchesse de X von *Molyneux* in einen bestimmten kleinformatigen Druckstoff gekleidet wird, werden alle Frauen, die wie verrückt versuchen, die Duchesse de X zu sein, zu *Molyneux* stürmen und wahrscheinlich das gleiche Kleid kaufen. Wen interessiert es, ob sie bezahlt? Die anderen bezahlen. *Rodier* wird die Seide für das Kleid der Duchesse verschenken, und Molyneux wird es kostenlos herstellen. Mrs. R und Mrs. Y und Mrs. Z werden kommen und eines nehmen, und das werden auch *Berg-*

dorf Goodman und *Hattie Carnegie* und Weinstock tun. Sie werden bezahlen.

Lassen wir die Franzosen ruhig unhöflich gegenüber der ausländischen Presse sein. Lassen wir sie in ausländische Modemagazine investieren, wenn sie wollen. Lassen wir ihnen ihre hohen Preise. Lassen wir die französische Mode und den französischen Stil von Geheimnissen umgeben sein. Lassen wir ihnen ihre Versuche, amerikanische Käufer zu beliefern und lassen wir sie ihre Entwürfe verbilligen, um das zu treffen, was sie für den amerikanischen Geschmack halten.

Lassen wir alle Modereporter der Welt von der großen Tradition der französischen Schneiderkunst zehren. Lassen wir sie, wenn sie versuchen, es wieder und wieder der Öffentlichkeit weiszumachen. Lassen wir alle Werbeabteilungen in den USA so tun, als ob alle ihre angebotenen Waren französisch seien und als würden alle Frauen sie besitzen wollen.

Es kann nicht ewig so weitergehen. Schon 1928 bekamen die Ränder Risse. Ich sah, wie die Konfektionäre alle nach Paris kamen und die gleichen Kleider kauften. Ich sah, wie die amerikanischen maßgeschneiderten Touristinnen sie ebenfalls kauften. Ich sah, wie *Bergdorf Goodman* und *Hattie Carnegie* die gleichen Modelle nach Hause mitnahmen, um sie teuer kopieren zu lassen.

Die Verhältnisse wurden immer verworrener. In New York konnte man 1928 einer Dame in einem Chanelkleid begegnen, das sie in der *rue Cambon* für 200 Dollar gekauft hatte. Sie konnte eine Dame treffen, die das gleiche Kleid für 250 Dollar bei *Hattie Carnegie* gekauft hatte. Diese Dame könnte wiederum eine andere Dame treffen, die das gleiche Chanelkleid bei *Lord and Taylor* für 59,50 Dollar gekauft hatte. Und es gab die anderen Damen, die ebenfalls das gleiche Chanelkleid – also vielleicht nicht dasselbe

Material, aber dasselbe Design – für 19,75 Dollar oder 10,50 Dollar gekauft hatten.

Und schon bald danach fand man diesen Stoff bei *B. Altman* für 3,50 Dollar pro Yard, obwohl der Originalstoff für das Kleid von *Rodier* kam und in Frankreich 6,50 Dollar und in Amerika 9,50 Dollar pro Yard kostete. Und im Großhandel war er überall für 1,95 Dollar bis 2,50 Dollar zu haben. Die amerikanischen Stoffhersteller waren vielleicht unfähig zu gestalten, aber kopieren, das konnten sie.

Bergdorf und *Carnegie* hatten keinen Nutzen mehr davon, Tausende von Dollar für französische Modelle zum Kopieren für ihre New Yorker Kundinnen auszugeben. Jeder Konfektionär konnte das gleiche Teil kaufen und es in Massenproduktion herstellen. Ein teurer Laden kann keine 250 Dollar für ein Kleid bekommen, das in gleicher Form für 25 Dollar reproduziert werden kann. Niemand bezahlt 6,50 Dollar für ein Material, das man als Kopie für den halben Preis bekommen kann.

Die amerikanischen Konfektionäre, so wie Weinstock, waren die längste Zeit zwei Mal im Jahr nach Paris gekommen. Die Kopisten und Designer, die sie mitbrachten, lernten das Entwerfen durch den Blick auf tausende Kollektionen französischer Kleider. Und was wichtiger war, sie lernten, die Kleider nur anzusehen und Teile daraus zu verwenden. Mit diesen Details entwarfen sie Kleidung für das Leben in Amerika, Kleidung für Tausende von Frauen, die nicht chic waren und es im eigentlichen Sinn des Begriffs auch nie sein würden.

Immer häufiger hörte ich Beschwerden, wenn ich mit den Einkäufern aus Amerika arbeitete: »Die Sachen taugen für uns nicht. Warum stellen sie nicht ein paar gute Nachmittagskleider her? Warum entwerfen sie nicht mehr Sportkleidung? Das können wir selbst besser.«

Während ich für Nicole Groult entwarf, kam ein gewisser Amos Parrish in Paris an und suchte mich auf. Amos Parrish war einer der bekannteren PR-Leute in den verrückten Zwanzigern. Er hatte von mir durch den *New Yorker* erfahren. Während ich still das chice Leben verfolgte, war der *New Yorker* berühmt geworden und hatte auch mich ein bisschen berühmt gemacht. Vielleicht wollte er mir eine Art Reporterjob anbieten. Ich weiß es nicht, denn er war zu klug, um auf den Punkt zu kommen. Er kitzelte genug aus mir heraus um zu merken, dass ich weiterhin Kleider entwerfen wollte. Nachdem wir eine Weile geplaudert hatten, sagte er beim Gehen: »Warum kommen Sie nicht zurück nach Amerika zum Arbeiten? Amerika braucht Designer.« Diese Bemerkung kam mir wieder ins Gedächtnis, als ich in Lussac grübelte.

Man musste kein Hellseher sein, um im Jahr 1928 in Frankreich zu wissen, dass der alten französischen Legende etwas zustoßen würde. Sie erfüllte noch immer ihren Zweck. Die Kleider verkauften sich noch immer. Die Stoffe verkauften sich noch immer. Die Franzosen und alle ihre Wortführer bestanden noch immer darauf, dass aller Stil und alle Mode französisch sei. Aber sie wurden von etwas überrascht, das machtvoller war als die geschickteste Werbung. Sie wurden von der Massenproduktion überrascht. Sie entwarfen nicht für die Massenproduktion oder für den Massenkonsum. Sie entwarfen und produzierten für die Welt des *Chics.*

Die Franzosen brachten sich selbst zur Strecke, indem sie an Konfektionäre verkauften. Sie gruben sich selbst das Geschäft mit ihrer eigentlichen Kundschaft ab, der Kundin der Maßschneiderei im Ausland, indem sie es zuließen, dass das snobistische Element und ein großer Teil der Schönheit ihrer individuellen Entwürfe in der Massenproduktion verloren gingen.

Ich konnte weder darauf hoffen, noch wollte ich es, eine Firma unter den Bedingungen des alten französischen Systems zu gründen. Es knirschte. Für eine Amerikanerin war es anachronistisch. Ein gewisser Verfall war in ganz Paris spürbar. Paris war nicht fröhlich. Paris war der traurigste Ort der Welt. Die Welt des Chics, die dort ihr Fundament hatte, war fröhlich. Der Rest war unaussprechlich finster. Die Männer und Frauen, die für die *chic monde* arbeiteten, waren nicht fröhlich. Ein einziger Sonntagnachmittagsspaziergang auf der Champs Elysées, entfernt von der Welt des Chics, wenn man sich durch die Menschenmassen in ihren düsteren, schwarzen Sonntagskleidern schlängelt, genügte, um einen klarsichtigen amerikanische, Geist in eine Depression zu stürzen, tiefer als alle, die wir bis jetzt überstanden haben. Diese kleinen, gealterten, unterernährten Gesichter bei sechsjährigen Kindern waren kein angenehmer Anblick. Ihre Eltern hatten abgearbeitete Hände vom sorgfältigen Nähen schöner Kleider, vom gewissenhaften Herstellen feiner Metallschnallen, vom Tragen schwerer Tabletts mit köstlichem Essen.

Diese Eltern versetzen nun die Welt des Chics in Aufruhr. Sie haben entschieden, dass sie bezahlten Urlaub, genügend Essen für ihre Kinder, Zentralheizung und Badezimmer haben möchten. Wenn man im Jahr 1937 einen Ballen Stoff in Frankreich bestellt, weiß man nie, ob man ihn bekommen wird. Die geduldigen Weber von Lyon haben entschieden, dass es für die Stoffhersteller nicht länger billiger sein wird, sie an ihren Handwebstühlen zu halten. Sie werden bezahlt werden müssen – oder die Welt des Chics wird ohne ihre ausgezeichneten Stoffe auskommen müssen.

Das alles war schon 1928 offensichtlich, sogar jene Wirtschaftskrise, die die Instabilität aller Legenden bewies.

Hitler plante schon damals, den Deutschen zu erklären, dass sie keine französischen Kleider, Materialien oder anderes brauchten, was nicht deutsch war. Mussolini begann schon damit, die Italiener zu überzeugen, dass sie italienisch sein sollten. Wenn die alten römischen Stoffe für Cäsar gut genug waren, waren sie es auch für dich.

Einige Länder Südamerikas gerieten in die ökonomische Klemme, die dazu führte, dass die Ausfuhr ihrer Währung untersagt wurde. Keine reichen Einkäufer aus Südamerika mehr für Paris. England war nur noch wenige Jahre von der »Buy British«-Kampagne entfernt. Es gibt eine Menge guter Modeschöpfer in London.

Es war ein Glück, dass ich keine französische Modeschöpferin sein wollte. Hätte ich gewollt, würde ich jetzt in Paris sitzen und mir über die Tatsachen des Lebens Gedanken machen. Ich würde mich fragen, zusammen mit den anderen Couturiers, ob ich mich nach Amerika verpflanzen sollte, oder doch nicht, und wie bald Herr Hitler einen Distanzschuss auf mein chices Unternehmen abfeuern würde. Ich würde von der Frage gequält, ob meine chice Welt nicht nur an Größe, sondern auch an Bedeutung dahinschwand.

Ich würde wissen – wie es die ganze Welt wissen sollte – dass viele, viele schöne Kleider in den Häusern der französischen Couturiers entworfen werden. Ich würde vielleicht nie begriffen haben, was ich 1928 vermutete und seither bewiesen habe, dass nicht alle Frauen diese Kleider besitzen wollen und nicht alle sie nutzen können.

Ich bin sehr froh darüber, dass meine Überlegungen in einem 60 Morgen großen Garten in der Mitte Frankreichs mich zu dem Entschluss führten, nach New York zurückzukehren.

Nach den zwei Wochen stand ich auf, kehrte mit dem ersten Zug nach Paris zurück, stieß meine Wohnung ab, packte meine Kleider zusammen und segelte zurück nach Amerika.

Ich war zu folgendem Ergebnis gekommen: Wenn die Franzosen Kleider herstellen konnten, die ganz besonders zu den chicen Europäerinnen passten, gab es genug Gründe anzunehmen, dass in den USA schöne Kleider entworfen werden konnten und sollten, für die Arten von Frauen, die dort leben. Acht Jahre als Designerin in den USA haben mir gezeigt, dass es funktioniert, jedenfalls für die Kundin der Maßschneiderei. Ich habe erfahren, warum es aber nur selten für die Kundin der Konfektion gemacht wird.

Teil II
Kauf' amerikanisch!

»Alle Frauen in Amerika können schöne Kleider besitzen.«

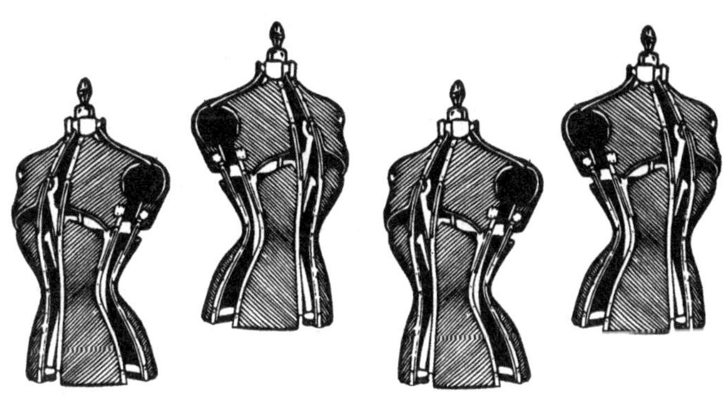

10 Die Große Amerikanische Angeberei

Auch in den Vereinigten Staaten gibt es eine Kleiderlegende wie in Frankreich. Unsere basiert auf der alten Kennmelodie »Alle Menschen sind frei und gleich geboren… sie haben ein Recht auf Leben, Freiheit und das Streben nach Glück.«

Das stolze amerikanische Eigenlob in Sachen Bekleidung lautet, dass *alle* Frauen in Amerika schöne Kleider besitzen können. Es begleitet die anderen Legenden, so wie die, dass alle Jungen Präsident werden können, alle Kinder eine gute Ausbildung bekommen und jeder in den Vereinigten Staaten einen »amerikanischen Lebensstandard« hat.

Wir sind das einzige Land der Welt, das Kleidungsstücke in Massen herstellen kann. Das ist der Grund, weshalb angeblich alle Amerikanerinnen schöne Kleider besitzen können. Jede Frau in Amerika kann ein Chanelkleid kaufen, welchen Betrag auch immer sie ausgeben kann, von 3,75 bis 375 Dollar. Da das Streben nach französischer Kleidung bei den Frauen traditionell dem Streben nach Glück entspricht, sollten damit alle amerikanischen Frauen glücklich sein.

Damit die Amerikanerin nicht zu glücklich über die Befriedigung ihres Primärbedürfnisses wird und sich ruhig auf die Wohltat der Massenproduktion verlässt, hat die Mode die französische Legende übernommen und sie ein wenig erweitert.

Der Modetrend, der garstige Schuft, zog von Frankreich hier herüber, als er merkte, dass sich die Massenproduktion zu einem großen Geschäft entwickeln werde. Einst war er mit kleinen Schritten vorangekommen, indem er Marie Antoinette dazu brachte, die Form ihres Huts jeden Tag zu ändern und der Oberklasse kleine Streiche dieser Art zu spielen. Marie wurde der Kopf abgeschlagen, und so hatte der keinen weiteren Bedarf an Hüten.

Später bestieg dieser Rüpel Louis Philippe den Thron, und der Modetrend bemerkte, dass eine neue Ära begann. Nach gehöriger Überlegung kam der Schuft in die Vereinigten Staaten und wurde eingebürgert. Ursprünglich lautete sein Wappenspruch »Alle schönen Kleider werden in Frankreich entworfen und alle Frauen wollen sie besitzen.« Dies ergänzte er mit: »Schöne Kleider verändern sich regelmäßig alle sechs Monate.«

Der Modetrend tat dies, denn er sah, dass die Frauen dazu gebracht werden müssten, große Mengen zu kaufen, wenn Kleidung tausendfach für sehr wenig Geld herausgebracht werden kann, sonst gäbe es bei dieser neuen Konstellation keinen Gewinn.

Während Lucinda für ihr schwarzes Kleid in alten Zeiten 175 Dollar bezahlte, das sie dann zehn Jahre trug, war Mabel heute vermutlich in der Lage, ein annehmbares schwarzes Kleid für 15,75 Dollar zu bekommen. Mabel musste dazu gebracht werden, zehn schwarze Kleider anstelle eines einzigen zu kaufen.

So unternahm der Modetrend, der garstige Schurke, der den Stil im 19. Jahrhundert nur ein wenig übertüncht hatte, eine übermenschliche Anstrengung, um den Stil komplett zu übernehmen. Er war so weit erfolgreich, dass der Begriff »Stil«, praktisch gesagt, aus der Mode gekommen ist.

Die Mode kontrollierte fast alles, was mit Damenbekleidung zusammenhing, als ich im September 1928 von meinem Schiff aus Frankreich an Land ging. Weder wusste ich es, noch kümmerte es mich.

New York war wunderbar. Das Klima belebte mich so sehr im Vergleich zu Paris, dass es nur halb so viel Mühe zu machen schien, viermal so viele Dinge zu erledigen. Nicht einmal die Tatsache, dass ich für ein Zimmer und ein Bad in Greenwich Village genauso viel Miete zahlen musste wie für eine Wohnung und einen Garten in Paris, entmutigte mich.

Billiges amerikanisches Essen war entmutigend, aber es war sowieso nicht viel Zeit zum Essen. In der Badewanne gepanschter Gin war nach den französischen Weinen glücklicherweise unangenehm genug für meinen Gaumen, um mir eine ganze Menge Kopfschmerzen zu ersparen.

Ich musste New York entdecken. Ich hatte noch nie dort gelebt. Ich hatte hier eingekauft, da getanzt und war dort ins Theater gegangen. Ich hatte gedacht, dass ich aus New York stammte, aber in Wirklichkeit wusste ich nur sehr wenig darüber. Ferner hatte ich den Beginn des Wohlstands verpasst. Ich ging davon aus, wie viele andere Leute auch, dass das New York des Jahres 1928 ewig so bleiben würde.

Abgesehen von den oberflächlichen Erscheinungen des Wohlstandes blieb es das vielleicht auch. Die Struktur des Bekleidungsgeschäfts war damals wie heute identisch. Dies war natürlich meine Hauptsorge. Für wen und wie sollte ich Kleidung entwerfen?

Meines Wissens gab es keine Couturières, mit der möglichen Ausnahme von Jessie Franklin Turner. Sie fertigte Nachmittagskleider nach ihren eigenen Entwürfen auf Bestellung an. Alle anderen verkauften Kopien französischer Modelle – auf Bestellung oder von der Stange – je nach Wahl oder Scheckbuch der Kundin.

Auf jeden Fall kehrte ich nach New York nicht mit dem leisesten Gedanken an eine eigene Firma zurück. Amos Parrish hatte mir gesagt, Amerika brauche Designer, und ich nahm an, dass ich ohne viel Mühe eine Stelle finden würde. Gerade hatte ich mich der französischen Legende entledigt, und nun war es meine Aufgabe, ihre mangelnde Stichhaltigkeit zu beweisen.

Es schien nur zwei Möglichkeiten zu geben: die eine, an die Seventh Avenue zu gehen, und für einen Großhändler zu entwerfen, der meine Kleidung an Läden verkaufen würde, und die andere, einen Ort zu finden, wo ich Entwürfe für Privatkundinnen machen könnte.

Das amerikanische Publikum teilte sich, wie immer, in zwei Gruppen: die Kundinnen der Maßschneiderei und die Von-der-Stange-Käuferinnen. Eine treffendere Einteilung der Vereinigten Staaten würde die Frauen, die Kleidung kaufen, möglicherweise als »teure« und als »billige« Kundinnen klassifizieren. Viele Kundinnen hier, die sich maßgefertigte Kleidung leisten könnten, kaufen stattdessen sehr teure Kleidung von der Stange. Das ist größtenteils, denke ich, dem Fehlen echter Couturières zuzuschreiben. Es könnte außerdem an der Eile, am größeren Tempo des Lebens in Amerika liegen und an der daraus entstehenden Verfassung unserer Frauen in Bezug auf Kleidung. Auf jeden Fall hatte, so sah ich die Dinge im Jahr 1928, die Kundin der Maßschneiderei oder die »teure« Kundin ihre speziellen Läden, die Von-der-Stange-Kundin oder »billige« Kundin ihre Kaufhäuser. Ein großer Unterschied zwischen einem Spezialgeschäft und einem Kaufhaus ist, dass ersteres Teppiche auf dem Boden hat und letzteres nicht. Der Unterschied zwischen einem kleinen Spezialgeschäft und einem Couturier ist, dass der Couturier nur seine eigenen Entwürfe verkauft und sie nur auf Bestellung herstellt. Das Spezialgeschäft verkauft Entwürfe von jedermann, entweder auf Bestellung hergestellt oder von der Stange. Das Kaufhaus verkauft die Entwürfe aller, zu 99 Prozent von der Stange und immer recht günstig.

Manche Kaufhäuser haben Maßschneider-Abteilungen. Diese machen im Allgemeinen Verluste und werden aus Werbe- und Prestigegründen offen gehalten. Der größte Unterschied zwischen einem Kaufhaus und einem gehobenen amerikanischen Einzelhandelsgeschäft liegt zuerst im Preis und zweitens, weit wichtiger, im Service.

Alles, was so ein Spezialgeschäft verkauft, ist relativ teuer. Das liegt daran, weil dort echter Kundenservice verkauft wird, und Kundenservice kostet in Amerika eine Menge. Ein großer Teil dessen, was eine Frau in einem speziellen Geschäft kauft, ist nicht in den Einkäufen selbst enthalten, die danach zu ihr nach Hause geliefert werden. Aber es ist Balsam für ihre Seele und eine Menge Geld wert, wenn man es bekommen kann.

Zuallererst kauft eine »teure« Kundin Platz, wenn sie zum Einkaufen geht. Sie bekommt einen Parkplatz in der Nähe für ihren Chauffeur, so dass sie nach ihrer Anprobe nicht endlos warten muss, bis er das Auto vom nächsten Block holt. Ihr Geschäft lässt sich an einem Ort nieder –

wenn sie Glück hat oder es zuvorkommend ist – dass sie nicht eine Stunde durch drei verkehrsverstopfte Blöcke fahren muss. Die maßgeschneiderte Dame sollte nicht sieben Zigaretten rauchen und mit dem Fuß hunderttausendundfünfzig Mal auf den Boden stampfen müssen, während zwischen 56. und 57. Straße eine Stunde vergeht. Sie muss sich keine Gedanken machen, wie hoch das Taxameter steigt, aber es gibt andere Erwägungen, wie nervöse Magenverstimmungen, wenn es um das Vermeiden von Straßenverkehr geht.

Als Nächstes kauft diese Dame eine Menge Platz, wenn sie im Geschäft ankommt, um dazusitzen und die Kleider zu betrachten, die sie möglicherweise kaufen wird. Sie kauft einen bequemen Stuhl, sie kauft Kundenservice. Sie möchte und bekommt nicht irgendeine Verkäuferin, sie bekommt diejenige, an die sie gewöhnt ist und die sie und ihre Probleme versteht. Sie bekommt die unbegrenzte Zeit dieser Verkäuferin, die eine unbegrenzte Zahl an Menschen losschicken wird, um spezielle Farben und Materialien für die Kleider einzukaufen. Sie bekommt spezielle Entwürfe, wenn sie es wünscht. Sie nimmt diese Entwürfe nicht an, falls sie ihr nicht gefallen. Alles wird den allgemeinen Betriebskosten zugeschlagen und letztlich von ihr bezahlt.

Wenn sie eine teure maßgeschneiderte Dame ist, kauft sie Anproben, in welcher Anzahl auch immer sie nötig sind, damit ihre Kleider ihr vollkommen zueigen sind. Bei der Anprobe nimmt sie die Zeit der Mannequins in Anspruch, die ihr mehr Kleider zeigen, als sie kaufen oder möglicherweise nicht kaufen wird. Manchmal wird ihr ein Riss im Handschuh geflickt, während sie wartet.

Manchmal trinkt sie ein Glas Wasser oder einen Scotch. Manchmal fragt sie nach einer Zigarette, während sie eine weitere halbe Stunde im Gespräch mit ihrer Verkäuferin verbringt, bis es Zeit für die nächste Verabredung ist. Sie ist nicht in Eile, während sie ihr Haar ordnet und Make-up auflegt, bevor sie in aller Ruhe wegfährt.

Die maßgeschneiderte Dame hat nicht nur die Gelegenheit, ihre Wahl an Stil und Mode zu kaufen, sie kann dies auch so bequem und so, wie es ihr recht ist, tun. Sie bezahlt dafür, aber selten mehr als es wert ist.

Was würde die »billige« Konfektionskundin nicht dafür geben, in einem ruhigen Winkel mit einer verständnisvollen Verkäuferin für sich nur das auszuwählen, was sie wirklich möchte und wirklich braucht? Aber ihr Schicksal ist das nervenaufreibende Unternehmen, sich in eine 1,50 × 2,40 Meter große Umkleidekabine zu quetschen und viele Sachen anzuprobieren, die ihr sowieso nicht gefallen. Sie weiß schon beim Betreten eines Kaufhauses, dass sie im Herbst kein Marineblau bekommen kann, und das ist genug, um den robustesten Magen durcheinander zu bringen.

Das Kaufhaus bietet auch Kundenservice an. Genauer gesagt reden sie viel davon. Aber was ist dieser Service?

Bei einem Kleid für 15,75 Dollar schlägt der Laden nicht die Kosten für eine exzellente Verkäuferin auf, die mehr als ein paar Minuten mit jeder Kundin verbringt, nicht einmal genug für eine weniger gute. Wenn es auf fünfzig Warenhauskunden einen bequemen Stuhl gibt, ist das ein sehr guter Durchschnitt. Es gibt keine Zigaretten, nur wenig Wasser und keinen Scotch.

Nun gut, die Konfektions-Kundin kann dafür nicht bezahlen, also ist das so. 1928 nahm ich an, dass das, was sie in der Verpackung mit sich nach Hause brachte, genau das war, wofür sie bezahlt hatte. 1928 beobachtete ich in Fachgeschäften wie *Hattie Carnegie, Thurn* und *Bergdorf Goodman,* wie Kundenservice gewährt und bezahlt wurde. Ich sah einige schöne Kleider, alles französische Modelle. Ich sah gute Handwerkskunst und gute Qualität, und dass das Geschäft brummte. Ohne zu fragen war ich mir ziemlich sicher, dass sie mich nicht brauchten. Alle ihre schönen Kleider waren in Frankreich entworfen worden und, ganz offensichtlich, wollten alle ihre Kundinnen sie haben. Ihre Kundinnen sahen glücklich und zufrieden aus.

Als ich in Kaufhäusern herumgeschoben wurde, während ich die möglichen Einkäufe der Konfektionskundin begutachtete, kam ich zu dem zwingenden Schluss, dass ich die Mehrheit des amerikanischen Publikums einfach nicht verstand. Das meiste von dem, was ich sah, hätte ich um keinen Preis der Welt angezogen. Es war von schlechter Qualität und einem hingemogelten Schnitt. Es war *Vionnets* bestes Modell mit einer zusätzlichen Schleife, um den Blick der Amerikanerinnen auf sich zu lenken. Es war billiger Schund, herausgeputzt und geschmacklos.

Es war alles andere als chic und es mangelte ihm an Stil. Mir wurde versichert, es sei modisch, denn die Anzeigen behaupteten dies und jede kaufte es. In der Welt der Massenproduktion ist alles Neue modisch, das genügend Menschen kaufen.

Ich dachte über die zwei Publikumsgruppen nach, für die ich entwerfen könnte, und kam zu dem Schluss, dass mich nichts mehr mit der Mittelklasse verband, obwohl ich aus ihr stammte. Wenn das, was ich sie tragen sah, der physische Beweis für Amerikas gute und zufriedenstellende Massenproduktion war, dann würden die Massenproduktion und ich niemals miteinander auskommen. Zusätzlich zu dem, was ich in den Kaufhäusern sah, hatte ich weitere Vorbehalte, was die Konfektionäre anging. Meine Geschäftsbeziehung mit Weinstock war mir noch frisch im Gedächtnis. Ich hatte in Paris die Bosse der amerikanischen Massenproduktion angestarrt. Ich hielt sie für einen Haufen Diebe. Ihren Designern hatte ich Modezeichnungen in einem Umfang verkauft, dass sie nach meiner Einschätzung reine Plagiateure waren. Ich konnte mich nicht der Illusion hingeben, dass irgendein Fabrikant Originalentwürfe haben wollen würde.

Ich hatte mich dafür ausgebildet, individuelle Kleidung zu entwerfen, die jeweils auf Bestellung angefertigt wurde. Gespräche mit meinen Freunden, als ich den Bekleidungssektor in Amerika vor meinem Eintritt überblickte, bestätigten meinen Eindruck, dass es trotz der Serviceangebote der Fachgeschäfte eine ganze Anzahl Frauen in New York gab, die mit den Kopien französischer Modelle nicht um jeden Preis zufrieden waren.

Es gab und gibt in Amerika drei psychologische Typen von Frauen, die in Bezug auf ihre Kleidungswünsche relevant sind. Wir haben Frauen mit Chic, modische Frauen, und Frauen mit Stil. In Frankreich ist es nur die Frau mit Chic, um die man sich kümmern muss. Der Rest zählt nicht.

In England gibt es Frauen mit Chic wie in Frankreich, und Frauen mit Stil, wie die Königinmutter. Die modische Frau erblüht in großer Zahl nur in Amerika, diesem Land der in Massen produzierten Kleidung. Wo große Mengen produziert werden können, ist jede Neuheit modisch, welche auch immer in großen Mengen gekauft wird.

Der Modetrend, der garstige Schuft, bearbeitete die Frauen Amerikas schnell und vehement. Indem er viel Geld ausgab, trieb er viele unter seine Fuchtel. Er brachte der Mehrheit der Frauen bei, dass sie versuchen muss, modisch zu sein.

In den USA gibt es sehr viel mehr möchtegern-modische Frauen als Frauen mit Chic oder Frauen mit Stil. Die modische Frau in Amerika ist mit Haut und Haaren der französischen Legende verfallen. Sie überfliegt eifrig die Nachrichtenspalten, um ein Wort über die Pariser Neuigkeiten aufzuschnappen. Sie macht sich darüber Gedanken, ob die Röcke kürzer werden, unabhängig von der Form ihrer eigenen Beine. Sie senkt nicht nur das Haupt zum Gebet vor der Legende der Mode – alle schönen Kleider werden in Frankreich entworfen, alle Frauen wollen sie besitzen, und sie ändern sich alle sechs Monate –, sie ist auch diejenige, die für die Zellophanverpackung schwärmt, ohne den Inhalt zu prüfen.

Sie kaufte all die idiotischen Hüte à la Eugenie. Sie kaufte einen geschlitzten Rock, als die weiten Röcke schon in den Startlöchern standen. Sie dachte nicht daran, dass sie – neben allen anderen Gründen, warum sie keinen besitzen sollte – in einem geschlitzten Rock nicht so gut laufen konnte.

Sie bildet einen großen Teil der Mittelklasse mit einem gewissen Budget für Kleidung und den größten Teil der *nouveau riche,* der mit viel Geld um sich werfen kann. Sie versucht chic zu sein, und haut daneben. Niemand hat ihr je von Stil erzählt. Sie ist modisch, Gott helfe ihr.

1928 war ich ihr gegenüber nicht so nachsichtig. Ich erkannte nicht, dass es wirklich nicht ihre Schuld war. Ich musste erst noch die Verästelungen des Modegeschäfts in Amerika kennenlernen. Die »modische« Amerikanerin trug dazu bei, mich vom Geschäft der Massenmode zu vergraulen. Sogar wenn sie teure Kleidung kauft, ist diese normalerweise von der Stange. Sie haben sie schon gesehen, in einem schwarzen Kleid mit etwas Weiß am Kragen, zwei Silberfüchsen und einer unechten oder echten Diamantnadel am Hut. Sie tut ihr Bestes, eine massenproduzierte Imitation französischen Chics darzustellen. Die Mode hat sie überzeugt, dass sie ohne das müßiggängerische Leben, ohne das Geld und die Zofe, chic sein kann. Der Modetrend, der Schurke, hat sie vor allem überzeugt, dass Qualität und Schnitt keine Rolle spielen, sondern die Zellophanverpackung.

Es gibt natürlich ein paar wirklich chice Frauen, die in Amerika leben. Sie gehören, jedenfalls die meisten, zur Gruppe der Internationalen. Sie lernten in Paris chic zu sein, und behalten die Traditionen bei, wo sie auch hingehen. Aber chic zu sein erfordert nicht nur eine Menge Geld, sondern eine enorme Menge Zeit. Es schließt praktisch alles andere aus, sogar die Teilnahme an Wohltätigkeitskomitees. Die eine Hälfte der Zeit geht ins Chicmachen, die andere Hälfte ins Gesehenwerden.

Selbst sehr reiche Amerikanerinnen sind normalerweise zu beschäftigt, um 24 Stunden am Tag damit zu verbringen. Die endlose Anzahl an Anproben, die nötig ist, damit die Kleider richtig sitzen und man genügend davon hat, ist Amerikanerinnen lästig. Die Stunden, damit verbracht, genau die richtigen Schuhe zu jedem Kostüm zu bekommen, mit Anproben und wieder Anproben, Stunden, die in Paris so angenehm vergehen, scheinen in New York grässliche Zeitverschwendung. Immer kommt jemand vorbei, wenn man gerade zur Anprobe gehen will und sagt: »Lass uns in die Hundeshow gehen«, oder: »Wie wäre es mit einem Cocktail?« Oder, während man sich so sehr man kann bemüht, chic zu sein, fällt einem auf, dass ein Komiteetreffen des Milchfonds angesetzt wurde, gerade wenn man einen Anprobetermin vereinbart hat.

Sogar das stereotype Leben mit Chic läuft in den Vereinigten Staaten nicht ganz glatt. Sobald ein smarter Hotelmanager glaubt, dass er alle dazu gebracht hat, an einen bestimmten Urlaubsort zu reisen, entscheiden sechs Leute: alles Quatsch und fahren nach Key West. Man weiß nie, wo die »teuren« Amerikaner sind, denn sie fahren wohin sie wollen. Man findet sie durchaus in Southampton und Newport und Palm Beach. Aber man findet genauso viele mit genauso guten Namen wie sie, die unauffällig in Southport, Connecticut, Topeka, Kansas, Chicago, St. Paul, Omaha, Los Angeles, Mexiko, Kanada, Frankreich leben.

Die Söhne und Töchter der besten Familien neigen dazu, am Jones' Beach genau neben ihren Hausangestellten Schwimmen zu gehen. Vielleicht fahren sie heruntergekommene Fords und tragen alte Kleider mit *aplomb.* Sie trinken ihre Cocktails in den falschen Bars und leben auf der falschen Seite der Bahnlinie, wenn sie denken, dass es dort schöner ist.

Sie stammen von den Pionieren ab und mögen Jazz. Auch wenn sie mit ihren hochmotorisierten Autos, Flugzeugen oder Schnellbooten nirgends hinfahren, wird ihnen jedenfalls keine Tradition des Chics vorschreiben, wo sie nicht hinfahren können.

Diese eigenartig amerikanische, unbekümmerte Nichtbeachtung der »Dinge, die man tut«, findet in der Kleidung ihren sichtbaren Ausdruck. Es gibt zwar nur wenige Amerikanerinnen, die ihren eigenen Weg einschlagen, wenn es um das Verhüllen ihres Körpers geht. Es gibt jedoch viele von ihnen in New York, und noch mehr in Boston, eine Anzahl Matronen, die keinen Anspruch auf Chic erheben und die keinen Kompromiss mit der Mode eingehen. Sie ziehen sich an, wie es ihnen gefällt, tragen die Hüte mitten auf dem Kopf, wenn sie mögen, benutzen hohe Kragen, wenn nur tiefe Ausschnitte getragen werden und widersetzen sich dem Schurken Modetrend insgesamt mit den allerbesten Ergebnissen.

Ihre Töchter gehören zu denen, die darauf bestanden, lange, weite Abendkleider zu tragen, als kurze, enge in Mode waren.

Sie sind nun damit beschäftigt, sich ihrer Badeanzüge zu entledigen und auch sonst das Leben entsprechend ihrer eigenen Komfortbedürfnisse zu genießen.

All dies verlangt einen starken Charakter und ist, meiner Meinung nach, die einzige Art des Sich-Kleidens, die sich lohnt. Das funktioniert, ohne zu sehr auf die »künstlerische« Seite zu wechseln. Es braucht Mut, den garstigen Schuft zu missachten. Nur echte Menschen trauen sich, das zu tun. Es ist die einzige Art, wie man Kleidung genießen kann. Es bedeutet, dass man wirklich und wahrhaftig die richtigen Sachen zum Anziehen für die richtige Zeit und den richtigen Ort hat.

Unglücklicherweise muss man eine Kundin der Maßschneiderei sein, um dieses erstrebenswerte Ziel zu erreichen.

Man kann natürlich die Maßschneiderei zuhause betreiben. Man könnte Maßgeschneidertes anfertigen, indem man alle Besätze und Verzierungen vom Kleid abreißt, die die Mode hinzugefügt hat, so wie viele Mädchen 1928 auf dem Broadway, die ihren Gürtel in der Taille trugen und ihre Figur zeigten, egal ob das modisch war oder nicht. Man könnte den Hut einfach am Hinterkopf tragen und seinen schönen, frischen jungen Teint zeigen, egal ob Mrs. de Steele das in Paris tut oder nicht.

Dann kann man zwei oder drei Jahre später herzhaft lachen, wenn Mrs. de Steele die natürliche Taille annimmt und ihren Hut auf den Hinterkopf schiebt, mit schlechtmöglichstem Ergebnis. In der Zwischenzeit hast du dir vielleicht schon überlegt, dass zu viele Proben im Roxy Theatre ihre Spuren hinterlassen haben und trägst die Hutkrempe tief im Gesicht, so dass nur deine perlmuttweißen Zähne das bewundernde Publikum anziehen.

Man kann Gott danken, dass die Männer in Amerika nichts vom Chic wissen, denn sie überlassen es dir, sich eigene Methoden auszudenken, sie zur Strecke zu bringen, ungeachtet aller Modediktate oder der Einfälle einer französischen Gräfin. Du erschaffst deinen eigenen Stil.

Wir haben schon eine Gruppe von Frauen und Mädchen mit Stil in Amerika, und es entwickeln sich immer mehr. Ich sehe sie in manchen Colleges auf dem Campus verteilt. Ich sehe sie nachmittags um fünf aus den großen Gebäuden an der Wall Street strömen und mit ihren hochhackigen Lieblingsschuhen die Treppen der U-Bahn hinunterklackern. Ich sehe sie nur selten im Film, aber ich sehe sie manchmal im Kino, wie sie sich darüber amüsieren, wie die Filmgrößen sich die Kleidung der Leute vorstellen. Ich sehe, wie sie einfache, kleine Kleider zusammenrattern, die sie nicht kaufen können, und ich sehe sie in meinem eigenen Laden, wie sie die französische Legende ignorieren.

Es gibt nicht viele von ihnen, einige in New York, einige in Chicago, einige in Dallas, einige in Boston. Sie sind ihrer selbst und ihrer Stellung sicher, ihrer Kleidung und ihrer Freunde. Sie werden nicht oft fotografiert und über sie wird nicht oft geschrieben.

Manche von ihnen wurden mit der französischen Legende und anderen Legenden aufgezogen und erkannten so die Oberflächlichkeit darin, das Richtige zu tun. Andere haben noch nie von irgendeiner Legende gehört und wissen nicht, was das Richtige ist. Manche von ihnen sind Lieschen Müller und manche die Frau eines Oberst.

Sie alle nehmen sich, was ihre Kleidung betrifft, was sie möchten, sie arrangieren es anders oder lassen es anfertigen. Manche von ihnen haben starke, kräftige Schultern, von ihren puritanischen Vorfahren geerbt. Andere haben schmale, magere, schwache Schultern, vom Tippen etwas gebeugt. Egal wie ihre Körperform ist – falls es einmal eine amerikanische Couture geben sollte, sei sie in Massen produziert oder als Einzelstücke, sind dies die Frauen, die sie stützen und nähren, die sie mit Vergnügen nutzen und mit einem Lachen kaufen werden. Sie haben *Stil*.

1928 war ich nur jenen stilbewussten Frauen begegnet, die das Geld hatten, dafür zu bezahlen. Ich konnte schwerlich wissen, dass der Rest existierte, nach meinem Aufenthalt in Frankreich. Ich sah ohnehin keinen Weg, wie ich versuchen könnte, für irgendeine von ihnen zu entwerfen. Ich spürte, dass mich kein individuelles Geschäft brauchte und kein Großhändler wollte.

Ich fragte Amos Parrish um Rat. Er hatte mir vorgeschlagen, zurück nach Hause zu fahren. Er sollte in der Lage sein, mir den ersten Schritt als Designerin zu zeigen, wenn Amerika welche brauchte.

Anfangs, als ich gerade aus der Unordnung, dem Staub und der Muße der Büros in Paris zu den Wolkenkratzern New Yorks gekommen war, verschlug es mir bei den Bewerbungsgesprächen immer die Sprache. Amos Parrish hatte in Paris auf einem Stühlchen in meinem unordentlichen Stübchen bei Nicole Groult gesessen. Wir lehnten uns zurück, kippelten mit den Stühlen und sprachen über das Leben. In New York fuhr ich ein paar Dutzend Stockwerke hinauf, um in die äußeren und inneren Wartebereiche jenes riesigen Gebiets einzutreten, das das amerikanische Modegeschäft bildete. Schließlich betrat ich die leere Kargheit von Mr. Parrishs eigenem, abgeschlossenem Schlupfwinkel, ein Morgen groß schien sein Büro, mit einem gewaltigen Tisch, ziemlich leer natürlich, mit einem Stuhl dahinter, der nicht kippelte, und einem zweiten daneben für mich.

»Ich bin zurück nach Hause gekommen«, sagte ich, »um hier Kleider zu entwerfen.«

»Wie um alles in der Welt kommen Sie darauf, dass Amerikanerinnen möchten, dass ihre Kleidung hier entworfen wird?«, fragte Mr. Parrish.

Ich schaute aus dem Fenster über die Dächer und in die oberen Stockwerke tausender Gebäude die, so begann ich anzunehmen, voller Menschen waren, die dieselbe Frage stellten. Vielleicht ist alles ein Irrtum, dachte ich. Vielleicht haben alle Frauen in Amerika schöne Kleider, von den Franzosen entworfen, und wunderbarerweise von den Konfektionären für sie befriedigend reproduziert.

Ich zog mich in die Winzigkeit und Staubigkeit meiner Ein-Zimmer-Wohnung zurück. Ich konnte die Frage von Amos Parrish nicht beantworten. Es hat mich neun Jahre sehr harter Arbeit gekostet, aber nun kann ich ihm antworten.

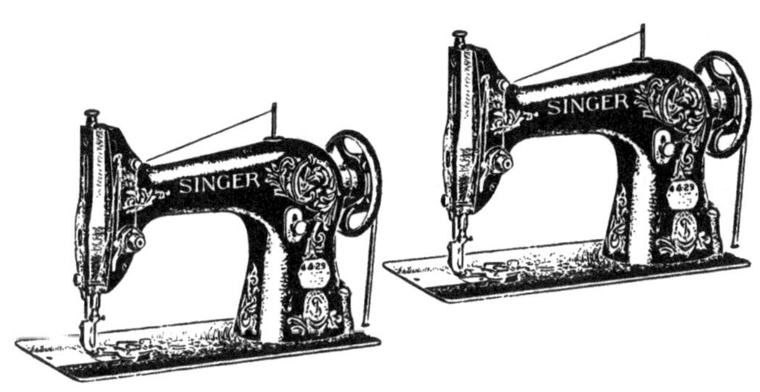

11 Westentaschen-Couturière

Meine Damen und Herren, es ist jetzt Oktober 1928. Es ist kühl und frisch und das Geschäft brummt. Wir haben eine Wirtschaftsdepression vor uns, eine Wiederkehr des Wohlstands, und unterdessen zwanzig Milliarden Dollar auszugeben, Amerikas Bekleidungsbudget für fast eine Dekade. Die Geschichte geht so: Niemand, wie Amos Parrish andeutete, wollte eine Designerin, die nicht an die französische Legende glaubte. Ich war arbeitslos. Ich war pleite. Ich dachte, ich müsste irgendein Kaufhaus, das mich noch nicht in Paris beschäftigt hatte, dazu bringen, mir ein Gehalt für irgendeine Tätigkeit zu zahlen, wofür auch immer. Ich sammelte einen Stapel Empfehlungsschreiben von großzügigen Freunden an diverse Leute auf der Verkaufsseite der Bekleidungsbranche.

Eines Tages schlenderte ich zu *Scribner,* um ein Buch zu holen. Dort traf ich zufällig Virginia Vanderlip. Es waren die Vanderlips, die mich mit dem Auto durch Italien gefahren hatten. In *Vassar* hatte ich das Zimmer neben Narcissa. Virginia erkundigte sich eifrig besorgt nach meinem Wohlergehen. Ich erzählte ihr, dass es mir ziemlich schlecht ginge. Sie deutete an, dass ihre Cousine Rosemary Harden an Kleidung interessiert sei und möglicherweise gerne einen Laden hätte. Ich sagte »Oh« und ging weiter zu einem Termin im Kaufhaus *Stern Brothers,* mit Estelle Hamburger.

Glücklicherweise verspätete sich Miss Hamburger. Ich saß in einem Vorzimmer und wartete. Schließlich dachte ich, was mache ich hier eigentlich? Ich war nach Hause gekommen, um Kleider zu entwerfen. Dies hier war eine Werbeabteilung.

Zum zweiten Mal in drei Monaten stand ich auf und floh. Beim ersten Mal floh ich aus Lussac, Frankreich, nach New York. Beim zweiten Mal ging ich zu einer Telefonzelle und rief Rosemary Harden an.

Meine Pläne wurden auf einmal sehr konkret. Wenn ich sie dazu bringen konnte, mit mir gemeinsam ein Geschäft aufzuziehen, konnte ich Kleider entwerfen. Ich war sicher, dass einige Menschen, die sich maßgeschneiderte Kleidung leisten konnten, keine französischen Modelle wollten. Wir hätten einen Ort, an dem sie unsere Modelle bekommen könnten.

Rosemary Harden war im Jahr zuvor Debütantin gewesen. Sie hatte einen guten Kleidungsgeschmack und einige kreative Fähigkeiten. Sie wollte etwas tun, nicht nur zu Partys gehen. Ihr Vater stattete unser Geschäft aus.

Es war meine Idee, dass man zu Beginn eines Unternehmens in etwa dort anfangen sollte, wo man hoffte, am Ende zu stehen. Mit anderen Worten: Wenn ich richtig gute Kleidung auf Bestellung anfertigen wollte, würde ich damit anfangen, gute und daher teure Kleider auf Bestellung zu fertigen. Würde ich mit günstiger Kleidung anfangen, fürchtete ich, dabei umzukommen.

Mein einziges Vorbild für die Schneiderei war die französische Couture. Wir begannen also, die Westentaschenausgabe einer französischen Couturière zu etablieren.

Unser Geschäft Hawes-Harden war im vierten Stock an der Kreuzung 8. Straße West/56. Straße. Eine kleine Schneiderin war in den Räumen gerade gescheitert, und wir erbten einen grauen Teppich, hellbeige Wände, vier Räume für Anproben und ein paar Arbeitstische.

In den Vorführraum kamen einige Möbel vom Dachboden der Hardens, ein schöner geschnitzter Schrank mit vielen kleinen Schubladen für Stoffmuster, einige englische Tische und Stühle, eine sehr große rote Samtcouch. Der Raum war etwa acht mal elf Meter groß, auf der Straßenseite hatte er eine Fensterfront.

Der erste Anproberaum wurde zu einem Raum für die Mannequins. Kleidung musste für lebende Menschen gemacht und an ihnen gezeigt werden, hatte ich gelernt.

Wir fingen mit zwei sehr jungen Mannequins an. Eine von ihnen, eine Absolventin von *Cooper Union,* blieb drei Jahre bei mir. Sie führte nicht nur Kleider vor, sondern kümmerte sich um das Lager, bestellte alle Materialien und machte sämtliche Zeichnungen. Was für ein Mädchen. Jetzt entwirft sie Kinderkleidung für einen Konfektionär.

Die beiden nachfolgenden Zimmerchen waren für Anproben reserviert. Der vierte Ex-Anprobenraum war die stolze Behausung eines Kühlschranks, eines elektrischen Wasserkessels und eines Teeservices. Wir servierten jeden Nachmittag Tee, heiß im Winter, kalt im Sommer. Das war Mrs. Hardens Idee und eine lebensrettende Maßnahme im endlosen Strom der Kundinnen, von Nadel und Faden.

Das äußerste Ende des Stockwerks war eine Werkstatt, etwa in der Größe des Vorführraums, mit einem abgeteilten Raum als Lager. Hier verloren wir später unser Geld.

Fröhlich fingen wir an. Wir klapperten die französischen Stoffhersteller ab, die alle Büros in New York unterhalten. Es kam mir nicht in den Sinn, dass in den Vereinigten Staaten Stoff hergestellt wurde. Wir bestellten was uns gefiel für unsere erste Kollektion. Für den Kredit bürgte Mr. Harden. Kaum dass ich diese Gunst zu schätzen wusste. Erst später verstand ich, was das bedeutete.

Unsere Schnittdirectrice war eine Schneiderin aus Rutherford, eine Frau aus Rumänien, groß und kräftig und blond. Sie bekam, so weit ich mich erinnere, etwa 75 Dollar pro Woche. Die Schneiderinnen, die drapierten und nähten, fanden wir durch Anzeigen in der Zeitung.

Alle Maßschneiderateliers sind auf die gleiche Weise organisiert. Die Chefin ist die Directrice, die für das gesamte Personal des Ateliers und die Produktion verantwortlich ist. Unter ihr arbeiten die Modellnäherinnen und Zuschneiderinnen, also Mädchen, die die Bestellungen nach den Nesselmodellen zuschneiden, die von den Originalentwürfen gemacht wurden. Diese Zuschneiderinnen schneiden zu und bereiten die Arbeit für die Näherinnen vor, die die Kleider zusammennähen. Jede Zuschneiderin hat vier bis acht Näherinnen unter sich, abhängig von ihrer Fähigkeit, sie beschäftigt zu halten.

Wir beide, Rosemary und ich, entwarfen Modelle und arbeiteten wie bei Nicole Groult mit der Schnittdirectrice. Wir hatten etwa vierzig Teile in der ersten Kollektion, die wir am 16. Dezember 1928 zeigten. Ich erinnere mich sehr gut an das Datum, denn das ist mein Geburtstag. Es war mein 25. Ich hatte eine Art Wette mit mir selbst abgeschlossen, als ich in Paris herumspielte, dass ich ab dem 25. Geburtstag ernsthaft werden würde.

Später lernte ich, dass niemals jemand so einen Laden zu einer anderen Jahreszeit als dem frühen Herbst eröffnet. Teure Kleidung verkauft sich viel besser im Herbst, denn die Frauen sind dann in der Stadt und brauchen ihre besten Kleider für die Gesellschaftsereignisse. Im Frühjahr denkt jeder nur daran, aufs Land zu fahren. Die Leute tragen sehr viel günstige Sportkleidung. Wir erzielen bei *Hawes* fast zwei Drittel unseres Jahresumsatzes im Herbst. Wie auch immer, ich wusste im Jahre 1928 nicht viel, außer dass ich Kleidung entwerfen wollte und nun genau das tat. Wir gaben eine Cocktailparty für Freunde und die Presse. Ich wusste allerdings noch nicht viel über amerikanische Presseagenten. Wir waren unsere eigenen PR-Agenten.

Frank Crowninshield moderierte bei unserer Eröffnung. Er war ein Freund von Mr. Harden. Mit ihm kam die *Vogue. Harper's Bazaar* war da, weil ich dort jemanden kannte. Andere Frauenzeitschriften waren aus dem gleichen Grund da. Alice Hughes wurde von jemandem mitgebracht. Jeder war sehr liebenswürdig und setzte sich für uns ein.

Wir waren also gestartet. Rosemary und ich kümmerten uns um den ganzen Verkauf. Wir hatten eine externe Buchhalterin, die einmal die Woche zu uns kam, die Rechnungen überprüfte und die Buchführung machte. Ich hatte das Scheckbuch. Die zwei Mannequins machten alles andere, außer den Boden putzen. Das wurde vom Fahrstuhlführer erledigt. Wir waren eine eng verwobene und alles in allem leidlich effiziente Organisation.

Die Directrice tat ihr Bestes, die Schnitte so zu entwickeln, wie ich es mir vorstellte. Ich glaube jede junge Designerin in Amerika fängt mit demselben Problem an. Noch Jahre später, wenn man Hunderte von Dollar für die beste Directrice zahlt, die man für Geld einstellen kann, hört man Geschichten, dass die Kleider nicht passen würden.

An meine frühen Schnittdirectricen habe ich besondere Erinnerungen, denn *Hawes-Harden* war mit ganz bestimmten Grundsätzen ausgestattet. Der erste war, dass wir alles selbst entwarfen, was wir verkauften, und dass es auf Bestellung aus gutem Material angefertigt, gut genäht und gut angepasst wird.

Wir hatten unsere Schwierigkeiten mit diesen Prinzipien, denn zum einen sind sehr gute Directricen schwer zu finden und kosten eine Menge Geld – wie viel, das verstand ich zuerst gar nicht. Die besten Directricen bekommen gut 100 Dollar in der Woche, das ganze Jahr hindurch, und sind diesen Preis wert.

Wenn man eine gute Directrice hat, muss sie das ganze Atelier schulen, denn die handwerklichen Standards sind in New York alles andere als hoch. Ich muss zugeben, dass es volle vier Jahre dauerte, ehe wir meine ursprünglichen Ansprüche in Sachen Verarbeitungsqualität einlösen konnten.

Was ich im Laden mit dem Verkauf meiner Entwürfe zu erreichen hoffte, war mir gleichermaßen von Anfang an klar. Ich wollte die Wünsche jener Gruppe von Menschen vollkommen befriedigen, die meine Art zu entwerfen mochten. Ich hatte nicht die Absicht, einer modischen Klientel zu gefallen, die unter der Einbildung litt, dass sämtliche Kleidung in Frankreich entworfen wurde.

Wir waren mit Sicherheit nicht in der Lage, all die Dienstleistungen zu liefern, die Fachgeschäfte wie *Bergdorf* und *Carnegie* boten. Wir hatten nur begrenzten Platz, lagen an einer belebten Straße. Wir hatten nicht genügend Verkäuferinnen, um durchzustarten. Wir begingen zu Anfang jede nur mögliche Unterlassungssünde.

Häufig schien es uns geraten, die passenden Blumen zur Abendkleidung mitzuschicken, um eine wütende Kundin zu besänftigen, weil sie in ihrem neuen *Hawes-Harden-*

Kleid eine Stunde zu spät zum Dinner kam. Wir ließen Menschen stundenlang auf Anproben warten, manchmal tagelang.

Es gab eine, und nur eine Sache, der sich *Hawes-Harden* zu Recht rühmen konnte: Nichts, was bei uns gekauft wurde, konnte zu irgendeinem Preis der Welt irgendwo anders erworben werden. Es war nicht immer ganz so gut hergestellt und angepasst wie bei einigen unserer Wettbewerber im Bereich der Maßkleidung, aber es war wirklich exklusiv!

Dies übte, wie ich vermutete hatte, eine ausreichende Anziehungskraft auf ein Publikum aus, das der Kopien französischer Modelle überdrüssig war. Sie kamen zum Schauen und blieben oft zum Kaufen.

Als ich meine erste Kollektion 1928 in New York zeigte, war die allgemeine Meinung, dass es sich nur um einen glücklichen Zufall handeln könnte, sollte ich erfolgreich Kleidung entwerfen, ohne nach Frankreich zum Kopieren zu fahren. Zu Anfang bestritt ich das noch, aber bald war ich mit dem Kleiderherstellen zu beschäftigt, um darüber zu reden. Vielleicht verdiente ich einen Ruf als Exzentrikerin. Ich denke ja nicht, aber ich legte mit eigener Hand den Grundstein dafür.

In der Kollektion von 1928 zeigte ich ein Kleid mit einem sehr langen Namen. Es hieß *1929, perhaps – 1930 surely* (1929 vielleicht – 1930 mit Sicherheit). Es erinnerte an ein Modell à la Madame Recamière, mit hoher Taille und einem kleinen Oberteil, das die Brüste umschmiegte und einem Rock bis zum Boden, gerade auf der Vorderseite, ausgestellt auf der Rückseite, die eine kurze Schleppe bildete. Die meisten Menschen lächelten höflich und schrieben das alles meiner Jugend und Frechheit zu. Die Rocksäume wanderten gerade erst ganz langsam nach unten, indem die Röcke vorne und hinten oder an den Seiten etwas länger wurden. Die Taillen saßen immer noch auf der Hüfte. Dennoch müsste fast jeder, der die Stilentwicklung der letzten Jahre verfolgt hatte, gemerkt haben, dass die natürliche Taille praktisch schon akzeptiert war, und der lange Rock der offensichtliche Wunsch der Frauen. Sie waren zu dem Punkt gelangt, dass Freiheit und Männlichkeit für sie nicht mehr dasselbe bedeuteten. Sie hatten in den 1920ern bewiesen, dass sie frei sein konnten, mit ihren geraden, formlosen Kleidern, und nun waren sie so weit, wieder feminin aussehen zu wollen.

Der Haken war natürlich, dass dies zwar in Frankreich offensichtlich war, da es dort viele Designer gab, die an ihren neuen Ideen arbeiteten und sie nach und nach ausprobierten, während es in Amerika praktisch gar keine Modeschöpfer gab. Und die amerikanischen Einkäuferinnen waren seltsame Menschen. Sie kauften immer die neue Version dessen, was sie schon in der vorherigen Saison gesehen hatten. Sie schauten sich die neuen Sachen nicht einmal an.

Fabrikanten und Kaufhäuser sind nicht im Geschäft, um zu experimentieren. Sie sind im Geschäft, um Geld zu verdienen. Im Bereich der Bekleidung sind sie froh, die französischen Couturiers für Experimente zu haben.

Wenn der Modeschöpfer sich sicher ist, wenn er achtzig Prozent seiner Kollektion mit natürlichen Taillen zeigt, dann kaufen die Geschäfte sie. Dann sehen es auch die Konfektionäre und kaufen es. Dann kann die Konfektions-Kundin eine Version davon bekommen.

Das Dumme daran ist, dass die Konfektionäre nicht versuchen, die ersten Vorzeichen des Neuen in einer Kollektion zu erkennen – oder dass sie unfähig sind, sie zu erkennen. Dies ist der Grund, warum die Fabrikanten bestürzt waren, als 1930 in Frankreich ganze Kollektionen mit langen Röcken herauskamen. Sie ließen verlautbaren, dass es eine Revolution in der Mode gegeben habe, einen spontanen Ausbruch langer Röcke in einer kurzberockten Welt.

Das war kompletter Unsinn. Ich hatte die Entwicklung in Frankreich 1928 beobachtet, bevor ich Paris verließ. Ich schloss keineswegs aufs Geratewohl eine kindische Wette ab, als ich mein »1930, mit Sicherheit«-Kleid zeigte. Die Konfektionäre, als Gruppe betrachtet, haben von dem, was in der Welt passiert, etwa so wenig Ahnung wie Zweijährige. Die französische Legende hatte sie damals am Kragen, und sie hat es immer noch.

Falls die gesamte Bevölkerung der Vereinigten Staaten 1928 an die Legende der Mode geglaubt hätte, wäre ich nie in der Lage gewesen, meine Firma zu gründen. Es war zweifellos Mode, französische Kleidung zu tragen. Zum Glück für mich gibt es in Amerika wie in anderen Ländern jene Frauen, die keinen Gedanken an Mode verschwenden.

Hätte mein Leben 1928 von der modischen Frau abgehangen, wäre ich gescheitert. Jene, die aus Versehen in den Laden gelangten, zogen die Augenbrauen hoch und sagten angesichts meiner der Anatomie folgenden Kleider, mit weiten Röcken und fast von Anfang an natürlichen Taillen: »Sind die elegant? Ich habe sowas noch nie gesehen.« Dann sagten sie: »Haben Sie nicht etwas von Molyneux?«

Manchmal kam eine ganze Gruppe von ihnen gemeinsam, ziemlich angetrunken nach dem Lunch. Sie saßen da und beleidigten die Kleider, bis wir höflich vorschlugen, dass es wirklich keinen Zweck habe, Zeit zu verschwenden, wenn ihnen die Entwürfe nicht gefielen.

Glücklicherweise wurde alles ausgeglichen durch jene Menschen, die eine besondere Affinität für *Hawes*-Kleider entwickelten. Wie jeder Couturier stelle ich nur meine persönliche Version des aktuellen Stils her. Ich ging nie davon aus, die gesamte Bevölkerung einzukleiden. Eine wachsende Anzahl von Menschen entdeckte *Hawes-Harden* mit Begeisterung.

Die meisten unserer ursprünglichen Kundinnen waren Frauen, die es gewohnt waren, Kleidung in Paris zu kaufen. Sie waren gerade dabei, dies aufzugeben. Alles, was sie drüben kauften, wurde kopiert und ordinär gemacht. Sie suchten einen Couturier, der nicht an Konfektionäre und die Kaufhäuser lieferte. Sie suchten nach etwas, das originell war, ohne exzentrisch zu sein. Sie suchten nach der richtigen Kleidung für das Leben in Amerika.

Für jede Beleidigung gab es, dem Himmel sei Dank, eine jener großartigen Damen, die nach einem Blick sagten: »Wo haben Sie nur mein ganzes Leben lang gesteckt?« Das Modell »1929, perhaps« ging an eine junge Dame aus Boston, die es möglicherweise seitdem immer noch trägt. Mir scheint, ich habe mit den Frauen aus Boston ziemlich viel Glück. Sie sind die Art Menschen, die machen, was sie wollen. Einige wollen die Hüte oben auf dem Kopf tragen, andere tragen gar keine Hüte. Manche tragen tagein, tagaus Schneiderkostüme. Andere zogen meine weiten Röcke an, sobald ich sie herausbrachte.

Wo kamen die ersten Kundinnen genau her? Manchmal fragte ich mich das selbst. Wir hatten Freunde, sowohl Rosemary Harden als auch ich, und sie machten es möglich. Sie lobten uns bei jeder Gelegenheit. Sie brachten ihre Freundinnen zum Tee mit. Wir gaben etwa einmal im Monat einen Cocktailempfang und viele junge Männer kamen. Sie redeten viel und laut über uns.

Ich bin nicht allzu überzeugt, was gesprächige Männer und neue Klientinnen für junge Schneiderinnen betrifft. Man sagt, dass Chanel ihr Geschäft nach dem Krieg in Gang brachte, indem sie lauter Ex-Flieger anstellte, um die Frauen heranzuschaffen. Es hört sich plausibel an. Auf der anderen Seite konzentriert sich eine Dame, wenn ein Mann eine Schneiderin lobt, im Gespräch vollkommen darauf, wie die Schneiderin aussieht und warum der junge Mann sie lobt, warum er sich Gedanken macht. Ich kenne ein paar Fälle, da wurde es einigen Damen ausgeredet, zu *Hawes-Harden* zu gehen.

Wer einige von ihnen überredete, konnte ich mir nicht vorstellen. Ich wusste zum Beispiel nicht, wie Lynne Fontanne in den Laden gelangte. Eines Tages kam ich vom Lunch herein, und dort saß eine attraktive Dame, die mit Rosemary über die Aufzucht von Kaninchen sprach. Sie blieb und blieb, sogar zum Tee. Wir waren alle wahnsinnig aufgeregt, denn wir waren nicht sicher, ob sie es wirklich war.

Schließlich sagte sie: »Ich denke ich werde Alfred mitbringen, damit er sich das Kleid anschaut.«

Das war der Beginn einer sehr schönen Erfahrung, und auch einer auf gewisse Weise unglücklichen. Ich liebte es, für Fontanne Kleider zu entwerfen. Sie wusste genau, was sie wollte. Sie konnte alles anziehen, was sie wollte, denn sie war ihrer selbst vollkommen sicher.

Das Unglück war, dass ich meine ersten Theaterkostüme für sie entwarf. Das gab mir eine völlig falsche Vorstellung von Bühnenmenschen und Kleidung. Ich dachte, nachdem ich mit Lynne Fontanne gearbeitet hatte, dass sich eine Schauspielerin für die Rolle in einem Stück anzog, wenn sie sich für ein Stück anzog.

Ich entwarf für das Stück »Meteor« für sie Kostüme, und das Kleid im ersten Akt sollte langweilig und uninteressant sein. Ich bemühte mich sehr, etwas Banales aus rosa Chiffon zu machen, das einem Kaufhaus für 29,50 Dollar entsprungen sein könnte. Es war das, was das Mädchen im Stück angezogen hätte. Es war das, was Fontanne wollte. Es war richtig. Es hatte einen kurzen Rock, obwohl längere Röcke definitiv im Kommen waren.

Jeder machte mir die Hölle heiß, weil ich so ein langweiliges Kleid entworfen hatte. Es machte mir nichts aus. Was mir etwas ausmachte war, dass die meisten Schauspielerinnen nicht einmal versuchen, sich passend für die Rolle in einem Stück zu kleiden, wie ich später herausfand. Sie kleiden sich einfach so, wie sie möchten, und wenn sie zufällig Samt und Fuchspelz in einem Camp in Alaska tragen möchten, dann kann man das so akzeptieren oder den Auftrag verlieren. In der letzten Zeit habe ich die meisten Theaterbestellungen verloren. Das schont die Nerven.

Ich muss hinzufügen, für diejenigen, die das noch nicht wissen, dass die meisten Theaterproduzenten glauben, Kostüme für die Bühne zu entwerfen wäre gute Werbung. Sie erwarten, die Kostüme für fast nichts zu bekommen. Meistens bekommen sie sie wirklich für fast nichts, und meistens sehen die Kleidungsstücke auch danach aus. Sogar wenn sie sich entschließen zu bezahlen, sind der Produzent, der Regisseur, der Bühnenbildner, der Autor und die Frau des Autors dazu fähig, aufzukreuzen und festzulegen, dass alle Debütantinnen Fuchspelz und Samt am Nachmittag tragen. Wenn man darauf besteht, dass alle guten Debütantinnen an den meisten Nachmittagen Tweedkostüme tragen, halten sie sich für grob beleidigt. Sie haben ihr Publikum gelehrt zu glauben, dass Debütantinnen Fuchspelze tragen, also bitte sehr!

Was den Anzeigenwert einer Theaterproduktion betrifft: Wenn man Kleidung für Frauen macht, die die Individualität schätzen, dann ist das letzte was sie wollen, eines ihrer Kleider auf der Bühne zu sehen, von der aus es mit Sicherheit in kurzer Zeit für 19,75 Dollar raubkopiert werden wird.

Die paar Schauspielerinnen, die ich nun einkleide, kommen vor allem wegen Kleidung zu mir, die sie abseits der Bühne tragen. Das ist weniger aufreibend. Man muss ihnen nur dabei helfen, sie selbst zu sein, ohne einen Manager, der dazwischenfunkt und festlegt: »Alle jungen Mädchen tragen weißen Tüll.«

Rosemary und ich kleideten niemals ein junges Mädchen in weißen Tüll. Wir waren keine Rüschentypen. Wir verarbeiteten nach Herzenslust Satin im schrägen Fadenlauf, erst schlecht, später dann besser.

Im Geschäft lief alles auf ziemlich freundschaftlicher Basis. Damals kannte mich jeder als »Babe«, und für unsere Klientinnen waren wir Babe und Rosie. Manchmal drohte es, ein bisschen *zu* nett zu werden: Mehr und mehr Leute kamen zum Tee. Rosemary hatte oft Mitleid mit dem Mädchen, das die Lieferungen und Besorgungen machte, und schickte den Familien-Rolls-Royce, um Kleider auszuliefern. Der Rolls-Royce rächte sich später. Wenn ich neue Mädchen für das Atelier anstellen musste, fragte ich sie immer: »Wie viel haben Sie bisher verdient?« Sie leiteten ihre Antwort immer mit der Frage ein: »Sind Sie die zwei Frauen, die Kleider mit einem Rolls-Royce ausliefern?«

Wir hatten im besten Jahr 60 000 Dollar Umsatz und verloren 10 000 Dollar. Ich wusste damals nicht, warum. Mr. Harden war der sprichwörtliche Engel. Es schien mir mehr oder weniger vorausgesetzt, dass jeder im ersten Geschäftsjahr Geld verliert. Wenn uns das Geld ausging, riefen wir an und baten um mehr.

Dann gingen wir raus in den Vorführraum und kümmerten uns um eine weitere Kundin. Einige von ihnen, wie Fontanne, wussten genau was sie wollten, sobald sie es sahen. Andere wollten, dass man ihnen sagte, was sie wollen sollten. Meine Verkaufstechnik basiert auf meiner Idee, dass Couturiers keine Wundertäter sind.

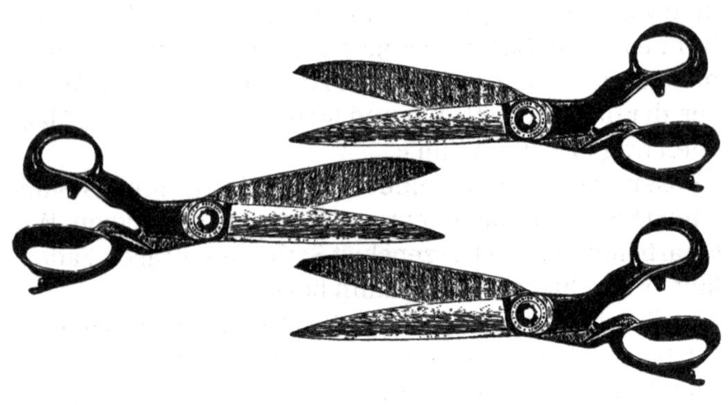

12 Designer sind keine Wundertäter

Der Beruf des Couturiers ist recht einfach zu erklären, wenn auch nicht zu erreichen. Die einzige Eigenschaft, die ein erfolgreicher Couturier hat und die möglicherweise als ungewöhnlich betrachtet werden kann, ist der grundlegende Wunsch, überhaupt Kleider herzustellen.

Ein Couturier geht von dieser seltsamen Kindheitsneigung oder von einem anderen Hintergrund aus, der ihn zu einem spezifischen Verständnis für die Formen weiblicher Körper führt und zu dem Wunsch, sie mit Stoff zu bekleiden und ihre Schönheit mit Hilfe seiner eigenen Ideen zu erhöhen. Er eignet sich schnell einen Sinn für den Fall des Materials an, eine besondere Hinwendung zu seinen Farben. Dazu muss er das Rüstzeug lernen, die Fähigkeit, Kleider zu skizzieren oder Stoffe zuzuschneiden oder beides, und sich Wissen darüber aneignen, wie Kleider zusammengenäht werden. Wenn er dies mit einer besonderen Sensibilität für den Zeitgeist, wie er sich in der Kleidung zeigt, kombinieren kann, wird er erfolgreich sein.

Jeder Designer muss seine Klientel und deren Leben kennen und vollkommen verstehen. Andernfalls scheitert er dabei, seine Aufgabe zu erfüllen. Seine Aufgabe als Couturier ist es, wirklich stilvolle Kleidung herzustellen, die nicht exzentrisch ist, aber dem Geist der Zeit entspricht. Das ist nicht kompliziert, wenn man direkt mit den Frauen zu tun hat, die die Entwürfe tragen werden. Ein wichtiger Bestandteil des Entwerfens ist das, was man entdeckt, während man verkauft.

Der Couturier muss im Voraus wissen, was seine Kundinnen sich wünschen. Er muss es für sie vorbereiten, er muss es ihnen zeigen. Hat er seine Klientinnen wirklich verstanden, dann werden sie die neuen Kleider sofort als das erkennen, was sie sich gewünscht haben. Sie werden sie kaufen und sie jahrelang mit Vergnügen tragen.

Ein großer Teil des Geheimnisses, das die Schöpfung neuer Stile umgibt, dürfte der französischen Legende zuzurechnen sein, denke ich. Im Zusammenhang damit, dass alle Designer Franzosen sind und in Paris arbeiten, wurde die diffuse Idee erschaffen, dass der Couturier auf eine mystische Weise arbeitet, die der Normalsterbliche nicht hoffen darf, jemals zu verstehen. Unsinn.

Die französischen Couturiers und alle Couturiers überhaupt befinden sich ständig in einem Prozess, neue Dinge und verschiedene Formen auszuprobieren. Kein Couturier versetzt sich in Trance und kommt daraus mit etwas Brandneuem für die nächste Saison hervor.

Was passiert, ist sehr einfach. Man muss berücksichtigen, dass der Couturier eine Kollektion von Kleidung auf Lager hat, die sich für seine Kundschaft als zufriedenstellend erwiesen hat. Diese aktuelle Kollektion enthält zu sechzig Prozent Dinge, die lediglich Variationen von Kleidung der vorigen Saison sind. Sie kann sogar zu achtzig Prozent solche Kleider enthalten. Die Farben sind anders, die Stoffe sind anders, aber die Schnitte und Formen sind grundsätzlich dieselben. Ein genauer Blick auf die Anzeigen der Kaufhäuser macht das offensichtlich. Fast immer, wenn Sie vier brandneue, phantastische, original französische Designs sehen, werden Sie bemerken, dass drei davon das Kleid sind, das Sie letztes Jahr kauften, nur mit einem anderen Gürtel. Das vierte könnte ein bisschen ungewöhnlich, ein bisschen ausgefallen aussehen. Sie schauen es sich genau an und entscheiden, ob Sie etwas haben möchten, das ein wenig anders ist, oder nicht, oder ob Sie mit einer neuen Version des Kleides vom letzten Jahr nicht vollkommen zufrieden sind.

Es ist das vierte und etwas andere Kleid, das jenen speziellen Teil jeder Kollektion eines Couturiers einnimmt, der dem Experiment gewidmet ist. Denn während Bestellungen für Kundinnen fertiggestellt, neue Materialien durchgesehen werden und er um die Welt reist – ist der Couturier zu dem Schluss gekommen, dass Röcke beispielsweise, obwohl sie bisher sehr eng waren, lange genug eng gewesen sind. Frauen müssen bereit für weite Röcke sein, sagt er. Er fängt nicht an und stellt eine ganze Kollektion mit weiten Röcken her. Er nimmt zwei oder drei hinein und beobachtet, was mit ihnen passiert. Er stellt fest, dass Mrs. Brown, die eine sehr charmante und intelligente Dame mit eigenem Stil ist, eines dieser Kleider kauft. Sie trägt es und berichtet, dass nicht nur sie es mag, sondern dass sie viele Komplimente bekommen hat.

Gleichzeitig bestellen vier andere Frauen Kleider mit weiten Röcken. Zwei von ihnen schwächeln bei den Anproben. »Meine Hüften sehen zu breit aus«, sagen sie. Die Weite wird ab der Taille weggenommen.

»Nunja«, sagt sich der Couturier, »nicht einmal in der nächsten Saison werde ich alle Röcke weit machen können, aber wenn dieses Mal vier Frauen mit eigenem Stil von hundert die weiten Röcke mochten, dann werden es beim nächsten Mal zwanzig sein.«

Auf dieser Grundlage von Versuch und Irrtum macht er weiter, findet heraus, was die Frauen sich wünschen, und gibt es ihnen. Das ist die Routine und der ganze Zirkus und das Geheimnis, dem der Couturier folgt, um in seinem Kopf eine Vorstellung davon zu entwickeln, wie und was der Stil sein wird. Es ist keine Zauberei. Es ist Arbeit.

Das Ziel ist nicht damit erreicht, herauszufinden, dass die Frauen weite Röcke oder hohe Taillen möchten. Man nähert sich ihm damit nicht einmal. Man muss damit anfangen, den Zeitgeist ganz klar zu verstehen; den Geist der Zeit, der Kleidung, Architektur und Malerei und die Politik beeinflusst.

Der erste Erfolg Chanels kann ganz klar darauf zurückgeführt werden, dass sie den Zeitgeist nach dem Krieg vollkommen erfasste.

Vor dem Weltkrieg hatten die Frauen den größten Teil ihres Lebens im Haus verbracht, vor allem in ihrer Funktion als Hausfrau. Ihre sozialen Aktivitäten waren zweifellos eingeschränkt, und es war die Ausnahme, wenn eine Frau Golf spielte, ein Automobil fuhr oder sich mit Dingen beschäftigte, die als maskuliner Zeitvertreib galten.

Während des Krieges brach ein wirklich großer Anteil der weiblichen Bevölkerung aus und entschied sich für die Freiheit. Sie stellten fest, dass Freiheit nicht mit engen Korsetts kompatibel war und die wenigen Emanzipierten warfen da und dort ihre Mieder weg. Ein großer Teil dieser Frauen war jedoch sehr durcheinander.

Sie dachten, dass frei sein bedeute, maskulin zu sein. Sie versuchten ihre Körper zu maskulinisieren. Zuerst verlegten sie sich auf sehr enge Büstenhalter, mit denen sie ihre Brüste plattdrückten.

Dann sahen sie sich nach Kleidung um, mit der sie ihre weiblichen Kurven verstecken könnten. Als Antwort auf das Gebet der Nachkriegsfrau stieg Chanel zu internationalem Ruhm auf. Chanel verkörpert die scheußlichste Epoche der Damenkleidung. Sie verstand die Zeiten und sie reagierte darauf.

Sie gab diesen Frauen kleine Hemdkleider zum Anziehen. Sie zeigte ihnen, wie sie, indem sie ihre Gürtel um die Hüften schnallten, so gerade wie die Jungs aussehen konnten. Sie mussten sich nicht schämen, weil sie die Korsetts auszogen. Weder sie, noch die Kleidung hatten irgendeine Form. Von der Freude daran fortgetragen, begannen die Frauen, die Säume ihrer Röcke abzuschneiden. Sie hörten nicht auf zu schneiden, ehe die Säume ihre Knie erreichten.

Kein vernünftiger Mensch könnte behaupten, dass ein einzelner Designer oder auch hundert Designer, alleine oder in einer Geheimsitzung, hätten beschließen können, die Wespentaille abzuschaffen, die Brust abzuschaffen, die Hüfte abzuschaffen, das unaussprechliche Bein zu entblößen und frei zu leben. Das Leben und die Wünsche der Frauen durchliefen einen fundamentalen Wandel. Chanel zeigte ihnen zufällig die passende Kleidung dafür und genoss es, diese Kleidung zu entwerfen.

Lucile machte es sich leicht in den 1920ern mit ihrer Aussage: »Die Modeschöpfer von heute sind nichts als Schöpfer von Nachthemden.« Das Leben verlangte nach Hemden. Chanel teilte sie aus.

Zuerst vielleicht eines. In der zweiten Saison zeigte sie sechs. Im zweiten Jahr machte die ganze Welt Nachthemden.

Das ist keine Zauberei. Das ist vor allem Verstehen –

Verstehen und Ausprobieren. *Trial and error,* Irrtum und Versuch.

Vielleicht, weil ich vollkommen überzeugt bin, dass kein Designer ohne direkten Kontakt mit seinen Kundinnen tätig sein kann, glaube ich, dass das Geschäft des Kleiderverkaufens auf größtmöglichem Wissen über die Kundinnen aufbauen sollte. Ich glaube, dass keine vernünftige Frau annehmen sollte, irgendein Couturier müsste sie nur ansehen und wüsste sofort, welche Kleider sie mit Freude tragen wird. Das Geschäft, Menschen zu kleiden, scheint mir nicht vor allem darin zu bestehen, die Kundin zu überzeugen, ein Kleid zu kaufen, in dem sie auf eine abstrakte Art und Weise bei der Anprobe gut aussieht.

Das ist der Anfang, aber es reicht nicht aus, nur die äußere Frau einzukleiden. Carlyle sagte, die Kleider seien »warme, bewegliche Häuser, in denen wir leben.« Um zufriedenstellend angezogen zu sein muss man wissen, wie man in diesem Haus leben möchte. Das erfordert quasi eine Art Psychoanalyse bei einigen Kundinnen.

Dieser Vorgang läuft etwa so ab:

Mrs. Jones kommt herein und sagt: »Kleiden Sie mich ein.« Wir können sie deutlich sehen, aber wir wissen überhaupt nichts über Mrs. Jones. Und der Witz ist, dass Mrs. Jones wirklich versucht, uns nichts zu verraten.

»Das Kostüm, das ich gerade trage«, sagt sie, »ist etwas, das ich eigentlich nie anziehe.«

Was für ein Glück, sagen wir zu uns selbst, denn es ist wirklich unvorteilhaft. Laut sagen wir: »Mögen Sie Kostüme?«

»Manchmal«, antwortet sie und setzt sich hin.

»Was brauchen Sie denn?« fragen wir.

»Oh, alles«, erklärt sie ausführlich.

Ist sie reich, ist sie arm, geht sie oft aus oder ist sie häuslich?

»Angenommen, wir sehen uns die Kollektion an«, schlagen wir vor, »dann können Sie aussuchen, was Sie mögen, und wir bekommen eine Vorstellung davon, was Sie brauchen.«

Wir sehen die Kollektion an. Ein blaues Kleid erscheint. Wir sagen: »Das wäre eine vorteilhafte Farbe für Sie.«

»Ich hasse Blau«, antwortet sie unerschüttert, »aber natürlich überlasse ich das ganz Ihnen.«

»Vielleicht gefällt Ihnen ja dieser rote Farbton?«

»Nein, ich trage absolut niemals Rot. Ich habe außerdem eine abergläubische Abneigung gegenüber Gelb. Und, wie ich schon sagte, ich verabscheue Blau.«

Ein im schrägen Fadenlauf geschnittenes Kleid kommt herein. Mrs. Jones zieht hastig eine Zigarette hervor.

»Ich sage es Ihnen lieber gleich«, sagt sie, »dass ich keine schräg geschnittenen Kleider tragen kann. Sie kleben mir immer am Hintern.«

Sie steht auf, damit wir ihren Hintern betrachten können. Wir können ihn nicht finden. Sie hat keinen.

»Aber Sie sind hinten vollkommen flach«, rufen wir aus.

Mrs. Jones sieht zweifelnd drein. »Vielleicht bin ich das, aber es fühlt sich für mich an, als ob sie an meinem Hintern kleben.«

Nachdem eine halbe Stunde und dreißig Kleider vergangen sind haben wir erfahren, dass Mrs. Jones keine Falten mag, gerne Bridge spielt, Chiffon hasst, ausgestellte Röcke liebt, dass sie verzweifelt ist, weil ihre alte Schneiderin das Geschäft aufgegeben hat und ihr Sohn siebzehn Jahre alt ist und die Hotchkiss-Highschool besucht. Wir erfahren fast alles über Mrs. Jones, außer die eine wesentliche Sache, wie sie in ihrer Kleidung wirken möchte.

Sieht sie sich als eine große Blondine, obwohl sie für uns wie eine kleine Brünette aussieht, oder, noch wichtiger, sieht ihr Mann sie als eine große Blondine?

Hat sie Spaß daran, sich am Abend mädchenhaft herauszuputzen oder ist sie blasiert und gelangweilt von Partys?

»Möchten Sie Kleider, die Sie ins Theater anziehen können?« wagen wir uns vor.

»Oh nein. Ich gehe nie ins Theater. Wir gehen aber häufig aus.«

»In Nachtclubs?«

»Nein, meistens zum Essen.«

Dann versuche ich immer, direkt die Fragen zu stellen, auf die ich eine Antwort möchte. In neunundneunzig von hundert Fällen mit dem folgenden Ergebnis:

»Mrs. Jones, schauen Sie einmal hier. Was ich wissen möchte ist – wenn Sie dieses Abendkleid tragen, möchten Sie dann weltgewandt und kultiviert erscheinen – oder möchten Sie wie die Schwester Ihres Sohnes aussehen?«

»Himmel, Miss Hawes, woher soll ich das wissen? Einige sagen, ich sähe aus wie die Schwester meines Sohnes, und andere Leute denken, ich sähe aus als wäre ich ein Vampir.«

»Nunja, was ich wissen möchte ist: Was bevorzugen Sie?«

An diesem Punkt versucht Mrs. Jones nicht mehr, sich zurückzuhalten. Sie weiß es nicht. Sie weiß nicht einmal genau, wo sie das Kleid anziehen wird. Sie weiß nicht, was für eine Wirkung sie versuchen wird, damit zu erzielen. Es ist nicht so, als ob sie gar keine Wirkung auf irgendwen irgendwo erzielen wollen würde. Sie hat sich nur nie die Zeit genommen, zu entscheiden, welche Art Mensch sie ist oder versuchen will zu sein. Daher verpasst sie den halben Spaß beim Kleiderkauf und macht es für sich und ihre Schneiderin doppelt so schwer.

Falls eine Dame zu mir käme (und manchmal kommt sie) und sagte: »Schauen Sie, ich bin 47 und habe graue Haare und sehe ziemlich streng und unfreundlich aus. Es ist sehr wichtig für mich, dass ich am Mittwoch den 17. März, abends um acht wie 35 und sehr, sehr reizvoll aussehe. Ich werde in einem modern eingerichteten Wohnzimmer mit dunkelgrauen Wänden und silbernen und weißen Möbeln sein. Es wird dort gelbe Blumen geben. Ich bin eine perfekte Größe 36, bis auf meine flache Brust. Meine Brüste hängen ein bisschen und eine Hüfte ist 5 cm breiter als die andere. Was sollen wir tun?« Dann kann ich eine Antwort in Gestalt einiger in Frage kommender Kleider liefern.

Natürlich kann der Schauplatz meistens nicht festgelegt werden, aber der Rest sollte immer kommuniziert werden. Der Rest wird aber nur selten mitgeteilt und es passiert etwas anderes. Wenn man (oder die Kundin selbst) beim ersten Mal zufällig das richtige Kleid aussucht, dann hat man eine Kundin gewonnen und kann über ein paar Saisons hinweg entdecken, was sie wirklich braucht.

Ich möchte damit nicht sagen, dass ein guter Designer nicht eine beliebige Frau anschauen und sagen kann: »Die Linie dieses Kleides ist vorteilhaft für Ihre Figur, und dieses Material und diese Farbe werden Sie gut aussehen lassen.« Das Problem ist: das ist nicht genug.

Glücklicherweise haben sich einige Frauen selbst durchanalysiert. Es ist ein wunderbares Vergnügen, sie beim Auswählen von Kleidung zu beobachten, ihnen weiterzuhelfen. Wenn sie sehen, was sie wollen, erkennen sie es sofort. Wenn sie es nicht sehen, geben sie einem den richtigen Anstoß.

»Es wäre dieses Kleid«, sagen sie und zeigen auf eine rote Samtrobe, »wenn es aus Taft wäre und einen engen Rock hätte.« Und sofort erkennt man, dass es der verführerische Ausschnitt und das Rascheln sind, die für sie den Witz ausmachen.

Andere Kundinnen verraten sich durch gelegentliche Bemerkungen bei den Anproben: »Sie kennen doch das grüne Damastkleid, das Sie für mich angefertigt haben? In dem Kleid fühle ich mich richtig.«

Meine Güte, sagt man dann zu sich selbst, das Mädel mag romantische Kleider, trotz ihrer Frisur.

Wenn sie das nächste Mal kommt, sagst du zu ihr: »Warum versuchen Sie nicht mal, Ihr Haar hinten weiter unten lockig zu lassen und einen Pony über dem rechten Auge schneiden zu lassen?«

Es ist alles ganz unterhaltsam, verlangt aber einen unmäßigen Zeitaufwand. Sehr häufig, wenn man gerade einer Kundin zu einem verrückten Hut verholfen hat und alle bereit sind, ihr beim nächsten Mal unvernünftige Kleidung zu verkaufen und sie herausfinden zu lassen, dass das Leben fröhlich ist – dann begegnet sie zufällig einer anderen Schneiderin und ist verschwunden.

Ich glaube viele dieser Ideen entwickelte ich in Paris, wo Zeit kein Geld ist und die französischen Stoffhersteller es den Couturiers erlauben, schöne Kleider herzustellen, solange sie die Stoffe bekanntmachen.

Ich danke Gott für die Großzügigkeit der Hardens, die mir erlaubte, in New York mit allen meinen Theorien ein Geschäft zu eröffnen. Sie spendierten mir eineinviertel Jahre voller Träume, die ich nicht vergessen habe. Sie gaben mir die Chance, eine Grundlage zu errichten und zu beweisen, dass eine gewisse Anzahl Frauen Kleider von Hawes haben wollte, die ihnen nach meiner Verkaufsmethode angeboten wurden.

Im frühen Frühjahr 1930 wurde ich unsanft von der Realität eingeholt. Rosemary Harden beschloss, dass das Leben auch andere Dinge bereithielt als das Kleidergeschäft, und sie hatte recht.

Vielleicht hatte sie auch eine Vision der Zukunft, wie es sein würde, ein teures Kleidungsgeschäft während einer Wirtschaftsdepression zu betreiben. Wie auch immer –

sie zog sich zurück, um zu heiraten und eine Familie zu gründen.

Ich merkte auf einmal, dass der Aktienmarkt im Herbst 1929 zusammengebrochen war. Nun, 1930, war ich in den roten Zahlen. Hätte ich nicht den fanatischen Wunsch gehabt, Kleider zu designen, wäre ich vielleicht selbst ausgestiegen. In der Situation dachte ich aber nur daran, dass ich angefangen hatte und nicht ohne Kampf aufgeben würde. Der sich anschließende Kampf drehte sich vier lange Jahre ums Geld.

Die Hardens verkauften mir Rosemarys Hälfte des Geschäfts für einen Dollar. Zwei Monate lang konnte ich kein Geld auftreiben. Ich dachte, ich hätte mein Möglichstes getan und folgerte daraus, ich wäre erledigt. Da tauchte eine Freundin auf, die erste, die ich traf, nachdem mir das Schreckliche klar geworden war. Ich probierte meine neue Erkenntnis an ihr aus, ich wollte es aussprechen, damit es wahr würde.

»Ich muss schließen«, verkündete ich.

Ich muss so geklungen und ausgesehen haben, wie ich mich fühlte, furchtbar.

»Wieviel brauchst du?« fragte sie.

»Ich würde mich nicht trauen, weiterzumachen, solange ich nicht weiß, wo ich 10 000 Dollar auftreiben kann«, antwortete ich. Ich betrieb das Geschäft immer noch mit mythischen Zahlen.

Am nächsten Tag rief sie an und bot mir an, für mich zu bürgen, für so viel, wie ich wollte. Ich war dadurch so ermutigt, dass ich Lagerbestand im Wert von 5000 Dollar an jemand anderen verkaufte, und das brachte mich über die nächsten zwei Jahre. Jetzt, sagte ich mir, mache ich Ernst.

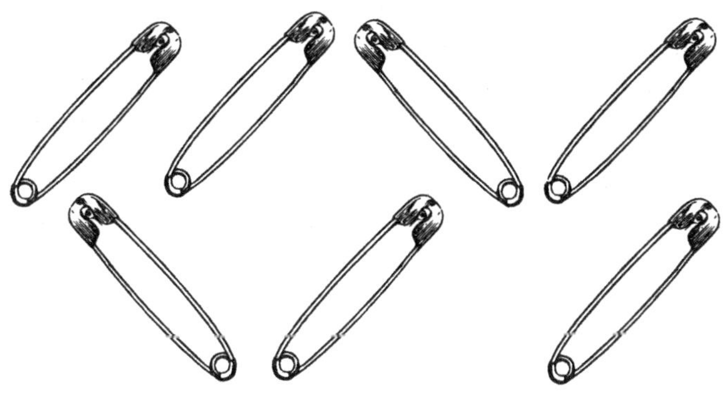

13 »Sie wurde aus Frankreich ausgewiesen«

1930 war ein gutes Jahr für mich. Ich nehme das Geschäft nie ernster als ich muss, um es am Laufen zu halten. Das reichte, um mich zwischen 1931 und 1936 regelmäßig ein- oder zweimal im Jahr zusammenbrechen zu lassen.

Wenn ich an Frankreich zurückdenke, war das Wichtigste, das ich dort lernte, mein Geschäft und meine Gesundheit im Gleichgewicht zu halten, zumindest theoretisch. Seit 1930 hatte ich im Sommer einen, wenn nicht zwei Monate Ferien und im Winter drei oder vier Wochen frei. Ich habe keine Diamantarmbänder, und wenn ich sie hätte, wäre meine Gesundheit sicherlich nicht besser.

Nachdem mich Rosemary Harden verlassen und ich die 5000 Dollar gefunden hatte, war mein erster ernsthafter Schritt die Reorganisation als *Hawes Inc.* Dann gab ich hundert Dollar aus, um den Laden zu einem Zuhause zu machen.

Willy Muschenheim, ein moderner Architekt der Wiener Schule empfahl mir, die vier Wände in drei oder vier Farben zu streichen. Wir hatten zwei Grautöne, Weiß und Kanariengelb. Die Decke war zu niedrig und Willy verbarg sie mit dunkelblauer Farbe. Einmal kam eine Dame von *Harper's Bazaar* in den Laden und bewunderte eine Drahtschale in Fischform, die ich von Sandy Calder bekommen hatte. »Es ist kein Wunder, dass Sie so gut ankommen«, sagte sie. »Sie haben so viele talentierte Freunde.« Stimmt. Bob Jesphy stellte für mich einige Aluminiumtische mit Platten aus Glas her. Wir fuhren alle in die Second Avenue und kauften Sofas aus zweiter Hand, die wir dunkelblau bezogen, wie die Decke. Die Stühle waren Eiscaféstühle aus Draht mit blauen Kissen. Alles wurde hell und heiter und zeitgemäß.

Ich legte los. Ich elektrisierte meine Gläubiger, indem ich ihnen schrieb, dass die Hardens raus seien und ich weitermachen und sie alle eines Tages bezahlen würde. Dabei entdeckte ich, dass die Gläubiger es umso mehr schätzen, je weniger man ihnen erzählt, dass man sie bezahlen werde. In ihrem tiefsten Inneren vertrauen sie lieber auf Gott, wenn es um die Schneiderei geht. Es wäre klug von mir gewesen, in Konkurs zu gehen und neu anzufangen. Aber so wurde ich nicht erzogen, oder vielleicht bedeutet mir Geld einfach nicht viel.

Meine puritanischen Geschäftsprinzipien waren mir später sehr von Nutzen, als die Wirtschaftsdepression schlimmer wurde. Meine Gläubiger halfen mir durch sie hindurch, zu Zeiten, als meine besten Freunde alle zu pleite waren.

Wenn sich meine Gläubiger 1930 mehr um mich gekümmert hätten, wären sie vielleicht vorsichtiger gewesen. Mir schien, dass ich die Kanäle ausgeschöpft hatte, die über Freunde von Freunden zu neuen Kundinnen führten. Ich wollte Kleider von *Hawes* überall bekanntmachen. Ich hatte wirklich nicht genug Geld für Werbung, aber ich machte sie trotzdem.

Alle Anzeigen erschienen im *New Yorker* und waren humorvoll. Als ich der kleinen Agentur *Regal and Lettingwell,* mit der ich arbeitete erzählte, dass ich für den *New Yorker* geschrieben hatte, schlug sie mir vor, meine Anzeigen selbst zu schreiben.

Ich war verschreckt – es war wie die Probezeit für einen neuen Job. Es funktionierte sehr gut, vielleicht weil alle Anzeigen im weithin gelesenen *New Yorker* erschienen. Das Heft entsprach recht gut dem *Hawes*-Geschmack, so dass praktisch keine Kundin, die aufgrund einer Anzeige kam, gar nichts kaufte, sofern sie die Mittel dafür hatte.

Der Frühling glitt vorbei. Ich fuhr im Juli nach Europa und tourte einen Monat durch das romanische Herz Frankreichs. Ich erstellte meine Kollektion und bewarb sie im Herbst. Ende 1930 hatte ich 40 000 Dollar Umsatz gemacht und deckte damit die Unkosten, wobei ich mir und meiner Schnittdirectrice ein Gehalt von 100 Dollar die Woche zahlte, dem Rest der Angestellten und dem Atelier ein Durchschnittsgehalt.

Das erteilte mir eine sehr wichtige Lektion: Es ging nicht darum, ständig mehr und mehr Umsatz, mehr Verkaufsvolumen zu erreichen. Ich hatte mir selbst im ersten Jahr 50 Dollar die Woche gezahlt, keine Werbung gemacht, und bei 60 000 Dollar Bruttoumsatz 10 000 Verlust gemacht.

Im zweiten Jahr gab ich etwa 5000 Dollar für Anzeigen aus, verdoppelte mein Gehalt, hatte eine teurere Schnittdirectrice und verlor kein Geld. Wir wurden effizient.

Der Rückgang der Verkäufe war direkt der Tatsache zuzurechnen, dass viele meiner ersten Kundinnen im Crash von 1929 alles verloren hatten. Die Tatsache, dass ich es überhaupt schaffte war, denke ich, größtenteils den neuen Kundinnen geschuldet, die ich durch die Anzeigen gewann, und dass ich eine Schnittdirectrice einstellte, die meine Vorstellungen verstand, wie das Atelier arbeiten sollte.

So begann 1931 ganz gut für mich, aber ich hatte in der Welt der Bekleidung immer noch keinen großen Eindruck hinterlassen. Die Leute sagten immer noch: »Natürlich gehen Sie jede Saison zu den Saisoneröffnungen nach Paris«, und das machte mich rasend.

Ich begab mich in lange, endlose Erklärungen, es sei nicht nötig, französische Kleider anzusehen, um das zu entwerfen, was Amerikanerinnen tragen möchten. Jeder lächelte wissend und schien mir zu verstehen zu geben, dass ich wahrscheinlich meine privaten Quellen für französisches Design hätte.

In diesem Moment gaben mir die Götter etwas in die Hand, was für mich wie ein Mittel aussah, sehr laut und klar auszurufen: »Kleidung wird in Amerika entworfen. Nicht alle schönen Kleider werden in Frankreich entworfen. Nicht alle Frauen möchten französische Kleider besitzen.«

Meine Absicht war keineswegs, die Franzosen zu schwächen. Ich liebe sie und ihr Land und ihr Essen und ihre Kleidung. Ich wollte Anerkennung in den Vereinigten Staaten für mich und für alle Modeschöpfer. Ich wollte, dass die Leute sagen: »Die Franzosen entwerfen schöne Kleider, ebenso wie die Engländer und die Amerikaner und viele andere.«

Es tauchte ein Mädchen namens Mary Bendelarie auf, sie war Amerikanerin und als Schuhdesignerin und -herstellerin in Paris zu Ruhm gelangt. Sie scheint in Vergessenheit geraten zu sein, aber damals erschienen sehr viele Zeitungsartikel über sie. Diese kann man leider nicht essen, wie ich mir selbst oft sagte, wenn ich meine eigene

Sammlung von Zeitungsausschnitten durchschaute. Ich glaube Bendelarie war eine bessere PR-Frau als Managerin. Die Leute mochten und trugen ihre Schuhe, also muss sie eine gute Designerin gewesen sein.

Sie kam zum Kleiderkaufen. Sie blieb und lud mich ein, meine Kleider bei ihrer jährlichen Schuhmodenschau in Paris zu zeigen. Ich plante sowieso, im Juni wegzufahren. Es schien eine spaßige Idee und eine ausgezeichnete Möglichkeit, meinen Standpunkt zu belegen, dass es in New York Modedesigner gibt.

Ich schulde Eleanor Shaler großen Dank für den Erfolg der Pariser Show. Shaler ist Teilhaberin bei Hawes. Sie ist eine unglaubliche Frau, die *Vassar* absolvierte, bei den *Garrick Gaieties* tanzte, in Nachtclubs sang, ein Buch schrieb und bei all dem auch noch in Will Hays' Büro arbeitete. Sie erwarb im Verlauf ihrer Karriere ein bemerkenswert gutes Gespür für Pressearbeit. Sie brachte mir das meiste von dem bei, was ich nun über Pressearbeit in Amerika weiß.

Shaler sagte: »Das ist eine wunderbare Idee. Das musst du machen. Und ich glaube, die Zeit für eine PR-Mitarbeiterin ist reif.«

Ich wusste nicht genau, was das bedeutete, aber eine gewisse Selma Robinson hatte über Wochen stundenlang im Laden gesessen und sehnsüchtig die Hawes-Kleider angeschaut. Sie war PR-Fachfrau und, wenn ich an sie zurückdenke, eine der besten, die ich je traf. Sie war hübsch und schwarzhaarig und voller Energie.

Ich stellte sie für eine Summe an, die ich mir leisten konnte, denn sie wollte Kleider von Hawes besitzen.

Viele meiner frühen Angestellten und Teilhaberinnen entschieden sich selbst für *Hawes Inc.* Junge Frauen kamen einfach hinein und saßen da, bis ich endlich fragte: »Warum arbeiten Sie nicht als Verkäuferin«, oder als Designerin oder warum kaufen Sie nicht Material ein oder arbeiten als neue Presseagentin, je nachdem.

Selma war natürlich von der Paris-Idee begeistert. Sie schickte ein paar Geschichten raus, ließ mich ein- oder zweimal interviewen und verbreitete, dass ich nach Paris gehen werde. Genau dann verschwand Bendelarie in der Nacht – und blieb verschwunden.

Ich glaube mir kam den Verdacht, sie wollte, dass *ich* die ganze Show bezahle. So hatte ich das zu Anfang nicht verstanden. Ich war wütend. Sie ging.

Ich hatte mich öffentlich verpflichtet, meine Kleider in Paris zu zeigen. Shaler und ich waren uns sicher, dass ich es nun durchziehen musste, oder ich würde mich zur Lügnerin machen. Es gibt nichts, das auf lange Sicht so zersetzend ist wie solche Zeitungsgeschichten, die erst die Runde machen und sich dann als reine Phantastereien entpuppen.

Eines Nachmittags brachte Shaler Ruth Morris mit in den Laden. Ruth ist die Schwester von Bill Morris, der eine der größten Schauspielagenturen des Landes leitet. Das bedeutet, dass er Auftrittsorte und Verträge für eine große Anzahl von Bühnen-, Film- und Radiostars aushandelt und mit Menschen der Theater- und Nachtclubszene der ganzen Welt in Kontakt steht. Ruth und Shaler und ich warfen uns auf die größte Couch und diskutierten meine missliche Lage. Wie sollte es mir gelingen, in Paris Kleider zu zeigen?

»Bill kennt den Mann, dem *Les Ambassadeurs* in Paris gehört«, bemerkte Ruth. »Vielleicht kann er etwas arrangieren.«

Und so schickte Bill, der mich kaum kannte, ein Telegramm und arrangierte etwas; keine von uns wusste, was genau. Ich sollte mich in Paris beim Manager von *Les Ambassadeurs* vorstellen und das Arrangement abschließen.

Ich sammelte einige Kleider zusammen, nahm ein Schiff und tauchte Mitte Juni in Paris auf. *Les Ambassadeurs* war – und ist vielleicht immer noch – ein sehr guter und teurer Teesalon und ein Nachtclub, gelegen in dem Streifen des Parks, der zwischen den Champs Elysées und der Avenue Gabriel verläuft, genau oberhalb des Place de la Concorde.

Ich wandte mich an das Büro des Geschäftsführers an den Champs Elysées. Ich betrat die übliche dunkle Eingangshalle und fand einen jener Glasaufzüge vor, die langsam, oh so langsam, an glatten Stangen zu den Pariser Büros hinaufgleiten.

»Wieder zuhause«, dachte ich. »Warum glaubten wir, ich könnte hier irgendetwas schnell erledigen?«

Ich rechnete nicht mit der Macht von Bill Morris. Er hatte alles geregelt, so weit er konnte. Der Besitzer war Brite (merken wir uns das) und in London, und er hatte den Geschäftsleiter offensichtlich angewiesen, meine Kleider als Teil des Programms an einem Nachmittag und Abend zu zeigen. Der Manager war Franzose. Er war groß und dick und langsam, aber er hatte seine Anweisungen und ich bezweifele, dass er überhaupt viel darüber nachdachte, außer mir zu empfehlen, die Show für den 4. Juli anzusetzen. Das schien vollkommen angemessen.

Er stellte mir Eddie Lewis vor, einen kleinen, dunklen, jungen Amerikaner, der das Programm für *Les Ambassadeurs* in jenem Sommer organisierte. Armer Eddie! Er wusste nicht, worauf er sich einließ, als wir rasch übereinkamen, dass ich Programmhefte mit den Kleidern drucken lassen sollte und wir die Kleider am Nachmittag des 4. Juli zur Teezeit zeigen würden – obwohl es dann normalerweise kein Showprogramm gab – und noch einmal am Abend zur Dinnerzeit.

Ich hatte ein wenig mehr als zwei Wochen Zeit bis zum Vierten. Ich entschied mich, einige Anreißer in der Presse zu lancieren und nach Genf zu fahren, um mich zu erholen und meine Kraft für die Show zu sammeln.

Ich hatte Empfehlungsschreiben an eine Menge Presseleute in Paris dabei und kannte weitere persönlich. Eine Geschichte im *Paris Herald* würde bis eine Woche vor der Show ausreichen, so dachte ich.

Daher besuchte ich den Redakteur des *Herald*, um ihm meine Empfehlung zu zeigen und nahm, nur für den Fall, ein weiteres Schreiben an den Freund eines Freundes in der Anzeigenabteilung mit.

Der Redakteur empfing mich. »Ich werde am 4. Juli in Amerika entworfene Kleider im *Les Ambassadeurs* zeigen«, sagte ich und wartete darauf, dass er sich darauf stürzte.

Er war ein großer Herr mit wässrigen blauen Augen. Er wandte sie mir langsam zu. »Was erwarten Sie, was wir damit anfangen?« fragte er mich mit stählerner Stimme.

Ich bezwang meine Überraschung. »In Amerika hielten das die Leute, bevor ich losfuhr, für eine Nachricht«, sagte ich überdeutlich.

Er sagte nicht: »Wir sind nicht im Geschäft, um Nachrichten zu verbreiten.« Er sagte allerdings mit großer Endgültigkeit: »Wir geben eine Zeitung in Paris heraus. Wir haben kein Interesse daran, etwas zu melden, wogegen die französische Couture Einwände haben könnte.«

»Oh«, bemerkte ich, und zog mich hastig zurück, um dem Herrn von der Anzeigenabteilung meine Empfehlung zu präsentieren. Es sind immer die Schreiben, die man fast nicht mitgenommen hätte, die am Ende alles regeln.

Ich platzte bei einem kleinen, jüngeren Amerikaner herein, der seit Jahren in Paris vom *Herald* lebte und weder Leben noch Arbeit allzu ernst nahm.

»Ich weiß natürlich, dass die ganze französische Presse gekauft ist«, erklärte ich, »aber was zum Teufel geht hier vor?«

»Brauchen Sie denn keine Anzeigen?« fragte er, nachdem er mich in die Bar an der Ecke mitgenommen und meinen Kummer mit einem Drink versorgt hatte.

»Naja, ich könnte wegen der Mannequins eine Anzeige aufgeben. Wie viel wird das kosten?«

Ich habe vergessen, was es kostete. Vielleicht 15 Dollar für eine recht große.

»Und nun«, sagte er freundlich, »gehen Sie nach Hause und schreiben Sie Ihre Geschichte und ich werde dafür sorgen, dass sie reinkommt. Schicken Sie die Anzeige mit. Aber finden Sie um Himmels willen einen Blickwinkel, den sie drucken werden.«

Ich ging nach Hause und schrieb eine Anzeige, gerichtet an amerikanische Mädchen, die Kleider zeigen wollen, 4. Juli, Bewerbung Hotel *Plaza Athenée,* 30. Juni. Dann schrieb ich meine Geschichte zusammen. Ich bin ziemlich stolz auf meinen Blickwinkel, daher drucke ich sie unten etwas gekürzt ab, genauso, wie sie damals im *Paris Herald* in der Woche vor der Show erschien.

Miss Hawes zeigt Modelle nach amerikanischem Geschmack

Mit dem Ziel, französischen Damenschneidern zu zeigen, was sich Amerikanerinnen in Bezug auf Kleidung wünschen, wird Miss Elizabeth Hawes, Damenschneiderin aus New York, eine Reihe von in Amerika entworfenen Kleidern am Samstag im *Ambassadeurs*-Club zeigen.

Miss Hawes, die umfassende Erfahrungen im Entwerfen von Kleidern in Paris erworben hat, besitzt nun ihre eigene Firma in New York unter dem Namen *Hawes and Company, Inc.* Die Kleider, die Miss Hawes zur Teezeit und später während des Dinners zeigen wird, stehen in

Frankreich nicht zum Verkauf und Miss Hawes beabsichtigt nicht, in Konkurrenz zu den französischen Couturiers zu treten.

»Ich wurde eingeladen, einige meiner Kleider zu zeigen«, sagte Miss Hawes, »und ich dachte zunächst, das sei eine amüsante Idee. Nach reiflicher Überlegung erkannte ich, dass die französischen Damenschneider, die immer so bemüht sind zu erfahren, wie sich die Frauen in Amerika kleiden, sicher sehr interessiert daran sein würden, einige Entwürfe aus Amerika zu sehen. Es gibt keinen Zweifel, dass die Franzosen eine bessere Vorstellung des wahren Chics haben, als jedes andere Land der Welt.

In Amerika tragen die Frauen vor allem Abwandlungen französischer Stile«, fuhr sie fort, »keine echten französischen Modelle. Für einen französischen Modeschöpfer ist es schwierig zu verstehen, auf welche Art und Weise wir Amerikanerinnen leben. Frauen in Amerika verlangen eine bestimmte Form des Nachmittagskleides und Kleider, die sie abends zuhause tragen, die es in Paris nicht gibt. Der Unterschied zwischen dem französischen und dem amerikanischen Stil ist nicht sehr groß, aber groß genug, um viele französische Entwürfe ungeeignet für die Vereinigten Staaten zu machen. Ich hoffe sehr, dass jeder in Paris mit Interesse, für amerikanische Frauen zu entwerfen, kommen wird und die paar Modelle sehen wird, die ich zeigen werde. Die Kollektion enthält alles von »Frühstück im Bett« bis zum Abendessen in einer Flüsterkneipe, diesem für Amerika so typischen Ort.

Die Franzosen besitzen eine große, langjährige Tradition der Couture, und sobald sie die amerikanische Szene mit ihren ständig wechselnden Strömungen durchdrungen haben, werden sie Kleider herstellen, die dafür gemacht wurden, in den Vereinigten Staaten getragen zu werden.«

Miss Hawes war vormals Designerin für Nicole Groult in Paris. Ihre New Yorker Firma liegt an der Ecke 8. Avenue/56. Straße West.

Ich bestellte rot-weiß-blaue Programmhefte mit den *Hawes*-Kleidern und fuhr nach Genf. Dort verbrachte ich eine Woche unter der Schirmherrschaft des Völkerbundes und vergaß alle Kleiderfragen. Ich kehrte zurück, um die Show auf die Bühne zu bringen. Ich brachte einige Empfehlungsschreiben von Zeitungsleuten aus Genf mit, die das alles sehr lustig fanden, genauso wie ich, als ich in Genf war. Sie informierten ihre Kollegen in Paris, dass dies eine Nachricht sei.

Die Woche vor der Show im *Les Ambassadeurs* wird mir immer als die aufreibendste Woche meines Lebens im Gedächtnis bleiben. Ich schrieb in den Tagen vor und nach der Show einen Brief an *Hawes Inc.*, der alles in genau der chaotischen Form erzählt, in der es passierte. Der Brief ist im Archiv erhalten geblieben und ich drucke ihn hier ab, mit Anmerkungen in Klammern:

Plaza Athenée
25, Avenue Montaigne, Paris
3. Juli (1931)

Liebe unschätzbare Partner...

ich beginne jetzt mit der Geschichte meines Lebens... und wenn sie vorbei ist, werdet Ihr darüber in der Zeitung lesen. Ich bezweifle, dass ich überleben werde, um davon erzählen zu können.

Ehe ich nach Genf abfuhr, hatte ich alles an einem Tag geklärt, wie ich Euch wohl schon geschrieben habe. Willy Morris muss das Lokal gehören... das dachte ich. Ha... das stimmt überhaupt nicht!

Aber falls Euch jemals ein künstlerischer Direktor namens Eddie Lewis über den Weg läuft, erinnert mich daran, dass wir alles ihm verdanken. Und ruft Willy an und sagt ihm, er soll sofort sein Gehalt erhöhen. Nicht weil seine Ideen so heiß sind… sondern weil ich glaube, dass wir es ihm verdanken, dass der Zug nicht entgleist ist. Vielleicht bin ich voreilig. Vielleicht findet die Show morgen gar nicht statt. Ich bin froh, dass ich zwei Anzeigen habe um zu beweisen, dass ich es wirklich vorhatte.

Die Dinge entwickelten sich folgendermaßen seit letztem Montag (dem Tag, an dem ich aus Genf nach Paris zurückkehrte): Ich ging zum Redakteur des *Paris Herald* mit dem Empfehlungsschreiben eines wichtigen Menschen in Genf. Der Redakteur war sehr patzig. Ich vergaß zu erwähnen, dass ich Harold Smith schon getroffen und den Schluss gezogen hatte, dass ich naiv war. Die Pariser Presse, einschließlich ihrer amerikanischen Abteilung, muss gekauft werden.

So ging ich also mit meinem Brief von meinem Kumpel Vischer von *Polo* zum Chef der Anzeigenabteilung, der mich gleich zu Drink und Lunch mitnahm… und ich musste sowieso eine Anzeige wegen der Models aufgeben… daher sagte er, ich soll schreiben, was ich gedruckt haben will, und er wird sehen. Das Beiliegende ist das Ergebnis.

(Das Beiliegende war der Zeitungsausschnitt aus dem *Paris Herald.*)

Nur dass ich mir zusammengereimt hatte, wie schlecht die Dinge standen, bewahrte uns vor dem totalen Misserfolg. Ich glaube, Ihr werdet mir zustimmen, dass ich derzeit fast diplomatisch bin, auch wenn ich am Telefon nicht so erfolgreich bin.

Gut, so bekam ich also nach und nach Mannequins, jedes schlechter als das vorherige. Wenn ich ein Flugzeug hätte chartern können, ich hätte Euch alle eingeflogen. Aber wie auch immer, ich habe jetzt acht, die ganz präsentabel sind… zwei sind göttlich… oder vielleicht drei. Es brauchte Tage und Nächte um sie zu finden. Eine Runde Mitleid bitte!

In der Zwischenzeit (in der Woche vor der Show) verteilte ich meine Briefe und traf mich mit Leuten, endlos. Die AP hat ihre Geschichte schon, mit Bildern. Der *New York Herald* kommt... sie springen nicht auf den 4. Juli an, wie so viele andere!... und sie haben zwei andere Bilder. Wenn wir sowas das nächste Mal machen, weiß ich besser Bescheid. Ich hätte einen ganzen Haufen (Bilder) haben sollen. Dem *Herald* schicke ich auch noch ein paar grobe Skizzen. Glücklicherweise wollten sie sie so roh. (Das bezieht sich auf die Tatsache, dass ich nie eine gute Zeichnerin gewesen bin.)

Ich möchte Euch verständlich machen, dass das Fehlen von Publicity im Vorfeld auf zwei Dinge zurückzuführen ist:

1. Ich wollte nicht mehr als eine Million Dollar ausgeben
2. *Les Ambassadeurs* wollte die Show gar nicht veranstalten

Der Boss, der das anordnete, ist weggefahren. Vielleicht ist das gerade gut. Jetzt würde sie abgesagt werden, wenn er das Gemurre hören könnte... aber niemand hat die Autorität, sie abzusagen. Daher schlottern sie (die Untergebenen, die den Nachtclub führten) vor Angst bei jedem Atemzug, den sie hören, aus Angst, die Pariser Couturiers würden sie dafür zur Hölle schicken.

Sie versuchten es heute ganz geschickt und sagten, wir könnten keine Garderoben bekommen. Eddie und ich werden uns aber darum kümmern. Und die Mädchen, die ich habe, sind wirklich süß. Sie scharten sich um uns und halfen und ich glaube, sie würden sich wenn nötig auch auf der Straße umziehen. Wir dachten schon an Taxis... aber ein leerer Flur ist wohl besser. Mein Gott.

Jetzt seht Ihr, warum ich die Briefe aus Genf verworfen habe, solche schönen Briefe... übers Aufsehen erregen und Berühmtwerden... berühmt vielleicht, aber auch tot.

Vielleicht kann ich der Presse eine Geschichte liefern, wenn ich nach Hause komme. Ihr fragt besser schon jetzt den Botschafter danach. Vielleicht werden die Franzosen nun nie ihre

Schulden bezahlen. Wie auch immer, meine Rechnungen werden einiges beitragen!

Arme Bud (Bud, Mary Robinson, war meine persönliche Assistentin und eine Teilhaberin)... Ich weiß, wie sauer du warst, als du das Telegramm wegen der ganzen Dollars bekamst, aber ein Mädchen kann nicht einfach etwas anfangen und es nicht zu Ende bringen... und Shaler kann vielleicht noch mehr Anteile übernehmen! Ich habe lauter gute Ideen. Paris ist total französisch geworden und wer glaubt, es wäre hier chic, hat keine Ahnung.

Ich weiß, es ist jetzt gerade nicht Saison (für chice Menschen, in Paris zu sein), aber trotzdem. Ich habe eine lustige Entdeckung gemacht, als ich das Einwohnerregister durchblätterte, dass alle chicen französischen Gräfinnen Amerikanerinnen sind. Die, die es nicht sind, hatten amerikanische Mütter. Erzählt das Selma (Selma Robinson, der Pressefrau)... und sagt ihr, ich sehe die Zukunft des Modejournalismus voraus, und wenn sie ein oder mehrere smarte Mädel aufstellen kann – ich verhelfe ihnen zu einem großen Erfolg. Mit ein bisschen Arbeit können wir in ein paar Jahren Paris den Dolch in den Rücken stoßen. Und das wird großartig, denn dann muss ich hier nie, nie weder Kleider zeigen.

Was sonst noch? Ich habe diese Woche nicht geschlafen und ich habe drei neue Hüte von *Agnès,* einer verrückter als der andere. Madame Groult wird natürlich kommen. Ich habe May Wilson Preston und Pierre de Lanoux, den französischen Repräsentanten und Pressesprecher der *League of Nations* – und Groult – an meinem Tisch. Ich muss dazu sagen, dass ich die allerhöflichsten Briefe an alle Couturiers schickte, die mir gefallen! Und keiner von ihnen wird kommen, natürlich. Aber ihre Antworten sind wirklich erheiternd. Schiaparelli würde wirklich kommen – ich kenne sie – aber sie fährt übers Wochenende weg. Patous PR-Mann war höflich, rief mich zweimal an, bevor er mit Patou redete – und meldete sich dann nicht mehr. Madeleine Vionnet schickt mir die besten Wünsche für den Erfolg und bedauert, dass sie gerade Modelle herstellt und nicht kommen kann – natürlich. Aber ihr Brief war der netteste. Einige haben gar nicht geantwortet. Worth sagte, er werde kommen, aber ich nehme nicht an, dass er wirklich kommt. Main Bocher, dem ich meinen ersten Designjob verdanke, bedauerte kurz angebunden. Sie sind alle wirklich ungeheuer beschäftigt. (Es war kurz vor den Shows der Sommersaison). Ich wünschte, ich könnte glauben, dass sie Angst haben.

Ich glaube, ich habe ungefähr hundert Menschen zum Tee gebeten (persönliche Einladungen), so werden wohl fünfzig kommen – und ich werde wohl nur wie im Nebel an ihnen vorbeigehen. Wenn ich daran denke, dass ich in New York wirklich nervös war! Das hier ist ein guter Trainingsplatz.

Wenn Ihr sagt, möge Gott mit Dir sein (das hatte die Firma mir am Tag zuvor telegrafiert), wusstet Ihr nicht mal annähernd, wie sehr ich ihn an meiner Seite brauche. Ich plaudere gerade aus dem größten Appartement im *Hotel Plaza* – zum Minimalpreis für das kleinste Zimmer. Ich habe zwei Schlafzimmer, zwei Bäder, aber nur einen Salon. Zweifellos werde ich die Kleider versetzen müssen, um hier rauszukommen. Ich könnte zuhause sein...

Aber was mich bei der Show am meisten kostet, sind vor allem die Mannequins – der Tee wird teurer sein, als ich mir vorstellen kann, Anzeigen und Druckkosten und Trinkgelder, Ihr Lieben, Trinkgelder! Ich denke manchmal, es muss doch billiger sein, in New York zu leben. Hier gibt es nur glatte Preise.

Mir scheint, Bendelarie ist noch nicht rübergekommen. Ich glaube, sie wird ganz schön sauer sein, wenn ich viel öffentliche Aufmerksamkeit aus all dem ziehe.

Hört mal, ich werde in der dritten Klasse zurückfahren müssen, obwohl mir bei der Hinfahrt schon ganz schlecht war. Wenn Ihr das also für eine sehr schlechte Idee haltet, telegrafiert mir und ich würde ein Geschenk der Firma akzeptieren.

(Ich zahlte meine Reisekosten von meinem Gehalt.)

Ich mache mir damit Mut, indem ich an die Kosten einer Anzeige im *New Yorker* denke! Ich glaube die erste Klasse würde nur 125 Dollar kosten... und wenn ich nicht das Zimmer in dem verdammten schicken Hotel genommen hätte... aber nein. Nur die *Chasseurs* (Hotelboys) haben mich am Leben erhalten. Sie wünschten, ich würde immer da leben. (Ich musste so oft Trinkgeld geben.) Das Management findet mich ein bisschen zu kommerziell... weil sie übers Ohr gehauen werden.

Wenn ich anlande – ich glaube, ich kann es mit allem aufnehmen, daher ziehe ich es am Besten durch und bleibe beim Zoll hängen. (Die Pressefrau hatte überlegt, ich könnte mit den Kleidern beim Zoll aufgehalten werden, weil die offiziellen Stellen denken könnten, sie seien aus Frankreich. Die Idee wurde aufgegeben, obwohl es zu einer Menge Berichterstattung geführt hätte, wenn ich bewiesen hätte, dass meine Kleider in Amerika hergestellt worden waren.)

Wenn ihr denkt, dass es sich nicht lohnt, lasst es mich wissen – und meinen Vater. Er hat einen Typen, der mich hindurchbringen kann, wie ihr wisst. Und vielleicht gibt mir Johnny McClain (Schiffsreporter) eine Chance in der Presse, wenn ich anlege. Aber wenn er das vorhat, sagt mir Bescheid, ob ich in die erste Klasse schlüpfen muss, um ihn zu treffen und ihm ein Rendezvous in der Bar oder sowas zu gewähren. Überlegt Euch einfach, was ich tun soll, wenn ich ankomme, und telegrafiert oder schreibt mir, wenn Zeit ist. Ich sage euch Bescheid, wann ich abfahre. Ich habe von meinem Lieblingsparis gerade so die Nase voll, ich will es nie wieder sehen.

Oh, und zu dem Film. Richard de Rochemont ist ein Schatz.

(De Rochemont war Shalers Cousin und, so weit ich weiß, der Chef der Fox-Wochenschau in Paris. Ich hatte ein Empfehlungsschreiben für ihn, wie ich wohl nicht extra betonen muss.) Aber sie wollen es wirklich, also musste er keine Strippen ziehen. Heute regnete es, so konnten wir heute nicht aufnehmen, aber wir machen es am nächsten Donnerstag, vormittags um 10, für Frankreich und Amerika. Wir müssen uns gleich an die Arbeit machen, so dass sie den Film nicht schneiden, wenn er ankommt. Ich spreche mit De Rochemont darüber, wen ich treffen soll. Der Franzose (in der Fox-Wochenschau) ist ein Witzbold. Der glaubt, Mannequins wären nur gut, wenn sie ausgefallen sind. Ich werde vielleicht ein paar neue für Fox besorgen müssen. Eine verdammte Sache nach der anderen. Ich – mein Glück ist phänomenal – und wir werden vielleicht eine Million Dollar verdienen, wenn Ihr nur endlich zu gerissenen Geschäftsfrauen werdet. Um Himmels willen, lasst nur nie wieder jemanden einen PR-Knüller planen, der von einer allein organisiert werden muss.

Ich werde den Brief übermorgen beenden, wenn ich den Verstand verloren habe – oder auch nicht.

6. Juli

Zuallererst: Sie wiesen am Nachmittag Dutzende von Leuten ab. Es gab beim Tee nicht genügend Häppchen zum Herumreichen. Das Lokal war absolut überfüllt.

Das Publikum war eine sehr gute Mischung aus Gesellschaft und Presse und neugierigen Amerikanerinnen. Meine Mannequins waren einfach großartig. Alles lief perfekt, ohne Stocken. Sie riefen mich zum Schluss heraus. Ich sah gut aus.

Die Mädchen kümmerten sich einfach nicht um das ganze Theater mit den Garderoben und allem, als ob der Ruf unseres großen Landes davon abhängen würde. Ich lege den einen französischen Artikel bei, den ich durch mein Drängeln herausholen konnte.

(Pierre de Lanoux brachte Jean Prévost mit. Ich habe eine Übersetzung des Stücks unten angefügt. Der Grund, warum mein Name nicht erwähnt wird ist, dass er das nicht schreiben durfte, ohne dass ich die Zeitung dafür bezahle.)

Die Botschafterinnen der Anmut. Mode aus Amerika

Gestern zeigte eine amerikanische Couturière in Paris ihre Kollektion für die kommende Saison. Obwohl die Idee gewagt erscheint, lagen weder Unverschämtheit noch Überheblichkeit in dieser Kühnheit. Die junge Couturière selbst zitterte, und die Nummern in den Händen der Mannequins zitterten ebenfalls.

Auch wenn die Entwürfe zu einem großen Teil von Europa inspiriert sind und mehr als ein Modell einen französischen Namen trägt, hat die Kollektion trotzdem einen ausgeprägten eigenen Charakter. Es ist etwas in diesen Kreationen, das fast zu intelligent, zu gewollt ist. Jede Absicht ist leicht erkenbar.

Jedoch kein schlechter Geschmack! Wenn einen auch das transparente Negligée fürs Frühstück im Bett ein wenig an die keuschen Provokationen amerikanischer Filme erinnert, ein Autofahrermantel aus Velours mit sehr einfachem Revers hat nichts Extremeres an sich als einen sehr schönen Schnitt und er erzeugt, man weiß kaum, warum, den Eindruck eines Kostüms aus dem 15. Jahrhundert. Das Hauptinteresse von *Madame Shops,* Madame kauft ein, liegt bei einem doppelreihigen Pelzkragen auf der Vorderseite des Mantels, wie eine Fechterweste, der durch seinen lebendigen und fast wilden Charme die Korrektheit des gesamten Ensembles betont.

Das Kleid für den Sonntagabend, eines der auffälligsten, verdankt seinen ganzen Charme den parallelen Streifen, die, da das Kleid sehr eng anliegt, den Umriss der Hüften akzentuieren, so wie lange, abschattierte Federstriche bei einer schönen italienischen Zeichnung.

Die meisten Überlegungen und wenigen Exzentrizitäten, die diese junge amerikanische Couturière einsetzt, werden auf die Rückseiten der Kleider konzentriert. Daher wurde für das Modell *Dinner, no theatre* (Dinner, kein Theater) ein offener Smokingwesteneffekt mit Aufschlägen in Lachsrosa für das Design des tief ausgeschnittenen Rückens genutzt.

Ein anderes Kleid mit dem Titel *Debutante* (in anglisiertem Französisch, eine Anspielung auf den Londoner Hof), besitzt eine Art ungewöhnliche kleine Weste, die die Taille umschließt und im Rücken geknöpft wird. Sie erinnert uns an die berühmte Herrenweste aus der Zeit Saint-Simons, die ebenfalls auf der Rückseite geknöpft wurde, um die brüderliche Hilfe zu symbolisieren, die ein Mann dem anderen schuldig war.

Ihre Titel in Betracht ziehend, erwarte ich Wunder von den letzten Nummern: *Par dela le bien et le mal* (Jenseits von Gut und Böse) und *Speakeasy* (Flüsterkneipe). Das farbige Kleid *Coq de roche* (Hahnenkamm) ist vorne halb anliegend geschnitten, mit lockeren, schweren Drapierungen im Rücken, die an die Schwingen des verfluchten Erzengels denken lassen.

Das ist das Amerika des nächsten Herbstes, aber das Amerika von gestern und heute umtanzt uns immer noch. Ein Amerikaner in gegürteter Jacke, der dem berühmten Mr. Taft ähnelt, tanzt mit einer stämmigen, befederten Dame in der Mode von 1900. Ein Schwarzer wirft sich hinein mit seinen zwei klappernden Rasseln, um den Rhythmus eines kubanischen Tanzes anzustimmen. Stattliche argentinische Sänger intonieren mit triumphierender Stimme: »Morir quisaz de desesperanca« (Vielleicht aus Verzweiflung sterben). Hier, im Tanz wie in der Mode, ist der amerikanische Stil ganz Antithese.

Jean Prévost

(Zurück zu meinem Brief)

Ich hatte mehrere Angebote (von französischen Zeitungen) für 1000 Franc pro Bericht, die ich ablehnte. Hier ist eine Liste der Pressevertreter, von denen ich weiß, dass sie da waren: Sagt Selma, falls sie britische Zeitungsausschnitte bekommt, sie soll sie ordnen:

Ruby Baxter *Daily Telegraph*
Christine Diemer *Variety* – sie bekommt heute Nachmittag eine Spezialgeschichte
Mr. Dalman *Havana Paper*
Elene Foster *Spur, Christian Science Monitor*
Rosette Hargrave *N.E.A.* Sie machte eine Menge Fotos, einschließlich einem von mir, lasst Selma mit Blanchard überprüfen, wann sie rüberkommen und versucht, einen Satz Bilder zu bekommen
Adelaide Kerr *AP* – sie hat eine lange Geschichte und Bilder
Bee Mathieu *New Yorker*
Constance Miller *Ladies' Home Journal*
Dora Miller *New York Herald Tribune* hat Bilder und Skizzen
Perkins... Fairchilds... verspricht auch ein Telegramm zu schicken, wenn ich abfahre
Dorothy Stote *Phil. Pub. Ledger*
Baron Wrangle... *Hearst* – sehr beeindruckt
Meg Villarstext... *Graphic*

Das sind die einzigen, bei denen ich sicher bin, dass sie da waren... aber das liefert uns zwei große Agenturmeldungen (AP und N.E.A.) und ein paar kleine Berichte, nehme ich an. Alle hielten es für einen wirklich sehr großen Erfolg. Ich bin so ärgerlich, dass ihr Ruf hier davon abhängt, mit den französischen Couturiers auf gutem Fuß zu stehen – daher nehme ich nicht an, dass sie über die Unabhängigkeit der amerikanischen Couture allzu sehr jubeln werden.

Eine Frau rief gerade an, um mir zu gratulieren – eine, die ich mal kannte – ich weiß nicht, was in New York passieren wird... aber in Paris bin ich berühmt, jawohl!

Ich wünschte, Ihr wärt alle hier – nicht nur, um zu helfen – auch um dabeizusein. Ich fange an, mich selbst für einigermaßen kompetent zu halten, da ich das durchgezogen habe. Größte Anerkennung für das Arrangieren der ganzen Sache, einschließlich der Filme, geht an an Dich, Miss Eleanor Shaler.

Letztendlich habe ich meine Rechnungen noch nicht, aber ich denke, die Kosten einer Anzeige im *New Yorker* würden das gut abdecken... und das ist ja ganz schön großartig. Ich wünschte, ich hätte das für wirklich nichts durchführen können... aber der Tee für so viele Leute... und acht Mannequins... um keine Stockungen zu haben.

Am Abend kam eine Menge sehr bedeutende Menschen. Ihr könnt in *Town and Country* lesen, wer, wenn das Heft herauskommt. Ich denke, das hat sich alles sehr gelohnt... abgesehen davon, dass ich in einen solchen Zustand der Erschöpfung geraten bin, ich habe mich noch nicht entspannt.

Ich habe eine Idee für nächstes Frühjahr... Wir werden eine Gruppe von Mannequins zu den Pferderennen schicken... wurde in den USA noch nicht gemacht... gute kleidertechnische Werbung. Wird eine prima Geschichte ergeben, wenn wir es richtig anlegen. (Die Kaufhäuser kamen mir mit diesem schlauen Gedanken zuvor.)

Ich kann es nicht abwarten zu sehen, was in New York aufploppt! Aber ich muss. Es ist schon eine Menge wert, das Zeug in *Town and Country* zu bekommen. Ich hoffe Ihr seid beide (Bud und Miss Shaler, meine zwei Teilhaberinnen) zufrieden mit mir. Sobald ich nach Hause komme werde ich es auch ertragen zu erfahren, falls Ihr es nicht seid.

Sorgt dafür, dass ihr Willy Morris von Eddie Lewis erzählt... und von Noble Sissle, dem Orchesterleiter, einer dieser Gottgesandten. Er hat eine dunkle Hautfarbe und sagte, er würde seine Frau zu uns schicken, um sich einzukleiden. Einfach nur drei Amerikaner, die einander halfen... Lewis, Sissle und ich. Eine schöne Gruppe gaben wir ab. (Jedes Mal, wenn etwas schiefging, keine Garderoben, keine Probe, dann nahmen mich die beiden Herren bei der Hand, setzten mich an einen Tisch und sagten: »Wir sind Amerikaner. Wir bringen Sie durch!«)

Madame Groult kam... Komplimente. Molyneux' PR-Frau war verblüfft von der Großartigkeit des Ganzen.

Natürlich kam keiner der Couturiers, aber ich habe einen schönen Stapel ihrer Briefe… Vielleicht hat Selma eine gute Idee, was man damit anfangen kann.

Eine andere Sache ist… sagt Selma, sie soll eine Liste der Geschichten machen, die ich ihr schreiben soll… und ich werde mich sehr bemühen, falls ich Radio oder etwas anderes Öffentliches machen muss, es zu September zu schaffen, ich brauche etwas Ruhe für die Kollektion. Das blaue Kleid ist lausig… schlechte Farbe… ich habe es nicht gezeigt.

Das pinke und braune ist göttlich… wie auch das schwarzgestreifte aus Chiffon… gratuliere, Bud. (Sie entwarf das Kleid.) Die Cordsachen sind großartig, finde ich. Das pflaumenblaue Kostüm ganz leidlich. Daran hätte ich bei der Herstellung noch etwas machen können, wäre ich dabei gewesen. Aber wie auch immer… mir gefällt die eine Sache, die der *Herald* über die Kleider schrieb, dass sie einfach sind. Und mir gefällt, dass der *Intransigeant* sagt »guter Geschmack… klassisch«… und nebenbei, ich habe mit Sicherheit nicht gezittert, wie Monsieur Prévost zufolge. Ich war nur etwas wütend, denn sie hatten einiges bei meinen Tischen und Gästen durcheinandergebracht… natürlich.

Ich denke irgendeine New Yorker Zeitung könnte ganz erfreut sein, eine Übersetzung der *Intran*-Geschichte zu drucken. Sie kam am 5. Juli… und ist noch nicht verkauft. Seitdem ich angefangen hatte, dies hier zu schreiben, habe ich einige Bilder der Show gesehen, und eines wird in *Paris Midi* abgedruckt werden.

Eure erschöpfte… aber sie sagen, es war ein Erfolg, also was macht es,

Lisa

Ich zitterte zweifelsohne mit etwas mehr als Wut an dem historischen Nachmittag, dem 4. Juli 1931. Die Mädchen zogen sich schließlich auf einer Empore mit Blick auf den Hauptsaal um, auf der acht Beleuchter arbeiteten. Das wird bedeutsamer, wenn man weiß, dass das französische Mannequin normalerweise eine Frau ist die von einem Mann ausgehalten wird, und die von niemandem besonderen Respekt erfährt. Meine Mannequins waren alle nette amerikanische Mädchen, die die Kleider aus Herzensgüte zeigten.

Eines wusste ich, bevor die Show anfing: Dass die Models aushalten müssten, von jedem vorbeilaufenden Kellner in den Hintern gekniffen zu werden, und außerdem eine ganze Menge unbekümmerte, aber ziemlich vulgäre Scherze von den Beleuchtern zu hören. Ich rechnete damit, dass einzelne Mannequins einen spitzen Schrei ausstoßen und fliehen würden, bevor sie überhaupt im Saal erschienen.

Ich wusste auch, dass das Management nicht fähig gewesen war, Zeit für eine Probe einzuräumen. Bevor die Show begann, schaute ich die lange, sehr lange, glänzende Tanzfläche entlang. Die Tische standen zehn pro Reihe an den Seiten, waren gedrängt voll mit Leuten, die plauderten, sich unterhielten. Ich war nicht erfreut.

Weit weg am Ende dieser langen Tanzfläche sah ich nur acht oder zehn sehr flache, abschüssige, polierte Stufen, die hoch auf die Bühne führten, wo Noble Sissle und sein Orchester spielten. Diese Stufen mussten meine tapferen Models hinunter gehen, langsam, graziös – und ungeprobt.

Langsam, endlich, kamen sie. Noble Sissle machte sein Versprechen wahr und stimmte seine Musik auf ihren ungeprobten Rhythmus ab. Hinunter kam mein unschuldiges braunes Cordkostüm mit dem Rollkragenpullover aus Angora. Vorbei kam *Madame shops,* das pflaumenfarbene Kostüm, dem ich noch etwas hinzugefügt hätte, wäre ich bei der Herstellung zuhause gewesen.

Lydia Pinkham, die Frühstück-im-Bett-Nummer, eine rote Flanelljacke mit einem von einem gerüschten Petticoat verborgenen Batist-Rüschenhöschen, verursachte beim Publikum ein herzhaftes Lachen. Ich fühlte mich besser.

Die Kleider waren im Ganzen zu einfach, zu undramatisch, um in einem Nachtclub gezeigt zu werden. Es gab von Zeit zu Zeit einige Buhs und Pfiffe, beantwortet von Jubelrufen einer patriotischen Amerikanerin, die zu Besuch war.

Ich hatte keine zobelbesetzten Stolen, die die Models hinter sich herziehen konnten. Keinen glitzernden Lamé, um die Augen des Publikums zu blenden. Dafür gab es *Picasso,* mein erstes Kleid in drei Farben, rot, weiß und blau, schlank geschnitten, geradlinig dem Körper folgend. Niemand schenkte ihm besondere Aufmerksamkeit, glaube ich. Es war in den nächsten drei Jahren in New York einer meiner Abendkleid-Bestseller.

Jean Prévost sah *Liebestraum,* das Kleid für den Sonntagabend, mit seinen parallelen Streifen aus einfachem und doppelt genommenem Chiffon, das sich um die Hüften des Models schmiegte. »Eines der herausragendsten« dachte er, und das dachten auch Hawes-Kundinnen während der nächsten zwei Jahre.

Das letzte Model machte die letzte, ungeprobte Drehung im zwanzigsten und letzten Kleid. Es dauerte alles in allem zwanzig Minuten. Das Publikum klatschte, freundlich, herzlich. Ich verbeugte mich. Ich sagte »Danke. Wie schön, dass Sie gekommen sind. Danke, es war ein Vergnügen. Danke, ja, heute Abend zeigen wir es noch einmal.«

Heute Abend, für ein kleineres und ausgewählteres Publikum von festlich gekleideten Nachtclubbesuchern.

Weltgewandter waren sie, weniger gut unterhalten, und höflicher. Danke und Danke und Gute Nacht. »Ich weiß nicht, was in New York passieren wird, aber in Paris bin ich berühmt, jawohl.«

Am Morgen danach war ich weniger glücklich. »Niemand hat die Kleider wirklich gesehen«, dachte ich. »Ich habe wirklich nicht viele Berichte in der Presse bekommen.« Ich seufzte. In meinem Bemühen, den Instinkten der Selbsterhaltung treu zu bleiben, hatte ich mich nicht besonders um Kontakt zu Nachrichtenreportern bemüht. Ohnehin hatte ich ja nicht versucht, einen internationalen Skandal zu erzeugen. Hatte ich es richtig gemacht, hatte ich es falsch gemacht, hatte ich nichts gemacht? Ich schlief 24 Stunden.

Die Filmaufnahmen schossen den Vogel ab. De Rochemont wollte sie am folgenden Dienstag außerhalb von Paris machen, weil er am Rand der Champs Elysées keine anderen Geräusche als Autohupen aufnehmen konnte. Einige der Mannequins hatten genug und weigerten sich, weiterhin dabeizusein. Ich sammelte einige neue zusammen, einschließlich eines rothaarigen französischen Mädchens, das der Vater eines Freundes zu der Show mitgenommen hatte. Wir fuhren in einen Garten in den Vororten von Paris und verbrachten Stunden um Stunden damit, die Models Töne hervorbringen zu lassen. Die meisten dieser Stunden wurden damit verbracht, dem rothaarigen Mädchen aus Marseille beizubringen, den Satz »Ich bin aus Brooklyn« mit dem richtigen Akzent zu sagen.

Als es vorbei war und ihnen das Filmmaterial ausgegangen war, fragte ich De Rochemont, ob ich eine Kopie sehen könnte, bevor ich Paris verlasse. Er sah etwas verlegen drein. »Oh, wir werden den Film in Frankreich gar nicht herausbringen«, sagte er. »Wir schicken das Material nur nach Amerika rüber, damit es entwickelt wird.«

Meine erste Welle anti-französischer Gefühle überrollte mich. Ich bekam Rheuma im Nacken und einen schlimmen Anfall von Heuschnupfen. Ich traute mich kaum nach Hause, denn ich hatte erwartet, die ganze Show ohne Kosten für mich zu machen, und jetzt hatte es mich ganze 300 Dollar gekostet. Ich könnte heulen, wenn ich heute daran denke. Aber man bekommt einen sehr guten Eindruck davon, mit was für einem geringen Kapital eine gewisse amerikanische Designerin zur Berühmtheit aufstieg. In jenem Moment beschäftigte mich aber viel mehr als alles andere, was für eine schlechte Arbeit ich meinem Eindruck nach geleistet hatte. Ich war mir sicher, dass meine Presseagentin Selma Robinson und Shaler in New York beisammensaßen und sich einig waren, dass eine weitere Anzeige im *New Yorker* mehr wert gewesen wäre als sechs derartige Reisen nach Paris. Die Erschöpfung hatte mich zu einem Punkt jenseits aller Rationalität geführt.

Ich kehrte auf der *Berengaria* nach New York zurück und Selma kam mit den Schiffsreportern in den Quarantänebereich. Sie war ihnen gegenüber sehr munter und freundschaftlich. Ich wurde auf das oberste Deck begleitet und es wurden Fotos von mir gemacht. Dann luden wir die Reporter in meine Kabine auf einen Drink ein. Für die Reporter in der Prohibitionszeit Whisky mitzubringen war Routine, das entging nicht einmal einer Novizin wie mir. Auf dem Weg nach unten in die Kabine fragte mich Selma, warum ich nicht mehr Berichterstattung in der Presse erreicht hatte. In dem Moment hätte es mich gefreut, sie über Bord zu werfen. »Ich habe eine Geschichte bei AP und eine bei N.E.A. und *Variety*, und noch ein paar verstreute«, sagte ich, »und *Town and Country*.«

»Ich habe keine davon gesehen«, murmelte sie düster, »aber auf jeden Fall war gestern eine Notiz in Walter Winchells Kolumne, die besagte, ›Die Schiffsreporter halten nach Elizabeth Hawes Ausschau.‹«

Und sie rauschten in meine Kabine, um nach mir auszuschauen. Sie fragten: »Worum geht es hier eigentlich?«

Ich sagte: »Ich habe meine eigenen, in Amerika entworfenen Kleider in Paris gezeigt.« Sie sagten: »Also bitte. Da ist doch mehr dahinter.« Ich fragte ständig, ob das denn nicht genug sei. Schließlich hatte ich in meinem ganzen Leben noch nie etwas so Schwieriges unternommen. Wäre ich Französin gewesen und nach Amerika gekommen, um die US-Stahlproduktion zu untergraben, mein Empfang hätte nicht kälter ausfallen können. Sie tranken eine Menge Scotch, entspannten sich und unterstellten, dass ich den Prinzen von Wales geheiratet hätte und ihnen das nur verschwiege.

Jedenfalls hatten sie alle Bilder und gaben ihre eigene kurze Version meiner Geschichte zum Besten, sehr kurze Versionen, aber die Bilder mit ihren Bildunterschriften, von der konservativen *New York Times* mit ihrem »zeigt US-Kleider in Paris« bis zur *Daily News* mit etwas über »Das Gegenteil von Englisch« bis hin zu Mr. Hearsts »Sie wurde aus Frankreich ausgewiesen« gingen über den Ticker und da war ich nun – von allgemeinem Interesse.

Obwohl es für den *Paris Herald* keine Nachricht war, obwohl so viele Modereporter in Paris angestellt sind, um einzig nur über französische Kleider zu berichten, trotz dieser schrecklichen Woche, in der ich von Ort zu Ort eilte und versuchte, alles alleine zu schaffen: Die Vereinigten Staaten wurden von der Tatsache in Kenntnis gesetzt, dass ein amerikanisches Mädchen namens Hawes amerikanische Designs in Paris gezeigt hatte. Sie waren selbstverständlich aufgrund von Pressearbeit in Kenntnis gesetzt worden. Die Schiffsreporter setzten mich auf die Agenda.

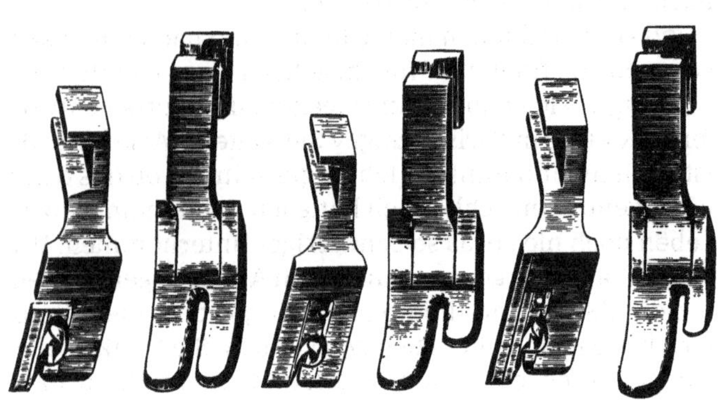

14 Vielleicht Roboter

Unglücklicherweise war ich es – und nicht meine Kleider – die öffentliche Aufmerksamkeit bekam. Und was schlimmer war, ich wurde maßlos selbstverliebt, nachdem mein Bild in allen diesen Zeitungen erschienen war.

Meine Nervosität in Bezug auf PR-Menschen stammt aus dieser Zeit. Obwohl ich seitdem eine ganze Menge mehr über die Art und Weise, die Mittel und die Ergebnisse von Werbung, Anzeigen und Reklame für Menschen und Dinge im Allgemeinen gelernt habe, habe ich vor Presseleuten immer noch Bammel.

Das liegt daran, dass sie dich in einem Maß auf dich selbst konzentriert halten, dass du ziemlich schnell die ganze Legende selbst glaubst, die sie aufbauen.

Im September, nach der Show in Paris und dem daraus resultierenden Ruhm, hatte ich glücklicherweise einen ordentlichen Anfall von Hysterie in der Nacht, nachdem ich die neuen Herbstkleider gezeigt hatte, und gewann die richtige Perspektive wieder. Ich brach regelmäßig zweimal im Jahr beim Abschluss jeder Kollektion in Tränen aus. Denn wenn ich sie zeigte, sagte jeder: »Das ist die beste Kollektion, die du jemals gemacht hast.«

Ich wusste immer, dass einiges gut war, einiges schlecht und immer schien es so, als wolle sich nie jemand die Mühe machen, sie von einem grundlegenden Standpunkt aus zu kritisieren. Schließlich wurde mir klar, dass die »Kunst« des Kleiderentwerfens in Amerika zu kommerziell ist, um Kritiker aus theoretischer Perspektive anzuziehen. Der amerikanische Modedesigner, oder das Geschäft, das Kleider verkauft, kann nur auf Werbung oder Reklame zurückgreifen, um die Öffentlichkeit über Neues zu informieren.

Jedem in Amerika ist recht klar, was das Wort Werbung bedeutet. Für eine bestimmte Summe Geldes kaufe ich – oder jeder, der ein Produkt zum Kauf anbietet – einen Platz in einer Zeitung oder einer Zeitschrift, die mutmaßlich von Menschen gelesen werden, die haben möchten, was ich verkaufe. An dieser Stelle habe ich, der Inserent, theoretisch das Recht, alle Bilder oder Texte über mein Produkt drucken zu lassen, die ich möchte.

Die Zeitung oder das Magazin behält sich das Recht vor, jede Anzeige zurückzuweisen, die sie für sachlich falsch hält. Sie behält sich außerdem das Recht vor, den Inserenten zu überzeugen, keine Nachricht zu drucken, die einen anderen Inserenten zum Lügner macht.

Sofern es um Werbung für Mode geht – sie ist nicht schlimmer als irgendeine andere Werbung, was die für die Beschreibung der gezeigten Kleidung verwendeten Texte angeht. Zu behaupten, heftigste Übertreibung und rhetorische Effekthascherei seien die Grundregel in Reklametexten, wäre noch milde ausgedrückt.

Im Großen und Ganzen weiß die Öffentlichkeit, dass die super-glamourösen, hyper-chicen, unkontrollierbar üppigen Worte Quatsch sind.

Aber wenn es um die Illustrationen geht, dann bieten Modeanzeigen die große Chance, zehn Yards Material in einen Rock zu zeichnen, wenn es in Wirklichkeit nur drei sind, oder die Breite eines Pelzkragens zu verdoppeln. Mit dem Endergebnis, dass eine Dame, die hereinkommt, um den Mantel aus der Anzeige zu kaufen, erkennt, dass die Illustration durch die rosarote Brille gezeichnet wurde.

Sie kann sich immer gegen den Kauf entscheiden und hat nur etwas, vielleicht wertvolle, Zeit verloren.

Wenn man sich mit Modeanzeigen näher befasst, dann müsste man zugleich das ganze Anzeigengeschäft in Frage stellen. Früher oder später wird die amerikanische Öffentlichkeit übersättigt sein und rebellieren. Ich möchte vielmehr über eine spezielle Angelegenheit, über Mode-PR reden. PR, Public Relations, meint hier die redaktionelle Erwähnung auf den Seiten einer Zeitung oder einer Zeitschrift, für die man nicht direkt bezahlt, oder für die man gar nicht bezahlt.

PR, für die man gar nicht bezahlt, beruht darauf, dass das Thema einen echten Nachrichtenwert haben muss. Die Zeitungs- oder Magazinredakteure, vollkommen davon überzeugt, dass die Öffentlichkeit bestimmte Fakten wissen möchte, drucken die Fakten.

Je länger ich lebe, desto besser begreife ich, dass es in der Welt von Stil und Mode verhältnismäßig wenig echte Nachrichten gibt. Was für den Modereporter in Paris gilt, gilt genauso für den Modereporter in New York. Eine tägliche Kolumne mit redlichen Modenachrichten zu füllen, ist ein einziger langer Kampf. Dem Zeitungsreporter im Moderessort sollte erlaubt sein, zwei Drittel der Zeit über alle anderen Themen außer Kleidung zu schreiben.

Die Redakteure der meisten Zeitungen glauben – da sie täglich so eine große Menge Anzeigen aus dem Modebereich haben – sie müssten tägliche Modekolumnen unterhalten. Wenn diese Kolumnen die Namen spezifischer Designer oder Geschäfte erwähnen, beginnt eine enorme Rivalität zwischen verschiedenen Anzeigenkunden.

Wenn *Lord and Taylor* und *R. H. Macy* die gleiche Anzahl an Anzeigenzeilen pro Woche buchen, glauben beide Geschäfte, dass sie die gleiche Menge redaktioneller Erwähnungen verlangen können. Um das zu bewältigen, müsste die Modekolumnistin jede Woche mathematische Berechnungen anstellen und ihren Platz im direkten Verhältnis zu den Anzeigenkunden ihrer Zeitung aufteilen.

Offensichtlich liefern *Lord and Taylor* und *R. H. Macy* nicht notwendigerweise die gleiche Menge an Modenachrichten in der Woche oder im Monat. Der Modekolumnistin muss beim Schreiben ihrer Kolumne etwas Freiheit erlaubt werden.

Die Zeitungen in New York entwickelten die einheitliche Politik, gar keine amerikanischen Namen in ihren Modekolumnen zu erwähnen. Sie verwenden häufig einen kleinen Kasten und empfehlen dem Publikum, per Post zu erfragen, wo die erwähnten Artikel oder Kleidungsstücke gekauft werden können. Manchmal schreiben sie einfach über bestimmte Kleider oder drucken davon Bilder als eine allgemeine Nachricht, ohne Identifizierungsmöglichkeit der Quelle. Die Zeitung schützt sich damit vor den Eifersüchteleien im Wettbewerb ihrer Inserenten und erlaubt es so zugleich der Autorin im Moderessort, über Nicht-Inserenten zu sprechen.

Als ich 1929 in New York zu arbeiten begann, verfolgten praktisch alle Blätter diese Linie sehr streng, mit Ausnahme der Publikationen von *Hearst.* Es war für die Mehrheit der Modeautorinnen buchstäblich unmöglich, meinen

Namen zu erwähnen, selbst wenn sie die Kleidung von *Hawes* mochten.

Die Tatsache, dass ich alles, was ich verkaufte, selbst entwarf, löste das Problem nicht. Es gab, wenn überhaupt, wenige Modeschöpfer mit eigenen Geschäften, und sie mit Namen zu erwähnen wurde als kostenlose Werbung betrachtet. Die Namen aller französischen Designer wurden immer erwähnt. Obwohl ihre Kleider in den meisten Läden hier verkauft wurden, galt der französische Modeschöpfer nicht offiziell als potentieller Anzeigenkunde.

Die Praxis, in New York arbeitende Designer nicht mit Namen zu nennen, hat in den letzten zehn Jahren langsam nachgelassen. 1937 waren alle New Yorker Zeitungen mit Ausnahme der *New York Times* und der *Herald Tribune* bis zu einem gewissen Grad eingeknickt. Das *World Telegram* zum Beispiel würde 1937 zwar den Namen eines Designers nicht unter eine Zeichnung oder eine Fotografie drucken, aber die Modekolumnistin könnte in ihrer angrenzenden Kolumne Namen nennen.

Der Fall der *New York Times* ist ärgerlicher. Ihre Redaktion zieht diese Politik zwar öffentlich eisern durch, machte jedoch bei einer bestimmten Gelegenheit im Zusammenhang mit Mrs. Franklin D. Roosevelt eine Ausnahme: Im Bildteil der *Times* prangte eines Sonntags ein Ganzkörperfoto der Dame in einem Kleid von Sally Milgrim. Ich glaube es war Mrs. Roosevelts Kleid des Amtseinführungsballs oder etwas von gleichermaßen historischer Bedeutung. Die Namensnennung von Milgrim war nichts weniger als kränkend für diejenigen von uns, die über Jahre ungenannt geblieben waren, während sie Damen von gleicher Wichtigkeit eingekleidet hatten.

Das Bildressort der *Times* druckt – wie viele andere Bildressorts in New York – Seiten, die ganz den Fotografien der neuen französischen Modeentwürfe der Saison gewidmet sind. Die Schöpfungen von Molyneux, Lelong, Patou, Lanvin und anderen werden der Öffentlichkeit stolz gezeigt, mit den Namen der jeweiligen Designer am Bild.

Eine andere Woche, und der Bildteil erscheint mit der Schlagzeile: Kleider aus Amerika. Es gibt Seiten mit Kleidern, Mänteln und Kostümen. Die Stoffe werden beschrieben, die Farben und die Linien des Schnitts. »Unsere eigenen amerikanischen Entwürfe«... von wem? Nun, von Amerikanern. Wer sind sie? Wie lauten ihre Namen?

Schon gut, dies ist »in Amerika entworfene Kleidung«, juchee! – von vollkommen namenlosen Menschen, vielleicht von Robotern.

Modejournalisten bei den Agenturen, die für Blätter außerhalb New Yorks schreiben, können Namen nennen und nennen sie auch. Eine ganze Menge Leute im Hinterland, wo es keine *Hawes*-Designs gab, wussten, dass ich in New York arbeitete, bevor die Einheimischen davon in Kenntnis gesetzt wurden.

Die Misere von Elizabeth Hawes von 1929 bis heute bei dem Versuch, als Designerin bekannt zu werden, ist die Misere aller Designer in Amerika und besonders in New York. Hollywood baute seine Modeschöpfer zusammen mit den anderen Stars auf. Chicago organisierte im Sommer 1937 eine Modenschau mit in Chicago entworfenen und produzierten Kleidern. Tausende Menschen besuchten sie. In New York stellte im Herbst 1937 eine der wichtigsten Vereinigungen von Frauen der Modebranche fest, dass – während sie bereit und willens waren, eine Show von in Amerika entworfenen Kleidern zu organisieren – die New Yorker Konfektionäre noch nicht zur Kooperation aufgelegt waren.

Die Modezeitschriften sind eine mächtige potentielle Quelle von Öffentlichkeit für die Designer in Amerika. Vielleicht erinnern Sie sich daran, dass ich stolz die Präsenz von Vertretern der größten Modezeitschriften bei meiner ersten Show erwähnte. Sie waren nicht nur dort, sondern sie druckten in der Folge Zeichnungen meiner Kleider. Und nicht nur das, sie tun das von Zeit zu Zeit immer noch. Ich bin den Redaktionen sehr dankbar dafür – denn ich bin im Moment keine Inserentin.

Das Leben der Damen, die in den Redaktionen der Modemagazine arbeiten, ist nach meiner Vermutung höchst unerfreulich. Sie würden die Zeitschrift lieber mit Sachen füllen, die sie der Öffentlichkeit zeigen möchten, weil sie denken, die Kleider seien hübsch oder chic, oder smart oder was es auch immer ist, das sie mögen. Doch das dürfen sie nur selten, obwohl sie vorgeblich genau dafür angestellt sind.

Die Redaktionen der Modemagazine sind für den Geschäftsführer nur ein notwendiges Übel. Wenn die Inserenten schlau genug wären, Anzeigen zu entwerfen, die die Öffentlichkeit wirklich lesen möchte, wenn *Celanese* nur attraktive kleine Geschichten und geistreiche Bemerkungen auf die Seiten drucken würde, für die es bezahlt, dann könnte ein Modemagazin veröffentlicht werden, das nur aus Anzeigen besteht. Dann müsste der Geschäftsführer nicht ständig die Redaktion daran erinnern, dass wir die Anzeige verlieren, wenn wir nicht endlich etwas über *Lady Dee*-Korsetts bringen.

Wie es jetzt ist, nimmt *Lady Dee Corsets* eine bestimmte Anzahl von Seiten im Jahr, für die sie je um die 1500 Dollar zahlen, zum Zweck, der Welt zu sagen, was für göttliche Korsetts sie machen. Gleichzeitig erwartet *Lady Dee Corsets* von der Redaktion, dass sie der Welt sagt, was für göttliche Korsetts sie machen, und außerdem, dass die Redaktion darin weit besser ist, als jede Werbeagentur der Welt.

Es ist nicht so, dass die Redaktion damit nicht durchkommt. Es ist nur, dass sie, manchmal, zufällig, nicht glaubt, dass *Lady Dee Corsets* wundervoll sind. Sie ignorieren *Lady Dee Corsets* mit Absicht. Der Anzeigenmanager kommt herein. Er schlägt mit der Faust auf den Tisch. Er bekommt Ergebnisse. Ein Foto eines Mädchens in einem *Lady Dee*-Korsett und schöner Verpackung erscheint auf den redaktionellen Seiten. Der Gewinn ist gerettet.

An der Stelle, die das Foto eines Mädchens in einem Korsett füllte, wäre vielleicht ein Foto eines Mädchens in einem Kleid platziert worden, entworfen und hergestellt von jemandem, der nicht in dem Magazin inseriert. Vielleicht schafft es die Fotografie im nächsten Monat ins Blatt. Vielleicht gelangt sie nie hinein.

Die Redaktion ist zu bedauern. Sie wird zu dem Punkt getrieben, dass sie sich zuerst an die Inserenten des Magazins wendet. Davon gibt es eine Menge. Bei den Anzeigenkunden finden die Redakteurinnen manchmal mehr, manchmal weniger Dinge, die ihnen gefallen.

Oder, glauben Sie es oder nicht, wenn es wirklich gar nichts gibt, dann schickt die Redaktion kluge, junge Mädchen vorbei, die den Inserenten sagen, was sie herstellen sollen, so dass man sie in die Zeitschrift nehmen kann, ohne rot zu werden. Das ist nur fair, würde ich sagen. Die Zeitschriften verdienen durch den Anzeigenkunden ihr Geld und zahlen ihre Gehälter. Sie sollten ihm aushelfen. Die Sache ist nur: Was die Öffentlichkeit auf den Seiten jedes Modemagazins sieht, ist nicht immer das, was zum Wohl des Publikums ausgewählt wurde, sondern oft das, was zum Wohl der Anzeigenabteilung ausgewählt wurde.

Die Zeitschrift ist natürlich zum Geldverdienen da. Die größten Inserenten sind nicht notwendigerweise die mit den besten Waren. Es muss eine Art Kompromiss zwischen der Anzeigenabteilung und der Redaktion jeder Modezeitschrift bewerkstelligt werden. Im Tausch gegen jeweils zehn redaktionelle Seiten, die den Erzeugnissen der Inserenten zugeteilt werden, wird eine halbe Seite für die Erzeugnisse von Nicht-Inserenten gestattet.

Es gab schon Zeitschriften, die entschieden, dass eine gute, bissige Redaktion eine bestimmte Leserinnenschaft einbringt und diese Leserinnen wiederum Anzeigenkunden einbringen. Daher darf die Redaktion nicht von der Anzeigenabteilung beeinflusst werden.

Ich habe nie von einem echten Modemagazin gehört, das auf diese Weise geführt wurde. Ich glaube aber, es könnte klappen. Mir scheint, die Erfahrung des *New Yorker* beweist das.

Der *New Yorker* ist keine Modezeitschrift, Gott bewahre und Gott sei Dank. Der *New Yorker* verkauft dennoch recht viel Platz an Inserenten aus dem Modegeschäft, die die *New-Yorker*-Leserinnen erreichen möchten.

Es gehört zu den Grundsätzen des *New Yorker,* dass die Redaktion und die Anzeigenabteilung nicht miteinander sprechen dürfen. Lois Long schreibt, wie es ihr gefällt, und schaut sich auf dem Markt der Mode an, was ihr in den Sinn kommt.

Manchmal inseriere ich im *New Yorker,* manchmal nicht. Lois Long kommt normalerweise zwei Mal im Jahr vorbei, um neue Kleider anzusehen. Manchmal gefallen sie ihr, manchmal nicht. Das ist ihr Geschäft, und sie behält sich das Recht vor, zu sagen, was sie denkt. Ob ich inseriere oder nicht hat keine Bedeutung, und ich würde sagen, möglicherweise weiß sie es nicht einmal.

Vielleicht weiß sie es nicht. Aber die Redaktion des *New Yorker* wusste einmal tatsächlich, dass ich inserierte. In einem Anfall von Selbstgerechtigkeit oder etwas Ähnlichem teilten sie jemandem, der eine biographische Skizze über mich einreichte, mit, dass sie sie nicht drucken könnten, weil ich Inserentin sei. Ich gab das Inserieren sofort auf, aber sie druckten sie trotzdem nicht.

Der *New Yorker* ist nicht die einzige Zeitschrift, die den redaktionellen Teil von ihrem Anzeigenteil trennt. Die großen Frauenmagazine können das sehr leicht so regeln, wenn es um Mode geht, weil sie keine Werbung für Kleider mit regionalem Bezug enthalten. Der *Playbill,* das New Yorker Theaterprogramm, erlaubt seinen Modemädchen, ihren eigenen Weg zu gehen – mit gelegentlichen Stupsern in die richtige Richtung, habe ich den Eindruck.

Nur selten haben junge Designer genügend Geld, um Anzeigenplatz in den großen Modezeitschriften zu kaufen. Der Jungdesignerin wird so die breite öffentliche Aufmerksamkeit aus dieser Quelle vorenthalten. Die Jungdesignerin bekommt nicht besonders viel Aufmerksamkeit in den Modekolumnen der Zeitungen.

Was kann ein Mädchen da tun? Sie kann eine Pressefrau einstellen, die sich so gut sie kann mit der Sache befasst. Die Presseagentin befasst sich mit den Produkten von Stil und Mode, die nur selten Nachrichtenwert haben. Die Pressearbeiterin muss die Designerin selbst zur Nachricht machen.

An dieser Stelle treten die Reportageautoren und die Nachrichtenreporter auf den Plan.

Ein Reportageautor ist nicht daran interessiert, über die grundlegenden Stilmerkmale des Werks einer Kleidungsdesignerin zu reden. Reportagen beschäftigen sich mit intimen Einblicken in das Privatleben oder mit den unterhaltsameren Blickwinkeln auf die Arbeit.

Die Welt wird von der Tatsache in Kenntnis gesetzt, dass Elizabeth Hawes alleine auf Frachtschiffen mitfährt, dass sie Afghanen besitzt, dass sie gerne in Frankreich Fahrrad fährt, dass sie eine Jacke aus Matratzendrell oder einen Rock aus geschorenem Lammfell gemacht hat.

Die Welt fängt an zu denken, ziemlich zu Recht, dass – sofern Elizabeth Hawes für amerikanische Designer repräsentativ ist – diese Designer wohl ein ziemlich unterhaltsames Leben führen, aber etwas verrückt sind.

Die Pressefrau von Elizabeth Hawes möchte die Kleidung von *Hawes* bewerben. Viel kann sie zu dem Thema nicht machen. Sie greift auf jede Idee zurück, die, als letztes Mittel, den Namen *Hawes* in die Zeitung bringt. Ich bekam eine ganze Menge Presseberichte über die Show in Paris. Keiner von ihnen erwähnte, ob die Kleider, die ich zeigte, gut oder schlecht waren. Ich war ein tapferes Mädchen, das Eulen nach Athen getragen hatte. Ich hatte mich in die Höhle des Löwen gewagt.

Meine Pressefrau wurde nervös, einige Monate nachdem keine Zeitungsausschnitte mehr über meine Pariser Heldentaten hereinkamen. Sie sagte: »Die Bildbeilagen der Zeitungen haben es schwer, Fotos zu finden, die zu Thanksgiving passen. Wenn du dich mit einem Kürbis fotografieren lässt, dann bin ich sicher, dass ich das hineinbekomme.«

Ich sagte: »Ich habe sehr viel zu tun. Warum lässt du mich nicht später mit einem Stechpalmenkranz fotografieren und bringst es zu Weihnachten rein?«

Sie sagte: »Du weißt langsam, worauf ich hinaus will.«

Ich ließ mich nicht mit einem Kürbis fotografieren – oder mit einem Stechpalmenkranz. Aber ich wusste, worauf sie hinauswollte.

Mir wurde klar, dass es eine schwierige Aufgabe war, sich in Amerika einen Namen als Designerin zu machen. Sie musste ohne die Vorteile von allzu viel Anzeigenwerbung bewältigt werden. Ich beschloss außerdem, dass ich besser so gut ich konnte ohne Presseagentin zurechtkommen müsste.

Ich hatte Angst, dass ich zusammenbrechen und mich eines Tages dabei ertappen würde, wie ich mit einem Ei bekleidet eine Osteransprache halte.

Die ganze Geschichte der Pariser Show und der Pressearbeit erzeugte in mir eine gesunde Abscheu vor Pressesensationen. Für mich war das Zeigen der Kleider in Paris in erster Linie kein Pressecoup. Ich hatte das gute gesunde Grundbedürfnis, die Welt wissen zu lassen, dass Kleider nicht nur in Frankreich entworfen werden. Ich hatte damals – und habe immer noch – einen großen Drang, jeden – männlich oder weiblich – schön und funktional gekleidet zu sehen. Damals wie heute glaubte ich, dass Modeschöpfer auf der ganzen Welt still arbeiten könnten, zufriedenstellend für ihre jeweiligen kleinen Gruppen von Kundinnen, wenn nur der Quatsch der Pariser Mode abgestreift werden würde.

Die Tatsache, dass die Vorführung der Kleider in Paris sich nicht gegen mich wendete und ich nicht in Stücke gerissen wurde, war zum Teil ein glücklicher Zufall. Weil ich nicht genügend Macht oder Geld hatte, um es in eine internationale, weltbeste Zeitungsgeschichte zu schaffen, bekam das ganze Universum keine Gelegenheit, mich und die ganze amerikanische Modeschöpferei gehörig auszulachen.

Amerikanisches Design steckte noch in den Kinderschuhen. Meine Show in Paris war in gewisser Weise eine kindische Geste des Trotzes. Wie ich in den nächsten zwei Jahren erfuhr, konnte zwar niemand das Designen hierzulande ruinieren, aber es übermäßig zu bewerben, bevor es dafür reif war, würde es eher zurückwerfen.

Seit der Show in Paris habe ich nie mehr versucht, einen Pressecoup zu landen. Ich habe ein paar kleinere Sachen gemacht, die in die Nachrichten kamen, zum Beispiel Kleidung in Russland gezeigt. Ich habe niemals versucht, Geschichten über mich oder meine Kleider herauszugeben, es sei denn ich war überzeugt, dass sie gedruckt werden sollten.

Alles in Allem ist der Weg in die Öffentlichkeit für eine werdende Designerin kein einfacher, und ich glaube nicht so ganz an *survival of the fittest,* das Überleben des Besten, wenn es um Designer in Amerika geht. Nicht alle Modeschöpfer haben Freunde, die ihnen helfen, wie ich es hatte, als ich mir einen Namen machte. Und viele Designer wären nicht fähig, sich darauf einzustellen, ein Gegenstand der Nachrichten zu werden. Schließlich sind wir mutmaßlich vor allem Designer, die ihrer Arbeit nachgehen wollen. Es ist eine ganze Menge, von uns zu erwarten, dass wir auch noch Presseagenten und Manager sein sollen, und all das ohne genügend Geld, um von der Zustimmung der Anzeigenabteilung zu profitieren.

Ich habe darüber heute konkretere Vorstellungen, als ich 1931 hatte. Seitdem sah ich einige recht gute Modeschöpfer kommen und gehen, weil sie nicht laut genug schreien konnten, um Aufmerksamkeit zu erregen und kein Geld hatten, um jemand anderen dafür zu bezahlen.

Seit 1931, als die Schiffsreporter mich in die Öffentlichkeit brachten, bin ich davon überzeugt, dass sich die Öffentlichkeit Amerikas zukünftige Designer wünscht, und dass die Hersteller sie brauchen. Ich habe mein eigenes Geschäft aufgebaut, was einen unbedeutenden Teil des Beweises darstellt. Der wichtigere Teil der Geschichte liegt in der Sphäre der Massenproduktion.

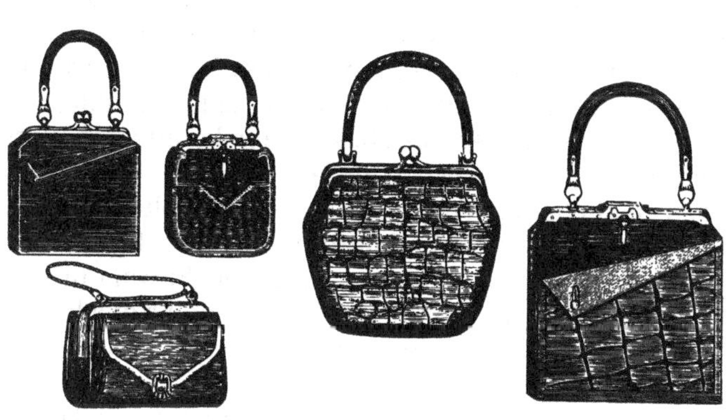

15 Up for promotion

Meine Initiation in die Welt der Massenproduktion kam auf jene eher zwielichtige und heimliche Art zustande, die die ganze Geschichte der Mode prägt. Es war Mary Lewis, die Vizedirektorin von *Best and Co.*, die mich wohl oder übel überzeugte, dass ich etwas über die Kleidung im unwirtlichen weißen Licht der Großstadtstraßen erfahren sollte.

Es passierte Folgendes: Mary Robinson, meine Chefassistentin, entwarf einige Sachen für *Hawes Inc.* neben ihren anderen Verpflichtungen als Teilhaberin, Mannequin und Verkäuferin. Sie entwarf im Herbst 1931 eine kleine Lederjacke, die wie eine Pagenjacke an beiden Seiten des Halsausschnitts geknöpft wurde.

Da die Jacke aus Leder war, war es schwierig, sie in unserem Atelier zu nähen. Daher fand ich einen Hersteller von Ledermänteln, der sie für uns nähte. Ich erklärte ihm, dass ich nicht viele verkaufen würde, aber dass er – wenn er diese wenigen Exemplare herstellen würde – das Design bekommen könnte, um es außerhalb New Yorks zu verkaufen. Es war immer mein stolzes Eigenlob gewesen, dass man das, was man bei *Hawes Inc.* kaufen konnte, nirgendwo sonst in New York bekommen konnte und, normalerweise, nirgendwo anders auf der Welt.

Der Hersteller kam im Laden vorbei und holte die Jacke ab und versicherte mir, dass er den Entwurf gar nicht haben wolle, um ihn selbst zu verkaufen. Er war einfach ein netter Kerl, der mir aushalf. Als er ging rief ich ihm trotzdem hinterher: »Und wenn Sie die Jacke doch in New York verkaufen, verklage ich Sie!«

Wir lachten alle fröhlich und verkauften die Jacke für 65 Dollar. Ich bezahlte ihm 15 Dollar für die Herstellung und lieferte selbst das Leder. Es kostete uns etwa 20 Dollar, so bekamen wir 66 Prozent Handelsspanne, was der Durchschnitt bei Einzelhandelsgeschäften ist, allerdings etwas höher, als ich bei den meisten Kleidungsstücken zu jener Zeit nehmen konnte. Ich werde später auf die Preisgestaltung bei teurer Kleidung zurückkommen.

Das Leben verlief friedlich und angenehm, als eines Montagmorgens mein Telefon anfing zu klingeln und den ganzen Tag weiterklingelte. Jeder rief an um mir mitzuteilen, dass meine Jacke von *Best and Co.* als »*Schiaparellis* kleine Kasinojacke« inseriert wurde. Es war kurz nach der Eröffnung der Herbstsaison im September 1931, und all die modeversessenen Mädchen hatten die Jacke in meinem Laden gesehen.

Ich blieb philosophisch. Ich sagte: »Es ist das erste Mal, dass sowas passiert, aber es wird nicht das letzte Mal sein. Warum sich Sorgen machen?« Dann bekam ich ein Exemplar des Inserats und langsam wuchs meine Wut.

Schiaparellis kleine Kasinojacke, allerdings! Es war *meine* Kasinojacke. Es war, natürlich, Mary Robinsons Kasinojacke, aber wenn man der Kopf des Ganzen ist, wird automatisch alles zu deinem, egal wie unfair das ist.

Ich rief Mary Lewis an, die Vizechefin von *Best and Co.* Sie war offensichtlich von den Fakten des Falls in Kenntnis gesetzt worden. Sie zog Hut und Mantel an und kam gleich vorbei. Sie kriegte mich damit, dass sie anständig damit umging und ich glaubte ihr, als sie sagte, sie habe keine Ahnung gehabt, dass es kein *Schiaparelli* gewesen sei. Vielleicht hatte sie keine Ahnung, aber möglicherweise war *Best* trotzdem dafür haftbar. Wie auch immer, sie sagte: »Ich werde die Jacke ab sofort als Ihre bewerben.«

Ich sagte: »Oh nein, tun Sie das nicht. Ich werde nie von jemand anderem beworben, ich werbe immer nur selbst für mich.«

»Ford verdient sein ganzes Geld mit Fords, nicht mit Lincolns«, sagte Mary Lewis.

»Ich rufe Sie an«, sagte ich, und nach ein paar Tagen rief ich sie wirklich an und sagte: »Okay«.

Dann besuchte ich den Produzenten, der meine Jacke für mich und für *Best and Co.* kopiert hatte.

»Miss Hawes«, sagte er sehr ernst, »ich mache gar keine Geschäfte mit *Best*. Ich kann denen die Jacke nicht verkauft haben.«

Ich ließ den Blick hoffnungslos über die Wände schweifen, voller Anzeigen für Ledermäntel, Anzeigen von *Best and Co.* »Was ist mit denen?« fragte ich.

»Oh, das ist Jahre her«, sagte er unerschütterlich.

Es ging noch zwanzig Minuten so weiter. Schließlich stand ich auf und stellte mein Temperament zur Schau, etwas, das ich nur selten mache.

»Dies ist das abscheulichste Geschäft der Welt«, rief ich aus, während ich hin- und herlief. »Ich wünschte, ich wäre nie geboren, wenn ich mit etwas so Schmutzigem in Verbindung gebracht werden muss. Es ist ein Haufen Lügen und Diebstahl. Nicht einmal ein nettes junges Mädchen wie ich kann dem entkommen. Ich schäme mich bei dem Gedanken, dass ich mit dem Bekleidungsgeschäft zu tun habe. Ich wünschte, ich wäre tot.«

Ich nahm mein Taschentuch heraus und schnaubte mir die Nase. Ich merkte, wie mir Tränen in die Augen stiegen. Der Produzent schaute mich an, sehr bedrückt, sehr blass wurde er. Ich ließ einen kleinen Schluchzer hören und ihn überkam Reue.

»Miss Hawes«, sagte er, »ich kann nicht lügen. Ich habe die Jacke an *Best and Co.* verkauft.«

»Danke«, sagte ich, steckte schnell mein Taschentuch ein und steuerte den Aufzug an.

»Was werden Sie tun?« Er folgte mir durch die Tür.

»Ich weiß nicht. Sie verklagen, vielleicht.«

»Oooh!« keuchte er. »Sie würden nicht so gemein sein!«

Mein Anwalt sagte, es sei kein Klagefall, daher zerriss ich die 75-Dollar-Rechnung für die Jacken, die der Mann für mich gemacht hatte und wartete ab. In der Zwischenzeit zahlte ich den Kundinnen, die die Jacke bei uns gekauft hatten, die Differenz zwischen unserem Verkaufspreis von 65 Dollar und *Bests* 29,50 Dollar. Unser Leder war besser, aber davon abgesehen war die Jacke die gleiche. Massenproduktion und -verkauf ergibt einen ganz schönen Preisunterschied. *Best* zahlte ihm vermutlich 15 Dollar inklusive Leder und nahm 50 Prozent Handelsspanne.

Gott war wie üblich auf meiner Seite. Ich bekam auf Veranlassung des Produzenten eine Vorladung zugestellt, über den Preis für die fünf Jacken, die er geliefert hatte. Er schickte sie, nachdem er auf seine dritte Rechnung hin einen ziemlich bösen Brief von mir bekommen hatte. Ich schrieb, dass ich ihn verklagen werde, falls er weiterhin

Rechnungen schicken würde. Offensichtlich glaubte er mir nicht. Niemand geht wegen 75 Dollar vor Gericht.

Wir schon. Ich meldete eine Gegenforderung von 1000 Dollar an, für einen Schaden auf der Grundlage, dass das ganze Outfit, von dem die Jacke ein Teil war, ruiniert worden war; dass ich das Outfit nicht länger verkaufen konnte, seitdem *Best* die Jacke verkaufte. Sie hatten die Klage vor dem Bezirksgericht eingebracht und mein Anwalt verlangte nicht nach einer Jury.

Wir hatten einen glorreichen Tag vor Gericht. Zuerst schworen sie, dass sie mich nie zuvor gesehen hatten, und zweitens, dass es auf jeden Fall ein Entwurf von *Schiaparelli* gewesen sei. Gerade dann kam glücklicherweise die Unterbrechung zur Mittagspause.

Ich sprang aus dem Gericht und brachte *Schiaparellis* Repräsentantin in Nordamerika dazu, ins Gericht zu kommen und zu schwören, dass Madame Schiaparelli die Jacke nicht entworfen hatte. Der Richter sagte, er schließe daraus, es sei so, als ob ihm jemand das Jackett seines Anzugs gestohlen und ihm nur die Weste und die Hose übriggelassen hätte. Er sprach mir einen Schaden von 150 Dollar zu, die ich an den Anwalt weitergab und so mit Plusminus Null herauskam.

Mary Lewis sagte mir später, die Gerichte seien in solchen Fällen zugunsten des Modeschöpfers voreingenommen. Vielleicht ist es nur Gerechtigkeit. Auf jeden Fall hatte ich seit jenem Tag nicht mehr die leiseste Angst, kopiert zu werden. Ich wusste immer, dass es einen Weg gibt, die Person zu kriegen, die das tut. Sogar wenn ich selbst verklagt werden müsste, um das zustande zu bringen. (Und außerdem kann ich immer eine neue Jacke entwerfen.)

Das wichtigere Ergebnis war Miss Lewis' Bemerkung, die sich in mein Hirn bohrte: »Ford verdient sein ganzes Geld mit Fords, nicht mit Lincolns.« Ich verdiente kaum genug Geld mit meinen Lincolns, um unsere kleinen Gehälter jede Woche zahlen zu können.

Ich war nicht besonders besorgt darüber, aber die Wirtschaftsdepression wurde schlimmer. Es begannen jene Wochen, in denen ich montags nicht genügend Geld in Aussicht hatte, um die Gehälter am nächsten Freitag zu zahlen.

Fast sofort tauchte *Lord and Taylor* mit einer Idee auf. Sie wollten amerikanische Designer fördern! Sie hatten über diesen Gedanken zwei Jahre nachgegrübelt. Jetzt, sagten sie, ist es an der Zeit. Wer, waren sie dann gezwungen sich zu fragen, sind die Designer?

In den nächsten Jahren gab es ein Spiel, das man in jeder beliebigen Gruppe von Modemenschen beginnen konnte. Man musste nur fragen: »Wer sind die amerikanischen Designer?« Dann beobachtete man, wie sie alle herumeilten, in alle Ecken schauten und versuchten, sie zu finden.

Lord and Taylor fand ein paar und machte sich daran, sie zu »fördern« und zu bewerben.

Werbung ist eine dieser guten Ideen, die die Mode in vollem Umfang nutzt. Etwas zu fördern und zu bewerben bedeutet in der Kaufhauswelt der Mode zuerst einmal die Entscheidung, eine gewisse Summe für Anzeigen und den Wareneinkauf auszugeben. Um welche Waren es sich handelt, ist nicht besonders wichtig. Der Grundgedanke ist, öffentlich Aufsehen zu erregen, das den Laden mit Menschen füllt. Sie mögen zwar nicht die Sachen kaufen, die man für die Werbung ausgewählt hat, aber wenn sie in den Laden gehen, ist es wahrscheinlich, dass sie etwas anderes kaufen.

Der beste Trick ist es, etwas zu bewerben, das das Publikum zufällig tatsächlich besitzen möchte. Auf diese

Art verliert man nicht allzu viel Geld, wenn man es dazu bringt, auszugeben, was es hat.

Eine Werbeaktion ist die Kaufhausversion eines Presseknüllers. Wenn es ein guter Knüller ist, gelangt er in die Nachrichtenspalten und erzeugt einen Gewinn. Andernfalls muss man die Nachrichten selbst als bezahlte Anzeigen herausgeben und verliert vielleicht Geld.

Für *Lord and Taylor* war es ein Presseknüller, amerikanische Modeschöpfer zu bewerben. Es gab eine Depression. Sie brauchten Umsatz. Was tun? – *Amerikanische Modeschöpfer.*

Da ich wirklich nichts durch meine Förderung in der Runde der Amerikanischen Designer verlor, sondern tatsächlich auf lange Sicht davon profitierte, halte ich mich für ziemlich unvoreingenommen.

Falls nun jeder denkt, ich würde einer großzügigen Geste von *Lord and Taylor* kommerzielle Motive unterstellen, zitiere ich aus dem *World Telegram* vom 13. April 1932:

Hundertprozentig amerikanischer Stil

Die erste vollständige Präsentation von Mode aus Amerika, geschaffen von Elizabeth Hawes, Annette Simpson und Edith Reuss, drei amerikanischen Modeschöpferinnen, die in die erste Reihe internationalen Stils aufgestiegen sind, fand heute bei *Lord and Taylor* vor einem Publikum professioneller Kritiker statt. Die Modeexperten waren anschließend Gäste von Miss Dorothy Shaver, Vizedirektorin von *Lord and Taylor* und Chefin seiner Stylingabteilung. Die vorherrschende Note der Ausstellung war die uramerikanische Art der Entwürfe, ein Trend, der, wie Geschäftsleiter aus dem Einzelhandel betonten, ein *neues Mittel sein wird, den Umsatz in der Bekleidungsindustrie zu beleben.* (Hervorhebungen von der Autorin)

»Wir nehmen Paris gegenüber immer noch den Hut ab«, sagte Miss Shaver während des Businesslunchs. »Paris gab und gibt uns unsere Inspiration. Aber wir glauben, dass es Kleidung geben muss, die uramerikanisch ist, und dass sie nur ein amerikanischer Modeschöpfer entwerfen kann. Aus diesem Grund würdigen wir heute den Geist und den Wagemut dieser jungen New Yorker Frauen, die so erfolgreich daran arbeiten, einen amerikanischen Stil zu erschaffen.«

Wir waren einen langen Weg gegangen, seit ich 1922 versucht hatte, Kleider für *Lord and Taylor* in Paris zu entwerfen. Damals war es für sie nicht nötig, auf dieses Konzept einzugehen. Die Öffentlichkeit sprang auf alles an. Alles war französisch und verkaufte sich.

Jetzt, im Frühjahr 1932, war die Depression da. Französische Modelle zu kaufen war teuer. Darüber hinaus wurden sie von *Klein* für 4,75 Dollar verkauft. Und davon abgesehen bezahlten die Franzosen ihre Schulden nicht und die Briten kauften britisch. Das Publikum hielt seine Groschen zusammen. Es war etwas Überraschendes nötig, um sie loszueisen.

Lord and Taylor kaufte sechs Modelle von mir, die ich speziell für sie entwarf, für je 200 Dollar. Als sie mich erstmals fragten, hatte ich große Zweifel, was ich tun sollte. Mary Lewis sagte, ihrer Meinung nach solle ich vorangehen und verlangen, was der Umsatz hergeben könne.

200 Dollar schien mir alles, was der Markt verkraften könne. Ich zögerte sehr lange, denn ich hatte Angst, meine eigenen Kundinnen zu vergraulen, indem ich billige Kleider machte.

Schließlich beteiligte ich mich. Ich war ziemlich entsetzt, als ich herausfand, dass ich an dem Businesslunch mit Annette Simpson und Miss Reuss teilnehmen und meine Kleider der versammelten Menge selbst vorstellen musste. Ich überstand sowas nie ohne die Zähne zusammenzubeißen und murmelte für Gott, Vaterland und Yale vor mich hin.

Der Lunch war ganz großartig. Alle wichtigen Modemenschen waren da. Der einzige Nachteil an der Sache für mich war, dass eine sehr wichtige Modefrau jemandem erzählte, ich hätte kein Recht, aufzustehen und Reden zu halten, weil ich überhaupt ein Niemand wäre.

Ich schüttelte das ab und entwarf ein zweites Set von Modellen für *Lord and Taylor.* Sie förderten eine zweite Gruppe amerikanischer Designerinnen, Clare Potter und Muriel King. Die Aktion wurde weit verbreitet und auch mit Anzeigen beworben. Eine Flut von Artikeln über Modedesigner in Amerika erschien in Zeitungen und Zeitschriften überall in den USA. Ich bekam meinen Anteil, besonders da mein Name aufgrund der Shows in Paris schon etwas bekannter war.

Meine Bekanntheit brachte nie viele Einzelkundinnen zu *Hawes Inc.* Die große Mehrheit unserer Kundinnen kam auf Empfehlung anderer Kundinnen, abgesehen von denen, die ich durch die frühen Anzeigen im *New Yorker* gewonnen hatte. Aber die ganzen Presseberichte, die ich bekam, und besonders die Förderung von *Lord and Taylor,* waren außerordentlich nützlich dafür, Konfektionäre an meine Tür zu bringen.

Im Allgemeinen glaube ich, diese Hersteller hatten nur sehr unklare Vorstellungen von meinen Fähigkeiten. Sehr oft versagte ich bei den Aufgaben, die ich für sie übernahm. Sie nahmen naiverweise an, dass ich ihr Geschäftsmodell verstehen und darin gut sein müsse, da ich viel öffentliche Aufmerksamkeit bekam. Wenn sie lediglich meinen Namen wegen seines Werts für die Presse engagieren und nicht wollten, dass ich wirklich etwas mache, hatte ich meistens Erfolg.

Ich schulde der Presse dennoch sehr viel. Ich glaube ich hätte die Depressionszeit nicht ohne die Aufträge außer der Reihe überlebt, die mir die Artikel einbrachten. Der allererste dieser Aufträge trat in Verkleidung in mein Leben.

Anfang 1932 erschien eine dunkelhaarige junge Frau mit einem munteren Gesicht in meinem Büro, die darauf bestand, mit mir zu sprechen. In den alten Zeiten, in der Etage in der 56. Straße, konnte fast jeder, der den Drang hatte, meiner habhaft werden. Es gab ein kleines Büro auf der anderen Seite des Vorführraums, durch das man hindurch musste, um zum Aufzug zu gelangen. Ich war noch nicht ins Sekretärinnen-Stadium gelangt.

Ich wurde ständig belästigt von Versicherungsvertretern, Damen mit handgewebten Stoffen, Menschen, die mir Immobilien oder Korsetts verkaufen oder denen ich Kleidung verkaufen sollte. Ich versteckte mich so gut es ging in dem Büro, bis die Ein-Personen-Verkaufsabteilung herausgefunden hatte, was die jeweilige unbekannte Person wollte.

Die fragliche Dunkelhaarige wollte ihr Geschäft nicht verraten, wie ich durch die Tür hörte. Sie wollte Miss Hawes sprechen. Ich kam heraus und erfuhr, dass ihr Mann einen Taschengroßhandel besaß. Sie hatte von mir in der Zeitung gelesen und dachte, ich könnte einige Taschen entwerfen.

Ich kalkulierte so viel wie ich dachte, dass man verlangen könnte, wenn jemand die Taschen haben wollte. Ich glaube, ich kann alles entwerfen, ausgenommen Motoren. Sie ging und sagte, sie werde mit ihrem Ehemann wiederkommen. Überraschenderweise kamen sie etwa einen Tag später.

Der Herr, der Mr. Smith geheißen haben könnte, erzählte ein wenig über sein Unternehmen. Er sagte, *Smith Co.*

stelle gute und teure Taschen her. Sie waren lange Zeit einmal im Jahr nach Paris gefahren, um Modelle zu kaufen. Langsam hatten sie die Nase voll von Paris als Quelle für Design. Die Taschen seien gut, aber alle ihre Wettbewerber hatten dieselben Modelle.

Da *Smith Co.* teure Taschen herstellten, waren sie in einer schwierigen Lage. Andere Taschenhersteller machten billigere Kopien der französischen Modelle als es ihnen möglich war. Jedenfalls, versicherte er mir, sei *Smith Co.* eine alte Firma und sie hätten immer hervorragende Waren hergestellt. Sie wollten keine billigen Dinge produzieren.

Die Firma war ursprünglich das Geschäft seines Vaters gewesen und hatte sehr hochwertiges Gepäck hergestellt. Die Depressionszeit entzog dem Geschäft mit teurem Reisegepäck die Grundlage. *Smith Co.* hatte angefangen, Taschen herzustellen, zunächst als Nebenlinie. Nun waren sie im Handtaschengeschäft und schenkten dem Gepäck nicht mehr viel Aufmerksamkeit.

Ich nickte mitfühlend zu allem, was er sagte. Ich erklärte, dass der Kern meines Geschäfts sei, eigene Modelle zu erstellen und mit den französischen Modellen nichts zu tun zu haben.

Zögernd erklärte er mir seine Mission. Er und sein Bruder fragten sich, ob sie es wagen könnten, den Einkauf französischer Modelle aufzugeben und ihre eigenen Designs zu verwenden. Ich konnte seinem Ton entnehmen, dass Smith und der Smith-Bruder lange über diese gewichtige Entscheidung diskutiert hatten. Sie waren noch nicht wirklich zu einem Ergebnis gekommen.

Mrs. Smith hatte, als sie zu mir kam, die Richtige ausgewählt, die Smiths zu überzeugen. Ich ließ eine meiner Reden über das Designen in Amerika vom Stapel, was für ein Unsinn es sei, dass es angeblich nicht gemacht werden könne, dass es, wie er bewiesen hatte, offensichtlich nicht profitabel war, französische Designs für teure Waren zu nutzen, dass es Dutzende von Menschen geben müsste, die in Amerika Taschen entwerfen könnten; wie ich es, natürlich, tun könnte, wenn sie denn wollten.

Also wurde der Smith-Bruder hergebracht, um mit mir zu reden. Er war selbst so etwas wie ein Designer, jünger als Smith, weniger geschäftsmäßig, etwas emotionaler. Smith hatte mir gesagt, der Smith-Bruder sei derjenige, der jedes Jahr wegen der Modelle nach Paris fahre. Ich hatte den Eindruck, dass die Reise ein Vergnügen für ihn war. Als ich ihn traf, verstand ich, dass es ein Vergnügen war, weil er dem Taschengeschäft gerne eine Weile entkam, und nicht, weil er gerne dafür einkaufte.

Das Geschäft, schlussfolgerte ich, war nicht so topp. Sie dachten, es könnte möglicherweise damit stehen und fallen, ausschließlich französische Entwürfe zu verwenden. Ich wusste nichts über das Handtaschengeschäft, aber es schien mir recht offensichtlich, dass niemand allzu viel Profit erzielen konnte, wenn alle Taschenhersteller damit beschäftigt waren, dieselben Taschen zu verkaufen.

Wir hatten eine Menge Konferenzen, und Smith und der Smith-Bruder redeten und diskutierten, mit mir als Mediatorin. Nach Überlegungen, die ausreichten, acht oder zehn Taschenfirmen neu aufzustellen, holten sie schließlich tief Luft und entschieden, alles auf einige in Amerika entworfene Taschen zu setzen.

Ich wurde auserwählt, eine »Linie« für sie zu erstellen. Im Großhandel nennt man jede Kollektion von irgendetwas, das zur gleichen Zeit gezeigt wird, eine »Linie«. Zu Beginn jeder Saison »bringt man die neue Linie heraus«. Man ist immer in Panik, denn die Franzosen erstellen ihre Linien so, dass sie sie im August zeigen, und in Amerika muss man im Juni tätig werden. Wie mutig auch ein Großhändler wirken mag – wenn er mich oder jemand anderen anstellt, um eine Linie in Amerika zu entwerfen, kommt er fast um vor Angst, dass wir nicht das liefern, was die Franzosen auch gerade planen. Er zittert, denn fast alle späteren Modereportagen werden vollständig auf dem basieren, was die Franzosen herausgebracht haben. Hat er nicht mehr oder weniger das gleiche, werden die Reporter annehmen, dass er sein Geschäft nicht kennt. Die Einkäufer werden die Entwürfe in seiner Linie nicht wiedererkennen und es möglicherweise nicht wagen, sie zu ordern.

Ich machte mich mit Hilfe eines Lehrlings, Dorothy Zabriskie, an die Taschenlinie. Sie erwies sich als so gut, dass ich sie anschließend einstellte. *Smith Co.* taten ihr Bestes, den Zeichnungen unsere Ideen zu entnehmen. Schließlich griffen wir auf Nesselmodelle zurück, was etwas befriedigender verlief. Bis wir alles dem Smith-Bruder, der sich um den Designprozess kümmerte, erläutert hatten, und er alles dem Mann, der das Probemodell anfertigte, wiedererklärt hatte, war ein großer Teil der ursprünglichen Idee verschwunden.

Nach einigen Monaten wurde uns endlich erlaubt, mit dem Musternäher selbst zu sprechen. Ursprünglich hatte *Smith Co.* gesagt, wir würden ihn nur aufregen.

Wir regten ihn nicht auf. Er regte uns auf. Er war ein durch und durch geschickter Handwerker, der wusste, wie man Taschen machte. Wir wussten nicht, wie man Taschen machte. Daher verachtete er uns. Er hatte vollkommen recht. Niemand sollte es wagen, etwas zu designen, das er nicht selbst herstellen kann.

Die Handwerker in der amerikanischen Konfektionsbranche haben eine totale Respektlosigkeit gegenüber einer gewissen Art von Menschen angenommen, die sich selbst Designer nennen, und die nur Zeichner sind. »Warum zum Teufel sollte diese Frau hier hereinkommen und versuchen, mir zu erzählen, was ich tun soll?« murmeln sie düster, während sie sich über ihre Werkzeuge beugen, und du versuchst ihnen zu erzählen, dass du eine Falte – eine Falte! – im Boden einer Tasche haben möchtest.

Du weißt nicht, wie man die Falte im Taschenboden einbaut. Ein Instinkt sagt dir nur, dass es geht. Sie wünschen dich zur Hölle und beschließen, dass du Unrecht hast. Sie haben noch nie eine Tasche mit einer Bodenfalte gesehen. Sie schauen recht gewitzt auf und sagen: »Es tut mir leid, aber sehen Sie, man kann einfach keine Falte in den Boden einer Tasche machen. Das Leder macht das nicht mit.« Nach drei Stunden geht man geschlagen hinaus. Wenn es einem wichtig genug ist, besorgt man etwas Leder und faltet es, nur um zu beweisen, dass man recht hat. Aber es hat keinen Zweck, das dem Täschner zu zeigen.

Auf einmal, drei Wochen später, findest du eine neue Tasche auf seinem Arbeitstisch. Sie hat den fabelhaftesten, schrecklichsten vergoldeten Bügel, der jemals erfunden wurde. Das Leder ist falsches Haileder. Im Boden ist eine Falte. Wenn du schlau bist, sagst du nichts. Ein paar Wochen später findest du die Tasche wieder, im Showroom. Du nimmst sie zum Täschner mit. Du sagst: »Das ist ein wundervoller Boden bei dieser Tasche. Wie ist ihnen das nur eingefallen?« Du lässt vorsichtig das Wort *Falte* aus. Er lässt vorsichtig das Wort *Falte* aus. Du bekommst deine Tasche, wenn er dazu kommt, etwa acht Wochen, nachdem du die ursprüngliche Idee hattest.

Er hat recht. Du hast unrecht. Es ist nicht deine Sache, ihm zu sagen, wie er eine Tasche herstellen soll. Du weißt es selbst nicht. Du bist überhaupt kein Designer, sondern nur so ein minderwertiger Stylist.

Auf jeden Fall weißt du schon einige Dinge, die der Firma helfen können. Sie scheint keinen anderen zu finden, der mehr wüsste. Und so bleibst du verbissen dabei.

Im ersten Jahr bekamen wir einige ganz gute Taschen von und für *Smith Co.* Wir verbrachten 75 Prozent unserer Zeit damit, ihnen zu sagen, sie sollten weiche Taschen herstellen. Weich – nicht steif wie Karton, versteht ihr? Weich – WEICH – WEICH.

Der Umsatz von *Smith Co.* machte unter dem Schutz von *Hawes* einen plötzlichen Sprung nach oben. Die Taschen wurden angepriesen und von den Geschäften, die sie orderten, breit inseriert, denn sie hatten eine Geschichte zu erzählen: »Taschen von *Hawes* – der großartigen, jungen amerikanischen Designerin.«

Am Anfang hatte ich kaum etwas anderes als den Designprozess vor Augen, obwohl mir mehrfach erzählt wurde, dass die Gebrüder Smith kein Geld verdienten. Sie verloren jetzt weniger, sagten sie. Eines Tages kamen sie zu mir und fragten, ob sie auf meinen Namen eine Fabrik außerhalb der Stadt gründen könnten.

Warum? Weil sie einen Betrieb ohne Gewerkschaften mit billigeren Löhnen betreiben wollten, und dafür müssten sie nach Connecticut. Sie müssten einen anderen Namen nehmen, oder sie würden geschnappt werden, da der Betrieb in New York, wo die Taschen hergestellt wurden, gewerkschaftlich organisiert war.

Mein Manager sagte, warum nicht, ich wäre für Schulden nicht haftbar. Es könnte alles arrangiert werden. Ich lachte. Meine Kurse in *Probleme der Lohnarbeit* in *Vassar* gingen mir durch den Kopf.

»Wenn ich mit diesem Geschäft fertig bin«, sagte ich, »werde ich jeden kleinen Trick kennen. Also los.«

In der Zwischenzeit wurde ich von *Lord and Taylor* und der Depression zu weiteren Taten animiert.

Lord and Taylor waren nicht zufrieden damit, von mir Kleidermodelle zu kaufen und sie von jemand anderem herstellen zu lassen. Sie mussten zusätzlich Geld für das

Originalmodell zahlen. Auf der anderen Seite bekam ich nur wenig mehr für ein Originalmodell von ihnen, als von jeder individuellen Kundin für ein Kleid. *Lord and Taylor* sagten mir, ich solle direkt mit einem Bekleidungshersteller arbeiten, so dass sie Warenbestände ordern könnten.

Der Warenbestand ist das, was ein Kaufhaus haben muss. Nicht ein Kleid in einer Farbe, sondern Reihen dieses Kleides, pink, blau, braun, schwarz. Von allen amerikanischen Designerinnen, die 1933 gefördert wurden, arbeitete nur Clare Potter für ein Großhandelsunternehmen und war als einzige in der Lage, zu den Bedingungen der Massenproduktion zu verkaufen.

Ich wurde neugierig auf Kaufhauskleider. Sobald ich erkannte, dass Hunderte von Frauen *Hawes*-Kleidung haben könnten, wollte ich, dass Tausende sie tragen.

Das war der Anfang von Miss Elizabeth Hawes, die in den nächsten paar Jahren einen Zirkus mit zwei, drei, manchmal vier Manegen betrieb. Dies waren die Jahre, die mich dazu brachten, meinen Elfenbeinturm zu schätzen, und mehr als das. Dies waren die Jahre, in denen ich entdeckte, dass das, was eine Dame kaufte und wofür sie bezahlte, wenn sie ein 15,75 Dollar-Kleid erwarb, vielleicht 10 Dollar Kleid war, plus 5,75 Dollar starrsinnige Dummheit von Seiten des Produzenten.

Die Dummheit der französischen Legende war für meine Kundinnen so offensichtlich wie für mich. Nicht im Traum konnte ich mir die Fadenscheinigkeit der großen amerikanischen Angeberei vorstellen, dass alle Frauen hier schöne Kleider besitzen können, weil wir die Massenproduktion beherrschen.

Ich gelangte nun unter die leuchtende Zellophanverpackung der Mode.

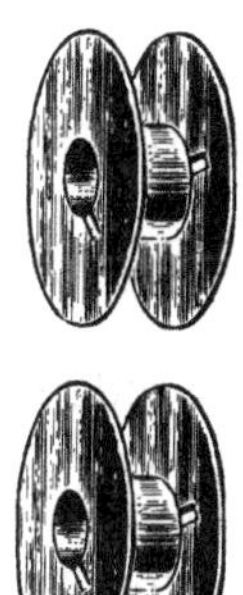
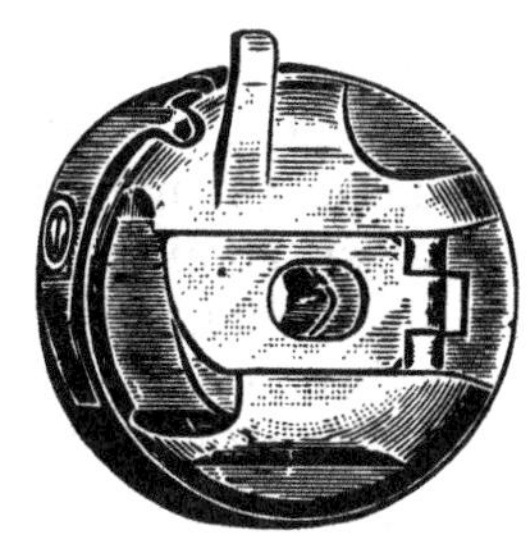
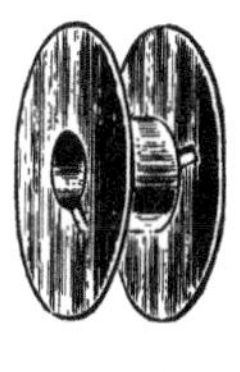
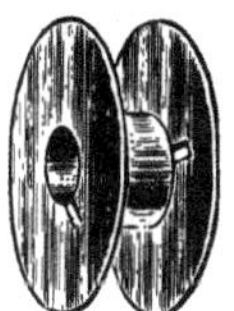

16 Gewaltiger als US-Steel

Als die Banken im März 1933 schlossen, genau drei Tage, nachdem ich meine neue Kollektion gezeigt hatte, war ich, um es milde auszudrücken, bestürzt. Meine Schneiderin, eine Wienerin, brach in meinem Büro zusammen und sagte, dass in jedem Land, in dem sie jemals gearbeitet hatte, die Banken dichtmachten, sobald sie ein paar Dollar gespart hatte, und nun war es hier, in Amerika so weit. Ich hatte Angst, dass wir nicht ein einziges Kleid verkaufen und das ganze Atelier Hungers sterben würde. Wir überprüften die Angestellten und stellten fest, dass 90 Prozent von ihnen mit ihren großzügigen Gehältern von 25 Dollar pro Woche als Alleinverdiener den Unterhalt für die Familie sicherten. Ich hatte die Gehälter seit 1929 nie gekürzt.

Ich machte ihnen einen fantastischen Vorschlag: Wenn sie alle für das Gehalt arbeiten würden, das für sie unbedingt nötig sei, würde ich dafür sorgen, sie bis zum kommenden Herbst irgendwie durchzubringen, einschließlich ihres Urlaubs im Sommer. Das bedeutete, ich wollte einigen von ihnen, die arbeitende Ehemänner hatten, 15 Dollar die Woche zahlen und anderen, die drei Kinder hatten, 25 Dollar die Woche, ungeachtet ihrer früheren Gehälter. Ich dachte, da sie seit mehreren Jahren zusammenarbeiteten, würden sie kooperieren.

Natürlich wussten sie einfach nicht, wovon ich redete. Sie konnten nie mehr als einen Gehaltsscheck in die Zukunft denken, selbst in guten Zeiten. Eine von ihnen, eine unverheiratete Frau, die 25 Dollar die Woche mit dem Drapieren neuer Modelle verdiente, erzählte mir nachdrücklich, sie habe die Gewohnheit, der katholischen Kirche so viel in der Woche zu spenden, dass sie mit weniger als ihrem gegenwärtigen Gehalt nicht auskommen würde!

Einige von ihnen sagten, sie würden alles tun, was ich vorschlüge. Der Rest blieb mitleidlos stumm. Daher kürzte ich einfach ihr Gehalt von einem Grundgehalt von 35 Dollar auf ein Grundgehalt von 18 Dollar und die katholische Dame kündigte, zusammen mit zwei anderen, die später gezwungen waren, zurückzukommen. Es war eine schlimme Zeit für uns alle.

Ich hätte mir viel Ärger erspart, hätte ich wie alle anderen einfach gleich zu Anfang die Gehälter gekürzt. Meine Ladenbelegschaft von zwei Mannequins und einer Aushilfsverkäuferin kam und bot an, für 15 Dollar die Woche zu arbeiten, woraufhin wir alle kurz weinten und uns an die Arbeit machten.

Ich benachrichtigte die Kundinnen, dass ich ihnen für jede Summe, die sie zur Verfügung hatten, Kleider anfertigen würde, und am Ende der Saison stellte ich fest, dass ich kostendeckend gearbeitet hatte! In der Zwischenzeit hatte ich eine Menge Zeit zum Nachdenken, da wir nicht von Bestellungen überschwemmt wurden.

Ich dachte im Allgemeinen über Mary Lewis nach und wie sie mir erzählt hatte, dass Ford sein Geld mit Fords verdiene, nicht mit Lincolns. Und, im Besonderen, dachte ich über das En-gros-Geschäft nach. Ich wollte mit jemandem über meine Ideen sprechen, und Amos Parrish war in der Vergangenheit einer meiner besten Ratgeber gewesen. Er, glaubte ich, würde sich teilnehmend anhören, was ich über mich und das Großhandelsgeschäft im Kopf hatte.

Als ich ihn traf, erzählte ich ihm, dass ich doppelt so viele Dinge entwerfen könnte als ich momentan entwarf, also warum nicht für den Großhandel? Dieser ungeduldige Mann fand – ungeachtet der Depressionszeit – möglicherweise die richtige Antwort, da er mich ein wenig kannte.

Er sagte: »Wenn Sie doppelt so viele Kleider entwerfen können, warum werfen Sie nicht die Hälfte der Entwürfe weg, ehe Sie sie herstellen?«

Er verwies mich jedoch an einen Herren in seinem Büro namens Ray Kraemer, einen kleinen Mann mit Brille und scharf geschnittenen Gesichtszügen.

Mr. Kraemer sagte: »Ich würde *Bergdorf Goodman* oder *Hattie Carnegie* nicht geschenkt nehmen. In dieser Stadt verdient man Geld als Inhaber von *S. Klein* und Verkäufen zu 3,75.«

Er hatte vollkommen recht. Das Problem, wie sich für mich später zeigte, war: Ist es das wert? Er war der Herr, der mir eines Abends beim Dinner sagte, es gebe keinen Grund für die amerikanischen Stoffhersteller, Designer zu unterstützen. »Es wird immer Dummköpfe wie Sie geben«, sagte er, »die Geschäfte wie Ihres besitzen werden.«

Ich hasste ihn, weil er wiederum recht hatte. Dennoch, die Franzosen verstehen das. Menschen wie Mr. Kraemer lassen mich Mr. Rodier liebgewinnen. Zu diesem Zeitpunkt schuldete ich Mr. Rodier so viel Geld, dass er mein

Geschäft jederzeit hätte schließen lassen können. Ich verwendete fast ausschließlich französische Stoffe, vor allem *Rodier, Bianchini* und *Ducharne.* Diese Herren, in Person ihrer amerikanischen Vertreter, brachten mich durch die Depressionszeit.

Sicherlich wollten sie, dass ich ihre Stoffe nutzte und weiterhin nutzen konnte, und sicherlich zahlte ich dafür eine Menge. Ebenso sicher hätte ich – aufgrund der Erfordernisse, die das Betreiben eines Geschäfts wie *Hawes Inc.* mit sich brachte und die ich in einem späteren Kapitel darlegen werde – nicht überlebt, hätte es nicht den Kredit in Geld und Ratschlägen und Ermunterung, insbesondere von Mr. Newberg von *Bianchini,* gegeben.

Vielleicht hätte ich 1933 besser damit verbracht, mich mit den Franzosen und nicht mit dem amerikanischen Big Business zu verbinden. Aber so oder so musste ich mein Techtelmechtel haben. Außerdem war ich einen kurzen Moment von der Idee fasziniert, mehr als ein existenzsicherndes Gehalt zu verdienen. »Ford verdient sein Geld…«

Ich fand schließlich einen neuen Ratgeber in der Person von Louis Kirstein, dem Chef einer großen Gruppe von Läden, darunter *Filene* in Boston und *Bloomingdale* in New York. Er wies aus purer Großherzigkeit einen Mann seines Büros an, einen Textilfabrikanten zu finden, mit dem ich arbeiten könnte.

Eines Tages im Frühjahr 1933 wurde ich zu Mr. Kirsteins Büro gerufen. Sein Assistent sagte: »Nun, ich habe jemanden für Sie gefunden. Ich glaube, Sie können mit ihm auskommen. Er ist wirklich ein anständiger Mann. Er ist *ehrlich.*«

Ich war ein wenig zurückhaltend. Nicht zu fassen, aber mit dem Verstreichen der Jahre hatte ich Mr. Weinstock und seine und meine Geschäftsbeziehungen tatsächlich vergessen. Der Konfektionär war mit dem Diebstahl meiner Lederjacke zurück in mein Leben gekrochen, und ich hatte ihn als eine Selbstverständlichkeit akzeptiert. Das war die Art, wie man Geschäfte machte. Normalerweise geht niemand so weit anzudeuten, dass ein Kleiderfabrikant entweder ehrlich oder unehrlich ist. Faktisch wird vorausgesetzt, dass jeder darauf aus ist, jeden anderen auf der Seventh Avenue über den Tisch zu ziehen.

Seventh Avenue ist der Oberbegriff, der benutzt wird, um die gesamte Bekleidungsindustrie in New York zu bezeichnen. In Paris haben sie *La Couture.* Hier haben wir die Seventh Avenue.

Die Seventh Avenue ist eine breite Straße, flankiert von vielen kleineren Wolkenkratzern. Die Blöcke von der 42. bis hinunter zur 34. Straße haben die Aufgabe, alle Frauen Amerikas einzukleiden. Die Straße ist nicht nur mit Lieferwagen und Autos verstopft, sondern auch mit vielen, vielen Laufburschen, die kleine Rollwagen endlos von Gebäude zu Gebäude schieben. Die Wagen sind mit Stoffballen oder Kleidern auf Bügeln gefüllt.

Zur Mittagszeit ist der Block zwischen Broadway und Seventh Avenue in der Hand von Hunderten um Hunderten düster gekleideten Männern, die dort stehen, rauchen und sich unterhalten. Dies sind die Männer, die die Kleider zuschneiden. Sie tummeln sich dort jeden Tag.

Wenn der Arbeitstag vorbei ist, strömen tausende dunkelhaariger Juden aus Polen und Russland, Litauen und Deutschland von ihren Nähmaschinen auf die Seventh Avenue. Sie sind die geschickten Handwerker und Handwerkerinnen der amerikanischen Couture.

Stunde um geduldige Stunde schneiden sie zu und nähen die Kleider, Mäntel und Kostüme zusammen, die die großartige amerikanische Weiblichkeit bekleiden. Tausende weitere, auch solche von guter alter amerikanischnordischer Art, werden von derselben Beschäftigung in Städten und Gemeinden außerhalb von New York in Anspruch genommen.

Außerhalb der Stadt werden sie geschunden und ausgebeutet, getreten und schlecht bezahlt. Sie drängen sich in Kellern, wo sie 9 Dollar die Woche für 54 Stunden bekommen, Stunden, in denen sie dein Kleid für 4,95 nähen.

In New York sind sie – so die verhassten Worte – gewerkschaftlich organisiert. Sie werden besser bezahlt und arbeiten 35 Stunden die Woche. Sie sind viele Wochen im Jahr arbeitslos, und ständig wird verlangt, dass sie ihre Arbeit schneller und schneller erledigen. Sie werden bespuckt und außerhalb New Yorks als »dreckige Juden« bezeichnet. Die Leute sagen, sie seien unamerikanisch. Werft sie raus. Schickt sie dorthin zurück, wo sie herkommen. Ihre Chefs nennen sie »Itzigs« und sagen, zur Hölle mit den grässlichen Gewerkschaften. Was haben sie für ein Recht zu versuchen, über mein Geschäft zu bestimmen? Aber dennoch tauchen diese fähigen Handwerker der großartigen amerikanischen Couture jeden Tag an der Seventh Avenue auf und nähen und nähen und nähen für das Ziel, die Amerikanerinnen schön einzukleiden.

Sie entscheiden nicht, wie schmal die Nahtzugaben sein sollen, wie billig die Seide, wie schnell das Kleidungsstück fertig sein muss. Sie tun, wie ihnen geheißen.

Aus ihrer Mitte kommen viele der Weinstocks, der Leo Levines und der Joe Rosenthals hervor, die Wirtschaftsführer der amerikanischen Bekleidungsindustrie.

Sie, oder ihre Väter, kamen in das gelobte Land und schafften es, ihre eigenen kleinen Firmen zu gründen. Wenn sie ihre Lektionen gut lernten, wurden aus kleinen Firmen große. Leo wird zu Leo Levine.

Nun hat Leo Levine Geld. Er hat einen großen Wagen und er fährt nach Paris. Er spekuliert an der Börse oder er kauft Immobilien. Er wird Amerikaner. Er sagt oft ganz wunderbare Dinge zu einem, in seiner neuen Sprache. Er sieht zu, wie die Kleider vorbeiparadieren, seine Kleider an seinen Mannequins in seinem Showroom. Er kneift die Augen zusammen, pafft an seiner Zigarre. »Schauen Sie sich das Fahrgestell dieses Kleides an«, seufzt er mit einem träumerischen Ausdruck.

Leo Levine ging durch eine harte Schule. Er lässt andere das widerfahren, was ihm selbst widerfahren ist. Selbstverständlich behandelt er seine Arbeiter nicht besser, als sein Boss ihn behandelte. Ihm wurde von seinem Boss beigebracht, vier Yards Stoff auf je hundert Kleider einzusparen, selbst wenn die Nähte platzen sollten. Er lernt schnell, beobachtet Joe Rosenthal, wie man entspannt in *Patous* Salon sitzt und Elizabeth Hawes dabei zusieht, wie sie kleine Notizen für seine Skizzen macht.

Joe Rosenthal, ein anderer Tonangeber der Seventh Avenue, stammt nicht aus dem Fußvolk. Sein Vater sparte genug, um ihn an die Columbia-University zu schicken und seine Firma zu gründen. Aber als er an die Seventh Avenue gelangte, sah er, dass es Leo Levines Straße war, und die Levine-Psychologie dort dominierte. Joe Rosenthal stellte fest, dass er die Nahtzugaben wegschneiden und versuchen musste, beim Material einen besseren Preis zu bekommen, wenn er mit Leo Levine konkurrieren wollte.

Da Leo von Anfang an gar nichts hatte und zu dem Glauben erzogen wurde, mit einem der wenigen Mittel, die ihm zur Verfügung standen, so schnell wie möglich ans große Geld zu kommen, ist er ein eingefleischter Glücksspieler. Der größte Teil des Geldes, das er an der Seventh Avenue verdient, wird an der Wall Street verloren.

Er führt sein Geschäft wie ein Glücksspieletablissement und zeigt so seinen unverzeihlichsten Fehler in einer Welt, die der Wirtschaftlichkeit und Effizienz gewidmet ist. Am Ende der Saison, wenn die Dinge zusammengezählt werden – wenn Leo Geld verdient hat, gut. Wenn nicht, schließt er diesen Laden und eröffnet einen neuen.

Joe Rosenthal führt sein Geschäft nicht auf diese Weise. Er hat Buchhalter und sogar Wirtschaftsberater. Er kalkuliert die Kosten genau. Aber gerade um die Ecke ist Leo Levine, der sich selbst an den Haaren aus dem Sumpf zog und lernte, dass man nur für die Dinge bezahlt, die man nicht mit anderen Mitteln erlangen kann. Leo Levine kopiert alle Bestseller von Rosenthal, natürlich zu einem niedrigeren Preis.

Eine Organisation wird gebildet, auf Betreiben von Joe Rosenthal et al., und *Levine and Co.* wird erwischt. Es ist ein Verband, der Plagiate verhindern soll. Der Ball wird den Kaufhäusern zugespielt. Wenn festgestellt wird, dass ein Geschäft eine Kopie von einem von Mr. Rosenthals – oder Mr. Levines – Kleidern verkauft, stimmen alle Mitglieder des jeweiligen Fabrikantenverbandes darin überein, diesem Geschäft gar keine Kleider mehr zu verkaufen, bis es verspricht, es nicht wieder zu tun.

Joe Rosenthal hat nun Leo Levine da, wo er ihn haben will. Er hat die Dinge geregelt, so dass Leo die Kleider von Rosenthal nicht einfach kopieren kann. Ein Präzedenzfall gegen eines der großen Kaufhäuser, das eine Kopie eines registrierten Kleides verkaufte, wird vom Verband gewonnen. Leo Levine hält eine Rede, die den Sieg der Seventh Avenue feiert. Die Mehrheit der Hersteller, die dem Verband angehören, schüttelt einander die Hände und fährt mit dem nächsten Schiff nach Paris ab, wo sich alle so viele Modezeichnungen beschaffen wie nur möglich. Sie bekommen alle dieselben Skizzen, kehren nach Hause zurück, beginnen eine neue Saison und konkurrieren über den Preis der Kopien nach den Skizzen, die sie versprochen haben, sich gegenseitig nicht zu stehlen.

Die Bekleidungsindustrie ist der zweitgrößte Industriezweig der Vereinigten Staaten. Eines Tages könnte sie durchaus so betrieben werden wie US-Steel, die Stahlindustrie der USA, die sie an Geschäftsvolumen schon übertrifft.

In der Zwischenzeit gibt es nur einen kleinen Faktor, den weder Leo Levine noch Joe Rosenthal jemals verstehen können. Zufällig ist er die Grundlage, auf der ihr gesamtes Geschäft beruht, ungeachtet dessen, wie es geführt sein mag.

Es ist ein Faktor, dem sie beipflichten, an den sie glauben. Er wird Mode genannt.

Levine und Rosenthal werden beide von der Mode vollkommen aus dem Konzept gebracht. Sie wissen nie, was für eine Art Kleid sie als Nächstes herstellen sollen. Sie wissen nie, ob die Röcke kurz bleiben oder lang werden oder sich über Nacht in Hosen verwandeln. Sie füttern den gesamten Überbau aus Modepresse und Kaufhäusern, aber ihnen gelang es nie herauszufinden, was sie wann füttern müssen.

Die einzige Berührung des Konfektionärs mit der Öffentlichkeit läuft über die Einkäuferin der Kaufhäuser. Deren hauptsächlicher Kontakt mit dem Publikum läuft über ihre Verkäuferinnen. Sie hört von ihnen nicht viel über einzelne Kundinnen. Sie trifft selbst nur selten Kundinnen. Die Einkäuferin wünscht sich heimlich, der Hersteller würde ihr sagen, was sie bestellen soll. Der wünscht sich, sie würde ihm sagen, was er herstellen soll. Oft tut sie das. Beide verlassen sich vor allem auf Paris, das ihnen einen Wink geben soll – Paris, und vergleichbare Einkaufsabteilungen.

Der Konfektionär hat eine Referenz-Einkaufsabteilung in Gestalt einer Zeichnerin, die ihm berichtet, was die anderen Konfektionäre fabrizieren. Die meisten Bekleidungshersteller kommen ganz ohne Designer aus. Sie schauen sich einfach um, kaufen einige Modezeichnungen, besprechen sich mit einigen Einkäuferinnen, diskutieren die ganze Sache mit der Chef-Schnittdirectrice oder ihrem männlichen Pendant. Der Schnittmacher, der sich selbst für einen Modeschöpfer hält, fängt an, sich eine »Linie« auszudenken.

Er wird mit der Linie nie fertig. Tagein, tagaus macht er mehr Modelle. Sobald er siebzig oder achtzig fertig hat, die die erste Linie jeder Saison bilden, fängt er an, »aufzufüllen«. Da der Konfektionär selbst keinen individuellen Geschmack hat, sondern ganz und gar auf die Meinung seiner Kundinnen zählt, wirft er aus der ersten Linie alle Kleider heraus, die keine große Anzahl von Käuferinnen ansprechen.

Der Schnittmacher füllt die Linie mit anderen Kleidern auf, die ihrerseits herausgeworfen und durch noch mehr Modelle ersetzt werden. Er hat keinen bestimmten Grund, für das, was er für die »Linie« erschafft. Und er beendet jedes Kleid, das er beginnt. Er entwickelt neue Modelle in ein paar Tagen. Wenn sie fertig sind, schauen der Boss und die Verkaufsabteilung sie sich an. Sie nehmen sie in die Linie auf oder werfen sie weg. Der Ausschuss ist gewaltig.

Es ist nicht so, als würden sie ständig wirklich neue Dinge ausprobieren. Das Auffüllen der Linie erfolgt Monat für Monat mit denselben Grundschnitten. Es ist der Stolz einiger Konfektionäre, dass sie eine neue Linie mit nur drei Kleiderschnitten erstellen. Die Neuheit, die so laut verlangt wird, besteht in neuen Garnituren, neuen Kragen und Manschetten, neuen Glasknöpfen, neuen Spangen, neuen Blumen und all dies bitte nicht *zu* neu.

Niemand geht es jemals wissenschaftlich an und ermittelt, wohin sich der Geschmack der Öffentlichkeit gedreht hat, ob die Frauen bereit sind, hohe Taillen oder lange Röcke oder was auch immer zu tragen. Die Konfektionäre verhöhnen dich, gibst du zu bedenken, dass diese Ausprobiererei vollkommen unnötig und außerdem sehr kostspielig ist. Für sie ist das, was sie Mode nennen, ein Rätsel, das sie niemals verstehen werden.

Der Mode gelingt es tatsächlich, die meiste Zeit ein Mysterium zu sein, aber mit dem Stil verhält es sich natürlich anders. Die Mode ist ein Rätsel, denn sie ist etwas, das sich ohne ein Verhältnis zum Geschmack oder den Bedürfnissen der Öffentlichkeit entwickelt.

Manchmal, wenn sie stark genug beworben wird, setzt sich eine Mode für kurze Zeit durch. Manchmal entpuppt sich eine Mode als amüsant, wie zum Beispiel, sich ein Tuch um den Kopf zu binden, statt einen Hut zu tragen. Das droht tatsächlich, zum Stil zu werden. Es ist so einfach und praktisch.

In einem Jahr bei *Hawes Inc.* hatten wir Spaß daran, »YES« auf die Handfläche des einen Wollhandschuhs zu sticken und »NO« auf den Handrücken seines Kameraden. Es war albern, und jeder kaufte die Handschuhe, trug sie, und warf sie weg. Wenn die Stickerei in Massenproduktion hätte hergestellt werden können – was sie nicht konnte – hätte das für sehr kurze Zeit Mode werden können.

Jede einzelne Saison veranstalten die Kunstblumenproduzenten Shows und senden Mitteilungen aus, dass bestimmte Blumen richtig oder chic oder unverzichtbar seien. Manchmal harmonieren die Blumen zufällig mit der Art von Kleidern, die getragen werden. Manchmal ist der Frühling so wunderbar und das Leben so fröhlich, dass die Frauen Lust haben, eine Blume an ihre Mäntel zu stecken. Dann sind bestimmte Blumen in Mode. Manchmal möchten die Frauen einfach keine Blumen tragen, und die Blumenhersteller haben eine schwere Zeit und beklagen sich, dass man den Geschmack des Publikums nie erkennen könne.

Manchmal bringen bekannte Modeschöpfer Kleider mit einer Menge Pailletten in Paris heraus. Die amerikanischen Konfektionäre fangen alle an, Kleider mit Pailletten herauszubringen, viele Kleider mit vielen Pailletten. Die Geschäfte werben dafür. Pailletten sind in Mode, sagt man. Die Kleider verkaufen sich nur in der Billigversion. Die Konfektionäre sagen, man könne den Geschmack des Publikums nie erkennen.

Die Konfektionäre, zumindest einige von ihnen, sind seit Jahrzehnten im Geschäft. Sie scheinen nicht zu erkennen, dass Pailletten in Frankreich relativ teuer sind. Hier bei uns können wir uns fast alle an tausend billige, geschmacklose kleine Paillettenkleider erinnern, gerade geschnitten, knielang, die in den Läden am Broadway hängen. Hier wissen wir, dass Pailletten billig sind, und wenn es damit wieder losgeht, löst das Bauchschmerzen aus. Natürlich wollen die meisten Frauen hier, die einen guten Preis für ein Abendkleid zahlen, keine Pailletten. Abgesehen vom Snob-Faktor und der Assoziation mit Theda Bara und der Paillettenrobe, ist es einfach zu leicht möglich, dass man vom Anblick einer Paillette genug hat und einem schlecht wird.

Sogar wenn nichts als der Snob-Faktor beteiligt wäre, sollte jeder intelligente Geschäftsmann über seine Funktionsweise Bescheid wissen. Lass die 4,95-Kleider Pailletten haben, Joe Rosenthal. Deine kaufkräftigeren Kundinnen sind nicht unberechenbar. Sie werden sie nicht haben wollen.

Und immer wieder, warum, oh, warum, Joe Rosenthal, waren Sie so überrascht, als die Röcke lang und die Taillen natürlich wurden? Drei lange Jahre kam das auf Sie zu. Es war Stil, Mr. Rosenthal. Stil ist niemals unberechenbar.

Aber Rosenthal und Levine beschäftigen sich nicht mit Stil. Sie glauben, dass sich alles zwei Mal im Jahr verändert und sie wollen es so. Andernfalls müssten die Menschen nicht so viel Kleidung kaufen. Genauso wenig beschäftigen sich die Konfektionäre mit Qualität, denn sie hält lange und macht zukünftige Käufe überflüssig. Sie machen sich keine Gedanken darüber, ob die Kleidung nützlich, oder schön, oder funktional ist. Das ist, offensichtlich, nicht Teil ihrer Arbeit.

Der offensichtliche Grund, warum ich schließlich für *N. H. Nibs* so viele Schwierigkeiten verursachte war, dass ich nicht verstand, worum es ging, als ich den Auftrag annahm. Mr. Nibs war der Konfektionär, den Mr. Kirsteins Assistent für mich gefunden hatte.

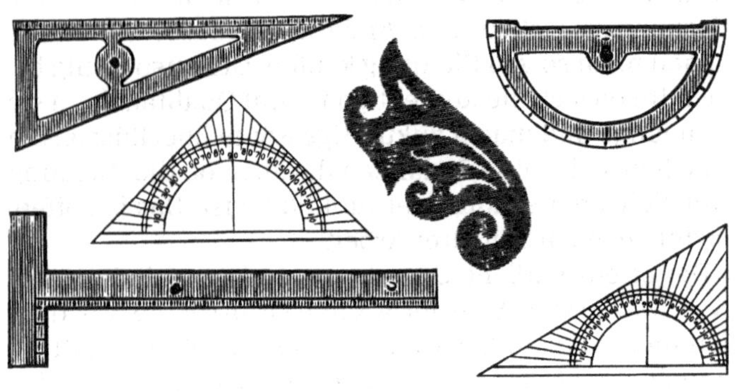

17 Fords, nicht Lincolns

Mr. Nibs war ein Großcousin von Joe Rosenthal. Er war groß, grauhaarig, schwarzäugig und nervös. Er war erschöpft.

Ich war überzeugt, dass Mr. Nibs recht gut in der Lage war, mit allem zurechtzukommen, als er das Konfektionsgeschäft begann, 18 Jahre, bevor ich ihn traf. Die Mode hatte die Dinge noch nicht bis zu dem Grad beschleunigt, dass man zumindest so tun musste, als ob sich die Dinge ungefähr jede Woche änderten. Mr. Nibs hatte ursprünglich ein solides Unternehmen mit Kleidern für ältere Frauen. Die Mode überwältigte ihn – die Mode und die schlechten Zeiten. Einer der Standardwitze des Konfektionsbusiness geht so: Man zeigt auf ein Kleid bei einer Saisoneröffnung und sagt: »Das ist ein gutes Frauenkleid.« Woraufhin der Gesprächspartner antwortet: »Es gibt keine guten Frauen mehr.«

Sicherlich nahm die Zahl der Frauen ab, die Mr. Nibs' Gute-Frauen-Kleider besitzen wollten. Schließlich setzte die Depression tatsächlich ein. Wie so ziemlich alle Konfektionäre, die später meinen Weg kreuzten, versuchte Mr. Nibs der Depression entgegenzuwirken, indem er etwas anderes ausprobierte.

Er legte sich sehr ins Zeug, als er eine amerikanische Designerin anstellte und mit ihr warb. Ich bin sicher, dass er die ganze Begebenheit oft bereut haben muss, auch wenn ich weiß, dass er – wie ich – ahnte, dass wir gut hätten zusammenarbeiten können. Wenn ich nur nicht ausgebildet worden wäre, teure Kleider auf Bestellung anzufertigen und das auch sehr schätzte. Er war stur, aber nicht unbeweglich, und er war ein durch und durch ehrlicher Mann.

Ich verdingte mich bei ihm Ende Mai 1933 für 100 Dollar die Woche, plus Kommission auf seinen Bruttoumsatz. Meine Aufgabe war, alle Entwürfe zu machen, bei freier Zeiteinteilung. Ich führte natürlich immer noch *Hawes Inc.* in der Stadt.

N. H. Nibs war ein Haus, das sich auf Sportswear zu Preisen von 10,95 bis 39,50 Dollar im Großhandel spezialisiert hatte. Man verdoppelt ungefähr den Großhandelspreis, um auf den Einzelhandelspreis zu gelangen.

Eine sehr seltsame Angelegenheit im Großhandelsgeschäft ist, dass sich alle Häuser spezialisieren. Die meisten von ihnen haben nie einen Designer im echten Sinn des Wortes gehabt, und es ist vermutlich einfacher für sie, sich auf eine Sorte Kleider zu konzentrieren. Für einen Modeschöpfer wäre das unsinnig. Sobald man eine Idee für Sportkleidung hat, sieht man den Rest der Kleider vor sich, den die Frauen haben wollen.

Da die meisten Konfektionäre die Arbeit mit echten Designern nicht gewöhnt sind, sehen sie es als ihr Recht und ihre Pflicht an, derjenigen, die versucht, diese Aufgabe zu erfüllen, zu sagen, was sie entwerfen soll. Sie sagen: »Machen Sie mir sechs kleine Nachmittagskleider aus Satin.« Man soll sogleich sechs Ideen für Satin haben. Es wird von einem nicht erwartet, eine Vorliebe für oder eine Abneigung gegen ein bestimmtes Material oder eine bestimmte Art der Schnittführung zu haben. Als Designerin in der Konfektion wird von einem erwartet, automatisch drei oder vier neue Entwürfe pro Woche zu liefern, 52 Wochen im Jahr, welches Material auch immer und welche Schnittführung auch immer ausgewählt wird. Dies ist ein Grund, warum nur wenige echte Modeschöpfer fähig waren, an der Seventh Avenue zu arbeiten.

Und davon abgesehen wird von einer Designerin in der Konfektion der Seventh Avenue erwartet, dass sie zwölf Monate im Jahr entwirft. Es ist unvermeidlich, dass ihr dabei der Saft ausgeht. Für Hilfe muss sie nach Paris rennen, oder sie wird rausgeworfen. Die Konfektionäre wechseln ständig ihre Designerinnen aus, nehmen eine neue dazu und werfen eine andere hinaus.

Würde das Bekleidungsunternehmen zu dem Zweck betrieben werden, Stil zu erschaffen, jede Designerin würde jedes Jahr ihre Hundert neuen Ideen mit Variationen produzieren, sorgfältig und durchdacht. Sie hätte Zeit, sich mit dem Publikum zu treffen, für das sie arbeitet, vielleicht sogar, mit ihm zu reden.

Aber so, wie die Dinge liegen, ist der Ruf nach »etwas Neuem« – etwas Neuem zu annoncieren, etwas Neuem, um es den Einkäuferinnen zu zeigen, etwas Neuem, um die Aufmerksamkeit der Öffentlichkeit auf sich zu ziehen – ein unaufhörliches Getöse, das die Sinne abstumpft. Es unterdrückt die Fantasie fast jedes Modeschöpfers der Seventh Avenue.

Ich möchte damit nicht andeuten, dass es keine wirklich kreativen Designer an der Seventh Avenue gäbe. Es gibt einige wenige, die ihre eigene Firma besitzen und dafür entwerfen. Einige sind der Öffentlichkeit bekannt wie Clare Potter, die Teilhaberin ihres Labels ist.

Im Allgemeinen ist der Konfektionär nicht begierig darauf, dass seine Designerin bekannt wird, aus dem einfachen Grund, dass es der Designerin zu viel Macht gibt. Wenn sie eine erfolgreiche Designerin ist, wird sie so schnell wie möglich eingeheiratet oder in die Firma aufgenommen aus Angst, sie könnte, verlockt von einem höheren Gehalt, die Firma verlassen.

In jedem Fall gibt es sicher nur wenige Designerinnen in der Bekleidungsindustrie, die ihre Entwürfe ohne Einmischung ausarbeiten dürfen, egal welchen Status sie in einer Firma besitzen, die nicht ihre eigene ist. Die Einmischung wird durch die Angst des Chefs vor der Mode veranlasst. Er wird nicht glauben, dass ein menschliches Wesen die Mode wirklich versteht. Er wird im tiefsten Innersten glauben – und normalerweise ziemlich unverblümt – dass die Franzosen sie erschaffen haben und dass nur sie wissen können, was als Nächstes damit geschieht. Offensichtlich muss er demzufolge glauben, dass Pariser Designerinnen so eine Art Göttinnen sind.

In den letzten Jahren wurde es unter den großen Bekleidungsherstellern zur Mode zu sagen, dass die Pariser Modeschöpfer schließlich doch nicht so gefragt seien. Aber, während die Konfektionäre das sagen, schauen sie entweder hastig einen Stapel französischer Modezeichnungen durch, oder sie sind gerade dabei, ein Schiff in Gottes gelobtes Land zu erreichen.

Am Anfang meiner Karriere bei *Nibs* hatte mein Chef gehörigen Respekt vor mir. Er ließ mich in Ruhe und ich konnte tun, was ich wollte. Meine Zeitungsartikelsammlung hatte ihm Angst vor meiner Gottgleichheit eingepflanzt. Genauer gesagt beobachtete mich jeder dort über

Monate nervös aus dem Augenwinkel. Sie erwarteten, dass ich »Temperament« hätte. Vielleicht wäre ich besser angekommen, wenn ich das an den Tag gelegt hätte.

Im Juni 1933 machte ich mich an die Arbeit, um meine erste Linie zu entwerfen. Der Herr, der die Muster für mich nähen sollte, hieß Mr. Meyer. Er war ein Engel. Er hatte etwa meine Größe, nur zweimal meine Breite, und war kahl und glänzend. Er hatte wundervolle große Scheren, die er mit großem Können gebrauchte. Zuerst versuchte er sein Bestes, zu tun, was ich verlangte.

Er merkte, dass ich einiges über die Konstruktion und Schneiderei wusste, was sehr hilfreich war. Ich merkte, dass er nur eine Art kannte, Kleider herzustellen, was überhaupt nicht hilfreich war. Er schnitt alle Röcke eng und ich meine damit *sehr* eng. Er konstruierte alle Taillen mit Falten, damit sie »für große Größen geschnitten« werden könnten. Er konstruierte alle Kleider zu schmal im Rückenteil und setzte alle Ärmel falsch ein, nachdem er das Armloch zu klein zugeschnitten hatte.

Er dachte sehr langsam und genau, entlang seiner eigenen Vorstellungen. Wenn man ihn beauftragte, etwas zu tun, von dem er entweder nicht wusste, wie, oder das er nicht tun wollte, dann sagte er »ja« und tat es nicht. Er schnitt die Musterteile direkt aus dem endgültigen Material zu, ohne auch nur einen Zentimeter Spielraum für Änderungen irgendeiner Art. Er ließ sie dann von seinen professionellen Musternäherinnen in ein paar Stunden zusammennähen.

Du würdest ihm eines Morgens eine Zeichnung geben, und wenn du vom Lunch zurückkämest, wäre da ein Kleid. Nicht das, was du im Kopf hattest, aber ein Kleid. Der Ausschnitt wäre zu tief und zu breit, die Taille wäre gerade, wo deine geschwungen war, der Ärmel wäre eng, wo deiner weit sein sollte, der Rock wäre gerade so weit ausgestellt, dass es aussähe, als ob die Nähte nicht gerade genäht worden wären.

Und da wäre Mr. Meyer, strahlend und schwitzend und stolz. Es war herzzerreißend. Er stellte niemals echte Entwürfe her, nur mehr und immer mehr Modelle, alle nach einem einzigen Grundschnitt geschnitten. Er hielt sich selbst für einen Designer und war sehr, sehr empfindlich bei dem Thema. Wäre er nicht ein perfekter Gentleman gewesen und ich nicht so durch und durch davon überzeugt, dass er sein Bestes versuchte, hätten wir zweimal am Tag aufeinander eingeschlagen.

Aber so brachten wir eine Linic von Klcidern und Kostümen heraus, die gar nicht schlecht war. Ich tastete mich vorwärts und war konservativ. Konservativ für mich ist für die Seventh Avenue schon gewagt. Ich entwarf Farbkombinationen von Rot und Purpur und Blau, die mir ziemlich banal vorkamen und die Verkaufsabteilung schier umhauten.

Die Kleider verkauften sich. Sie verkauften sich, weil wir sie bewarben. Hurra... mein Manager bei *Hawes Inc.* und ich hatten der Kaufhauswelt nicht verraten, was *Hawes* alles getan hatte.

Wir gaben eine große Mappe mit abgedruckten Zeitungsausschnitten heraus. Es war eine wunderbare Arbeit. Zuerst erzählten wir, wer *Hawes* war, *die* amerikanische Designerin. Dann gingen wir ins Detail, was mein eigenes Geschäft betraf, mit Bildern von Fontanne und Hepburn und den prominenten Frauen, die meine Kleider trugen. Wir berichteten, wie *Lord and Taylor* nach meinen Erzeugnissen verlangt hatte, wie ich diesen und jenen kleinen Auftrag für Konfektionäre übernommen hatte. Schließlich, erzählten wir ihnen, hatte ich nachgegeben, und hier, oh hier seien für die ganze Welt Kleider von *Hawes* zu haben. Hier, bei *N. H. Nibs*, gab es eine neue Herbstlinie von

Elizabeth Hawes-Originalen zu Preisen, die sich jeder leisten konnte.

Um die Aufgabe zu vervollständigen, zeigten wir den Geschäften, wie sie für die Kleider werben sollten, indem wir Kopien meiner Anzeigen nachdruckten und ihnen sagten, wie das Verkaufspersonal angeleitet werden sollten, um die Kleider zu verkaufen.

Ich beendete die erste Linie Ende Juni 1933. Wir hatten den Vorführraum von *N. H. Nibs* neu renoviert, der vorher ein elender Anblick war – beige Wände, beige Jalousien, braune hölzerne Abtrennungen zwischen den Tischen, wo die Einkäuferinnen an braunen hölzernen Tischen saßen, und wo sie über einen braunen Teppich hinweg »Frauenkleider« anschauten.

In der Konfektion ist jede Einkäuferin oder jede Gruppe von Einkäufern von den Nachbarn durch eine Art Schirm, einen Vorhang oder eine Stellwand getrennt. Vermutlich, damit keiner sehen kann, was der andere Einkäufer ordert. In Wirklichkeit weiß jeder, was jeder andere tut, weil die Verkäufer es allen verraten. Die Abtrennungen dienen dem nützlichen Zweck, die Einkäufer dazu zu bringen, sich auf die Kleider und nicht auf die anderen Kunden zu konzentrieren.

Ich rief verzweifelt Ted Muller zu mir, der alle meine Innendekorationen macht, und leierte ein paar hundert Dollar aus Mr. Nibs heraus. Ted besorgte Jalousien, die weiß und sauber aussahen, strich die Wände gelb, strich die Eingangshalle braun und stellte ein paar weiße, lederbezogene Stühle und einen kleinen Tisch mit Glasplatte hinein. Wir fügten ein paar hellorange Vorhänge an den Fenstern hinzu, und obwohl es nicht ganz das war, was wir uns wünschten, sah es doch aus, als ob es dort möglicherweise einige Kleider geben könnte, die nicht 18 Jahre zuvor entworfen worden waren.

Ted hatte seine Schwierigkeiten, die es wert sind, erwähnt zu werden, denn sie sind so bezeichnend für die Abläufe in der Seventh Avenue. Alles, was schließlich beschlossen war, ein Stuhl, ein Tisch, eine Jalousie, ein Stück Vorhangstoff, musste günstiger durch einen Freund oder einen Verkäufer oder Verwandten von *N. H. Nibs* besorgt werden.

Das Endergebnis entsprach dem, was immer bei dieser Einkaufsmethode entsteht. Alles kam sehr spät an. Es gelang uns nicht ganz, die Renovierung rechtzeitig zur Vorführung der Kleider zu beenden. Und jedes einzelne Teil war ein bisschen falsch. Tage wurden darauf verwendet, ein bestimmtes Vorhangmaterial für ein paar Cent pro Yard unter dem Großhandelspreis zu bekommen. Alles in allem wurden wohl, da die Zeit bei der Jagd nach einer billigeren Version kein Faktor war, satte 15 Dollar bei der Renovierung gespart, nebst wie auch immer gearteten Kosten an strapazierten Nerven, und schließlich an Wirkung.

Als alles fertig war, beklagte sich die Verkaufsabteilung, dass die braunen Wände am Eingang zu dunkel seien, trotz der weißen Decke. Sie waren vorher nie etwas ausgesetzt gewesen, das auch nur entfernt moderner Einrichtung ähnelte. Um sie aufzuheitern, brachte ich eine Schriftrolle mit, die mir Noguchi gegeben hatte; ein langes, weißes Blatt mit einer Tuschemalerei eines sehr schönen Händepaars. Quer über die Hände, den Entwurf vervollständigend, lief ein Wirbel grauer Farbe.

Es erwies sich alles als ziemlich katastrophal. Mehrere Wochen vergingen, ehe sich jemand traute, mich danach zu fragen. Eines Tages, als ich versuchte, mich mit den drei oder vier Herren anzufreunden, die die Lust und den Frust haben sollten, Hawes erste Konfektionslinie zu verkaufen, knickte einer von ihnen ein. »Miss Hawes, warum eigentlich ist da dieser Schmutzfleck auf den Händen?« fragte er vertraulich.

»Nun ja, ich weiß nicht«, sagte ich. »Es vervollständigt die Komposition, nehme ich an.«

»Was ist die Komposition?« fragte er mutig.

Ich rekapitulierte alle Kurse, die ich in *Vassar* in Französisch, Niederländisch, Italienisch und Moderner Malerei belegt hatte. Ich schaute in sein eher weiches Gesicht mit seinem recht brutalen Mund. »Es ist KUNST«, sagte ich.

Sie sahen alle vollkommen zufrieden aus. Kunst und Mode waren zwei Dinge, die sie nie zu ergründen hofften. Die meisten von ihnen wissen, dass Stil aus der Mode gekommen ist. Ich kann mir nicht vorstellen, woher die Handelsvertreter der Seventh Avenue kommen. Sie sind eine eigene Rasse. Einige von ihnen steigen zweifellos durch gute harte Arbeit aus dem Warenlager oder aus dem Heer der Laufburschen auf. Sie werden herumgeschubst, und wenn sie das aushalten und ein Quäntchen Energie behalten, werden sie vielleicht Vertreter.

Viele von ihnen sind mit dem Boss verwandt. Himmel hilf. Wenn Mr. Nibs doch einfach seinen Verwandten jeden Monat einen Scheck gegeben hätte, statt sie zu beschäftigen! Es gab eine unbestimmte Zahl von ihnen – meistens ineffizient – die halfen, den Laden in Schwung zu halten. Einer oder zwei von ihnen verkauften Kleidung.

An der Seventh Avenue Kleider zu verkaufen, ist etwas Besonderes. Das Verkaufen besteht darin, sich mit den Einkäufern zu befreunden. Das ist zumindest der Aberglaube, auf dessen Grundlage die Verkaufsabteilung handelt. Ich habe viele Einkäuferinnen und Einkäufer getroffen und mit einigen zusammengearbeitet. Sie sind ein einsamer Haufen. Sie kommen aus New York nach Paris oder sie kommen von überall aus den Vereinigten Staaten nach New York. Sie wollen zum Dinner ausgeführt werden.

Sie haben keine echten Freunde in den Städten, durch die sie bei ihren Einkaufstouren reisen müssen. Sie möchten ins Theater gehen. Sie lieben Geschenke wie jeder andere auch. Aber sie sind im Großen und Ganzen, denke ich, nicht offen für Bestechung. Meine Meinung entspricht nicht im geringsten der Auffassung, die den größten Teil des Geschenkeverteilens und Ausgehens motiviert, mit dem sich die Vertreter der Seventh Avenue beschäftigen.

Als ich einmal auf einem Frachtschiff nach Haiti fuhr, gab es einen anderen Passagier, einen Vertreter von Konfektion aus der Seventh Avenue. Ich fragte ihn, was er auf dem Schiff mache, und er erklärte mir, es sei gerade die Zeit zwischen den Saisons und er werde Geschenke für seine Einkäuferinnen kaufen, Parfüm. Parfüm wird auf die karibischen Inseln zollfrei eingeführt und kostet dort etwa die Hälfte dessen, was es in New York kostet.

Er kaufte Parfüm im Wert von gut 300 Dollar für 150 Dollar. Damit sparte er den Preis für die Reise und lebte gewissermaßen drei Wochen für nichts auf dem Schiff. Ich half ihm, indem ich etwas mit auf meine zollfreien 100 Dollar nahm, und er zahlte keinen Zoll.

Er versicherte mir – aus meiner Erfahrung bei *Nibs* bin ich sicher, dass es wahr ist – dass er jeder Einkäuferin, die mit ihm Geschäfte macht, zuerst ein Weihnachtsgeschenk überreicht. Dann muss er mit ihr ausgehen, wenn sie in New York ist. Er sagte, er hasse das Ausgehen mit Provinzeinkäuferinnen, aber wenn er es nicht täte, würden sie nichts von ihm kaufen.

Ich glaube, das könnte teilweise wahr sein, da die meisten Konfektionäre nur über den Preis konkurrieren. Wenn die Einkäuferin das, was sie will, an ganz vielen Orten bekommen kann, mag sie menschlicherweise denen zugeneigt sein, deren Verkäufer sie ausgeführt und ihr die meisten Geschenke gegeben hatte.

Ich vermute als Grund, weshalb die meisten Vertreter der Seventh Avenue so brutal aussehen, dass sie es satt haben, mit Einkäuferinnen auf Besuch auszugehen. Ich denke der Grund, warum sie nichts über Stil oder Mode wissen ist, dass sie ihre ganze Aufmerksamkeit darauf richten, diese Einkäuferinnen kennenzulernen und sie mit Drinks zu versorgen.

Wenn die Zeit gekommen ist, die neue Linie zu verkaufen, tun sie nichts, außer zu sagen: »Mabel, gehen Sie am Freitag mit mir ins Casino? Ich denke, Sie sollten dieses schwarze Kleid ordern, *Haldanes* Einkäuferin, mit der ich gestern Abend ausging, hat es heute morgen gekauft. Es muss gut sein.«

Nun gibt es eine gewisse Wahrscheinlichkeit, dass Mabel sehr gut weiß, ob sie das schwarze Kleid kaufen soll oder nicht. Und die Einkäuferin von *Haldane* hätte es gekauft, wenn es ihr gefällt, egal ob der Vertreter sie zum Dinner eingeladen hätte oder nicht.

Die Verkaufsmethoden der Vertreter sind eine Quelle des Erstaunens, nicht nur für ein einfaches Mädchen wie mich, sondern auch für die vielen Experten, die jemals das Thema des Verkaufens in dieser hochspezialisierten Zeit erforscht haben. Es ist nichts als eine Tradition, die das Verkaufen an der Seventh Avenue regiert; eine Tradition, die der guten, alten Vergangenheit angehört, als Wareneinkäufer eine andere Spezies waren. Tausende von Dollar werden für Ausgehen und Geschenkeverteilen ausgegeben, die genauso gut gespart werden könnten, anstatt über höhere Preise an die Allgemeinheit weitergereicht zu werden.

Die Verkäufer von *Nibs* benahmen sich auf die traditionelle Weise, und meine Erfahrungen dort bewiesen die fehlende Stichhaltigkeit ihrer Methode. Mein Manager und ich und unsere Werbeideen holten in jener ersten Saison eine Menge Einkäuferinnen zu *Nibs,* die vorher noch nie einen Fuß in die Firma gesetzt hatten. Wir gaben ihnen keine Geschenke und kein Unterhaltungsprogramm. Wir lieferten ihren Werbeabteilungen eine Menge Bohei, mit dem sie arbeiten konnten. Wir zeigten ihnen ziemlich schöne Kleider. Sie orderten.

Die Verkäufe von Mr. Nibs übertrafen die vorige Saison um einige hunderttausend Dollar. Ich war das Wundermädchen. Alle liebten mich. Als die Nachrichten über die Pariser Kollektionen im August herüberkamen, berichteten sie darin sogar von einigen der Farben, die auch ich eingesetzt hatte. Alle meine Ideen waren richtig gewesen, sogar die Stoffe. Ich hatte nichts gemacht, was ich nicht schon einige Jahre zuvor bei *Hawes Inc.* gezeigt hatte. Sie dachten, ich wäre eine Wundertäterin. Aber das hielt nicht lange an.

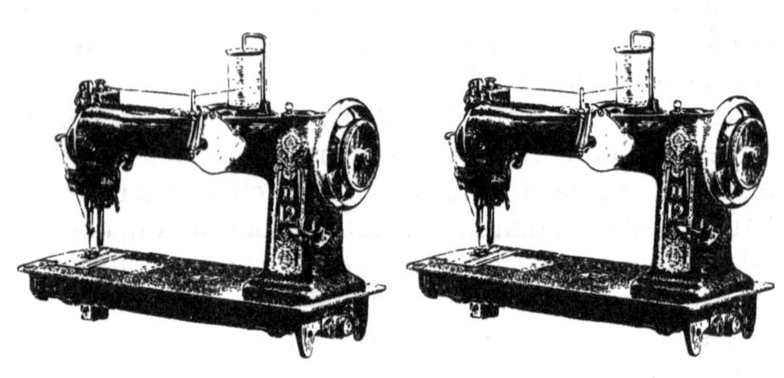

18 Ich kaufe einen Elfenbeinturm

Nur ein vierfach belichtetes Negativ könnte die blasseste Vorstellung meines Lebens vom Frühjahr 1933 bis zum folgenden Jahr vermitteln. Bis dahin war ich um neun zur Arbeit gegangen und irgendwann zwischen fünf und sieben nach Hause, sicher. Aber im Vergleich war dieses Leben ein einziger langer Urlaub gewesen.

Es kamen Anfragen und Ideen, einander überschneidend, und zogen *Hawes Inc.* in einen Strudel der Geschäftigkeit, es wurde das eine besprochen, während das andere ausgeführt wurde.

Das Buch mit den ausgeschnittenen Zeitungsanzeigen aus dieser Zeitspanne sieht ungefähr so aus:

Aus *Harper's Bazaar,* März 1933, »Elizabeth Hawes über *E. H. Lingees:* Sie sind die Antwort auf das Bedürfnis für Design, in dem sich leben lässt«, eine Anzeige für ein Unterwäscheset, das ich entwarf, um amerikanisches *En-*

ka-Viskosegarn zu fördern. Eine Anzeige für einen Abendmantel von *Best and Co.*, der das Material von Sidney Blumenthal zeigte und wie es von Hawes benutzt wurde. »Elizabeth Hawes schneidet Baumwolle für *Marshall Field*«, in *Women's Wear,* 7. April 1933, eine seitenlange Ankündigung einer Serie von Kleidern, für die sie mich engagierten, um billige Baumwolle zu verwerten. »Elizabeth Hawes versteht, mit Krempen umzugehen«, eine kleine Affäre mit der Welt des Hutdesigns für *Lord and Taylor.* Im August setzen Dutzende Anzeigen aus den ganzen USA ein: »Wir haben Kleider von Elizabeth Hawes«, meine ersten Entwürfe für *N. H. Nibs,* durchmischt mit »*The Emporium* (oder jeder andere Laden, den Sie mögen), im Herbst führend in der neuen Accessoires-Mode.« »Elizabeth Hawes' Antilopentaschen« von *Smith Co.*, gefolgt von »Appetithappen«, einem Set kleiner Jacken, entworfen für ein Accessoireshaus. »Elizabeth Hawes' eckiges Armband«, aus dem Schmuckbereich. Und, zwischen all dem, zwischen der Unterwäsche und den Armbändern, den täglichen Ausflügen zu *N. H. Nibs* und der Diskussion über kleine Jacken, im September 1933, eine Seite, gedruckt auf Hawes-Briefpapier:

Wir sind umgezogen... und wir haben mehr Mitarbeiter, die sich um Sie kümmern... mehr Platz, um uns um Sie zu kümmern. Im ersten Stock endlich viel Platz für Bestellungen und die Hut-Anprobe... Taschen nach unserem eigenen Entwurf... einige Sportsachen von der Stange. Im zweiten Stock einen großen Showroom... Im dritten Stock ausreichende und ausreichend große Räume zum Anprobieren!
Beachten Sie außerdem unser Budget-Konzept. Sie überlegen sich, was von ihren Sachen noch gut ist, was Sie für die Saison brauchen, wie viel Sie ausgeben können. Wir deichseln das für Sie – Kleider, Hüte und Taschen.

Wir haben von zehn bis fünf geöffnet... außer Samstags. Nach Anmeldung können Sie Miss Hawes sprechen... Wir laden Sie herzlich ein zu kommen, und unsere Herbstkollektion anzusehen... es ist uns ein Vergnügen, sie Menschen zu zeigen, die schöne Kleidung zu schätzen wissen, ob sie kaufen oder nicht.

Sobald ich bei *N. H. Nibs* unterschrieben hatte, machte ich mich daran, mein eigenes Geschäft zu vergrößern. Es war der Tiefpunkt der Depressionszeit, aber es schien mir, dass ich von der Seventh Avenue geschluckt werden könnte, wenn ich meinen privaten Kundinnen nicht deutlich machte, dass ich weiterhin ihre Wünsche in größerem und besserem Maßstab befriedigen würde, jetzt da ich anfing, auch billige Kleider zu machen.

Ich wurde von verschiedenen anderen Dingen beeinflusst. Wir waren aus unserer Bleibe an der 56. Straße herausgewachsen, so dass wir unseren Kundinnen nicht einmal ein bisschen Komfort beim Bestellen, Anprobieren oder bei den Anproben für Kleider und Hüte bieten konnten.

Ich dachte, ich könnte die Ausgaben für den Umzug durch das Geld abdecken, das ich von *Nibs* bekommen würde. *Hawes Inc.* musste erwachsen werden oder sterben. Man kann nicht ewig die Neuentdeckung im Obergeschoss sein. Man wird von vielen Menschen nie entdeckt werden, wenn man nur im Obergeschoss sitzt.

Die letztgenannte Tatsache ist eine der interessantesten über teure Modesalons in New York. Man muss wirklich teuer sein. Ich skizziere hier eine Unterhaltung, um das zu illustrieren. Die Unterhaltung fand zwischen mir und Mrs. X statt. Sie war eine sehr attraktive, junge, verheiratete Frau der Gesellschaft. Sie war zu der Zeit nicht reich. Ich sprach mit ihr darüber, dass sie Kundinnen mitbringen könne, als sie eines Tages Kleider anschaute.

»Wieviel kostet das Kleid?« fragte sie immer wieder. »165 Dollar«, antwortete ich, oder 145, oder 175, je nachdem.

»Das ist lustig«, sagte sie. »Ich glaube ich habe keine Freundinnen, die solche Preise zahlen.«

Ich war ziemlich verwirrt.

»Wissen Sie«, setzte sie nachdenklich fort, »alle meine Freundinnen gehen entweder zu *Mary Penn* und zahlen 79,50 Dollar, oder sie gehen zu *Hattie Carnegie* und achten nicht darauf, was sie ausgeben.«

Nach einiger Überlegung verstand ich, dass es wahr war, was sie sagte. Allgemein gesprochen gab es eine große Anzahl von Frauen, die entweder für sie günstige Kleider von der Stange kauften oder daran gewöhnt waren, weit höhere Preise zu zahlen, als ich verlangte. Sie waren nicht daran interessiert, beengt in einem Obergeschoss an der 56. Straße einzukaufen, wo sie zum Anprobieren Schlange stehen mussten und es nicht genügend Verkaufspersonal gab, um sich richtig um sie zu kümmern.

Ich verstand dass ich anfangen musste, im Service mit den hochklassigen Boutiquen New Yorks zu konkurrieren – obwohl ich ein Monopol auf Hawes-Designs hatte und daher mit einer gewissen Zahl an Kundinnen rechnen konnte. Aber ansonsten konnte ich nicht mit Wachstum rechnen.

Ich machte nie mehr als 60 000 Dollar im Jahr in der 56. Straße, und das war nicht genug, um mich zu erhalten und die Art von teurer Kollektion zu machen, die ich mir erlauben wollte. Ich wollte in der Lage sein, Material für 20 Dollar pro Yard zu verwenden und Pelz und alle Extravaganzen, auf die ich Lust hatte.

Auf der einen Seite war ich bei *Nibs* davon fasziniert, wie billig anständige Kleidung hergestellt werden konnte. Auf der anderen Seite wünschte ich mir die Möglichkeit, zu entwerfen, was mir gefiel, ungeachtet des Preises. Was das

Letztere mit sich brachte, wusste ich. Das Erstere lernte ich.

Wir – Jim Hicks, mein Manager, Ted Muller, der Architekt und ich – machten uns daran, den Platz und den Freiraum zu finden, die sich eine Kundin nur wünschen konnte, und einen Ort, wo sie ihr Auto parken konnte. Wir fanden das Haus in der 67. Straße im späten Juli, nachdem wir Tage und Nächte durch die Gegend gestreift waren, in der weniger Verkehr herrscht und Gewerberäume erlaubt sind.

Das Haus war – und ist – fünf Stockwerke hoch, etwa acht Meter breit, hat eine glatte, graue Steinfassade, hohe Decken und große Fenster. Innen war es Louis irgendwas und wir hatten etwa sechs Wochen, um die Innenausstattung herauszureißen und zu vereinfachen.

Mit einer Hand arbeitete ich an der 56. Straße, dachte mir die Herbstkollektion aus, mit einer anderen Hand füllte ich die Linie bei *Nibs* auf, und mit meiner dritten Hand suchte ich Farben für Wände und Möbel aus und schaltete mich in die Probleme Ted Mullers und des Bauunternehmers ein. Meine vierte Hand formulierte Anzeigen und Kundenbriefe für den Herbst.

Es war ein Spaß, ein erschöpfender, verheerender Spaß. Wir rissen Stuckgesimse und Zwischenwände heraus, zur Verzweiflung des Vermieters, der darauf beharrte, wir würden alles Schöne aus dem Gebäude entfernen. Es war ein Jammer, dass mir nicht danach war, in der Zeit eines Louis im guten, alten Frankreich zu leben. Wir hätten das Haus auch nur ausfegen und einziehen können. Dennoch, es musste Wände in drei Farben und Jalousien bekommen, ohne Gesimse und Teppiche, elegant und von 1933 sein.

Wir näherten uns unserem Ziel mit Höchstgeschwindigkeit, als nur zehn Tage vor dem Abend, der als Galaeröffnung geplant war, die Maler in der ganzen Stadt streikten. Ich erinnere mich recht gut an den Abend, als sich Ted und Jim mit mir in einer Bar nahe der 56. Straße trafen, um mir die schlechten Nachrichten zu überbringen.

»Das Haus wird mit Sicherheit nicht zur Eröffnung fertig sein«, sagten sie beim ersten Drink. »Sollen wir es verschieben?« fragten wir uns beim zweiten. »Zur Hölle mit der Farbe«, sagten wir beim dritten *Tom Collins.* »Wir eröffnen trotzdem.«

Wir hatten eine wirklich nette Einweihungsparty an einem Abend im September 1933, mit Sackleinen auf dem Boden und weißen gegipsten Wänden. Im unteren Stockwerk bestand die Dekoration aus einer Reihe von Schneiderpuppen mit Schildern »Bauunternehmer unfair zu Gewerkschaften«.

Die Eingangshalle war später, als der Streik vorbei war, stahlgrau und weiß gestrichen und ist jetzt das Accessoiresgeschäft, wo wir »Ja und Nein«-Handschuhe verkaufen, falschen Brokkoli, den man im Knopfloch trägt, fuchsiarote Baumwollstrümpfe, *weiche* Taschen, Gürtel, Schals und was uns sonst noch einfällt, einschließlich einer Trillerpfeife, die an der Uhrkette deines Verehrers getragen wird, wenn er sie nicht dazu benutzt, ein Taxi zu rufen.

Am Abend der Einweihung, meiner offiziellen Herbstmodenschau, öffnete sich die geschwungene Treppe zu einer aufsehenerregenden Szenerie. Der heute glänzende Parkettboden war mit knittrigem Sackleinen bedeckt. Die Wände, jetzt halb grau, halb beige, waren roher weißer Gips, der sich ziemlich leicht auf die schwarzen Abendkleider übertrug. Drei Fenster auf der Vorderseite des Hauses, noch ohne ihre zukünftigen rostroten Vorhänge, gähnten schwärzlich von der Decke bis zum Boden und hinaus in die Nacht.

Draußen in der Nacht, jenseits des mittleren Fensters, flatterte die erste Hawes-Flagge von ihrem ungestrichenen Mast, stahlgrau mit meiner Schere und dem H als Warenzeichen in Weiß. Sie flattert noch immer dort, wo *Hawes Inc.* ansässig ist.

Anstelle meiner blauen und rostfarbenen Möbel, meiner kleinen weißen Lederstühle, die so albern aussehen, als ob sie tanzten, wenn sie an einem geschäftigen Nachmittag in Unordnung geraten, waren dort nur Reihen und Reihen brauner Klappstühle. Der Hintergrund war alles in allem kahl.

Im oberen Stockwerk, wo die Büros und Umkleideräume sein würden, gab es eine Bar und etwas zu essen. Und wenn man weiter hinaufging, kam man in jenen Tagen zu einem nach vorne gelegenen großen Raum, meinem Büro, und zu einem anderen nach hinten, mit einer Terrasse, meinem Schlafzimmer. Darüber beherbergen zwei kleine Zimmer nach hinten unseren Hausmeister und mein Hausmädchen.

Die ganze Vorderseite des fünften Stocks war in ein großes Wohnzimmer umgewandelt worden, wo ich mich die nächsten vier Jahre entspannte. Jetzt ist der ganze obere Teil des Hauses das Atelier und ich bin mit einem winzigen Ex-Hausmädchenzimmer als Büro gesegnet.

Die Gäste am Abend der Einweihungsparty strömten zwischen zehn und zehn Uhr dreißig herein, stolperten über die Streikschilder, fielen auf den Leinwandboden und ließen sich mit ihren Getränken für die Show nieder.

In jener Saison waren alle Kleider nach Musikstücken benannt, alles von *Rockabye-Baby,* was ein Negligée aus Batist war, bis zum Abendkleid, das *Blue Moon* genannt wurde.

Wir beginnen immer mit sportlicher Kleidung und gehen von dort durch die Sachen für den Tag und den Abend.

Die Shows am Abend machen immer am meisten Spaß, denn das Publikum besteht aus meinen Freunden und sie zögern nicht, mit Rufen und Buhs zu zeigen, wie es ihnen gefällt.

Normalerweise unterbrechen wir die Shows in der Mitte mit etwas Kuriosem. Dieses Mal zeigten wir sechs oder acht Kleider von 1925, mit tiefer Taille und kurzen Röcken und scheußlich genug, um einen zum Weinen zu bringen bei dem Gedanken, dass man sich einmal so sehen ließ. Dem Himmel sei Dank musste ich in jenen Tagen nicht entwerfen.

Sechs Mädchen brauchen normalerweise etwas mehr als eine Stunde, um etwa achtzig verschiedene Modelle – Mäntel, Kostüme, Kleider, Pelze, Abendkleider, Capes, Negligées – zu zeigen.

Ich litt für gewöhnlich schrecklich bei meinen Saisoneröffnungen und ging immer nach oben und hatte einen ruhigen Drink mit dem Butler, bis es vorbei war. Jetzt macht es mir nicht mehr so viel aus. Ich höre einfach nicht zu, was irgendjemand über die Kleider sagt, denn ich weiß, dass alle sagen müssen, dass es wunderbar ist.

Einen oder zwei Tage nach einer Schau treffe ich mich mit ein paar Leuten, die mich gut genug kennen, um offen zu sprechen und ich werde für das, was schlecht ist, gerüffelt, und mir wird für das, was gut ist, auf die Schulter geklopft. Wenn man erst einmal um die 18 Kleiderkollektionen gemacht hat, bekommt man so eine ganz gute kritische Einschätzung der jeweilige Kollektion. Ohnehin sagen es einem die Kundinnen durch die Bestellungen.

Praktisch der ganze Umsatz im Herbst 1933 wurde ohne einen Vorführraum und ohne Räume für die Anproben erzielt. Es dauerte sechs Wochen vom Zeitpunkt der Eröffnung, bis die Farbe überhaupt auf den Wänden war. Die Kundinnen wurden mit schlimmeren Unbequemlichkeiten fertig, als es sie jemals an der 56. Straße gab. Die Frühjahrssaison 1934 begann, bis wir tatsächlich vollständig in Betrieb waren.

Ich war eine richtiggehende Couturière. Ich konnte den Service einer Boutique, eines Fachgeschäfts bieten, plus den Beweggrund meiner ganzen Arbeit: Meine eigenen Entwürfe, die man nirgendwo sonst kaufen konnte – und nichts sonst, auf Bestellung angefertigt und nach Maß.

Und damit kam das Festlegen von Geschäftsgrundsätzen und der lange, lange Kampf, das alles zu bezahlen. Ich lernte genau, warum teure Kleider so teuer sind und warum, auch wenn Läden wie *Hawes* den Ruf haben, Halsabschneider zu sein, dies nicht notwendigerweise der Fall ist.

Um zu erklären, dass ich viel für das Privileg bezahlte, eine Couturière zu werden, muss ich erläuternd sagen, dass ich drei Jahre brauchte, um auf plus/minus Null zu kommen. Ich lieh mir im Juli 1933 10 000 Dollar und setzte sie als Kapital ein, das Darlehen eines lieben Freundes. Am Ende des ersten Jahres an der 67. Straße, im Juni 1934, hatte ich von *N. H. Nibs* 12 000 Dollar eingenommen, die in *Hawes Inc.* flossen. Ich hatte einen Verlust von 12 000 Dollar aus dem Betrieb von *Hawes Inc.* in den Büchern. Ich erreichte daher auf dem Papier die Gewinnzone, und hatte dabei nur genau das investierte Kapital und alles, was ich auf der Seventh Avenue verdient hatte, verloren.

Es gibt im Maßschneidereigewerbe Möglichkeiten, seine Kundinnen zu bestehlen. Allerdings hat man im Allgemeinen mit einem sehr misstrauischen Publikum zu tun.

Es gibt ein altes Sprichwort, dass die Menschen umso sparsamer sind, je reicher sie sind. Menschen, die es gewohnt sind, eine Menge Geld ausgeben zu können, haben nicht die Angewohnheit, es aus dem Fenster zu werfen. Sie mögen Yachten, Nerzmäntel, Landhäuser und Rolls-

Royces kaufen, aber sie bezahlen normalerweise nur, was der Artikel auf einem vom Wettbewerb bestimmten Markt wert ist. Sie sehen sich in den Geschäften um und sie kennen den Wert dessen, was sie kaufen.

Für Amerika trifft es zu, dass es eine ganze Zahl Menschen gibt, die erst vor kurzem reich genug geworden ist, um Luxusgegenstände zu kaufen. Unter den Zahlungskräftigen sind sie es, die betrogen werden. Sie haben die Vorstellung, dass sie sorglos Geld ausgeben sollten, nicht nach dem Preis fragen, mit Geld um sich werfen. Diese Sorte Kundinnen wird von einigen Schneidern und Fachgeschäften betrogen, ebenso wie von Kürschnern, Dienern, Juwelieren, und jedem, der Interesse hat, es zu versuchen.

Das ist die Art Kundin, die gutes Material nicht von einem schlechten unterscheiden kann, und damit meine ich, was lange halten wird und was nicht. Im Allgemeinen ist es der Sorte Kundin, die getäuscht werden kann, oft völlig egal, ob ihr Kleid lange hält oder nicht – das könnte ich zugunsten der Geschäfte hinzufügen, die sich offensichtlich nicht für die mögliche Tragequalität der Kleider interessieren, die sie zu jedem nur möglichen Preis verkaufen.

Das führt zum Ersetzen von Materialien: für das Modell wird ein teureres benutzt als dann für das Nähen der konkreten Bestellung. So kann die Schneiderin dabei einige Dollar pro Yard sparen.

Dann ist die Kundin, die getäuscht wird eine, der es egal ist, ob ihre Kleider passen oder nicht. Häufig kaufen die Frauen, die in New York das meiste Geld für Kleidung ausgeben, Sachen von der Stange zu Preisen von 125 bis 250 Dollar, wie ich schon erzählt hatte. Das sind Preise, zu denen Kleider nach Maß angefertigt werden können und angefertigt werden.

Das erstaunte mich, als ich erstmals von Paris nach New York kam. Schließlich verstand ich zwei Dinge: Das eine ist, dass viele Frauen in Amerika einfach zu beschäftigt sind, um zu Anproben zu kommen. Das andere ist, dass es eine große Zahl Amerikanerinnen gibt, die nicht wissen, ob ihnen ihre Kleider passen oder nicht, selbst wenn das Kleid extra für sie angefertigt wurde.

Der letztere Punkt quälte mich schrecklich, als ich mein Geschäft eröffnete. Ich verstand, dass es in einigen Fällen eine Sache meines eigenen Stolzes war, ob das Kleid, das wir für eine Kundin anfertigten, richtig passte oder nicht. Sie wusste es nicht. Ich habe nur eine geringe Anzahl dieser Art Kundinnen. Die meisten meiner Kundinnen sind Frauen, für die ihr ganzes Leben lang Kleider angefertigt wurden, wie jung sie auch sein mögen. Da gibt es nicht viel, was wir ihnen vormachen können, weder in punkto handwerklicher Qualität noch in punkto Passform, selbst wenn wir es wollten.

Es bleibt immer die Möglichkeit, bei Passform und Handwerk zu schummeln, wenn ein Fachgeschäft mit Kundinnen zu tun hat, die bei beidem nicht gewohnt sind, Qualität zu kaufen. Ich habe bis jetzt noch keine teuren Kleider von der Stange verkauft, aber ich vermute, das hier die größten Betrügereien möglich sind, wenn man nicht redlich im Geschäft ist.

Was uns gleich zu dem Thema führt, wie die Preise für teure Kleidung gemacht werden, und ob die Kundinnen darauf achten, was sie zahlen, oder nicht. Die Grundlage für alle Preisfestsetzungen sind die Selbstkosten (Gestehungskosten) des Kleides plus solche Ausgaben, die direkt mit der Herstellung des Kleides verbunden sind. Das umfasst, sofern man es selbst entwirft und auf Bestellung anfertigt, die Arbeitskraft der Näherinnen, die Anproben, das Material, das im Kleid verarbeitet wird, plus die Kosten der Leitung der Werkstatt und die Kosten für das Entwerfen.

Die Gehälter in der Fertigung sind nicht hoch, pro Näherin 22,50 Dollar für eine 35-Stunden-Woche ist die Untergrenze, 25 Dollar ist top. Schnittdirectricen bekommen bis zu 45 Dollar die Woche. Der Durchschnitt liegt bei etwa 80 Cent pro Stunde. 55 Stunden Modellentwicklung und Nähen gehen in ein durchschnittliches *Hawes*-Kleid ein und erzeugen Arbeitskosten von 44 Dollar. Dazu muss ein Betrag für den Schnitt und für die Anproben gerechnet werden, der bei etwa 16,45 Dollar pro Kleid liegt, was insgesamt 60,45 Dollar an direkten Arbeitskosten ergibt.

Addiere dazu die Kosten des Materials, die selten unter 3 Dollar pro Yard liegen, auch wenn sie, wie ich angedeutet habe, auf einen Dollar pro Yard gesenkt werden könnten, wenn die Kundin das akzeptiert. Auf der anderen Seite gehen sie beim geringsten Anlass auf 10 Dollar hoch, und nicht selten auf bis zu 20 Dollar.

Nimm 5 Dollar pro Yard für den Stoff eines durchschnittlichen Kleides und siebeneinhalb Yard als die nötige Menge an, wenn die Designerin Hawes heißt und nicht geneigt ist, zu sparen. 37,50 Dollar für Material plus 60,75 Dollar für Arbeitskraft ergibt 97,95 an tatsächlichen Dollar und Cent, die direkt für ein bestimmtes Kleid ausgegeben wurden.

Dies sind die primären Kosten, zu denen etwa 16,71 Dollar an Betriebskosten, Gehalt der Ateliermanagerin, Lagerkosten, Nessel, Stecknadeln, Nähmaschinen addiert werden müssen – und ich würde sagen 15 Dollar für das Entwerfen. Letzteres ist eine geschätzte Zahl, denn ich kann nur Zahlen aus meiner eigenen Firma nutzen. Ich besitze meine Firma, und daher entlohnt mich das Gehalt, das ich aus der Firma ziehe, nicht nur für das Entwerfen, sondern fürs Verkaufen, Werben, Organisieren und Hundert andere Dinge, die ich erledige. Würden wir eine Designerin beschäftigen, bekäme sie ohne Zweifel mehr pro Kleid als ich. Auf jeden Fall ergeben die primären Kosten von 97,95 Dollar pro Kleid plus Entwurf und Betriebskosten insgesamt direkte Kosten für ein Kleid von 129,66 Dollar.

Dazu müssen dann die indirekten Betriebskosten addiert werden – der Platz, der pro Quadratfuß bezahlt wird, das Verkaufspersonal, das die halbe Zeit untätig herumstehen könnte, während es auf seine jeweiligen Kundinnen wartet. Die Mannequins, die an manchen Tagen sechs Stunden am Stück Kleider zeigen und an der Hälfte der Tage Bücher lesen; das Licht, die Heizung, die Sekretärinnen, die Buchhalter. Alle diese notwendigen Gehilfen in einem teuren Bekleidungsgeschäft sind das halbe Jahr untätig. Aber sie können nicht auf Eis gelegt werden. Sie müssen bezahlt werden, ob es Kundinnen gibt oder nicht.

Die indirekten Betriebskosten, geteilt und jedem Kleid zugeordnet, können ein bisschen weniger als ein Drittel des Verkaufspreises ausmachen. Bei der Sorte Kleid, die ich als Beispiel verwende, wären die indirekten Betriebskosten etwa 56,61 Dollar und ergeben im ganzen Kosten für *Hawes* von 189,27 Dollar. Unser Verkaufspreis für solch ein Kleid liegt vielleicht bei 195 Dollar.

Es ist recht leicht zu begreifen, dass der Verkaufspreis mühelos auf bis zu 400 Dollar steigen kann, wenn das Material 20 Dollar pro Yard kostet und vielleicht 100 Arbeitsstunden in einem Kleid, oder, wie es meistens der Fall ist, in einem Kostüm stecken.

Es erfordert viel, ein Handwerksgeschäft zu betreiben, ein individuelles, spezielles Geschäft mit Einzelstücken. In einer Welt, die auf Massenproduktion eingestellt ist, hört es sich wie Wegelagerei an, sobald man zum Verkaufspreis gelangt.

Wie ich angedeutet habe, kann man beim Material und bei der Qualität des Handwerks betrügen. Man kann bis zu einem gewissen Grad auch beim endgültigen Verkaufspreis betrügen. Nur selten sind die Preise in Fachgeschäften absolut festgelegt.

In Geschäften, in denen es keinen festgesetzten Preis gibt, schwankt es enorm, was unterschiedliche Frauen für maßgeschneiderte Kleidung zahlen. In dem einen Laden wird den Verkäuferinnen zum Beispiel die niedrigstmögliche Zahl genannt, für die das Kleid verkauft werden darf. Es ist dann Sache der Verkäuferin, jenen Preis zu nennen, den sie für ihre Kundin als passend ansieht. Sie wird einen größeren Prozentsatz des Verkaufs bekommen für jeden Dollar, den sie oberhalb des niedrigen Preises erzielt.

Ich entdeckte das alles, indem ich von Zeit zu Zeit Verkaufspersonal aus anderen Geschäften einstellte. Eine von ihnen kam eines Tages sehr fröhlich zu mir und sagte: »Ich habe gerade das blaue Satinkleid für 325 Dollar verkauft!«

»Aber es kostet 275 Dollar«, sagte ich.

»Mrs. Y kaufte alle ihre Kleider bei mir, als ich bei *Zim's* war«, sagte sie. »Sie hat mir das immer für Kleider bezahlt.«

Ich erklärte, dass alle *Hawes*-Kleider mit klaren Beträgen ausgezeichnet waren, und dass das der Preis sei und ihn niemand ändern könne. Ich entwickelte eine so klare Politik, um die Zeit des Herumfeilschens zu vermeiden, die normalerweise mit dem Verkaufen teurer Kleidung von Anfang an einhergeht. Die Stunden, die dadurch verschwendet werden, kosten genug, um die Preise von vorneherein herabzusetzen.

Was noch dazu kam: Es war mir immer ein Rätsel, warum sich Kunden mit dem Spiel der unbestimmten Preise abfanden. Die meisten von ihnen wissen wohl nicht, dass es existiert, aber einige schon. Ich habe die Preiswechselpolitik bestimmter Geschäfte mit Freunden diskutiert, die sehr wohl wissen, dass es so läuft. Sie scheinen nur zu denken, dass sie immer einen niedrigen Preis bekommen. Sogar wenn ein Einzelhandelsgeschäft teure Kleidung von der Stange verkauft, unterliegen die Preise Schwankungen, wenn sie unter Druck geraten. Oft scheint einem die Verkäuferin zehn oder fünfzehn Dollar bei einigen 79,50-Dollar-Kleidern nachlassen zu können.

Das geht zum Teil deshalb, weil die Einzelhandelsgeschäfte bei der Preisauszeichnung teurer Konfektionskleidung einen ganz schön riesigen Preisaufschlag ansetzen, um zukünftige Preisnachlässe bei Kleidern abzudecken, die sich nicht verkaufen. Außerdem bauen manche Einzelhandelsgeschäfte einfach vorsätzlich darauf, dass ihre Kundinnen nicht herausfinden, dass das kleine, marineblaue, gemusterte Kleid an einem frequentierteren Ort für 39,50 Dollar existiert, während sie es für 49,50 Dollar oder mehr verkaufen.

Ein Lieblingstrick der kleinen Spezialgeschäfte sind die ganz speziellen Schlussverkäufe. Am Ende der Saison hat das kleine Fachgeschäft immer eine gewisse Menge unverkauften Warenbestand, der heruntergesetzt ausverkauft werden muss. Hier gibt es gute Angebote. Zu den Angeboten werden oft billige Kleider dazugehängt, die für den Schlussverkauf gekauft werden. Sie werden dem unaufmerksamen Publikum als Reduzierungen angedreht. In Wirklichkeit haben sie einen vollen Preisaufschlag, damit sie vom Preis her den echten reduzierten Angeboten entsprechen.

Mein Manager stimmt nicht mit mir überein, was meine Aufklärungsversuche zur Preisbildung betrifft. Er sagt, das Publikum werde das nie verstehen. Aber ich folge in meinem Wahnsinn einer Methode.

Ich bin nicht nur überzeugt, dass Frauen, die Maßkleidung kaufen, selten betrogen werden, sondern ich glaube auch, dass sie jedes Recht der Welt haben, zu verstehen, warum ihre Kleider das kosten, was sie kosten. Ich wünschte mir, Frauen, die teure Kleidung von der Stange kaufen, würden erkennen, dass sie mit Maßkleidung weit mehr für ihr Geld bekämen.

Mein Manager hat eine Grafik vorbereitet, die in Zahlen zeigt, was ich in Worten sage. Wir zeigen die Geschichte eines durchschnittliches *Hawes*-Kleides auf der linken Seite. Auf der rechten Seite zeigen wir die unvollständige, aber authentische Geschichte eines Kleides von der Stange, das zu demselben Preis verkauft wird.

Ich kann den Namen des Konfektionärs, dessen Zahlen genutzt werden, nicht nennen, da er den Vergleich mit den Zahlen von *Hawes* abscheulich findet. Jeder, der Grund hat, die Zahlen des Konfektionskleides in Frage zu stellen, kann mir einen Brief schreiben und eine entsprechende Rückversicherung bezüglich ihrer Echtheit bekommen. Die Zahlen über den Bruttogewinn des Einzelhändlers stammen von der *National Retail Dry Goods Association.*

Da wir keine verlässlichen Zahlen für die genaue Handelsspanne und die Vertriebskosten für den Verkauf in einem Geschäft, das 195-Dollar-Kleider verkauft, bekommen konnten, fanden wir es besser, unseren Vergleich nur bis zum primären Bruttogewinn zu verfolgen.

Die Tabelle auf Seite 274 zeigt einen Punkt, der für jede Frau, die teure Kleider kauft, von fundamentaler Bedeutung ist. Die Zahlen von *Hawes* sind dabei typisch für alle Maßschneiderateliers. Die tatsächliche Arbeit und das Material, die in unser auf Bestellung angefertigtes 195-Dollar-Kleid eingehen, belaufen sich auf 97,95 Dollar. Die tatsächliche Arbeit und das Material, die in ein

195-Dollar-Konfektionskleid eingehen, das von einem Fabrikanten an einen Einzelhändler verkauft wird, der es an die Kundinnen weiterverkauft, belaufen sich auf 77,29 Dollar.

	Maßkleidung von Hawes		Teure Konfektion	
	US $	% EHP	US $	% EHP
Einzelhandelspreis (EHP)	195,00 $	100,00 %	195,00 $	100,00 %
Herstellungskosten (Material und Arbeitszeit)	97,95 $	50,23 %	77,29 $	39,64 %
Primärer Bruttoertrag	97,05 $	49,77 %	117,71 $	60,36 %
Gemeinkosten Entwurf und Produktion	31,71 $	16,26 %		
Bruttogewinn	65,34 $	33,51 %		
Kosten Verkauf und allgemeine Unkosten	59,61 $	30,57 %		
Betriebsgewinn	5,73 $	2,94 %		
Bruttogewinn des Einzelhändlers			70,40 $	36,10 %
Primärer Bruttoertrag des Herstellers			47,31 $	24,26 %

Sogar der Bruttogewinn von *Hawes Inc.* liegt leicht unter dem des Einzelhändlers. Die Serviceleistungen, die ein durchschnittliches Maßschneidereiatelier bietet, sind normalerweise umfassender als jene in einem Geschäft für Konfektionskleidung. Zusätzlich zu diesen simplen Fakten stellt die Frau, die glücklich genug ist, einen Designer zu finden, von dem sie direkt kaufen kann, die Individualität ihrer Kleidung sicher. Wenn sie Konfektion kauft, ist sie nur selten sicher. Wenn sie auf Bestellung maßgefertigte Kleidung von einem Geschäft kauft, das französische Designs verkauft, kann sie fast sicher sein, sich selbst ein Dutzend Mal am Tag zu begegnen.

Ich glaube nicht, dass auch nur ein teurer Maßschneider etwas *zu* teuer verkauft. Maßschneiderei ist ein riskantes Geschäft, voller Fallstricke, zusätzlicher Anproben, Leuten, die ihre Meinung ändern und was auch immer. Ich stimme vollkommen mit Miss Mary Lewis' elementarer Wahrheit überein, dass die Menschen all ihr Geld mit Fords verdienen. Die Schneiderin wird recht gut auf den Preis zurückgestutzt, den der Markt zulässt – und der Markt der reichen Frauen, die wirklich viel Geld für Kleidung ausgeben, lässt in etwa das zu, was es kostet, diese Kleider herzustellen und zu verkaufen.

Die wichtigste Schlussfolgerung aus den hier angegebenen Zahlen ist, dass jede Frau, ungeachtet ihres Einkommens, die genug zusammenkratzen kann, um sich ihre Kleider anfertigen zu lassen, besseres Material und Handwerksqualität erhält als eine Frau, die Konfektion kauft.

Es ist ganz offensichtlich, dass sowohl der Hersteller als auch der Händler vom endgültigen Verkaufspreis des Konfektionskleides einen Gewinn einstreichen und gewisse Unkosten, die Gemeinkosten bezahlen. Aus diesem Grund wird der Verkaufspreis des Fertigkleides für die Konsumentin relativ gesehen höher sein, als der Verkaufspreis eines Kleides, das von einer einzigen Firma hergestellt und verkauft wird.

Ich wollte zum Nutzen der Frauen, die weder einzeln angefertigte Kleider von einer Couturière noch teure Konfektionskleider aus einem Einzelhandelsgeschäft oder einem Modeatelier kaufen können, eine Tabelle einfügen. Genaue Zahlen konnten wir nicht bekommen. Auf der Grundlage von allgemeinen Zahlen aus Kaufhäusern, die Kleider für 15,75 bis 29,50 Dollar verkaufen, und den Zahlen, die wir von den Herstellern dieser Kleider bekommen konnten, sieht es so aus, als enthielte das 29,50-Dollar-Kleid im Verhältnis zu seinem Verkaufspreis mehr Arbeitszeit und Material als das Konfektionskleid, das für 19,50 Dollar verkauft wird. Jedoch enthält das 29,50-Dollar-Kleid weniger Arbeitszeit und Material im Verhältnis zu seinem Verkaufspreis als ein Kleid von *Hawes.*

Der billige Großhändler erzielt seinen Gewinn durch das Umsetzen einer sehr großen Menge, er multipliziert seinen 50-Cent-Gewinn wieder und wieder. Das spezialisierte Einzelhandelsgeschäft profitiert von seinem großen Aufschlag, sofern es klug betrieben wird und nicht allzu viel reduzieren muss. Die Couturière profitiert vor allem von der Befriedigung, genug zu essen zu haben, während sie das Vergnügen hat, Frauen mit Stil in schöne Kleider zu kleiden.

Ich will damit nicht andeuten, dass ich, Elizabeth Hawes, niemals einen sehr großen Gewinn mit meinem Geschäft erzielen könnte. Wenn es wohlhabende Zeiten sind und die Frauen reichlich Geld ausgeben, verdreifachen sie ihre Bestellungen und die Unkosten gehen nicht sehr stark nach oben. Aber ich sollte besser sparen, was ich in jenem Jahr verdiene, denn lass' nur eine schlechte Saison heraufziehen, dann werden Bestellungen gestrichen, während die Unkosten genau so bleiben.

Oh, ich verstehe vollkommen, warum Mr. Kraemer eine Couturière nicht geschenkt haben wollte. In Bezug auf spezialisierte Einzelhandelsgeschäfte, die Konfektion verkaufen, hat er zum Teil Unrecht, denke ich. Ich sah einmal die Bilanz eines großen New Yorker Bekleidungsgeschäfts für das Jahr 1929. Die Eigentümerin verkaufte Maßarbeit und Konfektion und hatte außerdem ein Großhandelsgeschäft.

Sie hatte von vorneherein um die 100 000 Dollar uneinbringliche Außenstände als Totalverlust abgeschrieben. Aber sie erzielte einen deutlich höheren Nettogewinn als das. Das meiste verdunstete später im Aktienmarkt, aber das war nicht die Schuld des Bekleidungsgewerbes.

So etwas war bisher nicht mein Schicksal, weder der Anfang noch das Ende davon. Ich etablierte eine gewisse Geschäftspolitik, die sich auf das Entwerfen und das Schneidern bezog, dieses tückische Geschäft. Diese Geschäftspolitik umfasste auch das Verkaufen, wie ich es zu Beginn von Hawes-Harden skizziert hatte, sofern ich gutes Verkaufspersonal bekommen konnte.

Eine unserer Regeln ist: »Sei immer höflich zu den Kundinnen.« Hört sich albern an? Es ist ganz und gar nicht die Regel der meisten teuren Geschäfte. Tatsächlich sagte eine junge Dame aus dem Laden eines Wettbewerbers kürzlich zu mir: »Oh, wir sind immer unhöflich zu unseren Kundinnen.« Ich stellte sie nicht ein.

Manchmal müssen wir den Leuten einfach sagen, dass wir nicht haben, was sie wollen. Das geht als unhöflich durch, wenn sie nicht verstehen, dass ich in einem Jahr 22 000 Dollar für das Vorrecht bezahlte, eine Couturière in New York zu werden. Ich behalte mir das Recht vor, mich in der einen Saison zu weigern, einen Diamantknopf an ein Kleid zu nähen und in der nächsten Saison Diamantknöpfe über das ganze Kleid zu verteilen, wenn ich es möchte.

Sogar jetzt noch kommen Leute herein und zeigen sich überrascht, dass es keine französischen Modelle gibt, und wirken ziemlich beleidigt deswegen. Sie können diese überall bekommen, sagen wir.

»Haben Sie denn nicht einen einzigen bauschigen Ärmel?« fragen sie in der einen Saison.

»Es gibt sie überall«, sagen wir.

»Haben Sie denn kein *Sharkskin*?« fragen sie.

»Wir verwenden keine Kunstseide«, sagen wir.

»Ich möchte meine Kleider nicht kurz tragen«, sagen sie.

»Schön«, antworten wir, »wir werden Ihnen einige lange anfertigen.«

»Nehmen Sie die ganze Weite aus diesem Rock heraus«, sagen sie.

»In Ordnung«, sagen wir, »aber Sie werden sich nächstes Jahr schrecklich albern darin vorkommen.«

»Was kümmert mich nächstes Jahr?« antworten sie.

»Jedes Kleid, das nicht mindestens drei Jahre Mode ist, taugt nichts«, sagen wir.

»Ich habe die ganzen Kleider, die Sie in den letzten drei Jahren für mich gemacht haben«, sagen sie. »Ich brauche in dieser Saison keine.«

»Wunderbar«, sagen wir. »Das ist das größte Kompliment, das wir bekommen können.«

»Ich möchte das schwarze Kleid, das Mrs. Young gekauft hat«, sagen sie.

Dann müssen wir Mrs. Young anrufen und herausfinden, ob es ihr etwas ausmacht. Wenn es ihr etwas ausmacht, verlieren wir den anderen Verkauf. Das ist nur eine meiner persönlichen Eigenheiten.

Wenn Sie also nach Dingen fragen, die wir nicht haben, können wir bald sagen: »Das ist die Art Kleider, die *Mark* macht, warum gehen Sie nicht dorthin?« Bald, sobald es die Depressionszeit zulässt, wird es viele Couturiers in New York geben, die ihre Versionen des Stils entwerfen und jeweils Kleider für ihre eigene weibliche Zielgruppe herstellen.

Muriel King macht ihre eigene Art von Kleidern. Valentina macht ihre eigene Art von Kleidern. Hawes macht ihre eigene Art von Kleidern. Eines Tages wird es für die

Kundin der Maßschneiderei eine Amerikanische Couture geben.

Falls sich zu diesem Zeitpunkt noch jemand im Unklaren sein sollte, was die Art von Kleidern betrifft, mit denen die Couture jedes Landes ihre Kundinnen meiner Meinung nach beliefern sollte, drucke ich unten einen Brief ab, den mir Patricia Collinge über ein Kleid schrieb.

Liebe Liz,

ungefähr vor vier Jahren ging ich in dein Geschäft, um einen Hut zu kaufen. Das war alles, was ich wollte, und wenn ich mich um meine eigenen Angelegenheiten gekümmert hätte, wäre das alles gewesen, was ich bekommen hätte. Aber ich musste mich umschauen und was passierte? *Blue Mazurka,* das ist es, was passierte. Es war das schönste Kleid, das ich jemals im Leben gesehen habe, und es ist es noch, Elizabeth, und das scheint das Problem zu sein. Denn schließlich war das vor vier Jahren, und ich sollte jetzt damit durch sein, nicht wahr? Aber es hängt an mir, Schätzchen. Es bleibt beständig und zermürbt mich. Es hält lange und ich trage es lange, und da haben wir den Salat. Und erzähl' mir nicht, ich solle es weggeben, denn du hast einfach keine Ahnung.

Schau', mein Mann mag es. Also muss ich nicht mehr sagen. Ich mag es auch. Aber nicht die ganze Zeit.

Die ersten zwei Jahre waren gut. Ich liebte das Kleid. Ich dachte mir Orte aus, wohin ich nicht einmal eingeladen war, nur damit ich es anziehen konnte. Und das dritte Jahr war nicht schlecht, auch wenn der Grund, warum ich zu so vielen Dinnerpartys zu spät kam, war – falls es jemanden interessiert –, dass Jimmy mich in irgendeinem kleinen Fummel erwischte, den ich zur Ablenkung gekauft hatte, und ich den im letzten Moment ausziehen und *Blue Mazurka* anziehen musste. Er sagte, ich sähe darin einfach richtig aus. Und ich fühlte mich auch richtig darin. Ein bisschen überdrüssig vielleicht, aber richtig. Und dann ließ ich mir die Mandeln herausnehmen, und das verschaffte mir eine Pause.

Aber das vierte Jahr erwischte mich. Es war ja nicht so, dass ich es nicht versucht hätte. Ich kaufte etwas anderes und zog es an und Jim sagte dann: »Willst du nicht *Blue Mazurka* anziehen«, und ich begann zu schreien. Dann war es soweit, dass ich nichts anderes kaufen konnte. Ich ging in einfache, wehrlose Läden und probierte Kleid um Kleid an und *Blue Mazurka* würde im Spiegel erscheinen und ich würde Vielen Dank sagen, aber ich habe ein Kleid, und gehen. Dann dachte ich daran, *Blue Mazurka* anzuzünden, und dann dachte ich, was Jim sagen würde, und dann dachte ich daran, Jim anzuzünden.

Dann versuchte ich, gar keine Abendgarderobe zu tragen, aber deswegen zeigte man mit dem Finger auf mich, und dann versuchte ich, zuhause zu bleiben, aber ich fand mich in meinem Schrank wieder, wie ich *Blue Mazurka* anstarrte und Dinge murmelte, und ich wusste, es würde nicht gut ausgehen.

Dann versuchte ich, nach Europa zu gehen und *Blue Mazurka* zurückzulassen, aber in der letzten Minute kam Jim herein und schaute in meinen Schrank und sagte, »Du fährst nicht ohne das, oder?« So nahm ich es mit nach Europa.

Und nun bin ich zurück und *Blue Mazurka* ebenso, und nicht einmal der Nebel auf See hat ihm etwas anhaben können. Frischte es sogar auf. Es glänzt wie ein neuer Dollar und ich ertrage es nicht.

Ich bin nicht mehr die Frau, die ich einmal war, und vier Jahre sind genug.

Würdest du also etwas für mich tun? Würdest du es zurücknehmen und es irgendwo aufbewahren und es dir ab und zu ansehen und an mich denken und schauen, ob du nicht Kleider machen kannst, die sich nicht ganz so leidenschaftlich tragen und die wenigstens ein bisschen aus der Mode kommen. Denn alles hat einen Sinn und sogar der Weltkrieg dauerte nur vier Jahre.

Aber mach' wenigstens keine Kleider wie *Blue Mazurka* mehr, und wenn doch, dann lass' sie mich nicht kaufen. Denn ich weiß, was passieren wird, ich komme zurück, weil ich mehr will. Denn, missversteh' das nicht, ich mag sie. Ich mag sie sehr. Hawes-Kleider für immer und ewig, und glaub' mir, Elizabeth, für immer ist gerade richtig.

Alles Liebe, Pat Collinge

Miss Collinge war erst in ihrem zweiten Jahr mit *Blue Mazurka,* als Mr. Nibs mir half, meinen Elfenbeinturm zu kaufen. Während er das tat, lehrte er mich eine Menge Dinge über das Schicksal der Konfektionskundin.

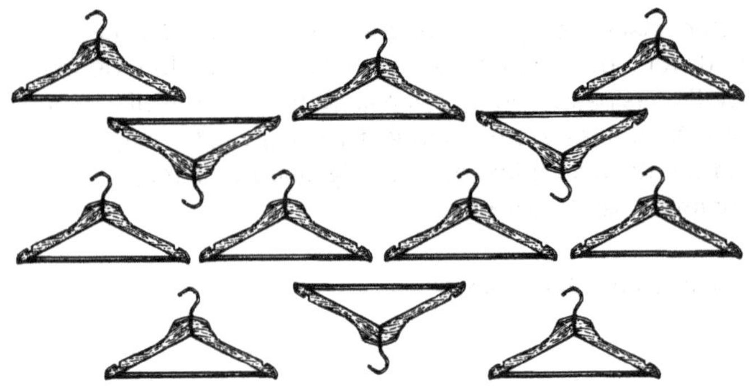

19 Mitnichten-Seide

Während wir oben in der 67. Straße einzogen, renovierten, Geschäftsgrundsetze festlegten, strömten meine günstigen Kleider von *N. H. Nibs* in die gesamte USA.

Diese Kleider waren mir wichtig. Sie waren mir so wichtig, dass ich *Lord and Taylor* dazu brachte, meine eigene Anzeige schreiben zu dürfen, bevor sie sie erstmals zeigten. Die Anzeige erschien Ende August 1933 auf einer vollen Seite in einer New Yorker Zeitung. Sie war umgeben von Zeichnungen von Hawes-Kleidern für 15,75 Dollar und 29,50 Dollar. Ich war stolz auf die Kleider. Mein Text lautete folgendermaßen:

Skol… Diese meine erste echte Kollektion von Konfektionskleidern widme ich respektvoll einer Reihe bezaubernder Menschen, die sich meine Preise für Maßgeschneidertes nie leisten konnten… die sich aber wünschen, sie könnten es. Ich

eiste mich eine Weile von der 67. Straße los und ging hinüber zur Seventh Avenue um zu sehen, was man mit den ganzen Maschinen anfangen kann. Ich hatte einige Strickstoffe, die zu Pullovern wurden, erfand eine wollige Seide, zwirnte einen Strang Wolle und betete. Und ich bekenne: Es ist ein Wunder, wie Kleider genäht werden können (und nicht in Sweatshops), aus Materialien, die sogar meinem verwöhnten Geschmack gefallen (ich bin es gewohnt, 10 Dollar pro Yard zu zahlen). Kleider, die für rund 22,50 Dollar verkauft werden und die richtig gute Kleider sind. Diese Kleider sind nicht für die gesamte weibliche Bevölkerung gedacht. Sie sind für jene speziellen Menschen, die in einer Welt voller Diamantknöpfe laut nach einem guten, soliden Schuhhaken aus Messing rufen... die ein unschuldig verzwirntes Garn einer Satinschleife vorziehen... die sich vielleicht wünschen, anders zu sein, aber wissen, dass alle guten Kleider klassisch sind. Diese Kleider sind gemacht für unser großes Jahr des Herrn 1933... für das College... für Footballspiele... zum Einkaufen... zum Arbeiten. Ich habe einige Taschen entworfen, die nicht nur alte Umschläge aus Leder sind. Wenn Sie den Hawes-Schal und die Mütze nicht mögen, dann sind Sie einfach nicht der Hawes-Typ und können sich entspannen. Viel Spaß damit...
Elizabeth Hawes

Ich meinte diesen Text ernst. Ich war begeistert von der Massenproduktion. Die Modelle sahen attraktiv aus und ich dachte mir, dass viele meiner anspruchsvollsten Kundinnen im Maßatelier froh gewesen wären, sie zu tragen.

Ich bestellte einige für mich selbst. Die Zweiteiler aus Jersey waren sehr bequem. Der Rock saß in meiner Taille und es gab genügend Stretch im Rücken und in den Ärmeln, um Auto fahren zu können. Die Seidenkleider blieben bei mir an seltsamen Stellen hängen, auch wenn sie aussahen, als würden sie passen. Ich ließ bei *Hawes Inc.* die Ärmel herausnehmen, aber im Rücken war nicht genügend Stoff, um sie jemals richtig hinzubekommen.

Als der Warenbestand hereinkam, regte mich der Anblick von zwanzig identischen, an einer Stange hängenden Hawes-Modellen ein bisschen auf. Aber ich sagte mir schnell, dass die meisten Frauen, die sie kauften, einander nie begegnen würden.

Ärgerlicher war die Tatsache, dass die Farbkombinationen von Anfang an verdorben waren. Es gab ein Strickteil in Braun und Blaugrün in der Kollektion, das zu Hunderten in Braun und Gelbgrün geliefert wurde. Ich setzte Mr. Nibs von dieser schrecklichen Tatsache in Kenntnis.

Er sagte, die Einkäufer bemerkten solche Dinge niemals und ich solle mir keine Sorgen machen. Ich sagte, es sei scheußlich, egal ob die Käufer es bemerkten oder nicht. Er sagte mir, ich solle mich entspannen.

Solche Dinge hielten unvermindert an, und offensichtlich bemerkten es die Einkäufer nicht. Sie bemerkten nicht einmal, wenn Mr. Nibs ein Material ausging und er gezwungen war, es durch ein anderes zu ersetzen. Manchmal frage ich mich, ob das Publikum nicht doch bewusst oder unbewusst durch Nicht-Kaufen reagierte, auch wenn Mr. Nibs und die Einkäufer wirklich zu beschäftigt waren, sich darum zu kümmern, dass eine Farbkombination total danebenlag.

Wenn die Einkäuferin einige Monate später die braunen und gelbgrünen Strickteile heruntersetzte, konnte man von ihr kaum erwarten sich zu erinnern, dass die Teile wenig bis keine Ähnlichkeit mit dem Modell hatten, das sie bestellt hatte. Sie sagte vielleicht nur: »Verdammtes Publikum. Sie kaufen sonst immer Braun und Grün.«

In der Welt der seriell produzierten Kleidung scheint es eine eindeutige Tendenz zu geben, immer das Publikum für alles verantwortlich zu machen. Es gab zum Beispiel diese ganz unbedeutende, kleine Detailfrage, ob die Kleider dem Publikum *passen.* Es schien mir immer, dass Mr. Nibs, oder vielleicht war es Mr. Meyer, eine dezidierte, vor 18 Jahren gebildete Vorstellung hatte, wie Frauen sich in ihren Kleidern fühlen möchten.

Zunächst waren, wie ich schon sagte, alle Kleider im Rücken zu eng, zu eng für meine Maßstäbe. Es ist gut möglich, dass Frauen in der Vergangenheit ihre Kleider im Rücken eng haben wollten. Ich weiß, dass es üblich war, Ärmel in sehr enge Armlöcher einzupassen. Einige der älteren Frauen, die ich einkleide, bevorzugen Ärmel mit dieser Passform.

Die junge Generation jedoch steuert Autos, tippt Schreibmaschine, wirft Bälle und ist auf andere Weise in ihren Kleidern aktiv. Ich wies Mr. Nibs auf all dies hin, aber wir sahen uns die Problematik nie gemeinsam an. Mr. Meyer hatte seit Jahren dieselben Schnittmuster benutzt und sah keinen Grund für eine Änderung.

Ich hatte das unbehagliche Gefühl, die beiden würden mir wie so oft erzählen, dass ich es eben gewohnt sei, mit sehr speziellen Klientinnen umzugehen, sollte ich das Thema Passform bis zum Streit oder der Drohung, das Geschäft zu verlassen, eskalieren lassen. »Ach, die Frauen, die *Sie* anziehen«, würden sie sagen. Nun ja, die Frauen, die ich anziehe, sind so beschaffen wie andere Frauen. Es gibt eine Sache, bei der sie sehr eigensinnig sind. Sie möchten sich in ihren Kleidern leicht bewegen können.

Ich schnappte schließlich Gerüchte von interessierten Freunden auf, dass die *Nibs-Hawes*-Kleider nicht passten, wenn sie sie in den Läden anprobierten. Ich eilte zu *Lord und Taylor* und suchte die stellvertretende Einkäuferin. Als ich sie danach fragte, sagte sie: »Alle Kleider sind fast eine Konfektionsgröße zu groß. Wir kümmern uns einfach nicht um die angegebene Größe, sondern sorgen dafür, dass es der Kundin passt.«

Sie schien ziemlich unaufgeregt. *Lord and Taylor* in New York hat einen recht intelligenten Schlag von Einkäuferinnen und Verkäuferinnen. Im mittleren Westen, nehme ich an, versuchten die Verkäuferinnen, *Nibs-Hawes*-Kleider in Größe 12 an Größe-12-Kundinnen zu verkaufen und es sah alles tatsächlich sehr seltsam aus.

Ich kam regelmäßig einmal die Woche auf das Thema Passform zurück, weil ich dachte, dass vielleicht der stete Tropfen dieser Idee durchdringen und zu Handlungen führen würde. Als ich *Nibs* nach einem Jahr verließ, war das letzte, was ich ansprach, dass die Kleider nicht passten. Ein Jahr später besuchte ich ihn, weil ich in der Gegend war, und sagte, es sei schade, dass die Kleider nicht gepasst hätten. Er war immer noch »seit 18 Jahren im Geschäft.«

Drei Jahre nachdem ich *Nibs* verlassen hatte, sah ich ihn wieder und er machte eine merkwürdige Bemerkung. Er verknüpfte es mit nichts Bestimmten, aber er musste gesehen haben, wie mir der »Passform«-Ausdruck ins Gesicht trat. Er sagte: »Wissen Sie, Mr. Meyer ist gegangen. Wissen Sie, Mr. Meyer hat mich Tausende von Dollar gekostet.«

Es gibt Mittel und Wege, einen Teil der Tausende von Dollar zu sparen, die aus den Fenstern der Wolkenkratzer der Seventh Avenue fliegen. Ein kleines Beispiel dazu zum Thema Strickwaren.

Die Strickwaren – es gab Jerseyblusen, die zu Röcken aus gewebter Wolle getragen wurden – die ich für Nibs entworfen hatte, verkauften sich sehr gut. Der gestrickte Stoff, aus dem die Blusen hergestellt wurden, kam von einer Reihe von Lieferanten. Darunter war ein sehr netter junger Mann, der mit mir zusammenarbeitete und einige Teile nach meinen Vorstellungen von Stoffart und Farben anfertigte. Er gab sich sehr viel Mühe damit und ich war ungeheuer froh als ich sah, dass diese Teile sich gut verkauften. Eines Tages, etwa einen Monat, nachdem wir begonnen hatten, die Bestellungen auszuliefern, suchte mich der junge Mann auf und fragte: »Was ist mit dem gestreiften Strickteil passiert, das ich nach Ihrem Entwurf hergestellt hatte? Es wurde nie nachbestellt.«

»Was?« fragte ich. »Aber das verkaufte sich gut. Das weiß ich genau.«

»Mr. Nibs«, ich erreichte ihn, nachdem der junge Mann gegangen war. »Wie kann es sein, dass McGowan nie eine weitere Bestellung für das gestreifte Strickteil bekam? Ich dachte, das verkaufe sich sehr gut.«

Mr. Nibs schaute mich an und zwinkerte ein wenig. Mr. Nibs war übrigens ein hochangesehenes Mitglied der Organisation, die Joe Rosenthal gebildet hatte, um den Ideenklau zu verhindern. Die Kopien, die sie verhinderten, beschränkten sich exklusiv auf die Kleider, die sie selbst herstellten. Die Stoffhersteller und die Franzosen mussten sehen, wie sie zurechtkamen. Mr. Nibs sah wie ein kleiner Junge drein, der im Obstgarten des Nachbarn erwischt wurde, als ich nach dem Strickteil fragte. »Ist das nicht eines der gestrickten Teile, die Sie entworfen haben?« fragte er.

»Ja, aber warum?«

»Naja, ich habe Seldun beauftragt, es zu einem besseren Preis herzustellen. Wenn es ein Entwurf gewesen wäre, den Sie aus McGowans Linie ausgesucht hätten, hätte ich das nicht gemacht.«

Ich stritt mich mit Mr. Nibs nicht darüber. McGowan hatte einige Zeit und einiges Geld darauf verwendet, meine ursprüngliche Idee in ein Strickstück zu verwandeln. Jemand anderes konnte es billiger kopieren – auf der anderen Seite des Flusses oder in einer alten Fabriketage in Hoboken. Ich war selbst dort gewesen. Seldun konnte keinen neuen Entwurf für mich umsetzen, aber er konnte alles kopieren.

Ich nehme an, der Preisunterschied zwischen dem originalen Strickteil von McGowan und der Kopie von Seldun kam für ein paar der Kleider auf, die schließlich an *Nibs* zurückgeschickt wurden, weil sie nicht passten. Ein großer Teil des Rests wurde durch die Kunstseide bezahlt.

Mr. Nibs und ich führten einen immer wiederkehrenden Kampf um die Kunstseide. Ich habe nicht grundsätzlich etwas gegen künstliche Seide. Ich habe etwas dagegen, weil man nie sagen kann, wie sie sich verhalten wird.

Manchmal nutzt sie sich ab. Manchmal dehnt sie sich aus. Manchmal schrumpft sie. Manchmal reinigt man sie und oft wäscht man sie.

In einem Jahr stellte ich bei *Hawes Inc.* ein Kleid aus Kunstseide her. Wir verkauften sieben davon, für etwa 145 Dollar das Stück. Sieben nahm ich wieder zurück. Das Material löste sich in Fetzen auf, wenn es gereinigt wurde.

Die Hersteller behaupten, man könne es reinigen, wenn man weiß, was man tut. Unglücklicherweise wussten viele Reinigungen auch dann noch nicht, was sie tun sollten, wenn man zu jedem Kleid einen Herkunftsnachweis dazu gab. Der Herkunftsnachweis würde verloren gehen. Jemand würde voller Hoffnung dein Kunstseidenkleid waschen.

Alles in allem halte ich Kunstseide für einen sehr unzuverlässigen Stoff, egal ob sie aus Viskose oder aus Acetat besteht. Warum halten die Hersteller die Kunden bei dieser Sache so im Unklaren? Würde man zehn durchschnittliche Kundinnen fragen: »Was ist Viskose? Was ist

Celanese? Was ist amerikanisches Enka-Garn?« bekäme man die Antwort: »Oh, das ist alles eine Art Seide.«

Es sind Handelsnamen für Kunstseide. Einige von ihnen werden aus Viskose hergestellt, einige aus Acetat, den zwei Zweigen einer Materialfamilie. Soweit ich höre existiert Kunstseide, die sich ewig tragen lässt. Ich bezweifle das nicht. Sie ist nicht auf dem Markt.

Fast die Hälfte der Anzeigen für Kleider im *New Yorker* oder in Modemagazinen zeigt Kleider aus Kunstseide. Sie scheinen Anzeigen für die Waren großer Kaufhäuser zu sein. Nach irgendeinem Handelsnamen ist dort ein Sternchen eingefügt, das auf einen kleinen Satz unten verweist: »Celanese* – Reg. U. S. Pat. Off.« – »Salyma* – Spun rayon and cotton.«

Niemand erachtete es bislang als wichtig, die Öffentlichkeit über künstliche Seide zu informieren: Dass sie ein Nebenprodukt von Kriegsmaterial ist; dass es viele Sorten gibt, von denen sich manche leicht abnutzen, andere nicht; dass eines deiner Kunstseidenkleider vielleicht ewig hält und das andere beim ersten Reinigen auseinanderfällt oder beim ersten Waschen zu Nichts zusammenschrumpft; dass die Kunstseidenfirmen sehr reich sind.

Sie sind so reich, dass sie für die Geschäftswerbung bezahlen, die in vielen Fällen die Handelsnamen ihrer Produkte trägt. Sie sind so reich und schalten so viele Anzeigen, dass es praktisch kein Modejournalist wagen würde, die Qualität ihres Produkts in Zweifel zu ziehen. Keine Zeitschrift und keine Zeitung könnte es sich leisten, so viele Anzeigen zu verlieren.

Sie sind so reich, dass sie der Mode große Summen zahlen, damit sie neue Webarten für sie erfindet, schöne Kleider aus ihrem Material entwirft, ihnen hilft, der Welt zu sagen, dass es chic sei, ihre Stoffe zu tragen, ihnen hilft, die

Öffentlichkeit so abzukanzeln, dass sie nicht mehr weiß, ob es reine Seide ist und einen Yard breit oder reine Kunstseide, die womöglich auf 27 inches, 68 cm, schrumpft.

Seitdem ich entschied, absolut keine Kunstseide bei *Hawes Inc.* zu benutzen, sind meine Unterhaltungen mit Stoffherstellern entlarvend. In dem einen Jahr behaupteten sie, nur Kunstseide könne matt hergestellt werden und dass alle chicen Stoffe matt seien. Das war in dem Jahr, in dem ein Tropfen Wasser, den man auf der matten Oberfläche der Kunstseide verschüttete, einen unentfernbaren Fleck hinterließ. Im folgenden Jahr bekam der Stoff keinen Fleck. Er wurde außerdem aus reiner, echter Seide hergestellt.

In einem anderen Jahr behaupteten sie, nur Kunstseide könne den entsprechenden Glanz haben, um chic zu sein. Sogar wenn man ihnen den entsprechenden Glanz bei echter Seide zeigte, schüttelten sie die Köpfe und schauten nur weg und sagten: »Das ist nicht dasselbe.«

Schließlich entschloss ich mich, künstliche Seide bei *Hawes Inc.* zu benutzen, sofern der Hersteller nicht nur für die Kosten des Materials eine Garantie übernehmen würde, sondern außerdem auch für die Kosten der Arbeitszeit, falls das Kleid schiefginge. *Hawes Inc.* nimmt Kleider zurück, die nicht in Ordnung sind, wenn die Ursache sehr wahrscheinlich unsere Schuld ist. Mir scheint, wenn sich der Stoff, den ich für das Kleid ausgewählt habe, nicht reinigen lässt oder schrumpft, während er im Schrank hängt, dann ist es meine Schuld.

Ich war in vier Jahren nicht in der Lage, einen Hersteller zu finden, der für irgendeine Sorte Kunstseide eine komplette Garantie übernommen hätte. Ich fand eine Reihe von Herstellern, die mir in meinem Büro im Vertrauen sagten: »Nunja, ich glaube Sie haben recht. Sie machen so teure Kleidung. Sie sollte sich wirklich lange tragen lassen. Auch wenn ich nicht glaube, dass das so ein gutes Geschäft ist.«

In diesem Herbst brachte ein kleiner Handelsvertreter, der seit Jahren für verschiedene Firmen Seiden verkaufte, das Fass zum Überlaufen. Er sah sehr feierlich aus, als er mir über die alten Zeiten erzählte, als man nur Seide verkaufte, alles echte, reine Seide. Sie trug sich gut. Die Webart änderte sich nicht jede Saison. Das Geschäft war stabil. Er wusste nicht, was mit der Welt jetzt passiert war. Niemand scherte sich mehr um Qualität. »Ich sage immer, Miss Hawes, es sollte einen gewissen Unterschied zwischen billigen und teuren Kleidern geben.«

Ich persönlich denke, dass man möglicherweise erwartet, ein Kleid nur eine kurze Zeit tragen zu können, wenn man 3,75 Dollar dafür bezahlt. Dabei muss das nicht einmal so sein. Da gibt es ja immer noch diese alte Freundin der Familie, die Baumwolle. Sie ist billig genug. Jeder in den Vereinigten Staaten hat nun schon ein Seidenkleid gehabt.

Wie auch immer, die Vorstellung ist also, dass sich jeder Seide wünscht und dass praktisch jeder Kunstseide bekommt, und vielleicht ist sie zufriedenstellend, vielleicht auch nicht. Meine Auseinandersetzung mit Mr. Nibs drehte sich um diesen Punkt.

Es gab eine gewisse Kunstseide, ein guter Name für sie wäre *Mitnichten-Seide,* die einen Dollar pro Yard kostete und die Mr. Nibs sehr mochte. Sie sollte waschbar sein. Sie war es nicht. Ich fand eine reine Seide für 1,15 Dollar pro Yard, die sich waschen ließ und die, auch wenn sie nicht das Gewicht der Mitnichten-Seide hatte, ein wirklich schönes Material war.

Zu Mr. Nibs eilend sagte ich: »Sehen Sie, hier ist reine Seide für nur 1,15 Dollar pro Yard. Man kann sie wirklich waschen. Können wir nicht mit ihr *Mitnichten* ersetzen?«

Mr. Nibs war von mir ziemlich genervt. Wir trugen diesen Kampf schon seit einigen Monaten aus. Ich hatte beträchtliche Zeit damit verbracht, meine günstige reine Seide aufzutreiben. »Miss Hawes«, sagte er, »hören Sie mir zu. Letztes Jahr verkaufte ich 25 000 Kleider aus *Mitnichten-Seide.* Nur 500 davon kamen zurück. Es ist für mich nicht profitabel, die zusätzlichen 15 Cent pro Yard zu zahlen.«

Da ich die Amerikanerinnen der Mittelklasse kenne, die 15,75 Dollar für die meisten ihrer Kleider bezahlen, konnte ich die Geschichte der *Mitnichten-Seide* vervollständigen. Sie war nicht waschbar. 25 000 Frauen hatten sie gewaschen. 24 500 von ihnen hatten das Kleid dann weggeworfen. 500 von ihnen hatten es in den Laden zurückgebracht, aus dem es kam, und ihr Geld zurückbekommen. Sie wissen, dass der Laden nicht allzu viel Theater macht, wenn Sie im Recht sind, denn das Geschäft reicht es an den Hersteller weiter.

Wenn Mr. Nibs immer noch einen Gewinn machte, nachdem er das Geld für 500 Kleider erstattet hatte, was für einen Unterschied machte es für ihn, was mit den übrigen 24 500 passierte? Ein Geschäft zu betreiben bedeutet vor allem auszurechnen, was die Kundschaft verkraften kann. Amerikanerinnen verkraften eine Menge.

Während Mr. Nibs haushälterisch seine 15 Cent einsparte, verlor Mr. Meyer ruhig und wohlmeinend auf die eine oder andere Art Tausende von Dollar, wie Mr. Nibs später gestand. Die Vertreter gaben einiges mehr aus, machten den Einkäuferinnen Geschenke und führten sie zum Dinner aus, während mein Manager und ich deswegen Schaum vorm Mund hatten und die Einkäuferinnen nur mit ein paar gezielten Gesprächen zum Kommen bewegen konnten.

Mr. Nibs wiederholte ständig seine zwei Lieblingsgedanken. Er sei seit 18 Jahren im Geschäft und niemand sei nur zum Vergnügen im Geschäft. Und ich bereitete mir den Weg, mir selbst eine Lektion zu erteilen.

Mr. Nibs versuchte von Zeit zu Zeit, mir kleine Dinge vorzuschlagen, was das Entwerfen von Kleidern für den Großhandel betraf, aber er konnte mir nie eine logische Begründung für seine Ideen geben.

Zum Beispiel entwarf ich Kleider ohne Gürtel, die in der Taille eng anlagen. Mr. Nibs sagte, alle Großhandelskleider hätten Gürtel. Er hatte jedoch die Größe, nachzugeben, als ich ihn nach dem Warum fragte, und er merkte, dass er es nicht wusste.

Zu meiner Überraschung begannen die Einkäuferinnen uns zu schreiben und nach Gürteln zu fragen, nachdem wir unzählige Kleider ohne Gürtel ausgeliefert hatten. Mr. Nibs triumphierte deswegen, aber er konnte immer noch keinen Grund angeben. Ich verstand, dass an dem Problem mehr dran sein musste, als das Auge einer Maßschneiderin erkennen konnte.

Ich besuchte die Firma eines anderen mir bekannten Großhändlers, einen, der Abendkleider herstellte. Er ließ mich seine Linie anschauen, weil ich in einer Sportswear-Firma arbeitete und er daher wusste, dass ich nichts kopieren würde. Ich sah unzählige Kleider ohne Gürtel.

»Sie machen Kleider ohne Gürtel?« fragte ich hoffnungsvoll. »Oh, wir zeigen sie ohne Gürtel«, sagte er. »Sie werden entworfen, um ohne Gürtel getragen zu werden. Aber wir liefern ein Kleid nie ohne Gürtel aus. Sie können nicht verkauft werden. Passen nicht.«

Mir ging ein großes Licht auf. Es war nicht so, wie Mr. Nibs unterstellte, dass das Publikum in Bezug auf Gürtel fanatisch war. Das Publikum wollte lediglich einen Anschein von gutem Sitz in der Taille erreichen. Da keine zwei Frauen mit Größe 2 dieselben Taillenmaße haben, ist der einfache Weg aus den ganzen Schwierigkeiten, die überschüssigen Zentimeter mit einem Gürtel zusammenzuzurren.

Ich war froh, dass es einen Fabrikanten gab, der die Antwort herausgefunden hatte. Seit jenem historischen Tag habe ich über die Seventh Avenue immer etwas weniger Verzweiflung empfunden. Natürlich fragte mich derselbe Herr sofort, ob sich steife Materialien meiner Meinung nach in der nächsten Saison halten würden und was ich von Spitze hielte. Ich sage immer, dass einige Frauen steife Materialien mögen und immer mögen werden, und einige andere Frauen mögen weiche. Was Spitze angeht – sie passt gut in den Koffer und schmeichelt, also warum groß drumherumreden? Das ist nicht die Art Antwort, die in der Welt der Mode gut ankommt.

Es sollte klar geworden sein, dass ich Nibs nicht konsultieren konnte, sogar wenn ich meine Zweifel hatte, ob es klug wäre, etwas Bestimmtes für ihn zu entwerfen. Aber zu jener Zeit dachte ich ich wüsste, wie lange es dauert, bis ein Stil von der Herzogin von Windsor zu Rosie O'Grady gelangt. Ich verwechselte nur Stil, einen wirklich neuen Schnitt, mit einem aufgemalten roten Hummer auf irgendeinem alten Kleid.

Damit kam mein Verderben. Im November entwarf ich für *Nibs* die frühe Frühjahrslinie, in der Branche als »Palm Beach« bekannt. Ich hatte an der 56. Straße seit einem Jahr Kleider mit Weite im Rockvorderteil entworfen und verkauft. Ich schloss daraus, ich könnte sie an der Seventh Avenue herausbringen.

Mr. Meyer zankte nicht mit mir, da er noch dachte, ich könnte nicht so verrückt sein. Mr. Nibs ließ mich immer noch in Ruhe. Die erste Linie hatte sich verkauft. Ich beendete die Palm-Beach-Kleider und floh auf ein Frachtschiff, um durch die Karibik zu fahren, mich auszuruhen und die Frühlingskleider für *Hawes Inc.* zu entwerfen.

Nach meiner Abreise, als die Linie dem Verkaufspersonal gezeigt wurde, brach ein Tumult aus. »Wir können dieses Zeug nicht verkaufen«, sagten sie. »Wer in Gottes Namen möchte Weite im Vorderteil?«

Mein Manager tat was er konnte, um sie zu beruhigen. Zu meinem Glück waren die Telegramme von den Schauen in Paris eingetroffen, bevor ich zurückkam. Schiaparelli zeigte Weite im Vorderteil. Die Verkäufer waren beruhigt, aber nervös.

Schiaparelli zeigte vielleicht auch schon in der dritten Saison Weite im Vorderteil. Es war ohne Zweifel die erste Saison, in der sie sich diesbezüglich so sicher fühlte, dass sie viele Modelle aufnahm, die am Bauch nicht eng waren. Daher war es die erste Saison, in der es irgendjemand aus der Branche bemerkte.

Die Verkäufer mussten nervös sein, denn die Einkäuferinnen sagten, es sei zu neu. Es war die erste Saison, in der sie davon gehört hatten. Sie wussten nicht, ob das Publikum diese Modelle mögen würde.

Um die Einkäuferinnen zu beruhigen, wendete das Verkaufspersonal die Verkaufstechnik des Vor Angst Erblassens an, wann immer ein wenig Weite im Vorderteil aus der Tür des Ateliers kam. Sie schauten die Einkäuferinnen aus dem Augenwinkel an und sagten: »Ehem,... es ist neu, nicht wahr? Hmmm... man sagt, Schiaparelli zeige es. Was denken Sie darüber?«

Das alles nach einer langen, ausgefeilten Erklärung meinerseits, dass sie in Bezug auf Weite im Vorderteil nichts weiter tun müssten, als den Einkäuferinnen zu erklären, dass ich das ein Jahr lang sehr erfolgreich in der Stadt gemacht und verkauft hätte. Ich sei daher recht sicher, das Publikum werde es mögen. Außerdem zeigte es Schiaparelli ebenfalls, wenn sie es genau wissen wollten. Also warum nicht ausprobieren?

Nein, es ist nicht die Methode der Seventh Avenue, zu tun, was sie für richtig hält, und dabei zu bleiben. Naturgemäß weisen die Einkäuferinnen alles Neue zurück, das sie einschüchtert; sogar jene Einkäuferinnen, die versuchen, es zu verkaufen. Die Einkäuferinnen haben kein Geld zum Experimentieren.

Die beiden Geschäfte, die als einzige etwas mit diesen Kleidern anfingen, waren *The Emporium* in San Francisco und *Lord and Taylor* in New York. Alle Kleider verkauften sich recht gut bei *Lord and Taylor*. Sie verkauften sich bei *The Emporium* in San Francisco, denn es gab dort zufällig ein Mädchen in der Werbeabteilung, das genau verstand, was ich mit den Entwürfen beabsichtigte. Sie erklärte die Kleider von Hawes fröhlich und leichthändig. Sie sagte, wie ich, dass sie nicht für jede seien. Sie sonderte sie ab, so dass die Menschen, die sie haben wollten, nicht durch 800 auffälligere blättern mussten. Sie verwendete zarte aquarellierte Zeichnungen, um sie in den Zeitungen zu zeigen.

Sie schaffte es, die richtigen Kundinnen auf die Existenz der Kleider aufmerksam zu machen, genau wie ich im *New Yorker* für *Hawes Inc.*

Die meisten anderen Geschäfte, die die Kleider kauften, inserierten dafür nur routinemäßig. Sie mischten sie zwischen die Kleider mit Schleifen und Satinbändern. Sie unterrichteten das Publikum nicht davon, dass sie sehr schlichte Kleider nahezu ohne Garnitur für 18,95 Dollar hatten. 1933 waren günstige Kleider mit Verzierungen überladen, viel mehr als heute. Für eine Frau, die etwas Einfaches wollte, war es fast Routine, ihr Geld zu sparen, bis sie wenigstens 39,50 Dollar zahlen konnte. Nicht im Traum glaubte sie, dass es das, was sie wollte, zu einem niedrigeren Preis geben konnte. Es gab es oft nicht. Es gibt es immer noch nicht.

Keine Frau bildet sich ein, da bin ich mir sicher, dass sie das, was in der Branche als »high Style«, gehobenes Genre, bekannt ist, für unter 89,50 Dollar bekommen kann.

Weite im Vorderteil war 1933 gehobenes Genre. Das bedeutet, man konnte es für 175 Dollar und vielleicht für 89,50 Dollar verkaufen, aber man konnte es nicht für 15,75 Dollar verkaufen, denn diese Käuferinnen würden kein Risiko eingehen.

Das Leben bei *Nibs* wurde zunehmend schwierig, angefangen mit meiner Weite im Vorderteil. Niemand glaubte mir danach irgendetwas, das ich sagte. Zwei weitere Jahre gab es keine Weite im Vorderteil für 10,75 Dollar. Der Zeitpunkt war in der Tat falsch. Anders als ich erwartet hatte, erwies ich mich damals nicht als Segen für *N. H. Nibs.* Ich hatte gedacht, es brauche etwa ein Jahr, damit ein neuer Kleiderschnitt vom gehobenen Genre oder Modellgenre auf 10,75 Dollar absinkt. Es braucht wenigstens zweieinhalb, wenn nicht drei Jahre. Das hat überhaupt nichts mit dem Geschmack der großen Masse zu tun. Das Publikum für günstige Kleidung ist definitiv nicht daran beteiligt. Die Couturière, ihre Kundinnen, die Konfektionäre und die Einkäuferin der Warenhäuser machen das unter sich aus.

Die Modeschöpferin braucht ein Jahr, um sicher zu sein, dass genügend Frauen etwas Neues wie weite Röcke haben möchten. Die Einkäuferinnen beachten ihre Versuche nicht. Im ersten Jahr, in dem sie eine größere Anzahl weiter Röcke sehen, sagen sie »Oh«, und nur *Bergdorf Goodman* und die teuren Boutiquen ordern sie.

In der nächsten Saison kaufen einige der hochpreisigen Konfektionshersteller einige weite Röcke und zeigen sie voller Furcht. »Wie finden Sie es?« fragen sie die Einkäuferinnen in New York. »Meinen Sie, sie werden gut laufen?«

In der nächsten Saison – da in Paris alles einen weiten Rock hat und schon seit einem ganzen Jahr hatte, und *Bergdorf* die meiste Zeit auch schon weite Röcke verkauft hatte – sagt der Fabrikant aus dem günstigen Segment zur Einkäuferin: »Nehmen Sie lieber einige dieser weiten Röcke, Paris ist voll davon.«

Die Einkäuferin hat sie in *Vogue* und *Harper's Bazaar* abgebildet gesehen. Sie hat vielleicht einige auf der Straße gesehen, oder sie hätte, falls sie jemals die Zeit hätte, auf die Straße zu gehen. Sie kauft sie.

Das Publikum wird in Kenntnis gesetzt, dass etwas Neues und Wunderbares erschienen ist: Der weite Rock. Mindestens zwei Jahre sind verstrichen, seitdem sich die Frauen, die sich Couturemodelle leisten können, mit weiten Röcken versorgen konnten. Die allgemeine Öffentlichkeit kann nun, Dank der Gnade der Seventh Avenue und der Einkäufer, weite Röcke haben. Wie ich schon angedeutet habe, gibt es Zeiten, in denen sich etwas in einem Zeitraum von zwei Jahren in die Mode hineinschleicht, ohne dass es die Bekleidungshersteller überhaupt ahnen. Das sind in Amerika die Stil-Revolutionen.

Nachdem ich mich selbst als Vertreterin des topmodischen Stils bloßgestellt hatte und also doch nicht das Wundermädchen war, fing Mr. Nibs an, lange, ernste Gespräche mit mir über meine Lebenseinstellung zu führen. »Sie können hier unten großen Erfolg haben, wenn Sie sich bemühen«, würde er zu mir sagen.

»Warum nehmen Sie nicht einfach jede Saison ein paar Teile mit der neuen Linie auf, damit die Einkäuferinnen sich daran gewöhnen und sie in der nächsten Saison kaufen?« würde ich fragen.

»Wir sind nicht im Geschäft, um Experimente zu machen«, antwortete er, »aber Sie werden hier eine Menge Geld verdienen, wenn Sie nach den Regeln spielen.«

»Nach den Regeln und mit Kunstseide, nehme ich an«, antwortete ich säuerlich.

Ich sprang in ein Taxi zurück in die 67. Straße und dachte mir einige neue Tenniskleider für die Sommerlinie aus. Aber Mr. Meyer war damals immer zu schnell für mich.

Mr. Meyer fing einfach wieder an, sich Modelle auszudenken. Nach der Sache mit der Weite im Vorderteil hatte er nie Zeit, sich mit meinen Ideen abzugeben. Er füllte die Linie mit ein paar neuen Nummern auf, die er als Skizze von irgendeinem Lieferanten neuer Ideen bekommen hatte. Ich war deswegen nicht unglücklich. Ich hätte vielleicht die richtige Zeitplanung lernen können und hätte Teile von *Hawes Inc.* durchgereicht, zwei Jahre, nachdem ich sie dort verkauft hatte.

Mir wurde klar, wie Mr. Nibs es mir versichert hatte, dass wir die Einkäufer und die Kaufhäuser in den Vereinigten Staaten nicht in ein paar Minuten erneuern konnten. Die Öffentlichkeit hatte die Angewohnheit, auf einen neuen Stil zu warten. Und neuer Stil kann immer warten.

Meine tiefgreifende Verzweiflung war der Tatsache zuzuschreiben, dass Kleidung von *Hawes* aus schlechtem Material herauskam, das sich schnell abtragen würde, und das völlig unnötigerweise, selbst bei Preisen von 15,75 Dollar. Darüber hinaus passte sie nicht einmal in der Weise, wie Kleidung aus Massenproduktion heutzutage passen kann.

Als sich die Verzweiflung steigerte und Mr. Nibs mir zu erklären versuchte, was ich entwerfen sollte, ging ich zu Brandy beim Lunch über, um mich für die schwere Prüfung der Nachmittage in der Seventh Avenue abzustumpfen. Ich dachte über die Great American Design-Bewegung nach, die 1932 so unbekümmert von *Lord and Taylor* initiiert wurde. Jetzt war es Frühling 1934 und man hörte vergleichsweise wenig von den amerikanischen Designern. Ziemlich viele Menschen hatten von Anfang an darauf bestanden, dass es gar keine gäbe. Dann – weil *Lord and Taylor* es sagte und andere Geschäfte das unterstützten, und weil Dutzende von Artikeln über amerikanische Designer geschrieben wurden – war jeder überzeugt, dass sie irgendwo sein mussten. Und tatsächlich, zahllose Menschen wurden zu amerikanischen Designern, die man vorher noch nicht gesehen hatte und von denen man seither nichts mehr gehört hat.

Was war aus dem weithin begrüßten »Mittel, das Geschäft der Bekleidungsindustrie anzukurbeln« geworden? Ich sage Ihnen, was daraus geworden ist. Es war einfach nicht profitabel. Wir waren ein Werbefeldzug, der aufgegeben wurde, denn nach einer Weile muss man entweder einen Gewinn vorweisen, oder den Weg allen Fleisches gehen.

Das ist in Ordnung. Niemand hat etwas gegen die puren Fakten einzuwenden. Das zu beanstandende Merkmal war, dass die amerikanischen Designer vor ihrer Zeit gefördert wurden. Wir wurden nicht ausgewählt, weil wir uns für 15,75 Dollar gut verkaufen konnten. Die meisten von uns hatten noch nicht einmal eine Maschine gesehen. Wir wurden ausgewählt, um das Geschäft anzukurbeln. Die meisten von uns kurbelten es nicht länger als einige Wochen an.

Ich glaube die ganze American-Design-Bewegung wurde dadurch, dass die Designer quasi ab der Highschool gefördert wurden, mehrere Jahre zurückgeworfen. Dorothy Shaver, die Vizechefin von *Lord and Taylor,* hoffte 1932 sicherlich, dass wir bereit waren. Sie hatte ihren Kopf an einer Reihe von Betonwänden und Kaufleuten blutig geschlagen, um Dinge durchzusetzen, die das Publikum mögen könnte. Manchmal ist sie, wie andere Menschen, ihrer Zeit voraus. Wenn die Kaufleute nicht immer mit ihren fiesen kleine Zahlen bei der Hand wären, könnten sich die Geschäfte vielleicht, in allgemeinem Interesse, etwas mehr unrentable Experimente erlauben. Dorothy Shaver wird auf die amerikanischen Designer wieder zurückkommen, wenn es mehr gibt, auf die man zurückkommen kann. Ihre Kaufleute haben es damit wahrscheinlich nicht sehr eilig.

Die Amerikanische Design-Bewegung musste 1932 auf die Nase fallen. Es gab einfach nicht genügend ausgebildete Designer. Die Modeschöpfer werden schließlich lernen. Sie werden schneller der Kinderstube entwachsen, wenn die Geschäfte und die Fabrikanten aufhören, ihnen Frankreich vorzuhalten und ihnen erlauben, die Grundlagen zu nutzen, die Gott ihnen gegeben hat. Die Modeschöpfer werden herausfinden, was das Publikum möchte, wenn die Geschäfte für eine Weile aufhören, sich auf Angebote und Werbung zu konzentrieren und anfangen, sich über die spezifischen Bedürfnisse ihrer Kundschaft Gedanken zu machen.

Die amerikanischen Designer werden natürlich vorankommen, egal wer fahrlässigerweise versucht, sie abzuwürgen. Aber wenn sie ermutigt werden, wenn man ihnen Anerkennung zollt, wenn sie gut sind, wenn ihnen erlaubt wird, zu experimentieren, dann werden sie weit schneller vorankommen. Natürlich kostet Experimentieren Geld, wie jeder weiß. »Aber bitte Miss Hawes. Sie reden wie eine Künstlerin. Wir sind nicht zum Spaß im Geschäft.«

»Langsam verstehe ich«, sagte ich zur Seventh Avenue, »aber ich bin es, und zur Hölle mit euch. Ich werde einen Weg finden im Geschäft zu bleiben, der mich nicht zum Trinken treibt.«

So zog ich mich in meinen Elfenbeinturm zurück, um über die Massenproduktion nachzusinnen – und darüber, wie ich die Miete bezahlen sollte.

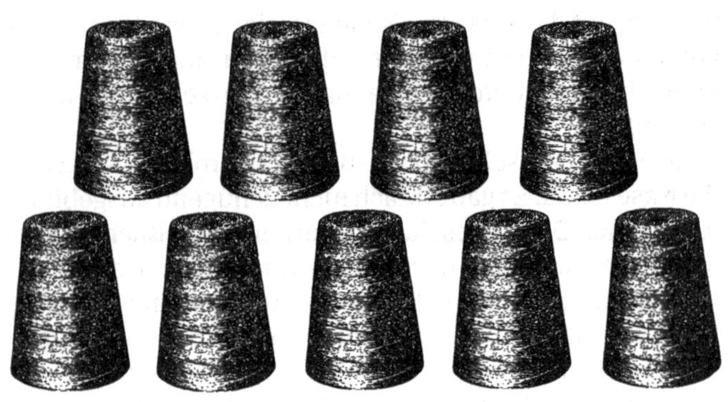

20 Blutgeld und kein Geld

Ich sagte mir selbst klipp und klar, was ich von der Seventh Avenue hielt, aber ich wollte davon nicht überzeugt werden. Ein Grund dafür war, dass ich sehr dringend extern Geld verdienen musste, um für das Haus in der 67. Straße zu zahlen. Der andere Grund war, dass ich gerade erst begonnen hatte zu erahnen, was die Massenproduktion von Kleidung bedeuten könnte.

Was die Massenproduktion in neunundneunzig Prozent aller Fälle wirklich bedeutete, wurde in meinen Augen von *Marshall Field und Co.* bestätigt, als ich im April 1934 von dem Vertrag mit *Nibs* zurücktrat. Sie wollten einem neuen Konfektionsgroßhandel Schwung geben und stellten mich an, eine Arbeitswoche lang nach Chicago zu kommen und sechs Modelle zu entwerfen. Ich ging – für 1000 Dollar Gewinn, den ich brauchte. Ich war nicht zuversichtlich.

Der Chef dieser Textilfirma war nicht groß oder besorgt wie Mr. Nibs. Er war klein, aber stark und zäh. Er wollte Kleider, die im Einzelhandel 10,75 Dollar kosten, weiter nichts. Die Qualität war notwendigerweise zweitrangig, und auch Stil, wenn er mehr als Besätze im Wert von 25 Cents erforderte.

Ich verbrachte die meiste Zeit in Chicago damit, fotografiert und interviewt und mit der Geschäftsleitung und Modejournalisten zum Mittagessen ausgeführt zu werden. Dafür wurde ich bezahlt. Die Kleider waren nicht wichtig. Sie konnten irgendwo einige Entwürfe beschaffen. Ich konnte zwischen den Fotografenterminen sechs einigermaßen fertigstellen und kehrte nach Hause zurück.

Eine meine Bedingungen war, als ich für sie arbeitete, dass die Kleider nicht unter meinem Namen verkauft werden sollen, außer wenn ich explizit zustimmte. Das war dem Chef der neuen Textilfirma egal. Meine Vereinbarung war sowieso nur mündlich. Sie verkauften nicht nur meinen Namen an einen Laden in New York, von dem ich nicht beworben werden wollte, sondern die beworbenen Kleider sahen so anders als mein ursprüngliches Konzept aus, dass ich nicht in der Lage war, sie als meine Entwürfe wiederzuerkennen.

Es ist fast unmöglich für mich zu beschreiben, was ich fühle, wenn ich mir ein Kleid ansehe, das offensichtlich aus einem Material gemacht ist, durch das man Erbsen schießen könnte, das keinerlei Form hat, nur einen Gürtel um die Taille, so dass die Kundin so tun kann, als ob es dort passte, das Ganze gekrönt von scheußlichen Garnituren und Verzierungen, die ohne Bezug zur Linie des Kleides (die sowieso nicht existiert) hinzugefügt wurden.

Meine Seele krampft sich zusammen. Mein Magen dreht sich acht Mal in der Sekunde um. Meine Wirbelsäule verspannt sich und ich übergebe mich im Geiste. Es macht mir nichts aus, Menschen in diesen Kleidern zu sehen, denn ich weiß, dass es meistens alles ist, was sie zu dem Preis bekommen können. Es macht mir etwas aus, Werbung für diese Scheußlichkeiten zu sehen, und das war es, was ich eines schönen Tages in der Anzeige eines der größten Geschäfte New Yorks sah, mit meinem Namen daran.

»Das hast du nun davon, Hawes«, sagte ich zu mir. »Da hast du dein Blutgeld und ich hoffe, das war es dir wert. In Zukunft keine Konfektion mehr für dich, es sei denn du – du selbst – kannst dafür sorgen, dass sie vollkommen und absolut schön, haltbar und funktional wird.«

Als ich die Vereinbarung mit *Marshall Fields* über die Kleider traf, überredete ich sie gleichzeitig, mich versuchsweise Stoffe für sie entwerfen zu lassen. Ich trage die Kleideraffäre *Marshall Field and Co.* nicht nach. Der Herr, mit dem ich meistens Geschäfte machte, der Chef ihrer gesamten Großhandelssparte, war ein ungemein netter Mensch.

Jedes Mal wenn er sagte: »Entwerfen Sie ein Kleid«, sagte ich ja, wenn ich Stoffe entwerfen kann. Die Vermarktung von Baumwollstoffen, bei der ich sie unterstützt hatte, lief nur über meine Kleiderentwürfe. Ich wollte an den Stoff selbst herankommen.

Mehr noch, ich dachte, die amerikanischen Stoffhersteller würden mich eines Tages so nutzen wie die französischen Stoffhersteller die Couturiers. Das mag schließlich irgendwann so eintreten. Vielleicht kommt eines Tages ein amerikanischer *Bianchini* mit einem amerikanischen *Rodier* oder *Ducharne* zusammen und fängt an, die amerikanische Couture zu unterstützen. Im Moment ist es für die amerikanischen Stoffhersteller nicht notwendig, mich oder einen anderen der amerikanischen Designer für den Einzelhandel zu unterstützen, wie ich herausfand.

Nicht aus dem Grund, den Mr. Kraemer andeutete. Wie dumm wir auch immer seien mögen, unsere Dummheit wird uns nicht ohne Hilfe durch die nächste große Depression bringen.

Ich glaube wenn diese Depression beginnt, wird es ohne Zweifel eine amerikanische Couture geben, die unterstützt werden kann. Im Moment gibt es keine. Jedoch wird nicht unsere reine Existenz uns diese Unterstützung eintragen, sondern die wirtschaftliche Notwendigkeit. Nicht die wirtschaftliche Notwendigkeit für uns, sondern für die amerikanischen Stoffhersteller.

Derzeit und seit vielen Jahren, haben die amerikanischen Stoffhersteller eine kostenlose Designquelle, ein kostenloses Versuchsgelände für Stoffe, eine kostenlose Werbeagentur. Die Vereinbarung der französischen Hersteller mit den französischen Couturiers dient dazu, die amerikanischen Hersteller mit allen diesen Dingen zu versorgen. Der amerikanische Stofffabrikant sitzt nur da und wartet ab, was sich in Frankreich als gut erweist. Dann beschafft er sich ein kleines Stück davon und kopiert es.

Das System, mit dessen Hilfe amerikanische Stoffe auf der Seventh Avenue verkauft werden, ist sehr einfach. Ein Vertreter kommt herein und öffnet seine Aktentasche.

»Hier ist ein Material«, sagt er, »das Sie bestimmt kaufen wollen. Es ist eine Kopie von Material, das *Molyneux* in dieser Saison benutzt hat. Es kostet 2,35 Dollar pro Yard. Natürlich ist es teuer, aber es ist reine Seide. Es ist genau wie der französische Import.« Die erstem Male als mir das passierte, fuhr ich beinahe vor Wut aus der Haut.

»Mir ist es egal, was *Molyneux* benutzt«, würde ich darauf spitz erwidern, »und abgesehen davon, wie kommen Sie dazu, es zu kopieren?«

Die schlaueren Stoffvertreter der Seventh Avenue lernten, mir nicht zu sagen, was sie mir zeigten, aber das machte keinen Unterschied. Ich hatte die französischen Stoffe immer schon gesehen, oder gekauft und genutzt. Ich erkannte ihre Kopien manchmal fast so schnell, wie ich sie nach und nach in der Stadt gesehen hatte, oder oft nur ein paar Monate später.

Ich lehne mich jetzt nur zurück und warte ruhig auf den Tag, an dem die Quelle des Stoffdesigns in Frankreich ausgetrocknet sein wird. Es wird ein trauriger Tag für Frankreich sein und für die Welt, denn wenn das passiert, werden die Felder Flanderns wieder von gerade gestorbenen Männern übersät sein. Die Franzosen werden gegen die Deutschen oder die Engländer oder gegen sich selbst kämpfen. Und schließlich werden wir auch hineingeraten.

Bevor wir dabei sind, werden die amerikanischen Stoffhersteller ein gutes Geschäft machen. Sie werden jemanden brauchen, der ihnen sagt, was sie als Nächstes herstellen sollen. Sie werden zu kleinen Unterhaltungen mit amerikanischen Modeschöpfern zusammentreffen, die wissen, ob sie weiche oder feste Materialien möchten, matte oder glänzende, raue oder glatte.

Sie haben jetzt von Zeit zu Zeit kleine Unterhaltungen mit mir. Manchmal sind sie kostenlos, manchmal werde ich bezahlt. Meistens sind sie kostenlos, denn ich kann ihnen jetzt nicht so sehr helfen, wie es die Franzosen können – und das ist sowieso kostenlos.

Marshall Field bezahlte mich, um zu lernen, wie wenig ich für einen Stoffhersteller von Nutzen sein konnte, der sofort Millionen und Abermillionen Yards von jedem Stück verkaufen muss. *Marshall Field* ist nicht nur ein Kaufhaus in Chicago. *Marshall Field* ist eine riesige Organisation von Fabrikanten, die einerseits untereinander, und unter anderem auch an das Ladengeschäft von *Marshall Field* und an andere Geschäfte verkaufen.

Eines Tages im Mai 1934, nachdem ich *N. H. Nibs* verlassen hatte, sammelte ich Ideen zu Materialien für den Sommer und setzte mich in einen Zug nach Carolina und zu den Webereien von *Marshall Field.* Die Ideen waren nicht für diesen Sommer gedacht, sondern für den nächsten, 14 lange Monate entfernt.

Es braucht eine unendlich lange Zeit, bis man die ersten kleinen, handgewebten Proben eines Stoffes bekommt. Einige der handgewebten Proben werden dann ausgewählt, um maschinell gewebt zu werden. Schließlich werden die Maschinenproben fertiggestellt. Verbesserungen und Konstruktionsänderungen werden vorgeschlagen. Zum Schluss sind die Probestücke fertig und müssen im frühen Februar für die Kleider des kommenden Sommers präsentiert werden.

Ich hatte eine sehr schöne Zeit in Carolina. Ich fuhr mit einigen Männern aus der Stoffabteilung von *Field* hinunter. Es sollte eine Sitzung geben, um Stoffe aus vielen verschiedenen Blickwinkeln zu besprechen.

Wir wurden von einem Auto aufgesammelt, das uns einige Meilen in einige kleine Städte fuhr, Webereistädtchen von *Marshall Field.* Ich wurde durch die Webereien geführt, um mich bei Laune zu halten, und gleich fuhren wir zu unserem endgültigen Ziel, einem Haus hoch auf dem Hügel über einer der Städte. Es war lang und niedrig und verwinkelt, braun, schindelverkleidet und durch und durch gemütlich. Der Ausblick war wunderbar. Unten im Tal waren die Webereien, kaum sichtbar zwischen den Bäumen. Gegenüber auf der anderen Seite des Tals lagen die Berge von Virginia.

Die Sitzung begann. Anwesend waren die Chefs der Webereien, die Herren, mit denen ich angereist war, und ich. Es gab ein brennendes Problem, das nicht ignoriert werden konnte. Wir sprachen zuerst über Stoffe, aber bald wurde die Diskussion zu einer Auseinandersetzung zwischen den Chefs der *Field*-Webereien und dem Herrn, der von ihnen Waren für das *Marshall Field*-Kaufhaus in Chicago kaufte.

Ich blieb so lange im Raum, wie mir zulässig erschien, und sammelte einige interessante Informationen. Die Webereien verkauften an den *Marshall-Field*-Einzelhandel mit Rabatt, zu einem niedrigeren Preis, als sie an andere Einzelhändler verkauften. Daher war es für die Webereien von *Marshall Field* nicht profitabel, an das *Marshall-Field*-Kaufhaus zu verkaufen.

Deswegen der Streit. Der Einkäufer des Kaufhauses bestellte und bestellte, aber er bekam kein Material geliefert: Die Chefs der Webereien sollten ihre Webereien mit einem Gewinn für die Eigentümer betreiben, und es war für sie nicht profitabel, an das Geschäft zu verkaufen, das die Webereieigentümer ebenfalls besaßen.

Das alles schien mir einer der amüsantesten Blickwinkel auf die Krise der Großindustrie. Ich verbrachte zwei Tage in Carolina für einen Tagessatz von 200 Dollar, und die meiste Zeit nahm ich nicht an den Konferenzen teil, weil sie mich nichts angingen.

Ungefähr eine Stunde verbrachte ich damit, meine Ideen der versammelten Menge zu erklären. Ich nannte ihnen, was meiner Meinung nach im nächsten Sommer gut laufen werde – auf der Grundlage dessen, was ich verwendet hatte, gerade verwendete und gerne verwenden wollte. Sie waren höflich und sogar interessiert. Aber sie hatten auf alles nur eine Antwort.

»Wir können die Produktion davon nicht aufnehmen, wenn wir nicht sicher sind, eine Million Yard zu verkaufen.«

Ich verstand, wie sie entschieden, was in Produktion gehen würde. Sie zeigten mir dauernd kleine Stoffproben, die ich früher schon gesehen hatte, sagen wir für 1,50 Dollar pro Yard. »Wie gefällt Ihnen das?« fragten sie.

»Es ist in Ordnung, aber das gibt es schon«, antwortete ich. »Wir können es für einen Dollar pro Yard herausbringen«, sagten sie daraufhin und legten es auf den Stapel der Musterschals.

Ich hatte keine Proben für sie, die sie kopieren sollten. Ich hatte eine Menge Proben dabei, um zu erklären, dass in dieser Seide ein bestimmtes grobes Garn enthalten war, das, falls es aus Baumwolle nachgeahmt werden könnte, eine Textur ergeben sollte, die vielleicht für den Sommer in 14 Monaten erstrebenswert wäre. Natürlich war die Seide zu dünn, die gewebte Baumwolle sollte dichter sein, und so weiter.

Ich übergab ihnen alle meine Stoffproben und meine Gedanken in schriftlicher Form. Ich fuhr nach Hause nach New York.

Einige Monate später tauchte einer von ihnen mit einigen Stoffmustern auf. Ich konnte keine meiner Ideen wiedererkennen, aber unter den Stoffproben war eine exakte Kopie einer Seidenprobe, die ich mitgenommen hatte, weil die Zwirnung des Garns neu war und durch seine Textur etwas Neues ergeben würde, egal wie es verwebt würde.

Ich hatte meinen üblichen Schreckmoment beim Erkennen eines Plagiats, dieses Mal intensiviert durch den Gedanken, dass ich ungewollt dafür verantwortlich war.

Der Herr sagte sehr schnell: »Oh, das werden wir nicht in die Linie aufnehmen. Ich weiß, dass wir Ihnen gesagt haben, wir würden nichts von dem kopieren, was Sie mitbringen. Ich weiß nicht, warum das hergestellt wurde.«

Ich glaube nicht, dass sie es in die Linie aufnahmen. Sie stellten vermutlich fest, dass sie es nicht für einen Dollar produzieren konnten.

Wie auch immer – es kam nichts dabei heraus, außer meiner Erkennis, dass ich ihnen nichts nützte. Ich wollte, dass sie Meterware zur Probe herstellen und sie mich für eine Saison zur Probe verwenden ließen. Nach dieser Zeit hätte ich *gewusst,* ob der Stoff richtig oder falsch war, ob er sich lange tragen ließe, ob die Kundinnen mochten, wie er fiel und wie er sich anfühlte.

Dies ist der Schritt zwischen dem ersten Probemeter und dem Weben Tausender Yards dieses Stoffes. Diese Erprobungsphase wird in Frankreich für die französischen Stoffhersteller von den französischen Couturiers übernommen, in dem geringen Umfang, der in einem Land nötig ist, das seine Massenproduktion nur für den Export betreibt.

Die Erprobungsphase für die meisten in Amerika hergestellten Stoffe wird von den französischen Stoffherstellern und den französischen Couturiers übernommen, ohne Kosten für den amerikanischen Hersteller. Der amerikanische Hersteller erkennt kaum die Notwendigkeit einer Erprobungsphase für einen Stoff. Er versteht es nicht. Er akzeptiert einen erfolgreichen französischen Stoff als ein *fait accompli,* nur vorhanden, um von ihm in Millionen von Farbtönen und Millionen von Yards kopiert zu werden. Wenn man mit amerikanischen Stoffherstellern über das Erproben von Stoffen spricht, sind sie entweder gelangweilt oder entsetzt angesichts der Langsamkeit dieses Verfahrens und der Notwendigkeit, nur so wenige Yard herzustellen.

Nie werde ich das schockierte Gesicht eines Herrn aus Amerika vergessen, vor langer Zeit, 1930 oder 1931, der mich fragte, wie man einen neuen Stoff auf den Markt brächte.

Er kam mit einem kleinen und ungewöhnlichen Stück Brokat in der Tasche in meinen Laden.

»Wo haben Sie das her?« fragte ich. »Wir haben es selbst gemacht«, sagte er. »Wir hatten die Idee und haben es entwickelt.«

»Ich wusste gar nicht, dass es dafür in Amerika Maschinen gibt«, sagte ich, unter dem Eindruck der französischen Legende.

»Wir haben jede Menge davon«, sagte er. »Wir stellen hier viel Zeug für die französischen Fabrikanten her. Sie wissen schon, ihre Materialien für sie kopieren, damit sie keinen Zoll zahlen müssen.«

»Wirklich?«

»Aber sicher. Niemand hat das in Frage gestellt, solange der Alte das Geschäft führte. Aber nun sind die Jungs nachgerückt. Sie sagen ständig, dass wir das Zeug selbst auf den Markt bringen sollen. Wir haben dieses Stück Stoff in eines der französischen Häuser mitgenommen und ihnen gezeigt. Sie boten uns an, alles zu nehmen, was wir herstellen können.«

»Und warum verkaufen Sie es ihnen nicht?«

»Wir fragten sie, für wie viel sie es weiterverkaufen würden und sie sagten, für 7,50 Dollar pro Yard. Wir könnten es für 4 Dollar verkaufen, aber dann würden wir ihren Preis unterbieten. Die Jungs glauben, wir sollten sowieso etwas in die Richtung machen.«

»Warum machen Sie das nicht?«

»Wir wissen nicht, wie wir anfangen sollen.«

»Das erste, was Sie machen, ist, etwas an *Hattie Carnegie* oder *Bergdorf* zu verkaufen. Sie können dafür 5 oder 6 Dollar von ihnen nehmen, wenn Sie wollen. Wir können hier nichts Derartiges für weniger als 7 kaufen. Danach, wenn *Carnegie* und *Bergdorf* es eine Saison genutzt haben, werden Sie ein paar Berichte in der Presse darüber haben. Sorgen Sie dafür, dass es in *Vogue* oder *Harper's Bazaar* kommt. Sehen Sie zu, dass ein paar gut angezogene Frauen damit irgendwo die Runde machen, wo sie gesehen werden.«

Ich fasste das französische System für ihn zusammen. Er fing an, etwas deprimiert auszusehen.

»Auf die Art kommen wir nicht auf die Mengen«, sagte er.

»Nein, aber verstehen Sie denn nicht, nach der ersten Saison, wenn die Großhändler das Material kennengelernt haben, werden Sie es ihnen verkaufen können. Sie können den Preis für sie senken, da die mehr verwenden werden. So müssen Sie es anfangen, wenn Sie einen neuen Stoff durchsetzen wollen.«

»Es wird schrecklich lange dauern«, seufzte er.

»Sechs Monate bis ein Jahr«, stimmte ich zu.

»Und dann wird ihn jemand kopieren«, sagte er.

Dann wird jemand ihn kopieren, das wusste ich auch. Wir schauten einander grimmig an und sinnierten über unser großartiges System des freien Wettbewerbs. »Können Sie ihn nicht schützen lassen?« fragte ich.

»Man kann einen Druck eintragen, aber keine Webart«, sagte er. »Ich schätze, wir verkaufen es besser nur an die Franzosen.«

Man kann ein Druckdessin schützen lassen und jeden verklagen, der es kopiert. Es funktioniert recht zufriedenstellend, obwohl sogar dieser Schutz unterlaufen werden kann. Bisher wurde kein befriedigendes System, eine Webart schützen zu lassen, entwickelt.

Manchmal fährt ein amerikanischer Stofffabrikant nach Frankreich und holt sich ein Musterstück eines Drucks, das er schnellstens nach Amerika zurückbringt, um es dort als sein Design zu registrieren, bevor die Franzosen es hier selbst schützen lassen konnten.

Das Kleiderstoffgeschäft ist eine würdige Grundlage der amerikanischen Bekleidungsindustrie. Es fristet ein parasitäres und ziemlich unprofitables Dasein. Es fängt mit Ideenklau an und konkurriert dann über die Preise wie verrückt mit sich selbst. Es rennt von A nach B, um die Gewerkschaften zu umgehen. Es geht bankrott. Es beginnt von Neuem. Weil es zu viele Hersteller gibt, liegt die Überlebenschance im Geschäft darin, einen Weg zu finden, dem Spiel ein Schnippchen zu schlagen, den Wettbewerber aus dem Markt zu drängen, ihn zu unterbieten.

Häufig ist es ein Jammer, dass die Fabrikanten keinen Rat der verhassten Gewerkschaften annehmen können, »In Einigkeit liegt Stärke.« Natürlich versuchen sie, zusammenzufinden, aber der kleine Dollar mehr, den sie als einsame Wölfe verdienen könnten, macht ihre Herstellerverbände auf Gegenseitigkeit immer kaputt.

Die Leiter der Webereien von *Marshall Field* werden keine 5 Cent verlieren, indem sie mit der Einzelhandelssparte von *Marshall Field* kooperieren. Zugleich wird sich niemand damit abgeben, die Miete für *Hawes Inc.* zu zahlen, denn dessen Dienste sind nicht vonnöten. Man stiehlt, was man kann, und kauft nur den Rest.

Auf jeden Fall, sagte ich nach der Stoff-Lehrstunde bei *Marshall Field* zu mir selbst, brauchte ich nur zwei Tage um herauszufinden, dass ich mich vor allem auf mich selbst verlassen muss, wenn ich in Amerika eine Couturière sein will. Aber dennoch waren die Betriebskosten an der 67. Straße immer noch zu hoch, um von den Kundenbestellungen gedeckt zu werden, jedenfalls bei den Preisen, die sich die Kundinnen leisten konnten. Meine Preise lagen zwischen 125 und 350 Dollar. In jeder Saison stiegen meine Verkäufe um 25 Prozent, regelmäßig wie ein Uhrwerk, jede Saison verlor ich weniger Geld.

Ich dachte darüber nach, den Umsatz zu erhöhen, indem ich mehr Dinge anbot, und so kam ich mit dem Strickwarengeschäft in Kontakt.

Ich habe einfache, gut gefertigte englische Pullover immer geliebt und bewundert und getragen. Die Farben langweilen mich irgendwann, aber von ihren Formen und ihrer Weichheit habe ich nie genug.

Es kam mir gar nicht in den Sinn, dass solche Pullover nicht in den Vereinigten Staaten hergestellt werden. Ich wollte einige beschaffen, um sie bei *Hawes Inc.* in von mir ausgewählten Farben zu verkaufen. Ich merkte, dass sie nirgends zu bekommen waren. Daher sagte ich Okay, ich werde welche herstellen lassen. Bei meiner Suche nach einem Hersteller wurde ich für einen Strickwaren-Auftrag angeheuert.

Was den Auftrag selbst betrifft, genügt es zu sagen, dass ich eine Strickmaschine nicht bedienen konnte, aber aus dem wenigen, was ich beobachtete, schloss, dass bisher niemand die Möglichkeiten dieses Geräts auch nur zur Hälfte ausgenutzt hat. Gestrickte Kleidungsstücke sind mit ihren schlappen Rückenteilen normalerweise ein reiner Horror. Sie sind bequem und sie verkaufen sich trotz ihrer Sackartigkeit. Sie passen tatsächlich aufgrund ihrer Dehnbarkeit. Eines Tages, eines schönen Tages, wird ein echter Designer einige Jahre mit einer Strickmaschine verbringen und etwas durch und durch Zufriedenstellendes in Massenfertigung herausbringen.

Bis dahin haben wir keine Zeit für Experimente, keine *freie* Zeit, genauer gesagt. Wir sind im Geschäft, um Geld zu verdienen. Ich wurde angestellt, um etwas Neues in Bezug auf Pullover hervorzubringen, obwohl ihre Grundform, so weit ich das überblicke, schon perfektioniert worden war.

Ich brachte Miss Dodge, meine alte Klassenkameradin und Rektorin von *Vassar* dazu, eine Gruppe der aus ihrer Sicht flottesten Pulloverträgerinnen des Campus zusammenzustellen, um mit mir etwas Neues in Sachen Pullover zu erörtern. Ich reiste nach Poughkeepsie, um sie zu Rate zu ziehen. Sie waren eine sehr attraktive Gruppe Mädchen. Als ich sie mir ansah merkte ich, dass sie sich alle zu Ehren des Anlasses zurechtgemacht hatten.

Eine hatte einen weißen Rollkragenpullover an. Eine andere trug einen roten Pullover mit einem kleinen runden Ausschnitt. Eine dritte hatte ein Modell von *Brooks* mit Stehkragen an. Und die vierte, die fünfte und die sechste hatten verschiedene Farben des gleichen Modells an.

»Wie gefallen euch eure Pullover?« fragte ich.

»Wir lieben sie«, antworteten sie alle zugleich.

»Könnt ihr euch irgendeine Verbesserung vorstellen, die man vornehmen könnte?« fragte ich nach.

»Nein!« bekräftigten sie.

Ich versuchte eineinhalb Stunden lang, sie dazu zu bringen, mir etwas zu verraten, was sie von Pullovern erwarteten, etwas Neues, etwas anderes. Es gab nichts. Sie trugen neun Zehntel der Zeit Pullover, und sie waren vollkommen zufrieden. Sie wollten nur zugeben, dass es möglicherweise ab und zu mehr und aufregendere Farben geben könnte. Ich ging. Ich hatte entdeckt, was ich befürchtet hatte. Pullover sind ziemlich ausgereift.

Mir fiel nur eine einzige für sie hilfreiche Sache ein, und zwar ein Pullover, der so gestrickt war, dass er im Rücken geknöpft wurde. Sie trugen alle ihre hüftlangen *Brooks*-Strickjacken mit dem Rückenteil vorne und hatten große Lücken zwischen den Knöpfen über dem Po. Ich versuchte, meinen Strickhersteller dazu zu bewegen, einen im Rücken doppelreihigen Pullover zu machen, so dass sich die Teile überlappen und er hinten sicher geknöpft wird. Er dachte, ich wäre verrückt. Vielleicht war ich es.

Jedenfalls wies er mich knapp darauf hin, dass es keinen Sinn habe, mir nur dafür Geld zu bezahlen, dass ich ihm sage, er solle einen Pullover mit zwei-rechts-zwei-links-Rippen statt eines Pullovers ohne Rippen anfertigen, oder einen mit Rippen bis zur Brust anstatt bis nur zur Taille. Er wollte, dass ich die Pulloverindustrie revolutioniere.

Was ich von ihm wollte war, klassische Pullover in wunderbaren Farben herzustellen. Weit davon entfernt, das zu tun, verbrachte ich die meiste Zeit damit ihm zu sagen, was ich Nibs gesagt hatte. Seine Stricksachen *passten* nicht.

»Es hat keinen Zweck, wenn ich etwas für Sie entwerfe, ehe Sie nicht die Größen richtig hinkriegen«, rief ich aus.

Einmal bekam ich sechs Röcke in Größe 14 und zeigte ihm, dass keiner von ihnen in irgendeiner Hinsicht dieselben Maße hatte. Er sagte nur: »Entwerfen Sie etwas *Neues*. Ich habe jemanden für die Produktion. Sie sind eine *Designerin.*«

Immer wieder ist eine Designerin in der Vorstellung des Großhandels eine mythische und unpraktisch veranlagte Kreatur, die unter allen Umständen etwas *Neues* hervorbringt, ohne auf Passform zu achten. Der Strickwarenhersteller zahlte mir 100 Dollar die Woche und wollte sich nicht einmal die einfachen Tatsachen des Lebens anhören, die ich erklären konnte – obwohl ich zu der Überzeugung gelangt war, dass Pullover kein spezielles Design brauchen. Wie *Brooks Bros.* in den letzten zwanzig Jahren bewiesen haben, muss das Pullovergeschäft nicht revolutioniert werden. Es braucht nur ab und zu eine neue Farbe oder eine neue Strickart, und selbst das ist nicht lebensnotwendig. *Brooks Bros.* bezogen seit Jahrzehnten die gesamte Produktion einer ganzen Anzahl von Fabriken in Schottland.

Brooks Bros. werden in der Welt der Mode nicht einmal erwähnt. Sie werden für ziemlich unwichtig gehalten. Die Mode konnte sie nicht überzeugen, etwas Gutes für zweifelhafte zusätzliche Gewinne durch etwas anderes aufs Spiel zu setzen.

Genausowenig konnte die Mode Tausende von Collegestudentinnen, ob Erstsemester oder Absolventin, davon überzeugen, dass es sinnvoll wäre, etwas anderes als einen ganz einfachen und funktionalen Pullover zu kaufen.

Alle diese kleine Ausgrabungen in der Welt der Massenproduktion begannen nun einen Sinn zu ergeben, und im Frühjahr 1935 hatte ich die Knochen dieser Welt freigelegt.

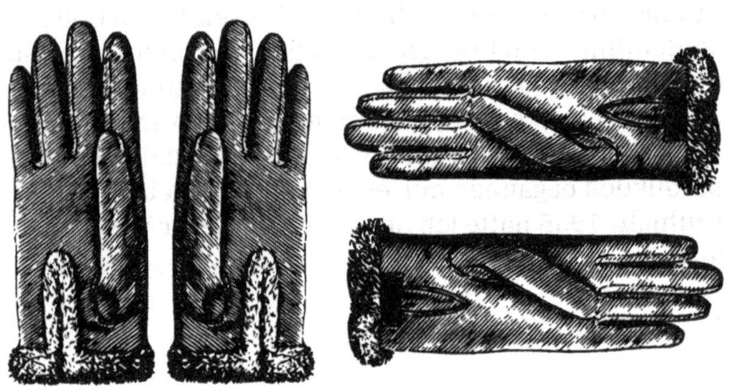

21 Ein Glückstreffer

Im Frühjahr 1935 trug sich ein glücklicher Zufall zu, der für mehr als eineinhalb Jahre fast meine gesamte Miete zahlte. Dieser Zufall beruhte auf zwei Dingen.

Zum einen hatte ich bei meinen Erfahrungen an der Seventh Avenue einige Freundschaften geschlossen. Eine mit einem Geschäft namens *Dewees* in Philadelphia. *Dewees* verkaufte nicht sehr viele *Hawes*-Kleider, aber machte zu Werbezwecken viel Wirbel um sie und es waren nette Leute.

Als ich das Großhandelsgeschäft aufgab, drückten sie ihr Bedauern aus. Ich wollte sie nicht enttäuschen. Daher schloss ich mit ihnen einen Vertrag ab, einige Accessoires für sie zu machen, so dass sie weiterhin mit meinem Namen werben konnten. Unter den Teilen, die ich ihnen im Frühjahr 1935 gab, war ein Handschuh, der auf der Rückseite geknöpft wurde. Sie brachten mich mit einem

Handschuhgroßhändler zusammen und ich traf mit ihm die lose Verabredung, mir möglicherweise Tantiemen zu zahlen, sollte sich der Handschuh zufällig an andere Geschäfte verkaufen. Wir hatten nichts schriftlich. Ich gab ihm zwei oder drei Handschuhmodelle und vergaß die ganze Transaktion.

Währenddessen trug sich die andere Hälfte des Zufalls zu. Die Anzeigenkampagne für *Lucky Strike* wurde von der Firma *Lord and Thomas* betreut. Um Bilder für die Anzeigen zu finden hatten sie die Methode, ein Dutzend Bilder zu machen und diese dann wegzuwerfen, und ein weiteres Dutzend zu machen, bis schließlich ein einziges auftauchte, das der Agentur und den Inserenten gefiel.

Da eine Freundin von mir dort arbeitete, nahmen sie ab und zu Bilder von meinen Kleidern auf. Ich war nie besonders versessen auf die Idee, denn ich glaube nicht, dass es die Damen, die Hawes-Kleider tragen, besonders schätzen, diese Kleider in einer Zigarettenwerbung zu sehen. Aber, im Geist der Freundschaft und weil meine Freundin mir immer versicherte, dass eines Tages irgendetwas dabei herauskommen würde – nur was, das wusste ich nicht – lieh ich *Lord and Thomas* Sachen zum Fotografieren.

Im November 1934 nahmen sie eine rosafarbene Wildlederjacke und dazu passende rosafarbene Wildlederhandschuhe mit. Die Handschuhe waren ursprünglich die Idee meiner Hutdesignerin gewesen. Sie hatte ein Paar für sich selbst entworfen und es in den 1920ern in England herstellen lassen.

1931, als wir begannen, uns an Accessoires zu versuchen, brachte sie diesen sehr einfachen Handschuh mit. Er glich in jeder Hinsicht dem üblichen Handschuh mit einem Knopf, bis auf ein Detail: Er wurde auf der Rückseite des Handgelenks geknöpft, statt auf der Vorderseite.

Ich mochte ihn und wir ließen ein Paar aus rotem Wildleder machen, was den Ausschlag gab. Farbige Handschuhe gab es damals nicht. Wir hatten immer ein Musterexemplar da und nahmen jede Saison ein paar Bestellungen auf. 1934 sah ich keinen Grund, weshalb die Leute von *Lucky Strike* den Handschuh nicht verwenden sollten, wenn sie wollten. Ich nahm an, er würde uns nichts mehr nützen. Und das Foto würde möglicherweise nie verwendet werden. Es war der gleiche Handschuh, den ich *Dewees* über Mr. Postman, den Handschuhproduzenten, gegeben hatte.

Im April rief mich plötzlich meine Freundin bei *Lord and Thomas* an und sagte: »Du musst schnell handeln. Dein Handschuh kommt im Mai in den Lucky-Strike-Anzeigen und du musst ihn sofort vertreiben.«

Der Grund, warum sie ihn im Handel haben wollte – vielleicht haben Sie schon einmal vom *Camel*-Hut gehört? Vielleicht haben Sie vom *Lucky-Strike*-Handschuh gehört. Wenn etwas auf den Markt kommt, das gleichzeitig in einer Zigarettenwerbung erscheint, bekommt die Zigarette eine Menge kostenlose Werbung. Und die Läden sind geneigt, auf den Zug aufzuspringen, weil die Ware schon auf der Rückseite der Hälfte der amerikanischen Zeitschriften abgebildet ist.

Ich bin zunehmend faul geworden, was die massenhafte Vermarktung von Hawes-Artikeln angeht. Normalerweise stelle ich fest, wenn sich der Rauch verzogen hat, dass ich 45,50 Dollar Tantiemen verdient habe und es die Mühe nicht wert ist. Wenn der Handschuh nicht schon von Postman hergestellt worden wäre, hätte ich möglicherweise nicht einmal jemanden angerufen.

Aber ich rief Postman an und erklärte ihm das alles. Die Dame von *Lord and Thomas* erklärte ihm auch alles und gab ihm Kopien der Anzeige, die erscheinen sollte und viele gute Ratschläge. Diese Anzeige war ein wunderbares Bild des Handschuhs. Das Zentrum des Bildes zeigte eine Hand in einem rosafarbenen, auf der Rückseite geknöpften Handschuh, die eine Zigarette hielt.

Der bemerkenswerteste Teil dieser Geschichte ist, dass Mr. Postman nicht einen Moment versuchte, mich übers Ohr zu hauen. Er hatte den Handschuh und ich hatte keinen Vertrag mit ihm. Er schloss einen mit mir ab und gab mir 5 Prozent Gewinnanteil. Er bewarb den Handschuh in den Geschäften, und die waren begeistert. Es kommt nicht oft vor, dass eine Handschuhabteilung etwas Besonderes hat, das die Aufmerksamkeit der Öffentlichkeit auf sich zieht. Eines der Geschäfte, das sie kaufte, ließ die ersten Handschuhe per Flugzeug kommen.

Mr. Postman, obwohl ein stiller Mensch, kannte sein Geschäft. Er kannte sich mit Werbekampagnen nicht besonders aus, sondern benutzte einfach seinen Kopf. Er hatte etwas, und das wusste er. Er gab jeweils einem Geschäft in jeder Stadt einen Vorsprung von nur zwei Tagen, so dass sie die Nachricht verbreiten konnten, dass sie den Handschuh exklusiv hatten. Den Elizabeth Hawes »Guardsman«-Handschuh aus der *Lucky-Strike*-Anzeige. Nach zwei Tagen wurde der Handschuh an alle anderen Geschäfte geliefert, die Postman als Verkäufer für geeignet hielt.

Wir waren alle mächtig erfolgreich, mit diesem alten Handschuh, der vor fünf Jahren aus England gekommen war. Seit Jahren hatte es keinen Damenhandschuh gegeben, der auf der Oberseite geknöpft wurde. Vielleicht hatte es nie einen gegeben.

Ich behielt die Rechte für den Handschuh in New York für *Hawes Inc.* aus einem einfachen Grund.

Wir verkauften den Handschuh aus Wildleder, handgenäht, für 12,50 Dollar. Er kostete uns sechs Dollar und wir nahmen unsere übliche Spanne, um die sonstigen Unkosten zu decken.

Mr. Postman brachte den Handschuh aus Baumwolle heraus, zu einem Einzelhandelspreis von 1,96 Dollar. Das war vielleicht der teuerste Baumwollhandschuh, der seit Jahren herausgekommen war. Mr. Postman meinte, er müsse einen teuren importierten Baumwollstoff benutzen, damit er so wie das Wildleder auf dem Bild aussähe. Er sagte außerdem, dass sich Wildlederhandschuhe im Frühjahr nicht verkauften. Er sagte auch, dass er den Preis später immer noch reduzieren könne.

Er bat mich, den Handschuh für New York freizugeben. Ich setzte mich hin und rechnete aus, dass ich bei jedem handgenähten Paar, das ich für 12,50 verkaufte, 6 Dollar für die Miete verdiente. Wenn ich die billige Version in New York freigab, konnte ich meine Version nicht weiter verkaufen. Ich würde mit meiner Gewinnbeteiligung von 5 Prozent für jeweils 72 in New York verkaufte Paare 6 Dollar verdienen. Ich beharrte auf meiner Haltung. Schließlich gab ich den Handschuh im Sommer frei, als meine Saison vorbei war und für *Lord and Taylor* die Nachricht, dass sie ihn führten, immer noch eine Anzeige wert war. Von Mai bis November sammelte ich für diesen Handschuh 500 bis 700 Dollar pro Monat an Gewinnbeteiligung ein. Ich dachte, das wäre der größte Witz aller Zeiten. Mr. Postman dachte, es wäre eine gute Idee, mich zu seiner Angestellten zu machen.

In der Regel verhandele ich alle meine Verträge selbst. Ich weiß, dass ich dadurch Geld verliere, aber ich fühle mich damit wohler. Dieses Mal überließ ich meinem Manager die Verhandlungen. Der angenehme junge Mann, der mir geholfen hatte, die Welt des Bekleidungsgroßhandels zu elektrisieren und in die 67. Straße zu ziehen, war gegangen. 1935 hatte ich einen knallharten Burschen als

Manager. Ich probierte dieses und jenes aus um zu erfahren, wie teure Couturehäuser ihre Rechnungen bezahlen können.

Der harte Bursche schloss für mich einen Vertrag ab, für 500 Dollar pro Monat ein Jahr lang Handschuhe für *Postman* zu entwerfen. Mir blieb der Mund offen stehen, als er es mir erzählte, aber ich dachte mir, dass Mr. Postman sein Geschäft kennen müsse. Wenn ich dabeigewesen wäre, als die Absprache getroffen wurde, hätte ich vermutlich darauf hingewiesen, dass es nur einmal in jeder Dekade einen Glücksfall wie den *Guardsman*-Handschuh gibt.

Ein Handschuh ist ein kleines Ding. Er wird einem kleinen, definierten Objekt, genannt die Hand, angezogen, zu dem Zweck sie zu bedecken und sie warm oder sauber zu halten. Es gibt nicht viele Dinge, die man mit der fraglichen Bedeckung anstellen kann.

Die Hand muss sich im Handschuh bewegen können. Eine Form wurde entwickelt, so dass dies möglich ist, vorausgesetzt das für den Handschuh verwendete Leder oder der Stoff sind elastisch genug.

Der zufriedenstellendste Handschuh ist schon entworfen worden. Es ist ein einfacher Überziehhandschuh. Er kann einen Knopf am Handgelenk haben, um eine schlanke Linie zu erzeugen. Normalerweise hat er kleine Linien auf dem Handrücken, denn es wird angenommen, die Damen möchten, dass ihre Hände lang und dünn aussehen.

Eine Handschuhdesignerin kann herumprobieren, wie sie will und versuchen, einen neuen Handschuh herzustellen. Die Mehrzahl der verkauften Handschuhe wird die Grundversion bleiben.

Das ist nicht nur die Erfahrung von Mr. Postman, für den ich arbeitete, sondern auch die verschiedener anderer Handschuhhersteller, die er explizit fragte. Alle berichteten, dass die klassischen Handschuhe immer jede andere

Art von Handschuhen im Verkauf übertrafen, die sie anboten.

Das Los der Handschuhdesignerin ist daher kein glückliches. Als Handschuhdesignerin besteht dein Entwerfen – wenn du keine Scheußlichkeiten erzeugen willst – einfach darin, etwas ein klein bisschen Unterhaltsameres mit der perfektionierten Form des Handschuhs anzustellen.

Wie jeder erkennen kann, beschäftigen sich die meisten Handschuhdesigner damit, die Grundform ihres Artikels zu ruinieren, indem sie ihn mit werweißwelchen Garnituren und Ausschnitten und Nähten verunstalten. Das ist das Ergebnis der gewaltigen Anstrengung auf der Seite der Hersteller, die Nachfrage der Kaufhäuser nach »etwas Neuem« zu befriedigen. Dass das Publikum keine solche Nachfrage hat, wird im Fall der Handschuhe zur Genüge bewiesen. Das Publikum möchte gute, einfache Handschuhe. Und zum größten Teil kauft es gute, einfache Handschuhe.

Die Tatsache, dass wir den Handschuh auf der Rückseite knöpfen, gab dem Publikum etwas zu kaufen, das nur ein klein wenig anders war. Es beeinträchtigte die Funktion oder die Einfachheit des Handschuhs in keiner Weise.

Mr. Postman war auf eine Art ein sehr kluger Mann. Er belästigte uns nie wegen mehr und mehr Entwürfen. Er sagte, wir sollten einfach weiterarbeiten und etwas schicken, wenn wir eine Idee hätten. Das war das goldene Zeitalter externer Aufträge für *Hawes Inc.*

Mr. Postman hatte einen Handschuhdesigner in der Fabrik in Gloversville, der jeden Tag dasaß und neue Arten von Garnituren, Steppereien, Einfassungen, Faltungen, Schnürungen und Handschuhen erfand, die nur wenige Menschen überhaupt haben wollen würden.

Natürlich verkauften sie sich in kleinem Maßstab, denn Frauen gehen los und suchen nach neuen Handschuhen und machen oft den Fehler, etwas Ausgefallenes zu kaufen, was sie später bereuen. Neunzig Prozent der Bemühungen, neue Handschuhe zu entwerfen, sind vergebens.

Die schlechte Seite an Mr. Postmans Verabredung mit mir war, dass er in einer werbefixierten Welt Geld dafür ausgab, um einen Namen und etwas, mit dem er werben konnte, zu bekommen, und dass er dann nicht einen einzigen Cent zusätzlich ausgab, um tatsächlich damit zu werben.

Ich möchte damit nicht sagen, dass in einer vernünftigen Welt irgendetwas davon nötig wäre. In einer vernünftigen Welt würde Mr. Postman, der so gute Handschuhe herstellt, wie nur möglich, weiterhin Jahr für Jahr die gleichen Handschuhe produzieren, von guter Qualität und zu einem fairen Preis. Er würde möglicherweise jemanden wie mich anstellen, der ihm pro Jahr zehn neue Ideen liefert. Diese zehn Ideen würden aus jenen vierzig oder fünfzig ausgesucht, die drei oder vier erfinderische Hawes-Angestellte ohne große Mühen produzierten. Wenn wir nicht mehr als drei anständige Gedanken über Handschuhe hätten, wäre Mr. Postman mit diesen zufrieden und die Öffentlichkeit ebenso.

Einige der Ideen wären so überraschend wie jene, einen kurzen Handschuh mit einem altmodischen Wäscheknopf zu knöpfen. Wir machten das bei *Hawes Inc.* letztes Jahr und jeder mochte es, weil alle genug davon hatten, Perlmuttknöpfe am Handgelenk zu sehen.

Wenn man das Geschäft des Stilwechsels und der Mode am Beispiel von Handschuhen zusammenfasst, wird es sonnenklar: Man erkennt, dass es eine Grundform gibt, die bedeckt werden muss, und eine anatomisch mögliche Art, das zu leisten. Man sieht, dass das Publikum von Zeit zu Zeit einen kleinen Wechsel mag und dass es auf ziemlich einfache Art zufriedengestellt werden kann.

Man sieht, dass der *Stil* des Handschuhs grundlegend derselbe bleibt, denn er ist funktional. Man sieht, wie gering die Nachfrage nach wechselnder *Mode* in Bezug auf Handschuhe ist, wie es sich dabei vor allem um eine Art Zeitvertreib handelt.

Und man sieht, wie die Mode großes Theater veranstaltet, alles die ganze Zeit immer anders zu machen. Durch die Anzeigenabteilungen legt die Mode fest, dass Handschuhe in dem einen Jahr alle Farben des Regenbogens haben müssen, dass sie im nächsten alle schlicht weiß sind, dass sie in dieser Saison Manschetten haben müssen und in der nächsten Saison sechs Knöpfe haben werden.

Sobald man sich mit einem Bereich der Bekleidung beschäftigt, in dem eine funktionale Grundform erzielt worden ist, wird die Windmacherei der Mode erschreckend deutlich. Seltsamer- und befriedigenderweise werden die Formwechsel auch recht bedeutungslos. Die Zielvorgabe des ständigen Modewechsels wird plötzlich ausgesetzt.

Auf eine stoische Weise besteht das Publikum einfach darauf, das zu nehmen, was es will, sobald es es gefunden hat. Es bleibt dabei, solange nicht etwas wirklich Besseres seinen Weg kreuzt. Die Mode mag eine Million extravagante Handschuhe zur Schau stellen, die Mehrheit der Frauen wird einfach ruhig die zufriedenstellendste Sorte kaufen, wie alt diese auch sein mag.

So, wie mit Handschuhen, verhält es sich erwiesenermaßen auch mit Pullovern. Wäre ein grundsätzlich zufriedenstellender Weg für die Herstellung von Kleidung in Massenproduktion entwickelt worden, so hätte die Mode weniger Erfolg damit, die Kleidung der Frauen alle sechs Monate zu ändern. Die Mode ist nicht sehr erfolgreich darin, die Sport- und Freizeitkleidung der Frauen, einschließlich Pullovern, zu ändern. Sport- und Freizeitkleidung nähert sich der vollkommenen Bequemlichkeit und

Befriedigung an. Sie ist ärmellos oder kurzärmelig, sitzt locker und ist, wenn ich das so sagen darf, »schlecht passend« im Vergleich zu der Vorstellung von Passform, die andere Arten von Damenbekleidung zu erreichen versuchen. Je eher es sich bei Sport- und Freizeitkleidung von Frauen um einfache Teile wie Shirts und Shorts, bequeme Hosen oder ausgestellte Röcke handelt, umso weniger ändern sie sich von Jahr zu Jahr.

Was ist die fundamentale Schwäche bei anderen Arten von Damenbekleidung? Wenn man für den Moment das Konzept des Wechsels der Mode zusammen mit den Stilfragen außer Acht lässt, sind denn die meisten Kleider von der Stange tatsächlich bequem? Passen sie? Stimmen die Größenangaben?

Ich sage Nein, nicht so, wie sie jetzt erdacht und entworfen werden.

Es gibt keine Größe-14-Frauen auf der Welt, genauso wenig wie welche mit Größe 16. Es gibt kein Kleid aus der Konfektion, das irgendeiner Frau passt, die es kauft. Keine zwei Frauen auf der Welt haben dieselben Proportionen, Schulterbreite, Armlänge, Taillenhöhe.

Die große Mehrheit der Frauen in den USA hat, da sie niemals nach Maß geschneiderte Kleidung trug, nicht die geringste Ahnung, wie es ist, sich in der Kleidung wirklich wohlzufühlen – mit der Ausnahme von Pullovern, die sich automatisch dehnen und passen und mit der Ausnahme eines Teils der Sportkleidung. Jedes Kleid, das nach einer bestimmten Konfektionsgröße gearbeitet ist, engt einen irgendwo ein; in den Rippen, weil die Taillenlinie zu hoch sitzt, im Rücken, weil das Rückenteil zu eng ist, unter dem Arm, wo das Armloch zu klein ist.

Dem Design nach ist Kleidung aus dem Großhandel dafür gemacht, auf Bestellung angefertigt zu werden. Erst bei den Anproben wird bei der Art von Kleidung, wie sie heutzutage noch von allen Frauen getragen wird, die Taille an die richtige Stelle gesetzt, so dass man atmen kann, wird die Schulter auf die richtige Breite gebracht, so dass der Ärmel keine Falten wirft und nicht einengt. Der Ärmel wird auf die richtige Länge für die Trägerin gebracht, der Ausschnitt für ihren Hals passend ausgeschnitten. Sobald ein Kleid zugeschnitten und ohne Zugaben in den Nähten komplett fertiggenäht ist, ist es absolut unmöglich, es wieder auseinanderzunehmen und es passend für eine konkrete Frau zu ändern.

Die große Mehrheit der Amerikanerinnen fühlt sich in ihren Kleidern nicht wohl, ob sie es weiß oder nicht. Viele von ihnen wissen, dass sie keine annähernd passende Kleidung aus der Konfektion bekommen können.

Wie kann das auch anders sein, wenn die Kleidung der französischen Couturiers seit Generationen die Grundlage des amerikanischen Designs gewesen ist? Über deren Methoden und die Gründe für ihren Entwurfsprozess habe ich schon genügend gesagt. Die gesamte französische Couture basiert, ich wiederhole, auf dem Handwerk, darauf, Entwürfe auf Bestellung anzufertigen.

Die amerikanische Couture, für die ich unabsichtlich zur Pionierin wurde, basiert auf denselben Methoden. Diese Art des Entwerfens bietet keine Anwendungsmöglichkeit für irgendeine Art der maschinellen Produktion.

Selbst der Grundgedanke des größten Teils der Entwürfe liefert keine Anwendungsmöglichkeit für maschinelle Produktion. Maschinelle Produktion findet in Massen statt und sollte für die Masse sein. Sie muss in Relation zum tatsächlichen Leben der Menschen erdacht werden, die sie tragen werden, und nicht in Relation zu einer Gruppe von Frauen, die ein müßiggängerisches Leben führt.

Wie viel Anzeigenplatz wird Kleidung gewidmet, die speziell für arbeitende Frauen entworfen wurde? Ein wenig, aber nur sehr wenig. Und wie zufriedenstellend sind die Kleider, die eine arbeitende Frau in ihrer Preislage kaufen kann? Die Frau, die in ihrem Büro ordentlich und gepflegt aussehen will, wird jahrein, jahraus mit einem kleinen schwarzen oder marineblauen Kleid mit dem traditionellen weißen Kragen konfrontiert. Ordentlich und gepflegt, allerdings – wenn sie morgens das Haus verlässt. Ordentlich und gepflegt, genauer gesagt, wenn sie die Zeit und die Energie hat, es jeden Abend zu bügeln.

Das Material ihres Kleides bildet eine Menge Knitterfalten am Po, da sie Stunde um Stunde vor ihrer Schreibmaschine sitzt. Das Rückenteil des Kleides leidet auf ähnliche Weise, wenn sie sich eine Zeit lang in ihrem Stuhl anlehnt. Das Kleid wird ordentlich und gepflegt sein, wenn sie es sich leisten kann, es oft genug reinigen zu lassen, denn solche Kleider sind nur selten waschbar.

Und alles in allem ist das typische Bürokleid tödlich langweilig, eine wenig ruhmreiche Uniform, die wenig zur Würze des Lebens beiträgt.

Die Kleiderdesigner der Zukunft, die amerikanischen Modeschöpfer, wenn man so will, werden einen Weg finden, diese Probleme der Ordentlichkeit und Gepflegtheit und des fundamentalen menschlichen Bedürfnisses, attraktiv auszusehen, zu lösen.

Diese Designer werden auch einen Weg finden, Kleider zu entwerfen, die passen. So passen, dass sie keine spezifische Schnittlinie haben, die unterschiedliche Schulterbreiten betont, oder so, dass sie sich dank des Grunddesigns an Taillenlinien jeder Größe anschmiegen.

Das Grunddesign ist das, was übrigbleibt, wenn der Baiser abgekratzt worden ist. Wenn es sich um ein gutes Grunddesign handelt, ist es funktional. So ist der Entwurf eines unverzierten Handschuhs zum Überstreifen derzeit die Grundlage für alle Handschuhentwürfe. Er ist eine einfache, funktionale Bedeckung für die Hand. Die Hoover-Schürze, diese einfache Wickelschürze, ursprünglich aus blauer Baumwolle mit weißem Kragen, ist ein Grunddesign. Sie ist durch und durch funktional, wenn sie als Schürze benutzt wird. Sie ist nicht funktional als Kleid, denn sie wird nur im Vorderteil gewickelt und kann aufklaffen, wenn man damit herumläuft.

Das Grunddesign der meisten Konfektionskleider, der Grund, warum Fabrikanten fast eine ganze »Linie« aus einem Schnittmuster entwickeln können, ist eine einfache Angelegenheit. Das gesamte Kleidungsstück wird aus geraden Stoffteilen zugeschnitten. Der Rock besteht aus zwei geraden Teilen mit Nähten an jeder Seite. Falten können an verschiedenen Stellen eingefügt werden, Godets können eingesetzt werden. Die Grundlage des Rocks bleibt gleich. Das Oberteil wird an der Taillenlinie, wo auch immer sie liegt, mit dem Rock verbunden und hat Abnäher unter der Brust, um darüber Platz zu schaffen. Es gibt zwei Abnäher an der Schulter, um darunter Platz zu schaffen. Es gibt ein Armloch, in das ein gerader Ärmel eingesetzt wird. Weite kann in den Ärmel eingefügt werden, der Ausschnitt kann klein gelassen oder in verschiedenen Formen weiter ausgeschnitten werden. Ein Kragen kann hinzugefügt werden, oder eine Schleife, oder eine Brosche, oder ein Gürtel. Der Grundschnitt bleibt derselbe.

Wie ich schon sagte, sogar um diesen einfachsten Typ des aktuellen Grundschnittes individuell anpassen zu können, ist es nötig, dass es Zugaben gibt, um die Varianten der Körperstrukturen zu berücksichtigen. Und wenn ich es noch nicht verdeutlicht habe, dass so ein Entwurf nicht richtig passen kann, wenn er nicht nach Maß angefertigt wird, dann müssen Sie sich einmal einen nach Maß für sich selbst machen lassen, um sich zu überzeugen!

Wenn ich sage, dass Kleidung aus Massenproduktion auf Grundlage von Grundschnitten entworfen werden sollte, die maschinell hergestellt werden können, dann meine ich damit, dass wir entweder versuchen müssen, dass sie nicht wie maßgeschneiderte Kleider passen müssen, oder dass wir Materialien zu ihrer Herstellung brauchen, die es jetzt noch nicht gibt.

Wir werden vielleicht recht weite und blusige Kleider haben, die in der Taille durch einen Gürtel oder eine Art Schärpe gekräuselt sind, so dass die Taille nicht durch den Schnitt vorgegeben wird. Die Schultern und der Ärmel dürfen keinen engen Sitz anstreben, sondern müssen die Schulter und den Arm bequem und weit bedecken.

Der japanische Kimono ist ein derartiges Grunddesign. Es ist allerdings kein durchweg funktionales Design für unsere aktivere westliche Lebensweise. Auf demselben Wickelprinzip basiert die Hoover-Schürze.

Ich kann nicht genau sagen, wie massenproduzierte Kleidung geschnitten sein sollte, ich weiß nur, dass sie derzeit falsch ist. Ich habe volles Vertrauen, dass ein Designer oder Designer, der oder die unbehelligt von den Legenden der Mode arbeiten können, etwas entwickeln werden, über das ich bisher nur theoretisch nachdenken konnte.

Um das Entwerfen von Kleidung zu ermöglichen, die passt, werden die Stoffhersteller zu *amerikanischen* Stoffherstellern oder zu Maschinenherstellern werden müssen. Sie werden Materialien erschaffen müssen, die sich dehnen, vielleicht auch nur an bestimmten Stellen. Einen kleinen Anfang davon gibt es schon mit Lastex.

Vermutlich bin ich viel zu einfallslos. Vermutlich wird der Modeschöpfer der Zukunft eine Form entwerfen, in die eine Substanz gegossen wird, die zu einem fertigen Kleidungsstück aushärtet.

Zweifellos werden wir sogar schon vorher entzückende Unterwäsche aus Papier bekommen, die getragen und weggeworfen wird, nachdem man sie im Gros bei *Woolworth* gekauft hat. Und andere Papierkleider für heiße Sommertage.

Warm gefütterte Mäntel werden sehr schön sein, denn sie werden nichts wiegen.

Ich würde der Zukunft der Kleidung nicht gerecht werden, würde ich nicht darauf hinweisen, dass praktisch alle der mit dem Thema befassten Psychologen darin übereinstimmen, dass wir letztendlich alle zu Nudisten werden.

Die für das Anziehen verwendete Zeit, das Geld und die Energie wird auf das erstrebenswerte Ziel gerichtet werden, tatsächlich körperlich schön zu sein, und uns damit selbst so dekorativ machen, dass es unnötig wird, unsere Hässlichkeit mit Kleidung irgendeiner Art zu bedecken. Der Hauptgrund für das Tragen von Kleidung, sexuelle Anziehung, wird aus unserer gesunden Haut hervorleuchten. Sittsamkeit, ein anderer Grund für das Tragen von Kleidern, geht schon rapide über Bord. Die meisten Menschen glauben, dass der letzte Grund für das Tragen von Kleidung, der Schutz, sich erledigt haben wird, sobald wir die komplette Kontrolle über unsere Umgebung in Sachen Heizung, Kühlung und allem anderen haben werden.

Daher sollte niemand über die Zukunft der Kleidung nachdenken, denn es wird in dem Sinne keine geben. Jedes Individuum wird sich, um I. C. Flugel zu zitieren, »der geschneiderten Krücken entledigen, auf die er sich während der frühen, wackligen Stufen seines Marschs in Richtung einer höheren Kultur gefahrvoll stützte.«

Da ich fürchte, dass wir alle tot sein werden, ehe dieses hoch erstrebenswerte Ende aller Modedesigner vollbracht ist, werfe ich die Idee in den Topf, in dem ich andere Legenden zusammenkoche.

Wie auch immer, ich greife meiner Geschichte vor. Es war der sehr offensichtliche Beginn einer Rückkehr zum Wohlstand, der mir im Frühjahr 1935 die Zeit für einen fantastischen Höhenflug verschaffte.

Meine Kundinnen fingen an, mehr Kleider zu bestellen; *Smith Co.*, für die ich die ganze Zeit Taschen entworfen hatte, hatte mir zu ihrem großen Leidwesen mehrere Tausend Dollar Tantiemen für einen erheblich größeren Bruttoumsatz gezahlt, als sie zum Zeitpunkt des Vertragsschlusses mit mir erwartet hatten. Das, nehme ich an, muss ihrer Fähigkeit zuzurechnen sein, die Preise zu kürzen. Wenn Sie sich erinnern: sie betrieben eine gewerkschaftsfreie Fabrik außerhalb der Stadt.

Mr. Postman fing an, mich mit *Lucky-Strike*-Tantiemen zu überschütten. Ich hatte Zeit, mich theoretisch mit der Massenproduktion auseinanderzusetzen, denn das Handwerk begann, mich zu ernähren.

Ich hatte Zeit, über die Instabilität aller Legenden nachzudenken, einschließlich der französischen.

Ich entschloss mich, eine lange Reise zu unternehmen.

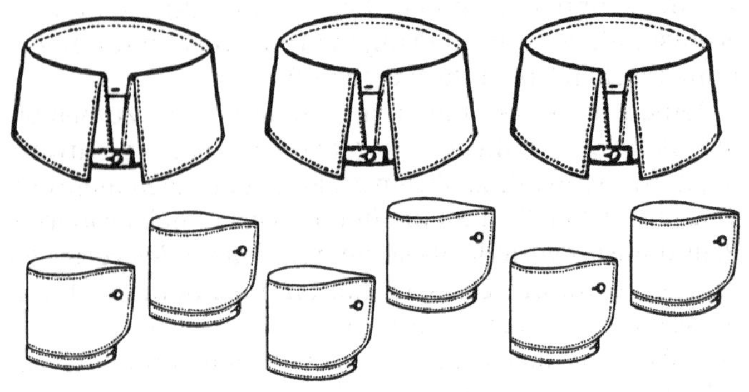

22 Männern könnten Röcke gefallen

Wie so manche andere suchende Seele wollte ich in die Sowjetunion reisen. Was man an Entdeckungen über den Fortschritt des Sozialismus erwartet, indem man für ein paar Wochen einmal an der Oberfläche eines fremden Landes kratzt, weiß ich nicht. Jedes Jahr scheinen Dutzende Menschen das zu entdecken, was sie suchten, und veröffentlichen ihre Erkenntnisse.

Manche finden heraus, dass es der Himmel ist, andere entdecken voller Freude, dass es die Hölle ist. Das Leben scheint eine beständige Kombination von beidem zu sein, die UdSSR macht dabei keine Ausnahme.

Ich hatte das Glück, den sowjetischen Konsul in New York zu treffen bevor ich abfuhr, und er schlug vor, ich solle doch einige Kleider mitnehmen, um sie in Moskau zu zeigen. Ich war entzückt, denn ich wusste, ich würde in der UdSSR mehr zu sehen bekommen, wenn ich nicht nur Touristin wäre.

Die ganze Geschichte meiner russischen Expedition ist hier nur nicht am Platz. Es genügt zu sagen, dass ich davon fasziniert war, ein wenig den Anfang von etwas mitzuerleben, und sie von meinen äußerst ausgefeilten und kapitalistischen Kleidern fasziniert waren.

Die sowjetische Bekleidungsindustrie fand ich in einem embryonalen Stadium vor, gerade so weit entwickelt, um 160 Millionen Sozialisten ein einziges Mal einzukleiden. Es gab wenig, was mir die Russen über Kleidung beibringen konnten, aber ein hoffnungsvoll stimmender Theorieschnipsel ist mir im Gedächtnis geblieben.

Die Vorsitzende des Textilkombinats, eine durch und durch intelligente und angenehme Frau, die in vielerlei Hinsicht, sogar im Aussehen, an Mary Lewis von *Best and Co.* erinnerte, betonte diesen Punkt besonders. Was sie sagte, wurde außerdem durch das bestätigt, was ich sah.

Die sowjetischen Textilkombinate gründeten ihre Anstrengungen so weit wie möglich auf einen einfachen Lebensgrundsatz: Die Öffentlichkeit sollte das bekommen, was sie haben will. Nicht, was die Kombinate meinen, das sie haben wollen sollte oder wollen könnte, sondern das, was die Öffentlichkeit selbst ausdrücklich möchte.

Die Mechanismen, Wünsche zu erkennen, waren noch genauso embryonal wie die Bekleidungsindustrie. Sie bestanden einerseits aus öffentlichen Vorführungen bereits entworfener Modelle. Das Publikum stimmte darüber ab, welche Kleider ihm gefielen, und diese Modelle gingen in Produktion.

Eine andere Methode bestand darin, in den Läden Formulare auszufüllen, zu kritisieren, was es gab, oder nach Dingen zu fragen, die es nicht gab.

Mein Dasein in amerikanischen Kaufhäusern – ausgenommen als Kundin, was schlimm genug ist – beschränkte sich auf meine Tätigkeiten in Frankreich. Ich zitiere daher eine sehr scharfsinnige Frau, Marion Taylor, damals als Vertriebsmanagerin bei *Vogue* angestellt.

Miss Taylor hielt im Frühjahr 1937 eine Rede in Chicago, bei der sie einen Punkt besonders betonte.

Früher, sagte sie, gab es ein System von Kundenwunschzetteln in den Kaufhäusern. Diese Zettel wurden vom Verkaufspersonal ausgefüllt und benachrichtigten die Einkäufer von den Dingen, die das Publikum wollte und die das Geschäft nicht lieferte. Ich schloss, dass die Nutzung dieser Zettel im Laufe der Zeit in Verruf geraten war.

Miss Taylor sagte den anwesenden Kaufleuten unmissverständlich, dass sie gut daran täten, diese Zettel wiederzubeleben. »Sie schenken den Wünschen Ihrer Kunden nicht genügend Aufmerksamkeit«, sagte sie.

Ihre Meinung wird vom Leiter der Personalabteilung einer großen Kaufhausgruppe geteilt. Er sagte mir eines Tages, dass ein durchschnittliches Kaufhaus zwei Drittel seiner Energie darauf verwende, mit den Angeboten anderer Läden zu konkurrieren, statt einfach zu versuchen herauszufinden, was die Kunden möchten.

Diese Meinung wird gleichermaßen von einem großen Teil der Öffentlichkeit vertreten. »Und als ich eine Verkäuferin nach einem Mantel ohne Pelz fragte«, sagen hunderttausend Frauen, »schaute sie mich nur groß an. ›Madame‹, sagte sie mit hochgezogenen Augenbrauen, ›Mäntel ohne Pelz trägt man diese Saison nicht.‹ Was soll ich machen?« Was soll sie machen? Die Herzogin von Windsor trug in dieser Saison einen Mantel mit Pelz und hunderttausend Frauen konnten es genauso machen oder ohne Mantel gehen. Die Diktate der guten alten Mode gehen vor.

Eine Sache, die mich in Russland ziemlich aufregte, war, dass die Diktate des guten alten Dies-und-Das eine Reihe der russischen Herren aus ihren schönen und bequemen russischen Kitteln in die maskulinen Zwangsjacken unserer westlichen Zivilisation trieb. Oh ich weiß, wenn man über Jahrhunderte unterdrückt wurde, während man einen Kittel trug, ist das erste, was man nach der Selbstbefreiung tut, die äußeren Zeichen der Sklaverei abzuwerfen. Dennoch halte ich den Aufstieg der unbequemen Männerkleidung in der Sowjetunion bei weitem für die schändlichste Folge der Revolution.

Ich habe mich immer mit Männerkleidung beschäftigt, erstens, weil sie bequem ist und zweitens, weil sie unbequem ist, drittens, weil sie hässlich ist und viertens, weil sie gut aussieht. Es war die Männerkleidung, die meine Reisekosten nach Russland bezahlte.

Im Frühjahr 1935 tauchte eine junge Frau vom *American Magazine* in meinem Büro auf. Sie erzählte mir, dass sie ein neues Vierfarbdruckverfahren hätten, und dass die Redakteurin es amüsant fände, von einigen Designerinnen für Damenbekleidung Zeichnungen farbiger und daher origineller Kleidung für Männer zum Abdruck zu bekommen.

»Schön«, sagte ich, »wie anders kann ich sie machen?«

»Nunja«, sagte sie, »die Redakteurin ist ziemlich offen.«

Ich dachte, sie böte mir nur das an, was die Leute für »kostenlose Werbung« halten, aber ich bin sehr schwach, wenn es um Dinge geht, die ich sowieso machen wollte. Ich wollte etwas für die Männerbekleidung tun. Ich sagte ihr, sie solle klären, wie viele und welche Art von Dingen die Zeitschrift wolle, da ich in Eile sei und die Stadt in drei Wochen verlassen würde.

Am nächsten Tag kam meine Sekretärin zu mir und lachte. »Das *American Magazine* hat gerade angerufen«, sagte sie. »Das Mädchen war ziemlich verlegen. Sie hatte vergessen, mit Ihnen über das Honorar zu sprechen. Sie werden nur 500 Dollar zahlen können. Sie will wissen, ob das genug ist.«

Es war gerade genug, um meine Reise nach Russland einfach statt ein bisschen schwierig zu machen. Ich fühlte mich, als ob ich das Geld irgendwo unter einem Stein gefunden hätte. So setzte ich mich an die Arbeit, vier Zeichnungen von Männerkleidung zusammenzuhauen.

Ich hatte schon ein wenig zu Männerkleidung recherchiert, für einen Artikel, den ich geschrieben und später in den Papierkorb geworfen hatte. Es trieb mich dazu, den Artikel zu schreiben, als ich eines Abends einen Vortrag an der *New School for Social Research* in New York hörte. Frank Lloyd Wright, »Architekt der Moderne« und Designer des Funktionalismus, erläuterte die neue Welt. Er war angemessen gekleidet, in ein steifes Hemd und einen schwarzen Smoking.

Jedes Mal, wenn er »modern« sagte, krachte sein steifes Hemd. Jedes Mal, wenn er »funktional« sagte, kroch das Hemd ein bisschen weiter aus der Weste. Er strich es unbewusst wieder zurück und sprach weiter.

Ich dachte an all die Architekten, vor denen ich einmal im Architektenverband einen Vortrag gehalten hatte. Einige von ihnen waren altmodisch, neo-griechisch, neogotisch und in ihren Ansichten neunzehntes Jahrhundert. Einige waren jünger und gleichermaßen neo. Einige wenige arbeiteten an Stahlbetonbauten, Konzertsälen, industriell hergestellten Häusern. Alle waren angemessen in neuere Versionen der Abendanzüge gekleidet, die ihre Väter und Großväter vor ihnen getragen hatten.

»Fantastisch«, murmelte ich, als Frank Lloyd Wright einen weiteren Schlag gegen die tote Vergangenheit führte. Und ich begann, bei Dinnerparties Fragen zu stellen.

»Haben Sie es bequem?« fragte ich besorgt einen Herrn, der gerade mehrfach seinen Finger hinter die Kante seines Kragens gesteckt und ihn etwas gelockert hatte.

»Was?«

»Sind Ihre Kleider bequem?«

»Natürlich!«

»Wirklich? Ich dachte, Ihr Kragen schneidet in Ihren Hals ein«, sagte ich.

»Das ist ein alter Kragen und er ist rau an der Kante«, erklärte er. Er fügte dann angriffslustig hinzu: »An diesen Kleidern ist nichts verkehrt.«

Ich brachte die Männer immer dazu. Sie wurden wütend, sobald ihre Kleidung in Frage gestellt wurde. Die Wut zeigte sich entweder als Kälte und schnelles Entkommen oder als heftiger Streit. Dies mit der Ausnahme einiger weniger Männer, die mit mir zu hundert Prozent übereinstimmten.

Das Thema Abendanzüge deprimierte mich, so dass ich nicht länger einen Dresscode vorgab, wenn Leute zu mir zum Dinner kamen. Die Partys, die ich gebe, sind alles andere als formell.

Dennoch, die Damen bevorzugen es ganz zu Recht, sich für den Abend anzuziehen. Abendkleidung für Damen ist so gefällig, so bequem, und kann so verführerisch sein.

Ich stellte fest, dass ich nach dem Dinner Stunden damit verbringen konnte zu beobachten, wessen Hemd zuerst krachen würde, sobald sich die steifen Hemden einmal in mein Bewustsein gefressen hatten. Ich kann den Herren versichern, dass das steife Hemd – wenn es passend geschnitten und angepasst ist, festgebunden ist und die Party eine ist, bei der man sich nie entspannt, sondern nur in einem geraden Stuhl sitzt und formelle Gespräche führt – dass dann das steife Hemd oder der ebensolche Langweiler die perfekten Begleiter sind.

Wenn der Großteil des Mobiliars aus Sofas besteht und es nicht genug davon für alle gibt, wenn es viel Scotch und Soda gibt und alle zusammensacken und anfangen zu plaudern, dann hoffe ich immer glühend, dass ein mutiger

Mann seine steife Hemdbrust abreißen, sein Bäuchlein bequem sinken lassen und seinen Rücken in die Wölbung seines gepolsterten Stuhls schmiegen möge.

Wenn der Sommer in New York glüht und alles informell oder aufs Land verlegt wird, dann erwartet kein Mann, sich fürs Dinner besonders anzuziehen. Sie treffen glücklich in ihren Anzügen aus leichter Schurwolle ein, und wenn sie ihren zweiten Cocktail trinken erscheinen hier und da erste kleine Schweißtropfen.

Dabei entwickelte ich meine zweite große Idee, was die männliche Bekleidung betrifft. »Warum ziehen Sie nicht Ihr Jackett aus?«

Der Mann würde zuerst überrascht und erfreut aussehen, und dann für sich seufzen, während er sagte: »Ich habe Hosenträger an.«

»Warum tragen Sie keinen Gürtel?«

»Meine Hosen fallen dann nicht richtig«, sagte er zuerst. Später dann: »Hosenträger sind bequemer.«

Einige Tage Recherche bestätigten mir, dass Hosenträger wirklich bequemer sind. Ich wollte das zuerst nicht glauben. Ich war mir sicher, das wäre nur die Tradition der Hose mit Bügelfalte. Schließlich war ich überzeugt, dass es weit besser ist, die Hosen locker in der Taille und an den Schultern hängend zu tragen, als sich selbst in der Mitte mit einem Lederriemen zusammenzuschnüren.

Auf diese Art kam ich überhaupt erst dazu, mir über Hosenträger Gedanken zu machen. Sie sind sicherlich im großen und ganzen so hässlich, dass ich nicht weiß, ob ich sie in Gegenwart einer Dame, deren ästhetisches Urteil ich schätze, enthüllen würde.

Im Zusammenhang mit den Farben, dem Hauptinteresse des *American Magazine*, war meine Fragetaktik folgendermaßen:

»Was kaufen Sie sich am liebsten?«

Die unvermeidliche Antwort, nach einiger Überlegung war: »Krawatten.«

Um die Dinge abzukürzen antwortete ich: »Das ist weil sie das einzige Teil ist, das Sie tragen, das überhaupt eine Farbe hat. Das ist völliger Unsinn.«

»Farbe?« schnaubten sie. »Nur Schwule tragen bunte Kleidung.«

Gott helfe dem amerikanischen Mann mit seiner Grundannahme, maskulin sein zu müssen. Sie durchdringt praktisch alle Bereiche seines Bewusstseins, ähnlich dem Verlangen der modischen Frau, modisch sein zu müssen.

1935 war es nicht männlich, Hemden mit offenem Kragen zu tragen; es war nicht männlich, Farben abgesehen von Marineblau, Schwarz, Braun, Grau und Beige zu tragen; es war nicht männlich, Sandalen zu tragen. Es war männlich, das ganze Jahr hindurch Wolle zu tragen, steife Hemden am Abend, den ganzen Sommer schwere Schuhe. Nur ein paar Jahre zuvor war es nicht richtig gewesen, zu irgendeiner Zeit weiche Kragen zu tragen.

Ich lieferte meine vier Zeichnungen für die Zeitschrift, kurz bevor ich nach Russland abfuhr. Meine sportliche Kleidung war ziemlich routinemäßig, Pullover und Hosen, so geschnitten, dass sie normal oder in dicke Socken gestopft getragen werden konnten, wenn der Golfplatz feucht war.

Ich finde nichts verkehrt an Hosen. Sie sind sowohl bequem, als auch praktisch. Ich selbst trage sie bevorzugt, wenn ich arbeite oder auf andere Weise aktiv bin. Ich möchte sie nicht für die Fälle empfehlen, in denen das Hauptziel weibliche Verführungskunst ist.

Zu der Zeit, als ich die Sachen für das *American Magazine* machte, war mir noch nicht in den Sinn gekommen, dass eines Tages auch Männer in Röcken gut abschneiden könnten.

Ich entwarf einen Geschäftsanzug für das *American Magazine* mit einem Stehkragenhemd und einer kragenlosen Jacke im Smokingstil, offen getragen. Keine Krawatte, denn das Hemd war farbig und außerdem gab es nur den Stehkragen. Es wäre gut, die Kragen an Männersakkos zu tilgen. Sie passen nur selten, wenn überhaupt. Sie stehen ab, wenn der Mann sitzt, sogar wenn sie so geschnitten sind, dass sie passen, wenn er steht. Genauer gesagt ist das gut geschnittene Sakko eines Geschäftsanzugs eine Idiotie. Um sich darin hinsetzen zu können, muss der Mann es aufknöpfen!

Zu den Abendanzügen gehörten Kummerbünde und weiche farbige Hemden mit Stehkragen. Über die Farben im *American Magazine* sprechen wir besser nicht. Ich besorgte Proben der Stoffe, die ich für die Kleidung benutzen würde, und gab die Farben weiter. Das neue Farbdruckverfahren war nicht sehr akkurat. Außerdem fügte der Künstler, der die Zeichnungen für die Zeitschrift bearbeitete, einzelne Teile hinzu, wie marineblaue Schuhe, auf die ich gar keinen Hinweis gegeben hatte.

Die Sache kam im Herbst heraus, nachdem ich zurückgekehrt war. Ich war vom Aussehen der Zeichnungen ziemlich schockiert. Nicht so die Öffentlichkeit. Briefe aus dem ganzen Land kamen an. »Wo kann ich dieses Hemd bekommen?« »Bitte, Miss Hawes, machen Sie noch mehr Kleidung für Männer.«

Ich dachte, ich sollte besser damit weitermachen und versuchte einen Monat lang, nur fünf Männer aufzustellen, die sich Anzüge nach meinem Entwurf kaufen würden.

Tony Williams, den New Yorker Maßschneider, brachte ich zu einer Zusage, die Teile zu nähen, aber mein Anfangsfehler war, dass ich mich nicht gleich dazu entschloss, die Männer mit den Kleidern zu beschenken. Das führte bei den Verhandlungen zu einem Minderwertigkeitskomplex bei mir.

Zum Beispiel gab es die Zeitschrift *Forum.* Henry Goddard Leach ließ mich wissen, nachdem er die Zeichnungen im *American Magazine* gesehen hatte, dass er gerne einen Artikel von mir zu dem Thema hätte. Super, dachte ich. Ich machte einen Termin mit ihm aus.

»Mr. Leach«, sagte ich zu dem großen Herrn mittleren Alters, der sich sehr gerade hält und gut gebaut ist, »wenn Sie an bequemere Kleidung glauben, würden Sie sich einen Anzug nach meinem Entwurf kaufen, genäht von einem guten Schneider?«

Mr. Leach sah etwas verlegen aus.

»Ich würde sogar weiter gehen«, fügte ich hinzu. »Sie möchten einen Artikel von mir. Ich mache Ihnen den umsonst, wenn Sie einen Anzug kaufen.«

Wir diskutierten über Anzüge. Mr. Leach war sehr stolz auf seine Hemden, die er extra aus einem – für ihn ganz wunderbaren – Material anfertigen ließ, aus einer Art Pikee, den wir Frauen schon seit Jahren für Hemden benutzen. Schließlich brachte ich ihn zurück zum Punkt. Würde er einen Hawes-Anzug tragen?

»Miss Hawes«, sagte er , »ich trage alles, was mir gefällt. Es ist mir egal, was andere dazu sagen. Aber ich werde erst einmal sehen, was meine Frau darüber denkt.«

Ich vermute, seine Frau dachte nicht gut darüber. Ich schrieb ihm den Artikel, aber er war nicht »kontrovers« genug für ihn. So ließ ich es.

Dann erwischte ich Stanton Griffis, einen Herren von der Wall Street. Da Mr. Griffis in seiner erfolgreichen Karriere als Geschäftsmann, die nicht nur Aktien und Pfandbriefe einschließt, sondern auch Bücher und das Theater, so viel Einfallsreichtum gezeigt hatte, dachte ich, er könnte nachgeben. Davon abgesehen ist er ein netter Mensch.

Das war mein Problem mit ihm. Ich hatte Mitleid mit ihm.

Ich verschaffte mir an einem Abend eine Einladung zum Rodeo zu dem ausdrücklichen Zweck, Stanton Griffis einen Anzug zu verkaufen. Ich ging durch dick und dünn und sorgte dafür, dass ich als letzte von drei Damen nach Hause gefahren wurde, indem ich stillschweigend vergaß ihn zu erinnern, als er das erste Mal an der 67. Straße vorbeifuhr.

Sobald wir Margaret Case von *Vogue* an der Upper Park Avenue abgesetzt hatten und Stanton zum Fahrer gesagt hatte »21. Ost, Ecke 67. Straße«, legte ich los.

»Stanton«, fragte ich, »werden Sie einen Anzug von mir kaufen?«

»Aber natürlich werde ich«, antwortete er.

(Ich hätte wissen können, dass es zu glatt ging.)

»Ich wusste nicht, dass Sie ins Männermodegeschäft einsteigen.«

Ich lehnte mich in der Ecke des Wagens bequemer zurück.

»Nicht richtig. Tony Williams wird die Kleidung herstellen. Ich möchte sie nur entwerfen. Welche Farbe möchten Sie haben?«

Eine Spannung erfasste Mr. Griffis' Körper, die ich selbst in der Dunkelheit und aus der anderen Ecke des Wagens spüren konnte.

»Das werden keine gewöhnlichen Anzüge werden«, bemerkte ich.

Mr. Griffis räusperte sich. »Ich habe seit zwanzig Jahren keinen Anzug in Amerika gekauft«, sagte er schwach.

Ich verstand, dass eine genaue Kopie seiner englischen Abendanzüge, reproduziert an der Fifth Avenue, die größte Innovation war, die ich Stanton Griffis anbieten konnte.

»Gute Nacht, Stanton«, ich sprang vor meinem Haus aus dem Auto. »Ich werde Sie deswegen anrufen.«

Ich hakte ihn ab und bearbeitete Paul Cooley, einen attraktiven jungen Mann aus Hartford. Paul war höchst enthusiastisch und er hatte keinerlei Hemmungen. Er erschreckte mich sogar. Er meinte, er hätte gerne ein Hemd mit Rüschen, und ich war kurz davor ihm zu sagen, dass Männer keine Rüschen tragen.

Wir begaben uns zu Tony Williams im *Squibb Building*, um alles zu besprechen. Tony, muss ich hinzufügen, war meinem Plan gegenüber etwas misstrauisch.

Ich verbrachte dort eine halbe Stunde, und in der Zeit bestellte Paul zwei Anzüge nach Tonys mehr oder weniger konventionellem Schnitt. Ich schaute auf die Uhr. Es war Zeit, zu *Hawes Inc.* zurückzukehren. Paul war dabei, einen dritten Anzug zu kaufen.

»Ich muss los, Paul. Ich mache dir ein paar Zeichnungen, und dann sehen wir weiter, wenn du das nächste Mal vorbeikommst«, sagte ich, als ich ihn Tonys stiller Fürsorge überließ.

Meine Taktik war irgendwie falsch, entschied ich, und ich stellte das Geschäft mit der Männermode für ein Jahr zurück, während *Hawes Inc.* im zurückkehrenden Wohlstand aufzublühen begann.

Ich vergaß die Sache jedoch nicht, und im Februar 1937 entschied ich, dass das Leben einfacher wurde und sich gut entwickelte und ich nun wieder mit Männerkleidung anfangen würde.

In der Zwischenzeit waren große Dinge im Bereich der Herrenbekleidung passiert. Weiche, farbige Hemden mit offenem Kragen waren männlich geworden. Abendanzüge in dunklen Farben statt Schwarz wurden akzeptiert. Die *Merchants Taylor's Association* war gegründet worden.

Sie luden mich im Dezember 1936 ein, bei ihnen einen Vortrag zu halten. Unglücklicherweise habe ich immer den Kinderglauben behalten, dass alle Flugzeuge fliegen.

Ich wollte für einen Tag aus Palm Beach zurückkommen, um an dem Abend den Vortrag zu halten. Nicht alle Flugzeuge fliegen im Winter. So verpasste ich es, die *Association* tatsächlich kennenzulernen. Aber ich verfolge ihre Arbeit in den Medien.

Die Herren haben eine Idee. Sie ist sehr einfach. Sie lautet, dass Männer buntere Kleidung haben sollten. Vielleicht lautet sie sogar, dass Männer bequeme Kleidung haben sollten. Sicher ist, dass Männer *mehr* Kleidung haben sollten. Ist das das hässliche kleine Haupt des Modetrends, das ich da in der Ecke sehe?

Haben Sie bemerkt, dass 1936 die bestgekleidesten Männer Amerikas gewählt wurden? Kannten Sie irgendeinen der ausgezeichneten Männer? Hörten Sie, wie diese Männer ihre Bestürzung und Verärgerung kundtaten? Entspannen Sie sich! Die Männer waren im Grunde gar nicht so bestürzt. Männer unterscheiden sich letztlich nicht von Frauen. Einige der Männer gingen sofort zum Schneider und bestellten einen ganzen Schwung neuer Anzüge, weil sie begriffen, dass sie diese öffentliche Auszeichnung bewahren mussten.

Verstehen sie mich nicht falsch, ich kenne keinen Grund, warum Männer in Bezug auf ihre Kleidung anders sein sollten als Frauen. Viele, viele Jahre lang trugen Männer Seide und Satin und Rosa und Blau und liebten es. Es löst großes Erstaunen bei mir aus, warum das Familienbudget – das normalerweise die Männer verdienen – nicht gleichmäßig aufgeteilt werden kann, wenn es um die Bekleidung geht.

Die Männer gieren nur nach einer Chance, einzuknicken und jemanden dazu zu bringen, sich für ihre Probleme zu interessieren. Sie sind so begierig darauf, dass sie größtenteils alle vorgeben, von dem Thema nichts hören zu wollen.

Ein Vertreter des männlichen Geschlechts, mit dem man ernsthaft und alleine über seine Kleidung redet, hat ziemlich klare Ansichten und ist gleichzeitig anfällig dafür, all die krankhaften Ängste zu entwickeln, wie sie die meisten Frauen in Bezug auf sich selbst haben.

Ich hatte im Februar 1937 ein ernsthaftes Gespräch mit Tony Williams. Ich schlug vor, eine gemeinsame Party zu geben, um meine Kleider und seine Kleider zu zeigen, und einige meiner Entwürfe für Männer auf der Party vorzuführen. Ich wies dann darauf hin, dass ich nur schlecht Männer bitten könne, sich selbst Kleidung von mir zu kaufen, solange alles nur experimentell war.

Ich wollte ihnen unbedingt Kleidung machen, die sie gerne tragen würden, allerdings dürfte dabei nicht die Hauptsorge sein, ob sie sie tatsächlich tragen würden, nachdem sie sie gekauft hatten.

Ich konnte die Männer nicht bitten, mich bei meinen Experimenten zu unterstützen. Es reichte aus, sie zu meinen Opfern zu machen. Tony willigte ein, seine Zeit und Energie und sein Geld der Zukunft zu opfern, und ich tat dasselbe.

Meine Opfer waren wunderbar. Sie waren willig. Zu Anfang waren sie erheitert. Zum Schluss waren sie vollkommen kooperativ. Ich wählte einen Theaterkritiker, einen Bühnenbildner, einen Rechtsanwalt, einen Anzeigenvertreter, einen jungen Mann der Gesellschaft und einen Tänzer.

Ich hatte den Plan, jedem einen Anzug nach meinem Entwurf zu machen, Details nach Absprache. Sie würden dann bei einer privaten Party erscheinen, wo ich Damenkleider und Tony einige seiner Anzüge zeigen würde.

Auf Grundlage meiner früheren Erfahrung lud ich sie alle einzeln ein, um mit mir die Dinge zu besprechen, bei mir zuhause, wo der konservative Faktor sie nicht dazu treiben würde, aus Selbstschutz normale Anzüge zu kaufen. Die Gespräche waren großartig.

Einer der Herren sagte, es sei seiner Ansicht nach ein großer Fehler, zu erwägen, Männer in bunte Kleider zu stecken. Männer, sagte er, seien ein Hintergrund für die Frauen und sollten in dieser Position bleiben. Zumindest im Fall unserer Party hatte er die Chance zu sehen, wie es sich anfühlt, *kein* Hintergrund zu sein.

Ein anderes Opfer hatte sehr wenig Selbstvertrauen.

»Ich weiß nicht, warum Sie möchten, dass ich mitmache«, sagte er. »Ich bin so schlampig mit meiner Kleidung.«

Mir fielen die Augen aus dem Kopf. »Jeder sagt, Sie seien vermutlich der gepflegteste Mann der Stadt«, antwortete ich.

»Nein«, schüttelte er traurig den Kopf, »bin ich nicht. Ich lasse meine Anzüge extra anfertigen. Ich gehe von Schneider zu Schneider. Ich lasse meine Hemden anfertigen. Es nützt nichts. Ich bin nicht gepflegt.«

Genau der alte Fall der Dame, die beharrlich der Meinung war, einen Hintern zu haben. Es spielte keine Rolle, dass sie keinen hatte. Sie *fühlte sich,* als ob sie einen hätte.

Der Tänzer schrie mich nur an, als ich ihn zum ersten Mal anrief. Er tanzte gewöhnlich in kompletter Abendgarderobe. »Es ist nichts falsch an der Kleidung, in der ich tanze!« rief er.

»Warum kommen Sie nicht zum Lunch?« fragte ich. Ich rüstete mich dann innerlich für den Versuch, ihn wenigstens ein kleines bisschen von Schwarz und Weiß und Frackschößen zu trennen.

Versuchsweise schlug ich ihm einen rostroten Anzug vor. Das war während des ersten Gangs. Ich trug einen fuchsiafarbenen Pullover. Er hatte rotes Haar. Plötzlich, während des Desserts, blickte er mit leuchtenden Augen auf. »Warum könnte meine Jacke nicht in dieser Farbe sein?« Er zeigte auf meinen Pullover.

»Aber ich habe nicht gedacht...«, begann ich. Freude durchströmte mein Herz. Nichts konnte hübscher sein als rotes Haar und Fuchsia, sie sind auf so perfekte Weise wunderbar scheußlich zusammen.

»Ja, sie könnte, wenn Sie das wirklich anziehen möchten.«

»Ich bin Tänzer«, sagte er zustimmend. »Ich kann alles tragen.«

Der Anwalt, ein Mann ganz nach meinem Geschmack, war einer meiner ältesten Freunde. Er sagte: »Mach' für mich, was du willst, aber gib mir kein steifes Hemd.« Ich muss hinzufügen, dass der Anwalt seine Schuld aus einer verlorenen Wahlwette abtrug. Er hatte mit mir um was auch immer ich wollte gewettet, dass Roosevelt 1936 den Staat New York nicht gewinnen würde.

Ich hatte nur wenige Dinge im Kopf, als ich die Kleidung entwarf. Ich wollte, dass sie bequem ist. Ich wollte, dass sie attraktiv ist. Ich wollte Hosenträger sichtbar machen. Meine Assistentin Constance Loudon, ohne die es keine Männerkleidung gegeben hätte, denn ich bekam mittendrin die Grippe, entschied, dass sie Männer in Röcken sehen wollte.

»Was meinst du, Connie?« fragte ich und erhob mich schwach aus meinem Kissen. »Mir scheint, Hosen sind doch ganz in Ordnung.«

Connie hielt eine kleine grobe Skizze hoch. Darauf zu sehen war ein großer, kräftiger Mann in einer dünnen, fließenden *Arabian-Nights*-Robe. Sie war wunderbar. Sie wurde für Tony Williams gemacht und war, finde ich, mit ziemlicher Sicherheit das schönste Teil in der Show. Es überzeugte mich ein für alle Mal, dass der Rock das große Ding ist, wenn es um Verführungskraft geht, und dass es dabei keinen Unterschied zwischen den Geschlechtern gibt.

Es war die Art Robe, die Othello möglicherweise trug, als er Desdemona umbrachte. Niemand hat je an Shakespeares Mohren anders als an einen Vollblutmann gedacht.

Männer und Frauen sind bei einer Sache sehr unterschiedlich: Wie sie sich bei den Anproben verhalten, wenn die Kleider angepasst werden. Die Männer machen es falsch. Gäbe es ein paar mehr Designer, so dass sie sich entspannen, würden sie ihren Fehler erkennen.

Frauen stehen bei der Anprobe nie still. Sie heben die Arme und ordnen ihre Frisur, während man versucht, die Länge des Kleides festzulegen. Sie langen nach einer Zigarette, während man den Ärmel einsteckt. Sie drehen sich und verrenken den Hals um zu sehen, wer an der Tür vorbeigeht, während man den Ausschnitt arrangiert. Das macht das Anpassen sehr schwierig, aber es hat einen Vorteil: Sobald man ein Kleid für eine bestimmte Frau angepasst hat, weiß man, wie sie steht, geht, sich bewegt und was mit dem Kleid passieren wird, wenn es den Raum der Anprobe verlässt und ins öffentliche Leben tritt.

Die Männer verblüfften mich bei ihren Anproben. In dem Moment, in dem sie den Raum betraten, nahmen sie eine exakte militärische Haltung an. Kinn hoch, Schultern nach hinten, Bauch eingezogen. Und sie behielten das ohne einen Atemzug bei, ohne eine Bewegung, bis die Anprobe vorbei war.

Das Ergebnis ist natürlich, dass sie vollkommen anders dastehen und nichts mehr zusammenpasst, sobald sie die Kleidung im Alltag tragen. Das Ereignis einer Anprobe entspricht für einen Mann einfach nicht dem normalen Ablauf menschlicher Vorgänge. Sie ist eine zeremonielle Angelegenheit.

Als der letzte Mann seine letzte Anprobe hinter sich gebracht hatte – was ein ganz schöner Akt war, denn Männer machen keine Anprobetermine wie Frauen, sie tauchen einfach auf – nachdem sie also schließlich zum letzten Mal aufgetaucht waren, kam der Abend der Party.

Ich darf sagen, ich war unglaublich aufgeregt. In Paris und in Russland Kleider zu zeigen war nichts im Vergleich zu dem, was ich jetzt ausstand, als ich mich fragte, ob die Männer diese Geschichte zu Ende bringen würden, die wir hier begonnen hatten.

Ich hatte mit ihnen nicht geprobt oder ihnen überhaupt im Voraus gesagt, was ich von ihnen erwartete. Ich besorgte nur eine Dame für jeden Mann und sagte ihr, sie müsse ihren Mann durch die Räume bewegen, nach oben und über die Podeste. Sie dürfe ihn nur über ihre Leiche entkommen lassen.

Dann schickte ich jedem Mann um sechs Uhr eine Flasche Champagner und zog mich um, um die Gäste um zehn zu empfangen. Obwohl ich mich bemühte, die Party auf die Zahl der eingeladenen Gäste zu beschränken, brachte jeder in der unnachahmlichen New Yorker Art einen Freund mit. Es war ziemlich voll, aber die meisten Leute in New York mögen es voll.

Vom Anfang der Show sah ich nicht viel. Sechs Herren erschienen, jeder mit einem professionellen Mannequin, ein Paar folgte dem anderen. Die Herren trugen sehr elegante und mehr oder weniger konventionelle Kleidung für den Tag und für den Abend, von Tony Williams für sie geschneidert. Den professionellen Mannequins war gesagt worden, sie sollten keinen Mann entkommen lassen, genau wie meinen weiblichen Stargästen, die später meine Männerdesigns um die Klippen schiffen sollten.

Der einzige Herr, der sich zur Flucht entschloss, war Lucius Beebe. Er sollte in einem einfachen burgunderroten Smoking nach einem Entwurf von Tony Williams erscheinen, begleitet von einem großen und sehr hübschen blonden Mannequin, das schon seit einigen Jahren treu für mich arbeitete.

Als Mr. Beebe auf der Party ankam, beschloss er, sich schließlich doch nicht zu zeigen. Mir schien das damals etwas zu viel, aber auch nichts, worüber man einen Streit anfangen müsste.

Ich wies das Mannequin an, alleine hinauszugehen, sobald es so weit war. Ich wies dann die Ansager Harry Bull und Gilbert Seldes an, eine passende Einführung zu geben. Als das blonde Mannequin zwischen den blauen Satinvorhängen hinaus auf das erste Podest rauschte, sagte Mr. Bull mit lauter, klarer Stimme: »Dies ist ›*Act of God*‹ ohne Lucius Beebe.« (»*Act of God*« war der Name des Kleides.)

Mr. Beebe stand auf und schloss sich dem Auftritt an. Dann entschied er, eine Vorführung in nur einem Raum sei genug und setzte sich wieder hin. Das Mannequin, das ihm voranging, wurde sich plötzlich seines Verschwindens bewusst, drehte sich um, ging zu seinem Stuhl zurück, packte ihn fest am Arm und schleppte ihn anmutig in den vorderen Raum.

Das beendete den ersten Akt der Show, gefolgt von zwanzig oder dreißig schönen Mädchen in schönen Hawes-Kleidern in der üblichen Modenschauroutine. Das einzige schlimme Ergebnis dieses ersten Akts war, dass ein englischer Herr, der einen karierten Stadtanzug vorgeführt hatte, in den Raum der Mannequins gelangte und darauf bestand, den Mädchen zu helfen. Ich vertrieb ihn schließlich mit ziemlich demselben Mittel, das das Mannequin genutzt hatte, um Mr. Beebe auf die Füße zu ziehen.

Es war ein stimmungsmäßig sehr zwiespältiger Abend für mich. Es passierten dauernd solche Sachen wie mit dem englischen Herrn – und dann die Tatsache, dass es in der Garderobe für die Herren ständig keine Drinks gab. Diese »Garderobe« bestand aus einem Wandschirm im Keller, der ziemlich ungenügend war und wenig zur Gutwilligkeit meiner Gaststars beitrug.

Der letzte Programmpunkt des Abends waren meine weiblichen und männlichen Stargäste, paarweise, jeder in einem eleganten Hawes-Design. Nachdem ich in der Garderobe einen abschließenden Blick auf sie geworfen hatte, stürmte ich die Treppe hinauf nach oben und auf einen Stuhl, um zu sehen, wie es geworden war. Gerade in diesem Augenblick gab es einen fürchterlichen Krach.

»Die Bar ist umgekippt«, sagte ich zu mir, soweit ich mich erinnere. Dann kroch ein Schwall kalter Luft meinen nackten Rücken herauf.

Das war ein willkommenes Gefühl. Etwas zum Atmen, neben dem Zigarettenrauch. Aber was? Ich neigte mich hoffnungsvoll zum ersten Podest und entschied, dass die Auflösung für den Krach warten müsste, bis ich gesehen hatte, wie die Herren ihre Sache machten.

Der Bühnenbildner trug blaues, knitterfreies Leinen, die Hose durch Messingringe mit gestreiften Hosenträgern verbunden, die über einer naturfarbenen und ebenfalls knitterfreien Bluse lagen. Die Bluse hatte vorne einen Reißverschluss mit einem gerade angesetzten Kragen, der mit dem Reißverschluss geschlossen oder offen gelassen werden konnte, je nachdem wie es die Hitze verlangte. »Etwas, in dem ich in der Stadt arbeiten kann, wenn es heiß ist und das ordentlich genug ist, um Klienten zu empfangen. Ich möchte mein Jackett nicht anziehen müssen«, war, was er wollte – und wollte dann doch, dass ich ihm ein passendes Jackett machte. Ich weigerte mich.

Der Theaterkritiker, ein Herr der dachte, er sei von Natur aus nicht ordentlich und gepflegt, kam zwischen den Vorhängen hervor. Er sah sehr gepflegt und nicht wenig verlegen aus und achtete darauf, dass seine Dame die Mitte der Bühne für sich hatte. Er trug eine grüne, gegürtete Leinentunika mit einem Reißverschluss im Vorderteil und einem Stehkragen, der offen oder geschlossen getragen werden konnte. Zu der Tunika gehörte eine schwere, graue Hose aus chinesischer Seide, die ein Gummiband am Bund hatte und damit sowohl einen engen Gürtel als auch Hosenträger umging. Das ganze Outfit war dazu gedacht, im heißen Sommer getragen zu werden. Es war ungefähr so leicht wie ein Pyjama.

Der Anzeigenvertreter war schlicht gekleidet für ein Dinner zuhause. Er trug auf der Rückseite geschnürte Seemannshosen aus leichtem Feincord und ein Sweatshirt aus gestreiftem Gardinenleinen. Der Dinneranzug meines Anwalts war aus leuchtend dunkelblauer Wolle. Er war konventionell, soweit es die Hose betraf. Das Hemd war aus weicher, weißer Seide, wie ein Zahnarztkittel geschnitten, mit einem geraden Stehkragen am Hals, Knöpfen im Rücken, ohne Krawatte. Die Weste war diagonal gestreift, das Jackett kragenlos und so geschnitten, dass es offen getragen werden konnte. Der Anwalt ist stark gebaut. Er bekam eine phantastische Menge Applaus, was, wie er mir danach erklärte, nur daran lag, dass er so viele Leute im Publikum kannte, aber ich denke es lag in Wirklichkeit daran, dass er wirkte, als würde er sich richtig gut amüsieren.

Der junge Mann der Gesellschaft trug schwarze Hosen aus Faille mit einem Steg unter den Schuhen, eine zweireihige, bis zur Taille reichende Jacke aus lachsrosa Faille und ein weißes Seidenhemd. Formelle Kleidung für den Abend, und sie sah total elegant aus.

Tony Williams trat selbst als nächster auf, begleitet von seiner Frau in einer graublauen Mönchskutte, ein Hintergrund für den Arabische-Nächte-Hausmantel. Einen

Moment lang fragte ich mich, ob Männer nicht die ganze Zeit Röcke tragen sollten. Ich meine, sie haben doch ein großes Verlangen, Togas zu tragen.

Der Tänzer wurde während der Entstehung seiner Kleidung so vage und »künstlerisch«, dass ich extra einen Herrn losschickte um dafür zu sorgen, dass er überhaupt zur Party kam. Er vergaß dauernd die Anproben, denn er choreografierte einen neuen Tanz, der im *Plaza* aufgeführt werden sollte (ja, es war Paul Draper). Er hatte enge pflaumenblaue Hosen mit einem Steg unter den Schuhen an, einen kurze grau-grüne Jacke mit einem Reißverschluss vorne und ein strahlend pinkfarbenes Halstuch aus Satin, das wie ich fand sehr schön zu seinem roten Haar aussah. (Er teilte meine Leidenschaft dafür nicht, glaube ich.)

Unter der Jacke sollte sich ein sehr wichtiger Bestandteil von Mr. Drapers Anzug befinden – Hosenträger aus rost- und fuchsiarotem Filz, breit auf der Schulter und dort, wo sie mit der Hose verbunden waren, in eine Spitze auslaufend. Und es hätte ein blaues Hemd aus Strickstoff geben sollen. Aber alles verlief schließlich so überstürzt, dass das blaue Hemd bei der letzten Anprobe eine Katastrophe war und ich ihm einfach meinen eigenen fuchsiafarbenen Pullover zum Anziehen gab. Er passte – ziemlich eng – und war ein ganzes Stück zu kurz. Der Gesamteindruck war für mich in Ordnung, denn ich wusste ja, wie es aussehen sollte. Auf das Publikum muss es etwas seltsam gewirkt haben.

Tatsächlich frage ich mich oft, wie die ganze Sache auf das Publikum wirkte. Ich war erschöpft, aber ziemlich erfreut, als ich sah, wie Mr. Draper seine Dame verließ und einige Tanzschritte ausführte, ohne die Unterstützung durch Frackschöße. Sein Anzug war nur eine Skizze, die ich oder jemand anderer ausführen und perfektionieren könnte, oder vielleicht auch nicht.

Genauso war es mit allen diesen Entwürfen für Männer: Schüsse ins Dunkel, embryonale Ideen, die Hosenträger sichtbar und ansehnlich, die belanglose Krawatte in die Verbannung geschickt, der steife Kragen existiert nicht mehr, die Weste, die einen Farbtupfer und Form gibt, als zusätzliches Kleidungsstück verworfen. Seide und Baumwolle und Leinen für den Sommer, Sweatshirts und Bequemlichkeit zum Dinner.

Ich weiß wirklich nicht, ob irgendeiner der kooperativen Engel, die sich meinen Launen opferten, seine Kleidung jemals anzieht. Irgendwie ist das auch nicht so furchtbar wichtig. Die entscheidende Sache war für mich, dass ich die Gelegenheit gehabt hatte, mir einige Minuten lang vorzustellen, Männerkleidung könnte *bequem* sein – dass ich vielleicht nicht immer leiden müsste, wenn Männer ihre weichen Hälse in gestärktem, kratzigem Leinen hin- und herdrehen, dass ich eines Tages wirklich Aberhunderte von Männern in kühlen Leinentuniken und Seidenhosen durch die juliheißen Straßen New Yorks gehen sehen würde, dass sich die Frauen eines Tages entspannen und es genießen würden, ab und zu Hintergrund für die farbenfrohen männlichen Vögel zu sein.

Sogar dass ich möglicherweise, wenn ein männliches Wesen anfinge, mich für eine tatsächliche oder eingebildete Sünde zu erdrosseln, beim Aufsehen zu ihm als letzten Lebenseindruck kein dunkles schlammähnlich uniformiertes Wesen sähe, sondern wundervolle kräftige Farben, und das schwere Rauschen von reichem Damast hören würde.

Meine auf der Party beispielhaft gezeigten Visionen hatten ganze zehn Minuten Bestand. Die kalte Luft strömte mir beständig den Rücken hoch und der Knall tönte noch in meinem Kopf. Ich stieg vom Stuhl und die Stufen herunter.

In der Eingangshalle sah ich eine Traube Polizisten und den Sicherheitsmann von Holmes, meine Sekretärin, die den Einlass geregelt hatte, und einige überrascht aussehende Gäste. Und da lag die große Scheibe meines Schaufensters in kleinen Teilen auf dem Boden. Es war kein Blut zu sehen. Ich winkte und lächelte ein bisschen und langsam verschwanden alle auf der Straße. Ich sagte der Sekretärin, sie solle den Hausmeister finden und das Fenster versperren lassen. Ich vergaß zu fragen, was passiert war.

Als ich zurück nach oben kam, erhoben sich die Gäste gerade. Geplauder. Rauch, Scotch und Soda, Essen, Fotografen...

Etwa eine Stunde später näherte sich mir ein seltsamer Mann, der sagte: »Es tut mir so leid. Wirklich, ich bin ganz aus der Fassung. Ich hoffe, es war versichert.«

Es ist etwas passiert, das ich nicht bemerkt habe, dachte ich. »Aber ja, ich bin sicher, das war es«, antwortete ich.

Er hielt zwei verbundene Finger in die Höhe. Mir ging ein Licht auf. Ich hatte einmal einen neuen afghanischen Windhund, der nicht an Häuser gewöhnt war. Er sprang mit aller Kraft gegen die Glasscheibe, während ich den Atem anhielt und auf den Knall wartete. Das Fenster hielt.

Der Herr mit den zwei verbundenen Fingern hatte es eilig gehabt, auf die Party zu kommen. Er kam durchs Fenster hinein. Partys sind so. Experimentieren ist so. Man weiß erst eine lange Zeit später, was passiert ist. Aber was passierte... mit den Männerkleidern? Was war mit meinen Taschenentwürfen für *Smith Co.* passiert? Was passierte mit Mr. Postmans Handschuhen? Und was passierte nun, im Frühjahr 1937, mit *Hawes Inc.*?

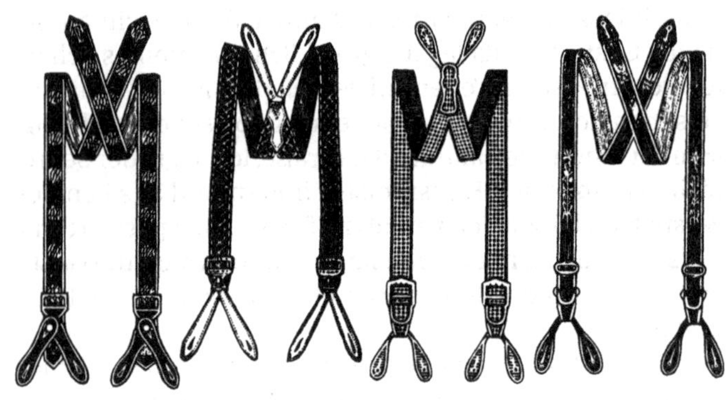

23 Unser System des freien Wettbewerbs

Was mit Elizabeth Hawes bis zum Frühjahr 1937 passierte war, dass sie keinen einzigen Großhandelsauftrag mehr besaß und Gott dafür dankte. *Hawes Inc.* hatte aufgrund des zögerlich zurückkehrenden Wohlstands alle früheren Schulden zurückgezahlt.

Miss Hawes hatte mittlerweile ihren dritten und offensichtlich durch und durch effizienten Manager. Sie konnte ihr Gehalt auf fast die Hälfte des Betrags anheben, von dem die meisten Leute dachten, dass sie ihn verdiene. Drei Jahre lang war der Absatz unvermindert um 25 Prozent gestiegen. *Hawes Inc.* brachte genügend ein und der erwähnte Manager versuchte angestrengt, genügend Kapital beiseite zu legen, damit *Hawes Inc.* es durch die nächste Depression schaffte. Ich war nicht nur eine amerikanische Couturière, ich war eine solvente amerikanische Couturière.

Lassen Sie mich daher die Großhandelsaufträge abhaken, die mich in den vorhergehenden Kapiteln noch nicht abgehakt hatten, in der Reihenfolge, wie es vor sich ging.

Im Sommer 1935 ließ ich *Smith Co.* fallen, oder sie mich. Erinnern Sie sich, dass ich einmal, vor langer Zeit, 1932, angefangen hatte, *Smith Co.* zu erzählen: »Nicht steif wie Karton, verstehen Sie? Weich – WEICH – WEICH?«

Als ich mich schließlich von ihnen trennte, drei Jahre später, begannen sie, ein paar weiche Taschen herzustellen. Ich schätze sie fanden heraus, dass das billiger war.

Die Geschichte von *Smith Co.* ist natürlich das alte Märchen von den drei Brüdern. Es waren einmal drei Taschenfirmen, *Smith Co.*, *Jones & Co.* und *Willy's*. Der Hintergrund der drei Firmen war identisch. Sie machten alle teure Kopien derselben französischen Taschen. Alle lebten sie davon. *Smith* verkaufte seine Taschen an *Altman*. *Jones* verkaufte seine Taschen an *Best*. *Willy's* verkaufte seine Taschen an *Lord and Taylor*.

1929 löste jemand eine Schraube am Aktienmarkt und alles brach zusammen. *Smith* und *Jones* und *Willy* merkten, dass sie nicht genügend Umsatz hatten, um zu überleben. *Smith* entschied sich, wie wir gesehen haben, einen Amerikanischen Designer zu besorgen.

Jones entschied sich, nach Connecticut zu gehen, wo er eine Fabrik ohne Gewerkschaften betreiben konnte, wo die Löhne niedriger sein konnten und er weiterhin französische Taschen kopieren konnte, aber zu einem billigeren Tarif. *Willy* entschied sich, keine französischen Modelle mehr zu kaufen. Nach Paris zu fahren war teuer, und er konnte alle Entwürfe stehlen, die er brauchte.

Smith warb für die Taschen von Elizabeth Hawes in den gesamten Vereinigten Staaten und zuerst sah es rosig aus. 1933 kam er jedoch darauf, dass kein Geschäft ihm mehr als 4,50 Dollar Großhandelspreis für eine Tasche zahlen wollte und dass seine Taschen immer noch gut gefertigt waren und 7,50 Dollar kosteten.

Jones entdeckte, dass – obwohl seine Fabrik in Connecticut gewerkschaftsfrei war – andere Leute französische Taschen in Connecticut herstellten und dabei billiger waren. *Willy* entdeckte, dass er in New York kein profitables Geschäft betreiben konnte, selbst wenn er die Entwürfe stahl.

Alle drei erkannten, dass sie nun Taschen herstellen mussten, die sich für 4,50 Dollar verkaufen. *Smith* verbilligte alle Hawes-Designs, bis sie nur noch Umschläge waren. Trotzdem verdiente er kein Geld.

Jones setzte alle seine Taschen in Connecticut herab, aber die Gewerkschaft spürte ihn dort auf und er musste nach Pennsylvania ziehen. So verdiente er 1933 kein Geld.

Willy verdiente 1933 ein bisschen was. Er zog nach Connecticut, wurde gewerkschaftsfrei, und stahl weiterhin seine Entwürfe.

1934 entschied *Smith Co.*, nach Connecticut zu ziehen, um Tarifgehälter zu vermeiden. *Jones* hatte sich in Pennsylvania niedergelassen. Er verdiente ein wenig Geld. *Willy* wurde von der Gewerkschaft in Connecticut erwischt und zog nach Pennsylvania, daher verlor er in jenem Jahr ein bisschen Geld.

Als 1935 am Horizont erschien, sagten sie alle zu sich: »In diesem Jahr wird das Geschäft gut laufen.« Und so holten sie tief Luft und stellten in Erwartung großer Bestellungen viele Taschen her. Es ist sowieso billiger, eine Menge Taschen auf einmal herzustellen, als kleine Bestellungen so zu bedienen, wie sie hereinkommen.

Die Bestellungen kamen nicht für den produzierten Lagerbestand. Alle mochten die zweite Taschenlinie, die sie später in der Saison gezeigt hatten. Sie alle liquidierten ihren früheren Warenbestand mit Verlust. Sie sahen grimmig aus dem Fenster. Sie sahen die Gewerkschaft am Horizont erscheinen. »Verdammt«, sagten sie, »wie soll man so weitermachen? Hier sitze ich, verliere Geld, und die Gewerkschaft kommt hier rein und versucht mich zu zwingen, mehr als 12 Dollar die Woche zu zahlen! Und schlimmer, meine Angestellten arbeiten 48 Wochen im Jahr.«

»Aber Mr. Smith, Mr. Jones, Willy. Das sind nur 576 Dollar im Jahr. Wie wollen Sie damit eine Familie ernähren?«

»Ja, ja, ja. Es ist schrecklich. Empörend. Es tut mir für meine Angestellten sehr leid, aber was kann man machen?«

So trennte Mr. Smith sich schließlich von Miss Hawes und wandte sich wieder den französischen Designs zu. Mr. Jones entschloss sich, eine gewerkschaftlich organisierte Fabrik aufzumachen, teure Taschen herzustellen und Muriel King anzustellen, um sie zu entwerfen. Willy erinnerte sich plötzlich daran, dass er einmal Täschner mit großer Expertise gewesen war, und dass das Tarifgehalt 75 Dollar die Woche betrug. Er kehrte an die Werkbank zurück.

Täschner, die Taschenprototypen herstellen konnten, waren rar. Er arbeitete 52 Wochen und verdiente 1935 3900 Dollar. Natürlich war er nicht sein eigener Chef. Er musste nur 35 Stunden die Woche arbeiten.

Unglücklicherweise waren nicht nur diese drei Herren im Taschengeschäft tätig, sondern auch Hunderte andere. Alle machten dasselbe durch. Alle machen immer noch dasselbe durch. Offenbar werden sie es immer durchmachen. Jedes Mal, wenn ein Willy tausend Dollar als spezialisierter Prototypennäher anspart, macht er sich selbstständig. Man braucht nicht viele Maschinen und Unkosten, um eine Taschenfirma zu betreiben.

Daher, traurig genug, kam ich nach fünf Jahren zu dem Schluss, dass nur ein Wunder, das 75 Prozent aller amerikanischen Taschenfirmen auslöschen würde, *Smith Co.* in die Lage versetzen würde, eine eindeutige Geschäftspolitik zu verfolgen und sie beizubehalten. In einem Jahr bestanden alle unsere Konferenzen daraus, dass sie erklärten, warum sie billigere Taschen herstellen müssten. Im nächsten Jahr entschieden wir, zehn teure und zehn billige Taschendesigns herzustellen. Am nächsten Tag dachten sie, fünf teure und 15 billige wären besser. Am nächsten Tag waren es 15 teure Taschen und fünf billige.

Ich verlor fast den Verstand. Wie auch meine erste Assistenzdesignerin Dorothy Zabriskie. Wie auch Connie Loudon, meine nächste Assistenzdesignerin. Ich dachte, wir sollten die Entwürfe für die billigen Taschen so planen, dass sie von Anfang an billig waren. Andernfalls würde der einfach gestrickte Smith einfach irgendetwas mit der erstbesten Tasche anstellen, was die Kosten auf die Hälfte senkte und die Tasche in einen Beutel mit drei Biesen verwandelte.

Es wäre unfair zu sagen, *Smith Co.* hätte es nicht interessiert, was das Publikum wollte. Sie engagierten mich, damit ich es ihnen sage. Doch was auch immer ich ihnen erzählte, sie dachten, es sei nicht wahr. Ich konnte es nie beweisen, denn wenn es die Idee schon gab, dann hatte es keinen Zweck, dass sie sie umsetzten. Was Box-Taschen betrifft, hatten wir in einem Frühling so eine Auseinandersetzung. Sie sagten nein. Wir sagten ja. Nach drei Jahren gab ich ziemlich leicht nach. Ich mochte sie, aber ich war es leid, zuzuhören, wie sie ihre Angelegenheiten erst in Ordnung und dann gleich wieder in Unordnung brachten.

Wiederholt drängten wir sie zur Produktion bestimmter Dinge wie der Box-Taschen, die dann gewiss einige Monate später aus Paris kamen. Das Taschengeschäft hat seinen eigenen kleinen Zeitgeist. Hat man direkt mit Frauen zu tun, bekommt man unwillkürlich das seltsame Gefühl, dass sie alle begeistert wären, hätte man in diesem Frühjahr Box-Taschen anstelle von Beuteltaschen.

Ich wollte außerdem, dass *Smith Co.* für mich teure Taschen für den Verkauf bei *Hawes Inc.* herstellt, damit ich meine seltsamen Taschenvorstellungen an meinen Klientinnen ausprobieren konnte, zu den Toppreisen, die Spezialanfertigungen kosten und die die Hawes-Kundinnen zahlen können. Sie sagten ja, Jahr für Jahr. Dann hatte ihr Prototypennäher nie die Zeit, die speziellen Teile anzufertigen, und als ihre eigenen Taschen billiger wurden, verloren sie das Interesse daran, teure herzustellen.

Unsere Übereinkunft war, dass jeder Taschenentwurf, den ich bei *Hawes Inc.* verkaufte, für eine Saison mir gehörte. Einmal oder zweimal, wenn wir doch eine gute Tasche von ihnen geliefert bekamen und sie nachbestellten, nachbestellten, nachbestellten, verloren sie die Beherrschung und stellten eine billige Kopie her.

Dann putzten sie mich herunter und sagten: »Schauen Sie, Miss Hawes. Wir können diese Tasche für 5,50 Dollar herstellen. Ihre kostet 12,50 Dollar. Wir haben nur das Leder verändert, und das Futter, und eine Falte weggelassen. Sie sieht fast genauso aus.«

Sie sah gerade so ähnlich aus, dass einem schlecht werden konnte. »Also Miss Hawes«, würden sie fortfahren, »wir können morgen eine Bestellung über vier Dutzend dieser Taschen von *Best* bekommen. Sie würden Ihre Tantiemen bekommen.« Ich arbeitete für ein Pauschalhonorar und einen Gewinnanteil. »Sie würden uns doch nicht am Verkauf hindern? Wir haben hier seit 1929 keinen Cent verdient.«

Ich wurde immer schwach. Ich weiß bis heute nicht, ob sie Geld verdienten oder nicht. Nachdem sie die Fabrik aus der Stadt verlegt hatten, um die Gewerkschaft zu umgehen, ließ Smith eines Tages eine unverblümte Bemerkung fallen, die mich zum Nachdenken brachte.

Er sagte: »Natürlich haben wir diese Saison keinen Gewinn ausgewiesen.« Dann hellte sich sein Ausdruck auf, nachdem ich zugestimmt hatte, für viel weniger Geld etwas weniger zu arbeiten. »Ich hatte allerdings einen Gewinn in der Fabrik außerhalb der Stadt«, sagte er, als er seinen Hut nahm, um zu gehen.

Nun ja. Ich mochte die Gebrüder Smith. Sie waren wie kleine Fische, gefangen in einem Netz, das sie sich zum Teil selbst geknüpft hatten, das zum größten Teil aber das unvermeidliche Ergebnis unseres großartigen Wettbewerbssystems ist. Aus den Smiths hatte es keine sehr robusten, unabhängigen Individualisten gemacht.

Natürlich ist *Koret* der erfolgreichste Taschenhersteller in New York. Nur vor ein paar Monaten führte mich Mr. Delman, der Schuhfabrikant, durch seine Fabrik.

»Können Sie nicht auch Taschen machen?« fragte ich.

»Donnerwetter«, sagte er. »Mr. Goodman (von *Bergdorf Goodman*) fragt mich das jeden Tag. Er sagt, *Koret* ist der einzige Taschen-Unternehmer, der gute, weiche Taschen herstellt. Er wird so unabhängig, dass niemand etwas mit ihm machen kann.«

»Und warum sollte Mr. Koret nicht unabhängig sein?« sagte ich zu mir selbst. Er ist ein Herr, den ich niemals getroffen habe, aber ich vermute, dass er sicherlich Mumm hat.

Er hat sein Geschäft während der Depression aufgebaut. Er pries sich an, ja. Seine Anzeigen lügen nicht. Er macht so gute Taschen, wie man sie im Großhandel nur kaufen kann, denke ich. Das Leder ist gut. Die Futterstoffe sind gut. Der Stil ist im Allgemeinen gut. Ich bin nicht sicher, ob er französische Taschen kopiert. Wenn er das tut, dann ändert er genügend an ihnen, um die Wettbewerber auszustechen. Er stellt außerdem Taschen nach eigenen Designs her.

Wahrscheinlich war es sein Glück, dass er sein Geschäft von Grund auf aufbauen konnte, als die Zeiten schlecht waren, genauso wie ich. Ohne Zweifel ist er ein exzellenter Manager – oder hat einen eingestellt – und weiß tatsächlich im Voraus, was ihn die Taschen kosten werden. Fast kein Großhändler weiß, was es wirklich kostet, etwas herzustellen.

Auf jeden Fall fing *Koret* an, Taschen guter Qualität herzustellen, und blieb dabei. Er zauderte nicht. Ihm war nicht bange davor, etwas zu entwerfen. Er muss einen gewerkschaftlich organisierten Betrieb führen und ein anständiges Gehalt zahlen, denn er ist zu bekannt, um damit durchzukommen, falls er das nicht tut.

Wahrscheinlich geht er in der nächsten Depression unter, weil seine Unkosten zu hoch sind, die Depression schlimmer ist, er seine Preise und Qualität senkt. Wie auch immer: Ich muss feststellen, dass zu diesen Zeiten in allen Geschäftszweigen, mit denen ich zu tun hatte – und die Taschen sind nur einer davon – es der sogenannte robuste Individualist ist, der überhaupt einen Gewinn macht. Er schafft es, sich auf eine gewisse Art außerhalb des Felds der Wettbewerber zu stellen; niemals durch den Preis, gewöhnlich durch Qualität und Stil. Er wirbelt nicht einfach endlos auf dem Karussell der Großhandelskonkurrenz herum.

Nachdem Smith zu mir die Bemerkung über seinen Gewinn mit der Fabrik außerhalb der Stadt gemacht hatte, entwickelte ich nie mehr so ganz das gleiche Gefühl für die Firma *Smith Co.* wie früher. Ja, sie waren in einem Netz gefangen. In jenem Jahr entkamen sie erfolgreich der Gewerkschaft. Aber ich erkannte, dass sie, als die unentschlossenen Personen, die sie waren, sich für immer mit dem Wettbewerbskarussel weiterdrehen würden.

Die Ergebnisse unserer Entwurfsarbeit für die Smiths waren für mich weit unbefriedigender als für sie. Ich *kann* schlecht gemachte Dinge mit schlechter Qualität einfach nicht ertragen. Ich kann keine Designassistentinnen einstellen und sie Monat für Monat losschicken, damit sie versuchen, sich um die Hersteller zu kümmern, die ihnen das Herz brechen werden, indem sie alle Designlinien des Entwurfs weglassen und ihn aus einem anderen Leder herstellen.

Der Vertrag mit *Smith Co.* wurde im Juli 1936 stillschweigend nicht verlängert. Zu dieser Zeit waren sie möglicherweise gezwungen worden, von Connecticut nach Pennsylvania zu ziehen. Sie haben möglicherweise französische Taschen gekauft und wieder aufgehört, französische Taschen zu kaufen. Sie haben möglicherweise eine andere Amerikanische Designerin, die für sie arbeitet. Ich wünsche ihr viel Freude.

Aus dem Handschuhauftrag bei *Postman* zog ich mich mit weit größerem Bedauern zurück. Der Partner von Mr. Postman glaubte nicht an Werbung irgendeiner Form. Mr. P. hatte mich in jedem Fall zu gut bezahlt. Zuerst überlegte ich mir, ich würde versuchen, für ihn zu entwerfen und auch Werbung zu machen. Ich dachte, dass ich so erreichen könnte, schöne, einfache Entwürfe zu promoten. Ich schloss einen Vertrag über die Lieferung von nur zehn Handschuhmodellen und die entsprechende Werbung dafür.

Eines Tages, als ich mit einem Mädchen die konkrete PR-Arbeit unter meiner Ägide besprach, hatte ich von der ganzen Idee plötzlich die Nase voll. Das ganze alte Theater wieder von vorne. Würden sie inserieren, wie viel würden sie inserieren?

Was würde das Mädchen in den Zeitungen unterbringen können? Würde es immer um mich gehen müssen und gar nicht um die Handschuhe? Was würden die Modemagazine tun?

Wenn ich Postman bei der Werbung für seine Handschuhe helfen will, sehe ich mich zwei gleichermaßen unvermeidlichen Pflichten gegenüber: Ich muss ihn dazu bringen, ab und zu in den besseren Modezeitschriften zu inserieren, oder wir werden es, egal wie gut die Handschuhe sind, egal wie brillant meine Idee ist, nicht häufiger als einmal im Jahr, sehr klein, in den redaktionellen Teil schaffen. Zweitens muss ich mir einige glänzende Neuigkeiten über Handschuhe ausdenken, so dass sie eine Nachricht sind, und das bedeutet entweder irgendeine alberne Idee, oder dass ich, Hawes, das öffentliche Interesse auf meine Kappe nehme und die Welt mit meinen Gedanken über das Handschuhgeschäft elektrisiere.

Die einzige elektrisierende Sache, die ich über das Entwerfen von Handschuhen sagen kann ist, dass neunzig Prozent davon furchtbar ist! Ich wette, Mr. Postmans Partner würde das nicht zu schätzen wissen.

Daher beurlaubte ich mich von Mr. Postman und Handschuhen im Herbst 1936. Ich werde vielleicht dazu zurückkehren, denn er bleibt für mich der ehrlichste und aufrechteste Mensch, den ich bisher im Großhandel getroffen habe. Ich würde die Welt lieber wissen lassen, dass Mr. Postman die besten Handschuhe herstellt, die man kaufen kann, denn ich weiß, dass er nicht lügt und beim Leder und bei der Ausführung nicht betrügt.

Er hat es mit dem alten Teufel Wettbewerb zu tun und ist mehr oder weniger gezwungen, ein Hehler für den ruchlosen Schurken Modetrend zu sein. Es gibt eine, und nur eine Art, wie die beiden geschlagen werden können: Ein gutes und individuelles Produkt liefern und das der

Welt mitteilen. Es der Welt mitzuteilen kann so teuer sein, dass man sich fragt, ob es sich lohnt. Eine große Zahl von Wettbewerbern ist damit beschäftigt, Dinge ohne Nähte zuzuschneiden und nachgemachtes Leder zu benutzen und dadurch so viel zu sparen, dass sie der Welt alles erzählen können und noch etwas als Gewinn übrig behalten. Langsam, langsam wird der einzelne Hersteller in dem Netz gefangen. Fast unvermeidlich fängt er an, bei der Qualität zu schummeln, damit er über den Preis konkurrieren kann.

Als ich das Feld der Männerkleidung betrat, dachte ich für mich, hier, endlich, sei die Mode nicht beteiligt. Hier sollte man in der Lage sein, ein gutes Produkt zu einem fairen Preis zu liefern. Hier gibt es keine Instabilität und keinen ständigen Wechsel.

Das erste Ergebnis der Männerkleidungsfestivität kam dann wie ein leichter irritierender Nadelstich.

Über die Party gab es in New York nur wenige Berichte in der Presse, weil ich mein Bestes tat, mein Versprechen zu halten und die Party im Privaten zu lassen – allerdings gab es Zeitungsartikel in der nationalen Presse, denn die Agentur AP war dort. Einen Monat nach der Party riefen mich fünf Leute von *Hart Schaffner and Marx* an und baten mich, sie zu empfangen.

Ich dachte an die ganzen Briefe, die ich nach den Skizzen im *American Magazine* bekommen hatte. Ich dachte an all die Jungs, die nach Hemden von Hawes schmachteten. Ich war entzückt, *Hart S. and M.* zu empfangen.

Ein hochkarätiger Herr tauchte in meinem Büro auf. »Wir werden das 50. Geschäftsjubiläum begehen«, sagte er mir.

»Ja?«

»Wir möchten Kleidung von vor 50 Jahren, Kleidung von heute und Kleidung in 50 Jahren zeigen.«

Ich begann langsam zu glühen. Ich spannte meinen Kiefer ein wenig an.

»Wir würden Ihre Kleidung gerne für den letzten Teil verwenden«, sagte er mir.

»Die Kleidung gehört den Herren, für die sie hergestellt wurde«, antwortete ich hinhaltend.

»Können Sie sie nicht zurückborgen?«

»Glauben Sie, die Kleidung passt zu der Zeit in 50 Jahren?«

»Nun, uns ist klar, dass sie sehr ungewöhnlich ist...«

»Was werden Sie mir zahlen?« Ich kam schnell auf diesen Punkt.

»Oh, wir dachten, das wäre gute Presse für Sie. Wir können die Kleidung in die Kinos bringen.«

»Ich kann mir selbst gute Presse verschaffen. Warum möchten Sie gute Presse, wenn Sie denken, dass niemand die Sachen haben will und Sie sie nicht verkaufen können?« Ich war wütend.

»Nun, wir dachten, es könnte Ihnen gefallen, wenn sie in die Kinos kämen«, er wurde selbst ziemlich schroff.

»Mich interessiert es nicht, irgendwas nur wegen der Presse zu tun, und Sie sollte das auch nicht. Einige der Teile könnten sich verkaufen, andere nicht. Ich bin nicht interessiert, darüber auf einer anderen Grundlage zu sprechen.«

»Natürlich, wenn Sie meinen...«, er erhob sich.

»Das meine ich. Auf Wiedersehen.«

Mir war wirklich schlecht. Aber fast sofort fühlte ich mich besser, denn eines meiner Lieblingsteile war die Tunika, die ich für den Theaterkritiker gemacht hatte. Die fertige Version war keineswegs perfekt, aber die Idee war da, die Idee, dass Männer genauso frisch und unangezogen wie ihre Frauen in den sommerlichen Straßen New Yorks unterwegs sein konnten.

Schon im nächsten Sommer tauchte die Tunika für Männer auf. Nicht meine Tunika und nicht auf meine Veranlassung. Aber weiche Hemden aus Jersey wurden gezeigt, die über der Hose getragen wurden. Natürlich konnten sie auch eingesteckt getragen werden. Natürlich gab es keine Möglichkeit, die Hose am Platz zu halten, außer einen Gürtel oder irgendeinen hässlichen Hosenträger. Dennoch fühlte ich mich bestätigt.

Der kleine Keim der Tunika war gepflanzt. Wenn *Hart S. and M.* Lust gehabt hätten, ein paar Cent zu investieren, hätten ein paar Hundert Männer 1936 Tunikas gekauft. Im folgenden Jahr hätten einige Männer mehr welche gekauft. Gegenwärtig wären viele Männer in der Hitze bequem gekleidet.

Und aus der Männer-Modenschau ergab sich eine andere kleine Erfahrung. Ein weiterer Lichtblick im Bekleidungsgeschäft. Zuerst hatte ich mit der Männerkleidung Spaß. Dann zerrten *Hart Schaffner and Marx* ihre Werbeidee herbei. Auch die *Merchant Taylors* verunsicherten mich etwas, wie ich zugebe. Aber im Großen und Ganzen verlasse ich mich auf den Zufall, die Mode, was die Männer betrifft, zu hintertreiben. Den Zufall in Gestalt der verwöhnten Amerikanerin und ihres übergroßen Kleidungsbudgets, den Zufall in Gestalt der männlichen Tradition, die Veränderungen stur und stupide ablehnt.

Es ist interessant festzustellen, dass Veränderungen im Kleidungsstil der Männer aus den unteren Klassen kommen. Ich interessierte mich für *Hart Schaffner and Marx* und die Leser des *American Magazine*, denn meiner Meinung nach erreichen sie den Massenmarkt. Vielleicht wäre *Sears, Roebuck* die beste Wahl, um die Männer Amerikas mit etwas Neuem bekannt zu machen.

Im Bereich der Männerkleidung bemerkt man die Klassenunterschiede im alltäglichen Leben Amerikas sehr deutlich. Die Frauen, mehrheitlich in Interpretationen des französischen Stils aus Massenproduktion gekleidet, gleiten auf der sozialen Stufenleiter recht leicht von unten nach oben. Sie sind alle mehr oder weniger ähnlich gekleidet und halten größtenteils alle nach einem guten Mann Ausschau, der sie versorgt.

Die wirtschaftlichen Grundlagen unserer Gesellschaft werden von Männern aufrecht erhalten. Eines der Symbole des Mannes der Oberklasse ist seine »korrekte« Kleidung. Wenn ein junger Mann es zu einem Abendanzug gebracht hat, hat er die Spitze erreicht. Er kann sich bewegen, ohne als Untergebener enttarnt zu werden. Er kann, seiner Meinung nach, mit Bankiers auf Augenhöhe verkehren.

Das gut geschnittene Sakko, die ordentlich geknöpfte Weste, die dunkle Krawatte sind Symbole des Erfolgs und der Verantwortung in der Geschäftswelt. Es ist nicht einfach und wird nie einfach sein, Männer der Oberschicht dazu zu bringen, ihr Geburtsrecht auf diese Kleidung aufzugeben.

Es ist das Vorrecht des Arbeiters, des Mannes der niederen Klassen, keinen Kragen und keine Krawatte zu tragen. Er kann ohne Hut ausgehen, wenn er will. Er kann weite Jeans ohne Bügelfalte tragen. Er kann seine Hosenträger zeigen, wenn er will. Er kann im heißen Sommer ohne Hemd gehen, so dass die Träger seiner Latzhose kaum die haarige Brust bedecken.

Er wird dadurch als »erfolglos« gekennzeichnet. Er wird nicht in die besten Clubs hineingelassen, ohne Jackett darf er nicht einmal im Fahrstuhl des *Squibb Buildings* fahren. Er wird zu dem Lohn angestellt, der in einem dem Wettbewerb unterliegenden Arbeitsmarkt erforderlich ist. Um auf diesem Arbeitsmarkt zu konkurrieren, könnte er, wie man zu sagen pflegt, »nichts zu verlieren haben, außer seine Ketten.« Kraft dieser Tatsache riskiert er in Bezug auf Kleidung nichts, wenn er es bequem hat.

Sein Chef wird ihn nicht missbilligend anschauen, wenn er im Sommer in Sandalen erscheint. Er wird nicht gefeuert, wenn er für die Arbeit keinen Kragen anzieht. Durch ihn traten in den letzten Jahren die Stilveränderungen der Männerkleidung ein.

Er, der Arbeiter, war der erste, der weiche Shirts aus Jersey mit offenem Ausschnitt trug. Er hat schon seit Jahren bunt gestreifte Pullover und auffallend karierte Anzüge getragen, wenn er Lust darauf hatte. Die Schwarzen in Harlem tragen seit Jahren schon wunderbare bunte Anzüge, helles Blau, leuchtendes Grün, orange-rostrot Gestreiftes. Jetzt entdecken auch die Absolventen von Yale, Harvard und Oxford, dass sie es in weichen Shirts bequem haben können, dass sie in auffälligen Karos und Streifen farbenfroh sein können. Sie entdecken es langsam und vorsichtig. Ihre Väter interessiert das nicht. Ihre Väter sind daran interessiert, den Status quo zu wahren und für diese Aufgabe korrekt gekleidet zu sein.

Anatole France sagte einmal, wenn er sich hundert Jahre nach seinem Tod ein Buch aussuchen dürfte, das ihm am meisten darüber erzählen solle, was in der Welt passiert sei, dann würde er ein Buch über Mode wählen. Wenn er jetzt die Kleidung der Damen und Herren in Amerika untersuchen könnte, würde er herausfinden, dass ein gewisser Ausgleichsprozess vor sich geht, der die unteren und die oberen Schichten einander annähert.

Das, meine Herren, sollte Ihnen zu denken geben, bevor Sie den Hut in den Ring werfen. Bald wird niemand den Chef vom Arbeiter unterscheiden können, wenn Sie nicht aufpassen.

Zur Zeit, Herr Anatole France, kann man Chef und Arbeiter an den Hosenträgern unterscheiden.

Mit der ganzen Begeisterung eines Kindes entschied ich, dass Hosenträger hinaus ins Freie gebracht werden sollten. Mit der ganzen Dickköpfigkeit einer Künstlerin sagte ich, dass Hosenträger eine ästhetische Freude sein sollten. Mit meinem entfesselten humanitären Geist war ich überzeugt, dass Hosenträger hygienisch sind und dass alle Männer sie tragen sollten.

Daher beschaffte ich mir kurz nach der Männermodenschau im Frühjahr 1937 einen Auftrag, Hosenträger zu entwerfen. Ich stellte den Kontakt über einen Freund her. Was das Geld anging, schloss ich eine sehr schlechte Vereinbarung, weil ich die Hosenträger unbedingt machen wollte. Ich gab mich, meinen Namen und alle meine PR-Möglichkeiten mit Brief und Siegel für 500 Dollar in bar und einen kleinen Gewinnanteil an die *Park Suspender Company.* Eintausend Dollar in bar wird als die Untergrenze angesehen, wenn der Name Hawes in den Anzeigen einer anderen Firma auftaucht.

Ich knickte vor der außerordentlichen Notwendigkeit ein, die ich verspürte, den Hosenträger zu einem schönen, öffentlich sichtbaren Gegenstand zu machen.

Bevor überhaupt Geld den Besitzer wechselte, schaute ich mir die »Linie« von *Park* an. Bevor ich die Männerkleidung entwarf, hatte ich viel zum Thema Hosenträger recherchiert. Ich war fest überzeugt, dass breite Hosenträger bequemer sind als schmale. Der schmale Hosenträger schneidet in die Schulter ein.

Keiner der Herren, mit denen ich sprach, hatte jemals etwas anderes als breite, gewebte Hosenträger getragen. Sie beklagten, dass es schwierig sei, schöne zu bekommen. Einige von ihnen kauften ihre Hosenträger im Dutzend, für 20 Cent das Paar, da diese nicht hässlicher seien als die 2,50-Dollar-Variante, und 5 Dollar seien eine Menge für ein Paar Hosenträger.

Wenn man heikel ist, hat man natürlich ein Paar Hosenträger für jede Hose.

Die *Park Suspender Co.* sagte, fast alle ihre Hosenträger würden für 1,50 Dollar verkauft, aber ich könnte, da die Zeiten nun besser würden, wenn nötig welche für 2,50 Dollar machen. Sie könnten sie später heruntersetzen. Ich stimmte allem zu. Ich habe keine Einwände dagegen, dass etwas billig ist, wenn es nur richtig ist.

Als ich mir die Linie anschaute, zeigten sie mir ständig elastische Hosenträger, etwa 1,2 cm, einen halben Inch breit, mit Klammern am Ende, die man an der Hose festklammerte. »Was sind das für welche?« fragte ich.

»Die sind für 1,50 Dollar«, sagten sie.

»Ich meinte, warum sind sie so schmal?«

»Das ist die Breite, die alle Männer jetzt bevorzugen«, versicherten sie mir.

»Das widerspricht allen meinen Untersuchungen«, antwortete ich.

»Sie haben mit den falschen Leuten geredet«, sagten sie unerschütterlich.

»Zerreißen diese Klammern denn nicht die Hose?« fragte ich.

»Niemals«, antworteten sie.

»Ist es absolut notwendig, sie alle in so scheußlichen Farben herzustellen?«

»Oh nein, wir erwarten, dass Sie sich darum kümmern.«

Ich nahm so ein elastisches Paar des Grauens und begutachtete die Klammer. Sie war gerade breit genug, um das 1,2 cm breite Gummiband aufzunehmen.

»Könnten Sie diese Klammern breiter machen?«

»Aber natürlich. Diese sind schmal, denn es ist natürlich billiger, schmale Hosenträger herzustellen.«

»Oh, es ist billiger, schmale Hosenträger herzustellen?«

»Selbstverständlich.«

»Dann ist es gar nicht so, dass alle Männer sie so wollen?«

»Alle Männer wollen schmale Hosenträger, Miss Hawes.«

Ich entschloss mich, lieber noch ein bisschen weiter zu recherchieren. Vielleicht hatte ich mit den falschen Männern gesprochen. Ich suchte so lange, bis ich einige Männer mit schmalen Hosenträgern fand.

»Warum tragen Sie schmale Hosenträger?« fragte ich.

»Weil das alles ist, was wir für 1,50 Dollar kaufen können«, sagten sie.

(Sie wussten nichts von den Pfennigläden.)

»Mögen Sie elastische Hosenträger?« fragte ich weiter.

»Auf keinen Fall«, antworteten sie. »Sie verfangen sich in den Hemden und zerknittern sie. Sie sind eine Erfindung des Teufels. Aber wenn man schmale Hosenträger tragen muss, sind die elastischen die einzige Sorte, die einen nicht in Stücke schneidet.«

»Wie gefallen Ihnen die Klammern am Ende Ihrer Hosenträger?«

»Sie zerreißen die Hosen«, antworteten sie, »aber furchtbar viele Hosenträger sind nun so.«

»Was für eine Art Hosenträger würden Sie richtig gerne tragen?« erkundigte ich mich.

»Breite gewebte Hosenträger«, kam die unvermeidliche Antwort.

Nun, vielleicht sind 2,50 Dollar wirklich die geringste Summe, zu der ein breiter, gewebter Hosenträger hergestellt werden kann. Ich bezweifle das, denn es gibt die Pfennigläden, aber *Park Co.* versicherte mir das so mehr oder weniger.

Ich hatte mir eine Werbekampagne für Hawes-Hosenträger vorgestellt, die der Welt zuerst einmal gute Designs verschaffen würde, so dass die Herren sich die Jacketts vom Leib reißen würden, um mit ihren Hosenträgern zu glänzen.

Weiterhin, falls solche Hosenträger wirklich 2,50 Dollar kosten müssten, hatte ich die Vorstellung, dass ein bisschen Klartext sehr viele Männer überzeugen würde, diese große Summe für einen Bekleidungsartikel auszugeben, den sie jeden Tag ihres Lebens tragen, von dem ein großer Teil ihres Komforts abhängt, und der sehr langlebig sein sollte.

So schön es sein mag, für jeden Anzug ein Paar Hosenträger zu besitzen, es ist keine Lebensnotwendigkeit. Die enorme Ausgabe von 5 Dollar im Jahr für Komfort und Schönheit bei zwei Paar Hosenträgern sollte für den Mittelklassekunden nicht zu viel sein.

Aber schon bevor ich den Auftrag für *Park* begann, erkannte ich, dass ich ohne Zweifel geschlagen worden war. Nicht von der Mode, wie auf dem Feld der Damenkleidung, sondern von einfachen wirtschaftlichen Erwägungen.

Park Co. würde mich der Welt niemals, nicht einmal in meinem besten *New-Yorker*-Tonfall, mitteilen lassen, dass schmale Hosenträger nicht das seien, was sich alle Männer wünschen, und dass ich das wisse und hier also einige breite seien. *Park Co.* würde auf Ausflüchten bestehen, denn sie würden sich den Absatz ihrer schmalen, elastischen Hosenträger mit Clips nicht verderben lassen. Und was schlimmer war, die *Park Suspender Co.* stellte auch Gürtel her. Daher konnte nicht laut gesagt werden, dass Hosenträger bequemer und hygienischer als Gürtel seien, denn es könnte den Gürtelabsatz drücken.

Daher würde die *Park Suspender Co.*, die mich für zwar wenig Geld angestellt hatte, um mit schönen, bequemen Hosenträgern Aufsehen zu erregen, schließlich einfach nur mit schwacher Stimme sagen: »Hier sind einige breite und schöne und bequeme Hosenträger, die Elizabeth Hawes, das kluge junge Mädchen, zustande gebracht hat, um alle Gürtel zu ersetzen. Sie können sie kaufen, wenn sie Ihnen gefallen. Natürlich empfehlen wir Ihnen *nachdrücklich* unsere schmalen, elastischen Hosenträger, die günstiger sind. Wir glauben eigentlich nicht, dass Hosenträger überhaupt breit sein müssen, und Gott weiß, es ist egal, wie sie aussehen. Darüber hinaus denken wir, dass Gürtel wunderbar sind, und hier sind einige der wundervollsten Gürtel, die wir jemals gesehen haben.«

Ich schloss die Augen und stellte mir die *Park Suspender Company* vor, die sich sehr eifrig bemühte, das Publikum dazu zu bringen, all meine schönen breiten, gewebten Hosenträger und alle ihre elastischen Hosenträger zu verschlingen, zusammen mit Tausenden von Gürteln. Ich sah *Smith Co.* billige Taschen und französische Taschen und amerikanische Taschen und teure Taschen in sich hineinstopfen. Da war Mr. Nibs, der Mitnichten-Seide vor meinem Gesicht schwenkte, und der Strickwarenhersteller, der sich angesichts von *Brooks*-Pullovern die Augen zuhielt. *Marshall Field Co.* stapelte alte Musterstücke zum Kopieren auf. Mr. Postman versuchte, aus einer Lawine rückwärtig geknöpfter Handschuhe zu entkommen.

Sie riefen mir alle etwas zu. Langsam entwirrten sich die Worte.

»WIR SIND DOCH NICHT ZUM SPASS IM GESCHÄFT.«

Dann schaute Mary Lewis hinter ihrem Schreibtisch auf und mich an. »Ford verdient sein ganzes Geld mit Fords, nicht mit Lincolns«, sagte Mary Lewis ruhig.

Ray Kraemer sprang neben ihr auf, mit einem kleinen, gedruckten Plakat, das lautete: »Ich würde *Bergdorf Goodman* nicht geschenkt nehmen. In dieser Stadt verdient man Geld, indem man für 3,75 Dollar produziert.«

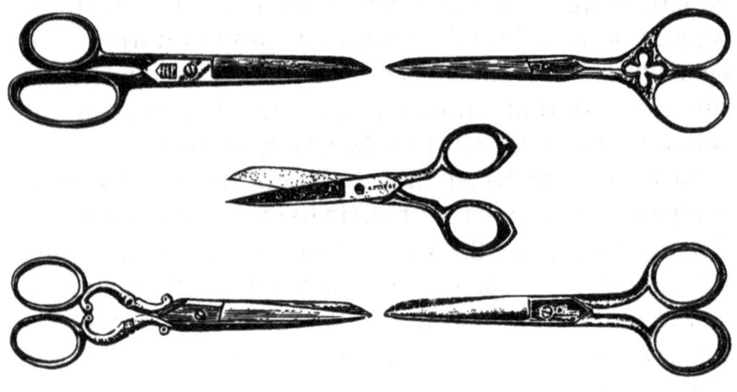

24 Und ich behaupte, es ist Käse

Einen großen Teil des Gelächters über den alten Charlie Chaplin mit den ulkigen Schuhen stimmte man an, um nicht über seine allzu menschlichen Notlagen weinen zu müssen. Vielleicht bringt mich derselbe Instinkt zu dem Vorschlag, der einfachste Weg, der Mode zu entkommen sei, sie lachend abzutun.

Der Modetrend ist nur ein kleiner Mann mit grünen Handschuhen, der Sachen in Zellophanhüllen einwickelt. Die bloße Vorstellung, dass er die Nerven hatte nahezulegen, dass sich »alle schönen Kleider regelmäßig alle sechs Monate ändern«, reicht aus, um ihn in seine Schranken zu weisen. Er hatte seine Zeit, und er hatte lange genug seinen Spaß.

Ich könnte weinen über die peinliche Lage der amerikanischen Hersteller von Damenkleidung und Accessoires – wenn nicht zugleich etwas Lustiges dabei wäre, ihnen zuzusehen, wie sie ihren eigenen Schwänzen nachjagen, schön eingewickelt und nach Atem ringend in der bunten Zellophanfolie der Mode.

Offensichtlich können sie durch die Verpackung nicht einmal erkennen, dass die Wirtschaft heute verlangt, dass die Hersteller entweder eine Art Monopol errichten oder weiter auf dem Wettbewerbskarussell ihre Runden drehen. Jahr um Jahr strecken sie die Hände aus, um den goldenen Ring zu fangen, verfehlen ihn, scheitern, und beginnen von Neuem.

Es gibt zu viele Taxis in den Straßen von New York, und daher verdient keiner der Fahrer Geld. Es gibt zu viele Menschen, die Hüte machen, daher verdienen einige von ihnen kein Geld. Es gibt, wie Sie wissen mögen, zu viele Menschen, die Taschen herstellen, und Handschuhe, und Kleider, und daher verdienen die meisten von ihnen kein Geld, außer wenn sie den Preis drücken und schlechte Qualität durch noch mehr modische Zellophanverpackung verbergen.

Es ist schwer, sehr schwer für den Hersteller im Damenmodebereich, ein Monopol zu etablieren. Einige wenige mögen erfolgreich sein, indem sie die Mode vollkommen ignorieren und standhaft bestimmte Klassiker herstellen, wie die Pullover von *Brooks Brothers*.

Für den Rest können wir hoffen, dass die Designer des Maschinenzeitalters, wenn sie sich entwickeln, von Nutzen sein werden. Mir scheint, dass die Hersteller eines Tages begreifen werden, dass ihr Geschäft auf viel beständigerem Grund stehen würde, wenn sie etwas ganz Eigenes verkaufen würden, anstatt jahrein, jahraus ständig im freien Wettbewerb über den Preis zu konkurrieren.

Sie müssten sich natürlich der französischen Legende entledigen, die sie auf Abwege führt. Sie müssten begreifen, dass sie Dinge in Massenproduktion für die Masse der

Amerikaner herstellen. Sie wären gezwungen, nicht so viel nachzuforschen, was ihre Wettbewerber tun, sondern was ein Teil des Publikums möchte.

Der einzelne Hersteller wäre dann in der guten Lage, sagen zu können: »Hier ist es, in guter Qualität und zu einem fairen Preis. Es ist etwas, das Sie sich wünschen und brauchen. Kaufen Sie es, denn es ist richtig... nicht weil es grün oder blau ist, nicht weil *Patou* es letzten Monat zeigte, nicht weil es jeder in New York trägt, nicht weil *Vogue* sagt, dass es chic ist. Sondern weil Sie es mit Freude viele Jahre tragen werden.«

Das verlangt Designer, gut ausgebildete Designer, die sich mit Maschinen auskennen und die wissen, was im Leben der Menschen vor sich geht. Natürlich wird es nicht genügend gute Designer für Tausende von Kleidungs- und Accessoireshersteller im Bereich der Damenbekleidung geben.

Ich werfe die Idee, die ich im Hinterkopf habe, einfach in eine Expertenrunde: Warum nicht alle Hersteller dazu bringen, echte Designer anzustellen? Wäre das nicht ein praktikabler Weg, alle diese nicht rentablen kleineren Unternehmen einzustellen? Was, wenn das Expertengremium seine Arbeit fortsetzte und alle Modeslogans zerstören würde? »Alle schönen Kleider werden in den Häusern der französischen Couturiers entworfen und alle Frauen wollen sie besitzen.« – »Schöne Kleider ändern sich regelmäßig alle sechs Monate.« – »Alle Amerikanerinnen können schöne Kleider haben.«

Was würde aus den Modejournalisten werden, wenn sich die Dinge nicht alle paar Monate änderten? Sie könnten sich entspannen und über das schreiben, woran sie Gefallen finden, über Dinge, die die Öffentlichkeit erfahren müsste – welche Sorte Samt sich gut trägt, wie viel das Leben einer chicen Europäerin mit den Mädels zu tun hat, die den ganzen Tag Schreibmaschinen bearbeiten, wie schrecklich einige von ihnen um neun Uhr morgens in ihren Satinkleidern aussehen.

Die Kaufhäuser könnten Wunsch-Formulare zum Ausfüllen einführen, sogar für das Publikum! Sie könnten gute, solide Waren vorhalten, bis sie zwei Jahre später abverkauft sind. Sie würden sich über wechselnde Moden keine Gedanken machen müssen, denn es gäbe keine Mode, nur Stil. Und Stil ändert sich etwa nur alle sieben Jahre.

Jedes Kaufhaus könnte sich auf den Teil des Publikums konzentrieren, den es in einer Anzahl von Bereichen versorgen will. Die Geschäfte, die sich nicht entscheiden können, würden einfach das Geschäft aufgeben müssen, und das wäre eine große Erleichterung.

Mrs. Jones würde schnell erfahren, dass sie in einem bestimmten Geschäft die Art sehr schlichter, unverzierter Kleider finden würde, die sie möchte, zu einem Preis, den sie sich leisten kann. Mrs. Smith würde für ihre Rüschen in ein anderes Geschäft gehen.

Nicht zuletzt ist das Publikum die Zielscheibe für die schmutzigsten Witze der Mode. Die gegenwärtige amerikanische Aufschneiderei, dass alle Frauen schön gekleidet sein können, wenn sie es sich wünschen, wurde so lange Zeit auf so viele Arten verbreitet, dass nun eine große Zahl von Amerikanerinnen sich schön gekleidet fühlt, die eigentlich ein Anblick des Schreckens ist.

Nehmen wir die 10,75 Dollar-Kopien des Kleides, das die Herzogin von Windsor im Sommer 1937 trug. In den Gesichtern der amerikanischen Mädchen, die sie trugen, konnte man ablesen, dass sie sich wirklich verführerisch genug fühlten, sich einen Herzog zu schnappen, weil sie eine modisch-aktuelle Silhouette hatten, die der einer Herzogin entsprach. Das Kleid selbst, aus einer knausrigen Materialmenge genäht, was den Druck betraf billig imitiert, von schlechter Farbe und Passform, war ein Anblick des Schreckens.

Man könnte sagen, wenn das Mädchen sich wie eine Herzogin fühlt – was will man mehr? Ich sage, es sieht für mich wie die schlimmste, massenproduzierte Imitation einer Herzogin aus, die ich mir vorstellen kann, und das ist einfach nicht hübsch.

In ihren freimütigeren Momenten sind die Verfechter der Mode durchaus geneigt, ehrlich zuzugeben, dass viele Kleider aus Amerika ganz und gar nicht schön sind, sondern wirklich *furchtbar.* Wenn man den Hersteller, Modejournalisten, PR-Verantwortlichen oder Einkäufer fragt, wer dafür verantwortlich ist, kommt die Antwort nur zu schnell. Entweder: »Die Öffentlichkeit ist wankelmütig. Sie weiß nicht, was sie will«, oder: »Die Öffentlichkeit bekommt, was sie will. Die Öffentlichkeit hat schlechten Geschmack.«

Die Mode hat ihre Verfechter gelehrt, wie man die Verantwortung abschiebt. Ein recht großer Teil der Öffentlichkeit hat guten Geschmack und kann das Gewünschte nicht bekommen. Wenn die restliche amerikanische Öffentlichkeit weiterhin schlechten Geschmack hat, sehe ich das kaum als ihren Fehler an. Der öffentliche Geschmack in punkto Kleidung wird durch das geprägt, dem er ausgesetzt ist.

Wenn Modeexperten offen zugeben, dass die amerikanische Öffentlichkeit sehr vielen wirklich richtig schrecklichen Kleidern ausgesetzt ist, weshalb kommt es dazu? Wie kommt es dazu?

Meiner Ansicht nach liegt die Verantwortung nicht bei der Öffentlichkeit, sondern bei allen Zweigen der Modewelt. Und, nachdem ich den ganzen Betrieb neun Jahre lang beobachtet habe, kann ich nicht erkennen, dass die meisten Leute in der gegenwärtigen Konstellation Spaß haben.

Die allgemeine Öffentlichkeit ist die ganze Zeit in Sorge, weil sie entweder nicht bekommen kann, was sie will, oder sich nicht leisten kann, was sie will, oder nicht weiß, was sie will. Und die Modewelt ist die ganze Zeit in Sorge, entweder weil sie nicht weiß, was die Öffentlichkeit will, oder weil sie die Öffentlichkeit nicht dazu bringen kann zu kaufen, was sie wollen soll – oder weil sie pleite gehen und von vorne anfangen muss.

Ungefähr die einzigen Frauen, die überhaupt beim Einkleiden Spaß haben, sind jene, die sich Couturière-Preise leisten können und daher bekommen, was sie wollen. Sogar von ihnen sind einige unglücklich, denn sie sind von der Vorstellung besessen, dass sie modisch sein sollten, anstatt einfach ihren eigenen Weg zu gehen und so stilbewusst zu sein wie die Königinmutter.

Jedenfalls können wir Couturières unser Bestes tun, um unsere Kundinnen vor den Tücken der Mode zu bewahren, vor dem jüngsten französischen Modell, der neuesten Seidenimitation, dem Kleid, das heute überall und morgen vergessen ist. Im Wohlstand können wir aufblühen. Mit der nächsten Depression könnten wir sterben.

Wir haben mit dem Leben in Amerika sehr wenig zu tun. Wir können nur einige wenige anziehen. Wir haben im Moment dasselbe Verhältnis zum Leben wie die französische Couture – die sich als ein großartiger amerikanischer Pressecoup entpuppt hat – zur Massenproduktion.

Aber was für ein Verhältnis ich, Elizabeth Hawes, die Couturière, auch zum Leben in Amerika habe, ich bin wirklich eine ziemlich glückliche Frau. Ich schreibe das alles der Tatsache zu, dass ich – obwohl ich mit dem Bekleidungsgewerbe in Amerika zu tun habe, wo die Legenden immer noch blühen, wo die Öffentlichkeit sich Gedanken macht, ob der Rock die vorgeschriebene Länge hat, und der Fabrikant darüber, wie weit der Rock sein muss, wo die Mode Gott ist – Spaß habe, dass ich Spaß habe, denn ich bin zum Vergnügen im Geschäft, und was mehr ist, ich sage: ZUR HÖLLE MIT DER MODE.

Ich weiß, dass einige Mitglieder meines Gewerbes mit mir übereinstimmen, und dass vielleicht zuletzt die Mehrheit von ihnen zu so einem Schluss gelangen könnte. Die Mode mag eines Tages unter den Händen ihrer Schöpfer und Förderer untergehen. Wenn sie nicht auf diese Art ihre Existenz verliert, habe ich den festen Glauben, dass etwas anderes geschehen wird.

Die Amerikanerin hatte nur einige Jahrzehnte unter einem Übermaß an Mode zu leiden. Im Großen und Ganzen hat sie gezeigt, dass sie in der Lage ist, mit den Erfordernissen des Lebens zurechtzukommen, wenn es denn notwendig ist. Als sie meinte, dass die Zeit gekommen sei, zu wählen, sorgte sie dafür, dass sie das Wahlrecht bekam.

Am Ende wird sie in die leuchtende Zellophanhülle der Mode schauen, bevor sie den Inhalt kauft. Sie wird die Qualität und den Nutzen der jeweils neuesten Neuheit, des Inbegriffs allen Chics, der Höhe des Glamours, ernsthaft erwägen. Sie wird sich bequem in einem alten Pullover und einem alten Rock zurücklehnen und lässig zu neunzig Prozent von dem, was sie sieht, bemerken:

ICH SAGE: ZUR HÖLLE DAMIT.

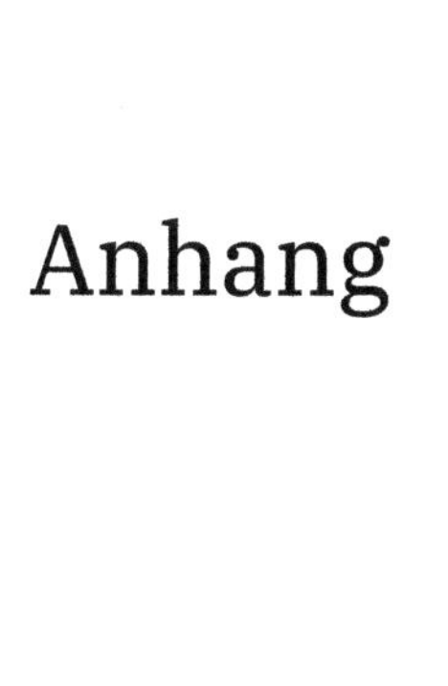

Anhang

Personen- und Sachregister

von 1865 bis 1990. Sein Gründer Benjamin Altman vermachte 1913 seine Kunstsammlung dem *Metropolitan Museum of Art*. *18, 103, 129, 359*

The American Magazine Von 1906 bis 1956 erscheinende, sehr populäre Monatszeitschrift, enthielt investigative Reportagen, Artikel über Leben und Sitten aus aller Welt, Kurzgeschichten, Fortsetzungsromane und Gedichte. *337, 340–342*

Bara, Theda (1885-1955) Schauspielerin der Stummfilmära. Sie spielte meistens männerverderbende Vamps in verruchten Kostümen. *244*

Beebe, Lucius (1902-1966) Journalist, Buchautor, Restaurantkritiker und Dandy. Beebe kam 1929 als Reporter zur *New York Herald Tribune* und schrieb von 1933 an die Gesellschaftskolumne »This New York«, die von weiteren Zeitungen übernommen wurde und 1,5 Millionen Leser erreichte. Sein exzentrisch-altmodischer Kleidungsstil mit Zylinder, Weste, Uhrkette und Spazierstock machte ihn zu einer bekannten Figur der Prominentenzirkel, über die er berichtete. Mit seinem Partner Charles Clegg veröffentlichte er zahlreiche Bücher über historische Eisenbahnen und die Geschichte des amerikanischen Westens. *351, 352*

Bendelarie, Mary *180–182, 191*

Bergdorf Goodman Das New Yorker Luxuskaufhaus entstand aus der Damenmaßschneiderei des gebürtigen Elsässers Herman Bergdorf. Bergdorfs Lehrling Edwin Goodman stieg 1901 in das Geschäft ein, kaufte es 1906 auf und baute es mit dem Angebot hochwertiger Konfektionskleidung zu einem Modekaufhaus aus, das noch heute besteht. *11, 40, 42, 43, 66, 67, 72, 128, 129, 143, 158, 235, 297, 298, 311, 364, 377*

Best & Co. Aus einem 1879 gegründeten Geschäft für Kinderkleidung hervorgegangenes New Yorker Kaufhaus an der Fifth Avenue, das in den 1930er Jahren weitere Filialen eröffnete. *Best* war auf modische Damen- und Kinderkleidung spezialisiert. Die Ladenkette existierte bis 1971. *91, 218–220, 259, 335*

Bianchini-Férier 1888 in Lyon gegründete Seidenweberei, Lieferantin der Haute Couture. Die Manufaktur arbeitete beim Design von Stoffmustern mit Künstlern wie Raoul Dufy, Paul Iribe und Sonia Delauney zusammen. *112, 124, 126, 236, 304*

Blumenthal, Sidney (1862-1948) Seit 1889 Inhaber des gleichnamigen Stoffherstellers mit Fabriken in Shelton und Uncasville, Connecticut. Das 1854 gegründete Unternehmen stellte Samt, Polstersamt und Plüsch her und brachte viele neuartige Bekleidungsstoffe, vor allem Kunstpelze, auf den Markt. Beworben wurden die Stoffe bis in die 1960er Jahre mit dem Slogan »Sidney Blumenthal the fabric man!«. *259*

Bocher, Main (1890-1976) Der aus Chicago stammende Modeschöpfer arbeitete zuerst als Modezeichner und war von 1922 bis 1929 Moderedakteur der *Vogue* in Paris. 1929 eröffnete er unter dem Namen Mainbocher sein eigenes Couturehaus, das besonders von amerikanischen Kundinnen für seine eleganten Abendkleider geschätzt wurde. Mit Ausbruch des Zweiten Weltkriegs verlagerte er sein Geschäft nach New York. *25, 109–111, 191*

Bonwit Teller & Company Das New Yorker Luxuskaufhaus ging aus einem Hutgeschäft hervor, das der gebürtige Hannoveraner Paul Josef Bonwit 1895 in New York eröffnete und drei Jahre später mit seinem Partner Edmund D. Teller erweiterte. In der ersten Hälfte des 20. Jahrhunderts spezialisierte sich *Bonwit Teller* auf hochwertige Damenmode. Mit Hortense Odlum, der Ehefrau des damaligen Inhabers, übernahm 1938 die erste Frau die Geschäftsleitung eines amerikanischen Kaufhauskonzerns. *18, 42, 47*

Brooks Bros. Traditionsreicher amerikanischer Bekleidungshersteller (seit 1818), brachte schon Mitte des 19. Jahrhunderts Herrenanzüge von der Stange auf den Markt und versorgte im amerikanischen Bürgerkrieg die Truppen der Nordstaaten mit Uniformen. Shetlandpullover bietet Brooks seit 1904 an. *315, 316, 377, 379*

Bull, Henry Adsit »Harry« (1905-1954) Wurde 1931 Redakteur bei der Monatszeitschrift *Town & Country* und 1935 ihr Chefredakteur. *352*

Calder, Alexander »Sandy« (1898-1976) US-amerikanischer Bildhauer, bekannt für seine Drahtskulpturen, Mobiles und beweglichen Objekte. Lebte von 1926 bis 1933 hauptsächlich in Paris. *178*

Callot Sœurs Das Couturehaus der Schwestern Joséphine, Marie, Marthe und Régine Callot ging aus einem 1888 gegründeten Wäschegeschäft hervor, das sie 1895 zu einem Modesalon erweiterten. Die Schwestern entwarfen reich mit Stickereien, Spitzen, Bändern, Perlen und Pailletten verzierte Nachmittags- und Abendkleider, oft mit orientalischen oder asiatischen Motiven. Madeleine Vionnet arbeitete 1901 bis 1906 im Atelier von *Callot Sœur*. *53, 58, 69, 77, 78*

Carlyle, Thomas (1795-1881) Schottischer Autor, Übersetzer und Historiker, hier zitiert wird sein 1836 veröffentlicher satirisch-philosphischer Roman *Sartor Resartus* über die Biographie des fiktiven deutschen Gelehrten Diogenes Teufelsdröckh, Autor einer »Philosophie der Kleidung«. *171*

Carnegie, Hattie (1886-1969) In Wien als Henrietta Kanengeiser geboren, gelangte sie als Kind mit ihrer Familie nach New York und eröffnete 1909 mit einer Partnerin einen Hutsalon, der bald auch Damenkleidung anbot. In den 1920er und 1930er Jahren weitete sich ihr Geschäft zu einem Modekaufhaus aus: Sie importierte und verkaufte Kleidung der französischen Couturiers sowie daran orientierte eigene Entwürfe, außerdem Taschen, Hüte, Pelze, Schmuck und Kosmetik. *11, 19, 66, 67, 72, 128, 129, 143, 158, 235, 261, 311*

Case, Margaret (1892-1971) Von 1926 bis zu ihrem Tod Redakteurin der *Vogue* im Gesellschaftsressort. *344*

Celanese In den USA als Alternative zu Seide entwickelte Viskosefaser, ursprünglich ein billiger Grundstoff für den Flugzeugbau im Ersten Weltkrieg *210, 289*

Challis Leichtes Gewebe aus Wolle oder Wolle-Seiden-Mischung, wurde um 1900 für Badebekleidung verwendet. *19*

Chanel, Gabrielle »Coco« (1883-1971) Französische Modeschöpferin, eröffnete 1913 ihre erste Modeboutique, in der sie lockere Kleider und Kostüme aus Jersey anbot, die sich in ihrer Schlichtheit und Bequemlichkeit stark von der üblichen Damenmode der Zeit unterschieden. 1921 brachte sie das Parfum »Chanel No. 5« auf den Markt, 1926 lancierte sie das »kleine Schwarze«, 1928 zeigte sie ihre ersten Tweedkostüme, 1935 hatte *Chanel* 4000 Angestellte und verkaufte in alle Welt. *11, 13, 24, 52, 53, 55, 56, 64, 72–76, 86, 118, 123, 162, 169, 170*

Collinge, Patricia (1892-1974) Irischstämmige Broadway- und Filmschauspielerin, wurde 1941 für ihre Rolle in *Die kleine Füchse* für den Oscar als beste Nebendarstellerin nominiert. *279, 281*

Cooley, Paul Vermutlich Paul Whitman Cooley (1907-1974), Yale-Absolvent des Jahrgangs 1931, arbeitete am *Wadsworth Atheneum Museum of Art* und besaß später eine Galerie in Hartford, Connecticut. *345*

Cooper Union Privates, 1859 gegründetes College in New York mit den Zweigen Kunst, Architektur und Ingenieurwissenschaft, ursprünglich aus einem Institut für Erwachsenenbildung hervorgegangen. Das College erhebt keine Gebühren, um Studenten ungeachtet ihrer Herkunft ein Studium zu ermöglichen. *155*

Crowninshield, Francis »Frank« Welch (1872-1947) Journalist und Publizist, von 1914 bis 1935 Herausgeber der Zeitschrift *Vanity Fair*, die er zu einem der tonangebenden Blätter im literarischen Leben Amerikas machte. *157*

Delman's Chic Shoe Shop 1919 von Herman Delman als Maßschuhmacherei gegründetes Unternehmen. In den 1920er Jahren machte es sich durch seine modischen und luxuriösen, für den Massenmarkt gefertigten Schuhe einen Namen. Die Geschäfte der Marke waren wie französische Salons im Louis-XVI-Stil eingerichtet und präsentierten die Schuhe wie kleine Kunstwerke. *18, 91, 364*

Descat, Rose Modistin, eröffnete 1917 in Paris ihr erstes Geschäft. In den 1930er und 1940er Jahren wurden einige ihrer Hutdesigns in Lizenz für New Yorker Kaufhäuser hergestellt. *71, 72, 94*

B. F. Dewees 1858 in Philadelphia gegründetes Kaufhaus, war spezialisiert auf Damenkonfektion, bestand bis 1966. *318, 320*

Draper, Paul (1909-1996) US-Amerikanischer Steptänzer und Choreograph, kombinierte Steptanz und klassisches Ballett. *355*

Soierie F. Ducharne Von François Ducharne 1920 in Lyon gegründete Seidenweberei mit Entwurfsatelier in Paris, belieferte die französische Haute Couture und bestand bis 1972. *112, 126, 236, 304*

Dufeau *91*

Enka-Viskose Von den Vereinigten Glanzstoff-Fabriken Wuppertal entwickelte, besonders feste Viskosefaser. In den USA wurde diese Faser ab 1916 von einer Tochterfirma, der *American Bemberg Corporation New York* produziert. *289*

Faille Ripsgewebe aus Seide mit ausgeprägten, feinen Querrippen, geschmeidig, leicht glänzend und formstabil, ein Lieblingsstoff der Haute Couture. *197, 202, 354*

Filene 1881 in Boston gegründete Kaufhauskette, gehörte ab 1929 zur Holding *Federated Department Stores,* ging 2005 in *Macy's* auf. *236*

Flugel, John Carl (1884-1955) Britischer Psychoanalytiker und Psychologe, studierte in Oxford und Würzburg und unterrichtete am *University College* in London. 1930 veröffentlichte er das Buch »The Psychology of Clothes«. *332*

Fontanne, Lynne (1887-1983) Broadwayschauspielerin, in London geboren, trat meistens gemeinsam mit ihrem Mann, dem Schauspieler Alfred Lunt auf. *163, 165, 251*

Fortnum and Mason 1707 gegründetes Londoner Kaufhaus, ursprünglich ein luxuriöser Lebensmittelhandel, der im 19. Jahrhundert sein Angebot um Haushaltswaren und Kleidung erweiterte und 1931 eine Filiale in New York eröffnete. *18*

Gimbel Brothers 1887 von Adam Gimbel in Milwaukee gegründete Kaufhauskette, die sich an Kunden der Mittelklasse wandte und bis 1987 bestand. In den 1930er Jahren war Gimbel's die größte Kaufhauskette der Welt. *87*

Griffis, Stanton (1887-1974) Investor und Diplomat, war unter anderem an der Übernahme der Buchhandelskette *Brentano's* (1933) beteiligt, an der Verwaltung des *Madison Square Garden* und leitete von 1935 bis 1942 *Paramount Pictures*. *343, 344*

Groult, Nicole (1887-1966) Die Schwester Paul Poirets unterhielt von 1910 bis 1935 einen Couturesalon in Paris und war mit vielen Künstlern ihrer Zeit befreundet. *110–114, 116–119, 121, 130, 151, 156, 186, 190, 197*

Hamburger, Estelle (1898-1983) Begann 1916 als Sekretärin bei *Macy's* und machte als Fachfrau für Öffentlichkeitsarbeit in der Modebranche Karriere. Sie war unter anderem Chefin der Werbeabteilung in den Kaufhäusern *Bonwit Teller, Stern* und bei der Zeitung *New York Post*, ehe sie ihre eigene Beratungsfirma gründete. *154*

Harden, Rosemary *154, 155, 175–177*

Harper's Bazaar 1867 gegründete, zunächst im Zeitungsformat wöchentlich erscheinendes Modeblatt nach dem Vorbild der Berliner Zeitschrift *Der Bazar: illustrirte Damen-Zeitung. Harper's Bazaar* übernahm zunächst Bilder und Texte von dieser deutschen Zeitschrift und aus französischen Modeillustrierten. Im 20. Jahrhundert entwickelte sich *Harper's Bazaar* zu einem Monatsmagazin, das sich an eine anspruchsvolle, modische Klientel wendete und in Layout und Modefotografie Maßstäbe setzte. Alexey Brodovitch, Art-Director von *Harper's Bazaar* von 1934 bis 1958, illustrierte die erste Ausgabe von Elizabeth Hawes' *Fashion is Spinach.* *38, 87, 88, 157, 178, 258, 298, 311*

Harris, Frank (1856-1931) Irischer Publizist und Schriftsteller. Harris gehörten in Lauf seines Lebens einige Londoner und New Yorker Zeitschriften und Zeitungen, darunter *Vanity Fair*, er schrieb aber auch Romane und Kurzgeschichten. Seine in den 1920er Jahren fertiggestellte Autobiographie galt als pornografisch und durfte lange in Großbritannien und den USA nicht erscheinen. *84*

Hart Schaffner & Marx 1887 in Chicago von den deutschstämmigen Brüdern Harry und Max Hart gegründeter Groß- und Einzelhändler von Herrenbekleidung. Seit 1906 bot die Firma als erste Anzüge für verschiedene Figurtypen (lange Größen, Kurzgrößen, untersetzte Größen) von der Stange an. *Hart Schaffner & Marx* besteht bis heute, zu seinen Kunden zählt Barack Obama. *368, 370*

Hartnell, Norman (1901-1979) Britischer Modedesigner, eröffnete 1923 ein Couturehaus in London und kleidete bald Theater- und Filmstars und die englische Oberschicht ein. Abend- und Brautkleider mit üppigen Perlenstickereien waren seine Spezialität, für Königin Elizabeth II. entwarf er das Hochzeits- und das Krönungkleid. *25*

Hays, William »Will« Harrison (1879-1959) Präsident der *Motion Picture Producers and Distributors of America* (1922 bis 1945), eines neu gegründeten Verbands der Filmindustrie zur freiwilligen Selbstkontrolle, der 1930 einen Katalog moralischer Richtlinien für Hollywoodfilme festlegte. *181*

Hicks, Jim *262*

Hoover-Schürze, Hooverette Ein Wickelkleid aus blauem Chambray mit weißem Kragen und Manschetten, wurde während des Ersten Weltkriegs von Repräsentantinnen der *US Food Administration* unter Herbert H. Hoover getragen, die Hausfrauen zum Sparen von Lebensmitteln anleiten sollten. Ähnliche Kleider waren als »morning dress« oder »porch dress« in den USA bis in die 1950er Jahre verbreitet – sie wurden ausschließlich zuhause getragen. *330, 331*

Hughes, Alice (1899-1977) Journalistin, Autorin der Modekolumne »A Women's New York« in der Tageszeitung *The New York World-Telegram*, schrieb in den 1930er Jahren Reportagen über Frauen in Russland, China und der Türkei. Modeberichterstatterin aus Paris, Mitglied der *New York Fashion Group*. *157*

Jenny 1909 in Paris von Jenny (Jeanne) Sacerdote (1869-1962) gegründetes Couturehaus, das in den 1920er und 1930er Jahren auch bei amerikanischen Kundinnen mit schlichten, sportlichen Kleidern sehr erfolgreich war. Jenny Sacerdote hatte erst spät eine Ausbildung bei *Paquin* durchlaufen. Die Erfindung des U-Boot-Ausschnitts (»Jenny neck«) wird ihr zugeschrieben. Ihr Haus schloss 1940. *82, 84*

Jesphy, Bob *178*

Johnson, Evelyn *42, 44*

Kewpie Doll Die Illustratorin Rose O'Neill erfand 1909 die Kewpies, an den Liebesgott Cupido erinnernde nackte, geflügelte Wesen mit schelmischem Blick, für einen Comicstrip im *Ladies' Home Journal*. Die Figuren wurden sehr populär, so dass Rose O'Neill sie 1912 als Porzellanpuppen in verschiedenen Größen auf den Markt brachte. *35*

King, Muriel (1900-1977) Studierte Bühnenbild und Malerei in Seattle und New York und arbeitete zunächst in New York und Paris als Modezeichnerin für Zeitschriften und Kaufhäuser. 1932 eröffnete sie in New York ihren eigenen Modesalon. Ihre Spezialität waren schlichte Kleider mit klassischen Linien aus hochwertigem Material. Sie entwarf Kleidung für das Kaufhaus *B. Altman* und wurde 1936 im Rahmen des »American Look«-Programms von *Lord & Taylor* gefördert. *225, 278, 361*

Kirstein, Louis E. (1867-1942) Seit 1912 Hauptinvestor und stellvertretender Geschäftsführer des Bostoner Kaufhauses *Filene's*, das 1929 Teil der Kaufhausholding *Federated Department Stores* wurde. *236, 245*

Knauth, Oswald Whitman (1887-1962) Wirtschaftswissenschaftler und 1923 bis 1935 in verschiedenen Positionen für *Macy's* tätig, 1936 bis 1943 Vorsitzender der *Associated Dry Goods Corporation*. *97*

Koret New Yorker Hersteller hochwertiger Handtaschen, 1929 von Richard Koret gegründet; bestand bis in die 1990er Jahre. *364, 365*

Kraemer, Ray *235, 276, 305, 377*

Ladies' Home Journal Die 1883 gegründete Frauenzeitschrift beschäftigte sich mit Inneneinrichtung und Kochrezepten, Kunst und Literatur, Mode und Kindererziehung. In den 1920er Jahren erreichte das monatlich erscheinende Heft 2 Millionen Abonnentinnen. *88, 196*

Lanoux, Pierre de *190, 193*

Lanvin, Jeanne (1867-1946) Jeanne Lanvin war gelernte Modistin und eröffnete 1889 ihr eigenes Hutgeschäft in Paris. Für ihre 1897 geborene Tochter Marguerite fertige sie farbenfrohe Kinderkleider an, die

89, 90, 103–106, 108, 109, 111, 128, 207, 222–225, 231, 232, 251, 259, 282, 285, 286, 296, 299, 300, 322, 359

Lord and Thomas 1873 in Chicago gegründete Werbeagentur. Albert Lasker, ihr Inhaber seit 1912, revolutionierte die Anzeigen- und Radiowerbung, indem er die Psyche der Konsumenten ansprach. Er diente als Vorbild für die Figur des Don Draper in der Fernsehserie *Mad Men*. *319, 320*

Loudon, Constance *349, 362*

Lucile Das 1897 von Lucy, Lady Duff-Gordon (1863-1935) in London gegründete Modehaus war für seine Wäsche und für feminine Abend- und Teekleider aus transparenten Stoffen bekannt. In den 1910er Jahren eröffneten Filialen in Paris, New York und Chicago. Das Label Lucile kleidete Filmstars, Schauspielerinnen und die Königin von Spanien ein. Edward Molyneux arbeitete hier als Modezeichner. *170*

MacDonald, James Ramsay (1866-1937) Mitbegründer der britischen Labourpartei und seit 1922 deren Vorsitzender. *39, 40*

Macy's (R. H. Macy Co.) 1858 von Rowland Hussey Macy gegründete Kaufhauskette, die 1895 von den Brüdern Isidor und Nathan Straus übernommen wurde. Das New Yorker Stammhaus ist noch heute eines der größten Kaufhäuser der Welt. *15, 18, 28, 72, 92–99, 101–106, 108, 109, 111, 207*

Mark Der Designer Mark Mooring (1901-1971) entwarf in den 1920ern Kostüme für Broadwayproduktionen und arbeitete von 1933 bis 1948 für das Maßatelier des Luxuskaufhauses *Bergdorf Goodman*. *278*

Marshall Field & Company Groß- und Einzelhandelskette, die aus einem 1852 in Chicago gegründeten Textilgeschäft hervorging. *Marshall Field* war für seinen guten Kundenservice berühmt und der erste Händler, der aus Kulanz den Umtausch und die Rückgabe gekaufter Waren erlaubte. Seine Großhandelssparte versorgte kleinere Händler in der Mitte und im Westen der USA mit Waren. 1911 übernahm *Marshall Field* sieben Webereien in North Carolina und produzierte unter dem Namen *Fieldcrest* Haushaltswäsche und Kleiderstoffe. Nach einer Kette von Verkäufen gingen die *Marshall-Field*-Kaufhäuser 2006 in *Macy's* auf. *259, 302, 304, 306–308, 313, 377*

McLain, Harriette *7*

McLain, Johnny (John) Schrieb für die Zeitung *New York Sun* Anfang der 1930er Jahre die Gesellschaftskolumne »The Sun Deck« und war einer der Liebhaber der Autorin Dorothy Parker. Später verfasste er Drehbücher in Hollywood. *192*

Milgrim, Sally (1891-1994) Amerikanische Designerin, spezialisierte sich auf hochwertige, teure Konfektion, die sie 1927 bis 1960 in eigenen Geschäften verkaufte. *208*

Miller Sœurs Pariser Modehaus der 1920er und 1930er Jahre. *75, 80*

Molyneux Edward H. (1891-1974) Edward Molyneux begann als Modezeichner in London und diente im Ersten Weltkrieg in der britischen Armee, ehe er 1919 sein eigenes Modehaus in Paris eröffnete. Seine Kleider und Kostüme von kühler, zurückhaltender Eleganz wurden besonders vom europäischen Hochadel geschätzt. Während des Zweiten Weltkriegs verpflanzte er sein Unternehmen nach London und übergab die Geschäfte 1950 an seinen Assistenten Jacques Griffe. *1, 25, 91, 122, 125–127, 161, 197, 209, 305*

Morris, William »Bill« (1899-1989) Leiter der von seinem Vater gegründeten *William Morris Agency*, die zunächst Vaudevillestars, später dann Radio-, Film- und Fernsehstars, Schauspieler und Musiker vermittelte. In den 1960er Jahren entwickelte sich die *William Morris Agency* zu einer der weltweit größten Künstleragenturen. *182, 183, 187, 197*

Morris, Ruth *182*

Muller, Ted *252, 262*

Muschenheim, William (1902-1990) New Yorker Architekt, studierte Architektur am *Massachusetts Institute for Technology* (1921), besuchte auf einer Europareise das Bauhaus in Weimar und ab 1925 die Wiener Universität, wo er unter Peter Behrens seine Ausbildung abschloss. *178*

The New Yorker Im Jahr 1925 gegründete, wöchentlich erscheinende Zeitschrift, enthält neben Reportagen auch Kurzgeschichten, Lyrik, Cartoons. *81, 90–92, 95, 130, 179, 192, 196, 197, 202, 212, 213, 289, 296*

Nibs, N. H. *245–247, 249, 251–257, 259–262, 281, 282, 284–288, 291–294, 297–299, 302, 303, 316, 377*

Noguchi Isamu (1904-1988) Amerikanischer Bildhauer, Landschaftsgärtner und Möbeldesigner mit japanischen Wurzeln. *253*

Paquin, Jeanne (1869-1936) Gründete nach ihrer Ausbildung zur Schneiderin 1891 mit ihrem Mann einen eigenen Modesalon, der vor dem ersten Weltkrieg zu den kommerziell erfolgreichsten Couturehäusern in Paris zählte und bis zu 2700 Angestellte beschäftigte. Ihr Tangokleid von 1913 war ein europaweiter Erfolg. Paquin kuratierte die Modenschauen auf der Pariser Weltausstellung im Jahr 1900 und eröffnete in den 1910er Jahren Filialen in London, Madrid und Buenos Aires. 1920 übergab sie die Geschäfte an ihre Assistentin Madeleine Wallis. *11, 70*

Parrish, Amos Mode-Marketinggenie der 1920er und 1930er Jahre, PR-Berater für Einzelhändler und Bekleidungshersteller. In der »fashion clinic«, halbjährlich stattfindenden mehrtägigen Workshops, informierte *Amos Parrish and Company* über zukünftige Modetrends. *130, 140, 151, 153, 235*

Parson's School of Fine and Applied Arts 1896 gegründete private Designschule in New York, heute Parsons New School for Design. *39*

Patou, Jean (1880-1936) Nach einer Ausbildung zum Damenschneider eröffnete Patou 1912 zunächst ein Bekleidungsgeschäft, das er 1919 zu einem Haute-Couture-Salon ausbaute. Sein sportlicher Stil kam besonders bei den Einkäufern aus Amerika gut an. Patou war der Mode oft einige Jahre voraus und zeigte schon 1925 Kleider mit natürlicher Taille und 1929 waden- bis knöchellange Kleider. *17, 64, 68, 70–73, 90, 91, 110–114, 123, 125, 126, 190, 209, 239, 380*

Penn, Mary *261*

Poiret, Paul (1879-1944) Französischer Modeschöpfer, Bruder Nicole Groults, eröffnete 1903 sein Modehaus. Poiret war von Art Nouveau, asiatischer und orientalischer Kunst beeinflusst und entwarf Kleider aus luxuriösen Stoffen mit fließender Silhouette, die ohne Korsett getragen werden konnten. Gleichzeitig war er ein Meister der Selbstvermarktung: Als einer der ersten Modeschöpfer verkaufte er Parfums unter seinem Namen, seine Partys und sein Lebensstil waren legendär. Nach dem Ersten Weltkrieg konnte Poiret jedoch nicht an seine früheren Erfolge anknüpfen und musste 1929 Konkurs anmelden. *110, 126*

Postman *320–325, 333, 357, 366, 367, 377*

Potter, Clare (1903-1999) Designerin aus New Jersey mit einem besonderen Gespür für ungewöhnliche Farbkombinationen. Potter entwarf in den 1920er und 1930er Jahren Sportswear für New Yorker Konfektionshersteller. 1936 wurden ihre Entwürfe in der »American Look«-Kampagne des Kaufhauses *Lord & Taylor* vermarktet. *225, 232, 249*

Premet (1909-1932) Von Madeleine Premet gegründetes Couturehaus, das unter den Chefdesignerinnen Mme. Lefranc (1912-1914), Mme. Renee (1915-1918) und Charlotte Revyl (1918-1930) zu den innovativsten Modehäusern in Paris gehörte. Premet zeigte schon 1913 knöchelfreie Röcke und lancierte 1922 – noch vor Chanel – »La Garçonne«, ein schmales, untailliertes schwarzes Kleid im Flapper-Look, das bei Kundinnen aus den USA zu einem großen Erfolg wurde. *68–70, 83*

Prévost, Jean (1901-1944) Französischer Romancier und Essayist. *193, 195, 198, 200*

Redfern & Sons (1855-1932, 1936-1940) Von John Redfern (1822-1895) begründetes Modehaus mit Filialen in London, Paris und New York, im späten 19. Jahrhundert spezialisiert auf Reitkostüme für die Dame, aus denen sich das Straßenkostüm entwickelte. In den 1910er Jahren unter der Leitung des früheren Assistenten Charles Poyntner eines der führenden Pariser Couturehäuser. *82*

Reuss, Edith (1911-1982) Auf Sportswear spezialisierte Modeschöpferin, wurde 1932 im Rahmen des »American Look«-Programms von *Lord & Taylor* promotet. *223, 224*

Robinson, Mary »Bud« *190, 217, 219*

Robinson, Selma Pressefrau von *Hawes Inc.* in den 1930er Jahren. Möglicherweise handelt es sich um die Journalistin und Autorin Selma Robinson (1899-1977), die wie Elizabeth Hawes auch in den 1940er Jahren für die linksliberale New Yorker Zeitung *PM* arbeitete. Ab 1956 war Selma Robinson Redakteurin des *McCall's Magazine*. *181, 190, 195, 198, 202*

Rochas, Marcel (1902-1955) Gründete 1925 in Paris das gleichnamige Couturehaus. Der ehemalige Rechtsanwalt entwarf eine sehr feminine Mode, oft aus Tüll oder Spitze, und zählte Filmstars wie Mae West, Carole Lombard und Marlene Dietrich zu seinen Kundinnen. *123*

Rochemont, Richard de (1903-1982) Amerikanischer Journalist, Dokumentarfilmer und Filmproduzent, filmte in den 1930er Jahren für Wochenschauen und war von 1931 bis 1934 als Korrespondent in Paris. *192, 193, 201*

Rodier Tissus 1852 gegründeter französischer Stoffhersteller, spezialisiert auf Jersey und Maschenware, Lieferant der Haute Couture. *112, 124, 126, 127, 129, 235, 236, 304*

Saks Fifth Avenue 1867 von Andrew Saks in New York gegründete Kette von Luxuskaufhäusern, die noch heute besteht. *18*

Schiaparelli, Elsa (1890-1973) Modeschöpferin italienischer Herkunft, begann ihre Karriere 1927 in Paris mit dem Entwurf von Pullovern, die sie von Strickerinnen in Heimarbeit anfertigen ließ. Sie eröffnete bis 1933 acht Boutiquen, in denen sie neben Kleidung auch Accessoires, Modeschmuck und Parfum anbot. Schiaparelli arbeitete mit Surrealisten wie Salvador Dalí und Jean Cocteau zusammen, die Stoffentwürfe und Ideen lieferten. Berühmt wurde ihr Hummer-Kleid (1937 in Zusammenarbeit mit Dalí), das Wallis Simpson kurz vor ihrer Heirat mit Edward VIII. trug. *25, 101, 118, 123, 125, 190, 218, 219, 221, 295*

Sears, Roebuck and Company 1892 in Chicago gegründetes Versandhaus, das vor allem Kunden in der amerikanischen Provinz mit Kleidung, Möbeln und anderen Gegenständen des täglichen Lebens versorgte, seit 1925 auch in eigenen Geschäften. *370*

Seldes, Gilbert (1893-1970) Autor und Kritiker, schrieb Kolumnen u. a. für *Vanity Fair* und die *Saturday Evening Post*, Mitherausgeber der Literaturzeitschrift *The Dial*. Er war Verfechter einer originären amerikanischen Populärkultur. *352*

Shaler, Eleanor (1900-1989) Schauspielerin, Tänzerin und Sängerin, wirkte in den 1920er und 1930er Jahren an zahlreichen Broadwayproduktionen mit. Veröffentlichte zwei Romane aus dem Theatermilieu. *181, 182, 190, 192, 196, 197, 202*

Sharkskin Anzugstoff mit leichtem Glanz und changierender Farbe, aus Garn in zwei Farben in Köperbindung gewebt, in den 1950er und 1960er Jahren sehr verbreitet. In den 1930er Jahren wurde Sharkskin auch aus Viskose in leichterer Qualität als Kleider- und Blusenstoff hergestellt. *278*

Shaver, Dorothy (1893-1959) Seit 1927 Mitglied im Vorstand des New Yorker Kaufhauses *Lord & Taylor*, übernahm 1945 die Leitung des Konzerns. Dorothy Shaver kam zunächst durch die Vermarktung der »Little Shavers«, Stoffpuppen, die ihre Schwester Elsie Shaver entwarf und anfertigte, in Kontakt mit dem Unternehmen und begann dort 1921 als Angestellte in einer Abteilung zur Marktbeobachtung. Mit ihren innovativen Ideen für Warenpräsentation, Werbung und Schaufenstergestaltung machte sie *Lord & Taylor* zum führenden Kaufhaus New Yorks in Fragen von Stil und Mode. 1932 legte sie mit »The American Look« das erste Programm zur Förderung einheimischer Designer auf, das bis 1939 mehr als 60 junge Designerinnen und Designer unterstützte. *90, 223, 224, 300, 301*

Simpson, Annette (1892-1975) Modedesignerin, wurde 1932 im »American Look«-Programm gefördert, einer Initative zur Belebung der amerikanischen Modeindustrie des New Yorker Kaufhauses *Lord & Taylor*. *223, 224*

Sissle, Noble Lee (1889-1975) Ragtime- und Jazzsänger, Komponist und Liedtexter aus Indianapolis, tourte 1925/26 durch Europa und lebte bis 1928 in Frankreich. *197, 199*

Smith, Harold L. 1925-1928 amerikanischer Vizekonsul in Paris. *188*

Stern Brothers New Yorker Kaufhaus, das in den 1910er und 1920er Jahren sowohl Luxusartikel als auch Waren für Kunden der Mittelklasse anbot. *154*

Straus, Jack, (1900-1985) Sohn des Inhabers des Kaufhauses *Macy's*, Jesse Isidor Straus, und ab 1939 dessen Hauptgeschäftsführer. *92–95*

Talbot, Suzanne J. In den 1920er und 1930er Jahren vor allem für seine Hutmacherei bekanntes Pariser Couturehaus unter der Leitung von Juliette Mathieu-Lévy. *91*

Taylor, Marion Vertriebschefin der Zeitschrift *Vogue* in den 1930er Jahren und erste Vorsitzende der *Fashion Group*, eines 1931 gegründeten Berufsverbandes für Frauen im Modegeschäft. *336*

The Blue Bird *L'Oiseau bleu*, Drama des belgischen Symbolisten Maurice Maeterlinck, Uraufführung 1908 in Moskau, kam 1910 an den Broadway. *37*

The Emporium Kaufhaus mit mittlerer Preislage, 1896 in San Francisco gegründet. Ging nach mehreren Fusionen 1996 in der Kaufhauskette *Macy's* auf. *259, 296*

Thurn Exklusives New Yorker Modegeschäft. Importierte in den 1910er Jahren französische Modelle und verkaufte Kleider nach eigenem Entwürfen. *143*

Tom Collins (Cocktail) 4,5 cl Gin, vorzugsweise Old Tom, 1,5 cl Zuckersirup und 3 cl Zitronensaft in ein mit Eiswürfeln gefülltes schmales, hohes Glas geben und umrühren. Mit etwa 6 cl Sodawasser auffüllen und mit einer Zitronenscheibe garnieren. *263*

Town & Country 1846 gegründete amerikanische Monatszeitschrift, befasste sich im frühen 20. Jahrhundert vor allem mit dem Leben der Reichen und Schönen und richtete sich an das wohlhabende Establishment. Harry Bull war ihr Chefredakteur. *197*

Turner, Jessie Franklin (1881-1956) Zunächst Einkäuferin und Designerin beim Luxuskaufhaus *Bonwit Teller*, ehe sie 1923 ihren eigenen Modesalon in New York eröffnete. Sie entwickelte die Entwürfe ihrer fließenden Nachmittagskleider und dramatischen Abendkleider durch direktes Drapieren des Stoffes an einem Mannequin. Ihre Stoffe entwarf sie häufig selbst und ließ sich dabei von folkloristischen Textilen aus der Sammlung des Brooklyn Museum inspirieren. *140*

Valentina Valentina Nikolaevna Sanina Schlee (vermutlich 1899-1989) stammte aus Kiew und emigrierte nach der russischen Revolution 1917 zunächst nach

Paris, 1923 schließlich nach New York. Dort erregte sie in den tonangebenden Kreisen mit bodenlangen, taillierten Abendkleidern großes Aufsehen. 1928 eröffnete sie einen Modesalon an der Madison Avenue, der bis 1957 bestand. Sie entwarf vor allem fließende, elegante Kleider aus weich fallenden Stoffen und stattete zahlreiche Broadwaystücke mit Kostümen aus. *11*

Vanderlip Die Schwestern Virginia Vanderlip Schoales (1909-1971), in den 1940ern Mitarbeiterin der linksliberalen New Yorker Zeitung *PM*, und Narcissa Cox Vanderlip Street (1904-1963) waren Töchter Frank Vanderlips, Vorsitzender der *National City Bank of New York*. Er war Mitgründer der ersten Montessori-Schule in den USA. Ihre Mutter Narcissa Cox Vanderlip kämpfte für das Frauenwahlrecht. *153, 154*

Vassar College Prestigeträchtiges, 1861 gegründetes College für Frauen in Poughkeepsie, Staat New York, das noch heute besteht und nun auch männliche Studenten aufnimmt. *34, 38, 39, 41, 42, 49, 81, 154, 181, 231, 254, 314*

Vera Borea Das Pariser Couturehaus, gegründet von der italienischen Gräfin Borea de Buzzaccarini Regoli, wurde 1931 eröffnet und bestand bis in die 1980er Jahre. In den Anfangsjahren spezialisierte sich das Haus auf elegante, auch in der Stadt tragbare Sportbekleidung, die besonders bei Amerikanerinnen großen Anklang fand. *118*

Vionnet, Madeleine (1876-1975) Französische Modedesignerin, fing im Atelier von Callot Sœurs als Zuschneiderin von Nesselmodellen an, arbeitete dann bei Jacques Doucet, und eröffnete 1912 einen eigenen Modesalon in Paris, den sie während des Ersten Weltkriegs schließen musste. Vionnet entwickelte ihre Modelle durch Drapieren des Stoffes an einer kleinen Holzfigurine. Sie gilt als Erfinderin des Schrägschnitts, bei dem die Schnittteile diagonal zum Fadenlauf zugeschnitten werden, so dass der Stoff weich fällt und sich dem Körper der Trägerin anschmiegt. *7, 52, 57, 64, 84, 112, 114, 118, 122–126, 144, 191*

Weinstock *64, 65, 67, 68, 71, 72, 74, 75, 128, 129, 144, 236, 238*

White, Kenneth Gemeint ist vermutlich der Herausgeber des *Ace-High Detective Magazine*, eines Pulp-Magazins der 1930er Jahre. *7*

Williams, Tony *342, 344, 345, 347, 349, 351, 352, 354*

Wilson Preston, May (1873-1949) Impressionistische Malerin und Illustratorin. Ihre Grafiken erschienen unter anderem in *Harper's Bazaar*. Kämpferin für das Frauenwahlrecht und lange Jahre erstes und einziges weibliches Mitglied der New Yorker *Society of Illustrators*. *190*

Wilson, Bettina (1905-1961) Nach ihrer Heirat mit dem Namen Bettina Ballard in den 1930er bis 1950er Jahren Modekorrespondentin in Paris und später Moderedakteurin der amerikanischen *Vogue*. *78*

Winchell, Walter (1897-1972) Seit 1929 Klatschreporter des *New York Daily Mirror*. Seine täglich erscheinende Kolumne »On Broadway« wurde von mehr als 2000 Zeitungen weltweit übernommen. *203*

Wright, Frank Lloyd (1867-1959) Amerikanischer Architekt und Stadtplaner, entwarf unter anderem das Guggenheim-Museum in New York. *338*

Zabriskie, Dorothy *229, 362*

Literatur

A History Of Delman Shoes
sites.fitnyc.edu/depts/museum/Delman/default.htm

Berch, Bettina: *Radical by Design. The Life and Style of Elizabeth Hawes*. New York 1988

Berry, Jess: *Haute Couture and the Modern Interior*. London u. a. 2018

Clifford, Marie: »*Working with Fashion: The Role of Art, Taste, and Consumerism in Women's Professional Culture, 1920-1940*«, in: *American Studies 44: 1-2*. Spring/Summer 2003, S. 59-84

Crowninshield, Frank
spartacus-educational.com/Jfrank_crowninshield.htm

Fashion Designer Encyclopedia – www.fashionencyclopedia.com

Finamore, Michelle Tolini: *Hollywood before Glamour: Fashion in American Silent Film*. Basingstoke 2013

Meade, Marion: *Dorothy Parker. What Fresh Hell is this?* New York 1988

Metropolitan Museum – www.metmuseum.org/art/collection

New York Times Obituaries

Stewart Mary Lynn: *Dressing Modern Frenchwomen: Marketing Haute Couture*. Baltimore 2008

Witness2fashion (Blog)
witness2fashion.wordpress.com/tag/hooverette/

Grafiken mit Material aus:

Fashion Catalogue Fall and Winter, H. O'Neill and Co. 1890/91

Hardware merchandising August-October, Toronto 1912

Instructions for using the new improved Raymond family sewing machines and attachments, Guelph 1902

Nonotucket Silk Company: *Florence home-needlework*, 1895

olddesignshop.com (Kapitel 10)

Jordan, Marsh and Company: *Dry Goods Cataloge*, Boston 1897

Scranton technical supply: *Complete catalog and price list*, 1900

Singer manufacturing company, 1922

Strawbridge & Clothier's quarterly, 1882

Supplementary catalogue of general school supplies, school furniture, industrial & manual art supplies and other school specialties, 1922

Nachwort

»Fashion is Spinach«, wörtlich übersetzt: Mode ist (wie) Spinat, nannte Elizabeth Hawes (1903-1971) ihr Buch über ihre Erfahrungen in der Pariser Haute Couture und der New Yorker Bekleidungsindustrie in der Zeit vor dem Zweiten Weltkrieg. Der Titel spielt auf eine Anfang des 20. Jahrhunderts sprichwörtlich gewordene Karikatur von Carl Rose für die Zeitschrift New Yorker an: Ein kleines Mädchen, vor einem vollen Teller sitzend, antwortet auf die Aufforderung der Mutter – »Iss deinen Broccoli, Liebes« – wutentbrannt mit: »Ich sage, es ist Spinat und ich sage: zur Hölle damit!«

Das war auch Elizabeth Hawes' Fazit nach neun Jahren in der Modebranche: Die Mode wurde der Kundin vorgeblich zu ihrem Besten aufgezwungen, diente in Wirklichkeit jedoch nur der Gewinnmaximierung einiger großer Fabrikanten. Die Kundin wie auch die kreativen Köpfe der Branche wurden übergangen und ausgebeutet.

Elizabeth Hawes' Ansatz war ein anderer. Sie wollte Mode durch Stil ersetzen und der amerikanischen Durchschnittsfrau, die sich Maßgeschneidertes nicht leisten konnte, zu wirklich schönen, das heißt funktionalen, bequemen, qualitativ hochwertigen und modernen Kleidern verhelfen. Kleidung sollte Freude machen und zur Trägerin und ihrem Lebensstil passen. Sie sollte den Alltag verbessern und angenehmer machen statt komplizierter, weil man sich an ständig wechselnde modische Vorgaben halten muss.

Als ich »Fashion is Spinach« vor einigen Jahren durch englischsprachige Nähblogs entdeckte, war ich begeistert: Elizabeth Hawes' Pariser Erfahrungen im Geschäft mit Designerkopien in den 1920er Jahren liefern einen Blick hinter die Kulissen der Haute Couture, die ich so noch nirgends gelesen hatte. Ihre ebenso unverblümten wie anekdotenreichen Analysen der US-Konfektionsbranche der 1930er Jahre in den USA sind nicht nur unterhaltsam, sie benennen auch viele der Probleme, die die Massenproduktion von Kleidung heute noch mehr als vor achtzig Jahren verursacht: Sparen an der Materialqualität, so dass Kleidung zum Wegwerfartikel wird. Schlechte Passform durch Standardisierung. Künstlich erzeugte kurzlebige Trends, um mehr Kleidung verkaufen zu können. Die Ausbeutung der Beschäftigten in den Fabriken – in den 1930er vor den Toren New Yorks, heute in Asien. Abgehobene modische Vorbilder – damals Gräfinnen und Millionärsgattinnen, heute Popstars und Influencerinnen.

Gleichzeitig geben Elizabeth Hawes' autobiografische Erinnerungen einen faszinierenden Einblick in die Strukturen des amerikanischen Modegeschäfts und in die Berufstätigkeit von Frauen in den 1920er und 1930er Jahren. Die Netzwerke, die Elizabeth Hawes durch den Besuch eines renommierten Frauencolleges knüpfen konnte, erleichterten ihren Start in die Modewelt. Ehemalige Kommilitoninnen wurden zu Mitarbeiterinnen, Kundinnen, Geldgeberinnen, Förderinnen, verschafften ihr Schreibaufträge, Präsentationsmöglichkeiten und weitere Kontakte. Im Journalismus, in der Werbung und in den großen Kaufhauskonzernen entstanden Arbeitsplätze für Frauen, die sich gegenseitig förderten. Auch durch Hawes' Einfluss wurde die arbeitende Frau, die Frau, die in der Öffentlichkeit steht, zum Leitbild der Alltagsmode in Amerika, die sich in der Zwischenkriegszeit langsam von den Pariser Vorgaben löste.

Nach »Fashion Is Spinach« verfolgte Elizabeth Hawes ihr Ziel, das Leben der arbeitenden Frau zu verbessern, auf anderen Gebieten weiter. Sie schloss ihr Modehaus 1940, da sie die exklusive Maßschneiderei für die Damen der

Gesellschaft nicht mehr für zeitgemäß hielt und wurde Redakteurin der kurzlebigen linksliberalen New Yorker Zeitung *PM*, wo sie die Rubrik »News for Living« betreute – mit handfesten Tipps für das Leben mit kleinem Budget, seien es preiswerte Freizeitvergnügungen in New York, der vernünftige Lebensmitteleinkauf oder die Wahl günstiger, zur Persönlichkeit passender Kleidung.

Einige Monate arbeitete sie als Schichtarbeiterin in einer Flugzeugfabrik und veröffentlichte über ihre Erfahrungen das Buch »Why Women Cry«. Für die Detroiter Autogewerkschaft *UAW* versuchte sie, Frauen zu organisieren und erlebte, wie ihr nicht nur die Arbeitgeber, sondern auch die männlichen Gewerkschaftsfunktionäre Steine in den Weg legten. Verlässliche Kinderbetreuung, gleicher Lohn für gleiche Arbeit und Schutz vor sexueller Belästigung am Arbeitsplatz – diese Forderungen der Frauen wurden heruntergespielt oder zu persönlichen Problemen erklärt. Die konservative Atmosphäre der Fünfzigerjahre, als viele der während des Krieges arbeitenden Frauen entlassen und als Hausfrauen in die Vorstädte zurück geschickt wurden, muss Elizabeth Hawes zutiefst deprimiert haben, so ihre Biografin Bettina Berch.

Elizabeth Hawes verließ die USA und lebte einige Zeit auf Santa Cruz auf den Amerikanischen Jungferninseln, schrieb weitere Bücher zu Politik und Gesellschaft, übernahm manchmal Designaufträge in New York, versuchte sich einige Zeit als Modedesignerin in Hollywood und führte in den 1950er und 1960er Jahren ein unstetes Leben. Sie scheint in dieser Zeit keinen Fuß mehr auf den Boden bekommen zu haben, möglicherweise weil sie aufgrund ihres politischen Engagements ins Visier des FBI geraten war und als Kommunistin verdächtigt wurde, aber wohl auch, weil sie das Trinken im Stil der 1920er und 30er Jahre nie aufgegeben hatte. Elizabeth Hawes starb am 6. September 1971 im Chelsea Hotel in New York an den Folgen ihrer Alkoholsucht.

1967 hatte sie jedoch noch erlebt, dass ihre Arbeit als Modeschöpferin vom New Yorker Fashion Institute of Technology mit einer Schau gewürdigt wurde: Ihre Entwürfe aus den 1930er bis 1960er Jahren wurden den innovativen Arbeiten Rudi Gernreichs aus den 1960ern gegenübergestellt. Die New York Times bezeichnete beide »Artists of Dress« in ihrer Ankündigung der Veranstaltung als »iconoclasts«, als Bilderstürmer. Heute finden sich ihre Kleider unter anderem in der Sammlung des Metropolitan Museum of Art, ihre Skizzenbücher und Entwurfszeichnungen in der Bibliothek des Brooklyn Museum.

Constanze Derham, Berlin im Juni 2019

Weitere schöne Bücher über Mode und Textilien

Verflixt und Zugenäht. Textile Redewendungen gesammelt und erklärt
Berlin 2015
ISBN 978-3-00-050969-8

Am Rockzipfel. Redensarten rund um Kleidung und Stoff
Berlin 2016
ISBN 978-3-00-052981-8

Gedichte, Geschichten mit Nadel und Faden
Berlin 2018
ISBN 978-3-9819829-0-9

Stoff und Faden. Materiallexikon
2., durchgesehene Auflage, Berlin 2019
ISBN 978-3-00-054777-5

Alle Bücher sind im Buchhandel erhältlich
oder über `www.schnatmeyerundderham.de`